BIBLIOTHÈQUE DE L'ÉCONOMISTE
sous la direction d'André Tiran et Jean-Sébastien Lenfant
5

Série 1
dirigée par André Tiran
4

L'Institutionnalisme historique et la relation entre théorie et histoire en économie

Cyril Hédoin

L'Institutionnalisme historique

et la relation entre théorie et histoire en économie

PARIS
CLASSIQUES GARNIER
2013

Cyril Hédoin est maître de conférences en sciences économiques à l'université de Reims – Champagne-Ardenne. Ses recherches portent sur la philosophie de l'économie, l'économie institutionnelle et l'histoire de la pensée économique. Ses travaux ont été publiés dans plusieurs revues internationales en économie et en philosophie.

ISBN 978-2-8124-1416-9 (livre broché)
ISBN 978-2-8124-1417-6 (livre relié)
ISSN 2108-9868

INTRODUCTION

L'INSTITUTIONNALISME ET LES INSTITUTIONS DANS LA PENSÉE ÉCONOMIQUE

En 1971, le président des États-Unis d'Amérique, Richard Nixon, a prononcé une sentence restée célèbre : « *We're all Keynesians now* ». L'ironie de cette affirmation n'est qu'apparente. Certes, l'économie mondiale était alors à l'aube d'une période marquant la fin de l'ère des « Trente Glorieuses », considérée comme l'âge d'or des politiques keynésiennes, et allait expérimenter pendant plusieurs années la coexistence d'un chômage et d'une inflation élevés, allant à l'encontre des croyances académiques de l'époque, fermement ancrées dans la théorie keynésienne. Néanmoins, la formule du président Nixon exprime probablement bien l'état d'esprit de l'économie académique au sortir des années 1960 : les idées et concepts keynésiens s'étaient institutionnalisés, jusqu'à « envahir » les travaux néoclassiques, sous une forme certes probablement détournée. Près de 40 ans plus tard, on peut se demander si, concernant l'état de l'art de la science économique, il ne serait pas pertinent de paraphraser Richard Nixon : « *We're all Institutionalists now* ».

Considéré pendant une bonne partie du XXe siècle comme un courant de pensée éteint et marginal, l'institutionnalisme a connu une surprenante seconde jeunesse à partir de la fin des années 1970. Paradoxalement, ce renouveau n'a probablement pas été tant le fait d'une soudaine résurgence des analyses institutionnalistes originelles, ou de leur reconnaissance tardive. Il trouve essentiellement son origine dans la réappropriation par ce qu'il convenait encore à l'époque d'appeler « théorie néoclassique », de l'objet d'étude premier de toute perspective institutionnaliste : les institutions. L'histoire du concept d'institution est probablement aujourd'hui trop connue pour qu'il soit nécessaire de la conter à nouveau dans tous ses détails. Si l'on met de côté certains travaux « hétérodoxes » que l'on abordera dans ce travail, et le cas particulier de Ronald Coase qui, dès 1937, enjoignait les économistes à porter leur regard au-delà du seul marché, l'analyse économique standard a tout simplement ignoré la question des institutions jusqu'à la fin des années 1970 (Hodgson, 2004). Ce n'est probablement pas une coïncidence si cette période a également correspondu à l'ignorance plus ou moins complète de l'histoire et de l'historicité des phénomènes économiques (Hodgson, 2001). Le cadre d'analyse walrassien, fondé sur une représentation du marché en termes de concurrence parfaite, n'est pas étranger à l'orientation à la fois « a-institutionnelle » et anhistorique prise par la théorie néoclassique au XXe siècle. Les choses ont toutefois commencé à évoluer dans les années 1970. Les travaux d'Oliver Williamson (1975 ; 1985) et de Douglass North (1982), avec ceux de Coase (1937 ; 1960), ont contribué à l'émergence du courant dit de la « nouvelle économie institutionnelle ». Soudainement, il s'est ainsi développé un corpus théorique intégrant, d'une manière ou d'une autre, la question du rôle des institutions dans la structuration des interactions économiques : théorie de l'agence, théorie des droits de propriété, théorie des coûts de transaction. Le début des années 1980 marque aussi l'apparition des premiers développements d'analyses en termes de théorie des jeux appliquée au problème de l'émergence et de l'évolution des institutions (Schotter, 1981).

Ces développements se sont depuis poursuivis, au point d'aboutir à des travaux pouvant s'approcher de très près de l'authentique label « institutionnaliste ». L'économiste, *a fortiori* lorsqu'il se réclame d'approches n'ayant jamais occulté le rôle des institutions, ne peut en théorie qu'être satisfait de cette évolution disciplinaire. La prise en compte des institutions a en effet conduit l'analyse économique à dépasser le réductionnisme marchand, ou à tout le moins à ne plus appréhender tous les phénomènes économiques par le seul prisme du marché. Il est apparu que le marché lui-même avait besoin de règles pour fonctionner et que ces règles pouvaient avoir un impact sur l'efficacité d'une économie. Malgré tout, l'appropriation par l'analyse économique standard[1] de l'objet institution peut poser au moins deux difficultés d'un point de vue « hétérodoxe ». La

1 Nous suivons ici la terminologie proposée par Olivier Favereau (1989) même si, la plupart du temps, nous désignons par « théorie standard » l'ensemble des approches relevant du courant dominant, y compris celles prenant en compte le rôle des institutions et que Favereau nomme « théorie standard étendue ». À l'occasion, nous utiliserons également de manière synonyme les termes de *mainstream* ou approche dominante. En revanche, pour

première est de l'ordre de l'affichage paradigmatique. Si le fait d'étudier les institutions, d'analyser leur rôle dans les phénomènes économiques, leur émergence et leur évolution, était le signe distinctif permettant d'identifier un courant de pensée ou une approche « institutionnaliste » au sens originel du terme[1], alors force est de constater que la pertinence du concept d'institution en termes de signal s'est considérablement affaiblie. Autrement dit, il se pose une difficulté de définition et d'identification d'une approche qui serait authentiquement institutionnaliste. La seconde difficulté est plus fondamentale. En effet, si la prise en compte par le courant dominant de l'importance des institutions est indéniablement un progrès, il reste que cette intégration n'a nécessairement pu se faire qu'à partir des outils méthodologiques et des perspectives philosophiques qui sont propres à la théorie standard. Il ne sera nullement question ici de proposer une étude de ces présupposés méthodologiques et philosophiques, et encore moins de les critiquer : la nature de la théorie standard, et sa domination dans le champ académique, sont des faits qu'il ne s'agit pas ici d'expliquer, de contester ou de critiquer. Mais on peut souligner que, du fait de ses orientations épistémologiques, la théorie standard a été amenée à étudier les institutions dans une perspective qui n'est pas nécessairement en adéquation avec les critères d'analyse d'une approche authentiquement institutionnaliste[2].

Ces deux difficultés semblent rendre aujourd'hui nécessaire le développement d'une réflexion sur l'identité de la perspective institutionnaliste. Ce n'est ainsi pas un hasard si, depuis deux décennies, plusieurs travaux ont précisément tenté d'identifier et de clarifier la nature d'une approche institutionnaliste. Sans prétendre être exhaustif, on peut ainsi relever les contributions suivantes : Caillé (2007), Chavance (2007), Eymard-Duvernay (2002), Hodgson (2000), Lavoie (2005), Lawson (1997 ; 2003b ; 2005a ; 2005b ; 2005c), O'Hara (1993a ; 2000 ; 2007), Postel (2007 ; 2008), Postel et Sobel (2009). Le présent ouvrage s'inscrit

---

des raisons que nous expliciterons plus bas, nous éviterons l'expression – anachronique à notre sens – de « théorie néoclassique ».

1 À savoir essentiellement celui qui est issu du courant institutionnaliste américain dont nous allons amplement parler dans ce travail.

2 Nous insistons ici sur le fait que nous sommes tout à fait conscients de l'évolution, à bien des égards radicale, qu'a subi la théorie standard depuis environ 25 ans, et qui s'est accompagnée de l'émergence d'une pluralité de démarches, de méthodes et de théories au sein même du *mainstream*. C'est la raison pour laquelle nous nous refusons à parler de « théorie néoclassique ». Voir également sur ce point Davis (2006).

en partie dans la continuité de ces travaux dans la mesure où il poursuit l'ambition de proposer une caractérisation à la fois historique et analytique de la pensée institutionnaliste en économie. Plus précisément, au travers d'une démarche méthodologique et d'une perspective heuristique que nous précisons plus bas, nous mettons en exergue un ensemble de principes constitutifs du programme de recherche de *l'institutionnalisme historique*. Le terme historique a ici une double connotation, renvoyant à la fois au fait qu'il s'agit ici de caractériser l'institutionnalisme tel qu'il s'est développé dans l'histoire de la pensée économique et à la place de la dimension historique qui distingue l'institutionnalisme des autres principaux programme de recherche en économie. La finalité de cette étude est double : outre la contribution qu'elle entend faire à l'histoire des idées, elle vise également à définir et à étudier rigoureusement les principes méthodologiques et théoriques de l'institutionnalisme pour pouvoir en évaluer la pertinence contemporaine. Toutefois, l'originalité de la démarche proposée ici réside dans le *critère de démarcation* que nous avons retenu pour identifier et analyser le programme de recherche de l'institutionnalisme historique : le rapport entre théorie et histoire.

UN ÉLÉMENT DE PROBLÉMATIQUE FÉDÉRATEUR : LE RAPPORT ENTRE THÉORIE ET HISTOIRE

Les travaux cités plus haut, pour au moins une partie d'entre eux, reposent généralement sur une acception assez large de l'institutionnalisme, qui est ainsi parfois assimilé à l'ensemble des approches s'opposant à, ou se situant en dehors de l'économie standard. Une telle définition peut avoir un intérêt académique si l'objectif est de fédérer un certain nombre de perspectives de recherche pour favoriser leur diffusion au sein de la communauté universitaire et en dehors[1]. Sur les plans historique et analytique, il n'est toutefois pas évident qu'il soit très pertinent de vouloir à tout prix regrouper toutes les approches ne relevant pas de

1 Comme l'illustre la création récente de l'Association française d'économie politique (AFEP), qui tout en défendant le pluralisme méthodologique et théorique en économie, réunit essentiellement des chercheurs travaillant dans une perspective « institutionnaliste », au sens le plus large du terme.

l'économie standard, tant elles sont diverses par leur histoire et leurs principes. Par conséquent, une première caractéristique du critère de démarcation que nous adoptons ici est qu'il est suffisamment restrictif pour discriminer l'approche institutionnaliste de la théorie standard, mais aussi des autres perspectives dites « hétérodoxes ».

Une seconde question porte sur la *nature* du critère à retenir. On peut imaginer plusieurs types de critères susceptibles de remplir la tâche assignée. Un type de critère envisageable est de type substantif : ici, un courant de pensée pourrait se caractériser par le contenu théorique des propositions qu'il défend ou par les concepts utilisés. Dans cette perspective, on pourrait par exemple tenter de définir la théorie standard par son utilisation systématique de la théorie du choix rationnel ou du concept d'équilibre. L'approche institutionnaliste quant à elle se caractériserait par son emphase sur le concept d'institution. Une autre possibilité consiste à identifier les courants de pensée sur la base de critères épistémologiques au sens large, c'est-à-dire soit ontologiques (comme par exemple Lawson (1997 ; 2003b)), soit heuristiques, soit méthodologiques. On pourrait ainsi considérer que le recours à des modèles déductifs et formels est caractéristique de la théorie standard, tandis que l'approche institutionnaliste s'appuie de manière privilégiée sur une méthodologie holiste fondée sur des « *pattern models* » et la narration (Wilber et Harrison, 1978). Cependant, plusieurs difficultés apparaissent. Par exemple, comme on l'a indiqué au début de cette introduction, si l'objet institution a été propre à un courant de pensée pendant plusieurs décennies, cela n'est plus le cas aujourd'hui. Le critère ontologique tel qu'il est proposé par Lawson (1997 ; 2003b) pose quant à lui d'autres difficultés[1]. Il semble par ailleurs que les critères substantifs et épistémologiques ne puissent pas nécessairement être dissociés les uns des autres, si l'on considère qu'une théorie est toujours en partie déterminée par ses présupposés philosophiques et méthodologiques. Par conséquent, il semble qu'un critère à la fois épistémologique et substantif, à condition d'être défini de manière adéquate, soit le plus pertinent du point de vue de l'objectif qui est poursuivit ici.

Cet objectif est d'identifier, plus qu'une tradition ou un courant de pensée, un *programme de recherche* institutionnaliste. Nous combinons ici les trois exigences évoquées (critère discriminant mais générique, et de nature à la fois épistémologique et substantive) *en caractérisant*

1 Nous étudions certaines de ces difficultés dans Hédoin (2010a).

l'institutionnalisme au travers de la manière dont sont articulées théorie et histoire, par opposition avec l'articulation qui en est faite au sein des autres courants de pensée, orthodoxes et hétérodoxes. Autrement dit, nous caractérisons la pensée institutionnaliste en économie par la manière dont elle appréhende l'historicité des phénomènes économiques et des théories en rendant compte, à la fois sur le plan épistémologique et sur le plan théorique. Par « histoire », nous entendons le fait que tous les phénomènes économiques se produisent dans un contexte historique par définition unique (non ergodique) et qu'en conséquence ils sont toujours soumis à un ensemble de contingences qui les rend irréductiblement spécifiques. En même temps, leur dimension historique signifie également qu'ils se transforment à travers le temps ou, plus exactement, comme ils ne se reproduisent jamais à l'identique, que le matériau empirique auquel s'intéresse la théorie économique est en perpétuelle évolution. Par « théorie », nous désignons le procédé épistémique par lequel l'économiste tente d'expliquer ou de prédire, en les systématisant, les phénomènes qu'il peut observer. Autrement dit, la théorie renvoie à l'ensemble des concepts construits par l'esprit humain et par lesquels l'homme se représente la réalité pour l'interpréter et lui donner un *sens*.

Ce critère est discriminant car l'analyse économique standard a pendant très longtemps mis de côté la dimension historique propre aux phénomènes économiques et sociaux (Barucci, 1999 ; Hodgson, 2001). Mais cela est également le cas, dans une certaine mesure, de la plupart des hétérodoxies, qu'elles soient autrichiennes ou keynésiennes. L'exception à la règle semble être le courant marxiste, mais nous nous attacherons à montrer, notamment au travers des travaux de l'école historique allemande, que l'historicité des phénomènes économiques (et l'historicité de la *théorie* économique) n'est pas appréhendée de la même manière dans une perspective institutionnaliste que dans une perspective marxiste. En même temps, ce critère est suffisamment générique, car spécifié de manière appropriée, il va nous permettre d'identifier un programme de recherche institutionnaliste, dans le sens de l'existence d'un ensemble de travaux développés à des époques et dans des contextes socio-économiques et culturels différents, mais ayant malgré tout une cohérence épistémologique et analytique. On va alors être en mesure d'y rattacher des analyses ne se réduisant pas aux seuls travaux de l'institutionnalisme américain. Enfin, on montrera que la relation théorie/histoire et la manière dont elle est appréhendée a des incidences tant sur le plan épistémologique que sur le contenu des analyses développées.

Comme cela est indiqué plus haut, la caractérisation de l'institutionnalisme historique passe nécessairement par un recours à l'histoire des idées économiques. Il est bien entendu impossible de traiter de manière extensive de tous les auteurs étant susceptibles d'être considérés comme « institutionnalistes ». Cette étude prend le parti délibéré de se focaliser sur des auteurs ayant écrit à des périodes et dans des contextes différents et qui sont jugés, de manière suffisamment consensuelle, représentatifs de la pensée institutionnaliste en économie et en sciences sociales. De ce point de vue, il est relativement admis que l'école historique allemande d'économie constitue le point de départ des développements institutionnalistes en économie (*cf.* notamment Baslé, 1993 ; Biddle et Samuels, 1997 ; Dopfer, 1993 ; Dorfman, 1955 ; Gioia, 2000 ; Gislain, 2000 ; Hodgson, 2001 ; Joas, 1995 ; Peukert, 2001 ; Schefold, 1987a ; 1987b ; Schinzinger, 1987 ; Steiner, 2000 ; Tribe, 2007). Le chef de file de l'école historique allemande ayant été l'économiste Gustav Schmoller (1838-1917), nous lui accordons une attention particulière. Ce choix se justifie également à deux autres égards : d'une part, Schmoller a joué un rôle central dans la « querelle des méthodes » (*Methodenstreit*) l'ayant opposé à l'économiste autrichien Carl Menger, laquelle a contribué à déterminer les orientations méthodologiques prises par les sciences économiques au XXe siècle ; d'autre part, Schmoller peut être considéré comme le premier auteur à utiliser de manière systématique le concept d'institution et à développer une perspective authentiquement institutionnaliste. L'influence de l'école historique allemande, même si elle s'est atténuée en économie à partir de la fin du XIXe siècle, s'est poursuivie avec l'émergence d'une troisième génération emmenée par le sociologue et économiste Max Weber (1864-1920) (Schumpeter, 1954). Même si l'appartenance de Weber à l'école historique allemande est une question controversée[1], elle n'a pas besoin d'être tranchée ici. En effet, notre niveau d'analyse ne consiste pas à définir une école de pensée, dont l'existence présuppose la satisfaction de critères théoriques mais aussi historiques, mais l'existence

1 Campagnolo (2004 ; 2005), Hodgson (2001) et Schumpeter (1954) défendent, par exemple, l'idée que Weber appartenait à l'école historique allemande. Le point de vue opposé se trouve notamment exprimé chez Schinzinger (1987) et Tribe (2007).

d'un ensemble de principes épistémologiques et théoriques communs. Notre critère de l'articulation théorie/histoire nous permet de réunir Weber et l'école historique allemande, au moins à ce niveau d'analyse.

Le courant de l'institutionnalisme américain, dominant aux États-Unis pendant le premier tiers du XXe siècle, semble incontournable pour caractériser la perspective institutionnaliste. Thorstein Veblen (1857-1929) et John Roger Commons (1862-1945) sont quasi-unanimement reconnus comme les deux représentants majeurs de ce courant[1], bien qu'il s'avère que leurs perspectives théoriques et empiriques ont divergé de manière notable. On accordera par conséquent une attention particulière aux travaux de ces deux auteurs. Ici encore, la question purement historique de l'unité réelle de l'institutionnalisme américain importe peu : l'intégration des travaux de Veblen et Commons va largement se justifier par le critère de la relation théorie/histoire qui a été retenu. Enfin, on accordera une attention particulière aux travaux d'un cinquième auteur, l'économiste et anthropologue hongrois Karl Polanyi (1886-1964). La prise en compte des travaux de Polanyi se justifie en effet par le fait que ce dernier a largement contribué, dans les années 1940 et 1950, à prolonger les problématiques développées par l'institutionnalisme américain (Neale, 1990). Surtout, du point de vue de notre critère de la relation théorie/histoire, Polanyi est sûrement l'auteur, avec Max Weber, à avoir développé les analyses les plus directement pertinentes.

LE PROGRAMME DE RECHERCHE DE L'INSTITUTIONNALISME HISTORIQUE

L'identification de l'institutionnalisme historique à l'école historique allemande, à l'institutionnalisme américain et à Polanyi est pertinente sur le plan analytique comme sur le plan historique. Concernant l'aspect historique, on peut en effet envisager l'institutionnalisme historique comme un programme de recherche qui s'est construit dans le cadre d'une interaction avec (et bien souvent d'un rejet) l'économie marginaliste et

1 Les références en anglais sont multiples. Voir Hodgson (2001 ; 2004a) ou Hodgson, Samuels et Tool (1994, eds.). En français, voir par exemple Gislain (1999 ; 2000 ; 2002) ou Guéry (2001).

néoclassique d'une part, le marxisme d'autre part. Les principaux représentants de l'institutionnalisme (Schmoller, Weber, Veblen, Common, Polanyi) ont en effet tous en commun un rejet plus ou moins radical de l'approche marginaliste initiée à la fin du XIXe siècle par Léon Walras, Carl Menger et Stanley Jevons. Dans le même temps, l'alternative à la fois idéologique et scientifique qu'a constitué le marxisme à la même époque ne fut jamais considérée comme pleinement satisfaisante par un certain nombre d'économistes allemands ou américains ayant pourtant des affinités intellectuelles avec le socialisme. Comme on aura l'occasion de le souligner dans cette étude, bien qu'affichant parfois une réelle proximité politique et idéologique avec le courant marxiste, certains représentants de l'institutionnalisme historique ont procédé à une critique méthodologique et théorique sévère des travaux de Marx, et plus largement du marxisme. En ce sens, il semble pertinent de voir dans l'institutionnalisme historique une véritable « troisième voie » paradigmatique, à un moment de l'histoire des idées où les seuls termes de l'alternative semblaient être le marginalisme et le marxisme.

Notre propos dans cette étude ne se veut toutefois pas prioritairement historique. Comme cela a été noté plus haut, identifier l'institutionnalisme historique au travers de l'articulation entre théorie et histoire a aussi un intérêt théorique. En effet, le programme de recherche de l'institutionnalisme historique ne se définit pas uniquement par son opposition au marxisme et au marginalisme, mais également par un ensemble de principes méthodologiques et théoriques distinctifs. Ce sont ces principes que nous allons mettre en avant et étudier ici. Le recours à la notion de « programme de recherche » n'est de ce point de vue pas totalement gratuit. Issue des travaux du philosophe des sciences Imre Lakatos (1994), elle repose sur le postulat que l'histoire des sciences et la philosophie des sciences doivent être associées. Ainsi, paraphrasant Kant, Lakatos (1994, 185) écrit-il : « La philosophie des sciences sans l'histoire des sciences est vide ; l'histoire des sciences sans la philosophie des sciences est aveugle ». La présente étude n'est pas une application de la méthodologie des programmes de recherche scientifique définie par Lakatos mais s'en approprie deux idées fondamentales : la notion de *reconstruction rationnelle* et le postulat que l'on peut caractériser un programme de recherche par son *noyau dur*, c'est-à-dire un ensemble de principes que les membres du programme de recherche considèrent comme essentiels et qu'ils protègent de toute forme de réfutation. La reconstruction rationnelle consiste à ordonner un ensemble de travaux relevant d'un champ scientifique en fonction de certains critères prédéfinis. Notre reconstruction rationnelle du programme de recherche de l'institutionnalisme historique reposera sur la relation théorie/histoire évoquée plus haut.

L'objectif de la reconstruction rationnelle est ainsi de parvenir à l'identification du noyau dur d'un programme de recherche. La thèse générale de notre étude est de montrer qu'il est historiquement raisonnable, et analytiquement pertinent, de définir le noyau dur de l'institutionnalisme historique au travers de six principes méthodologiques et/ou théoriques. Ces six propositions sont autant d'hypothèses de travail qui vont structurer les développements sur chacun des auteurs étudiés. Il est possible de réunir ces six propositions en deux sous-ensembles qui seront intitulés de manière générique au cours de ce travail « *historicisation de la théorie* » et « *théorisation de l'histoire* ». Autrement dit, nous défendons l'idée que le programme de recherche de l'institutionnalisme historique se caractérise par un double mouvement d'historicisation de la théorie et de théorisation de l'histoire. L'historicisation de la théorie désigne l'idée que, dans une perspective institutionnaliste, la théorisation est toujours relative à un contexte spatio-temporel identifié et que la construction théorique elle-même est dépendante du contexte dans lequel elle est élaborée. La singularité de l'institutionnalisme historique est de tirer des conclusions épistémologiques et théoriques de ce fait qui est considéré comme propre à l'ensemble des sciences sociales (encore appelées sciences historiques ou sciences de la culture). L'historicisation de la théorie se matérialise dans le PRS de l'institutionnalisme historique par trois principes :

– *une prise en compte et un traitement du problème de la spécificité historique* : le problème de la spécificité historique « part du présupposé que différents phénomènes socioéconomiques peuvent requérir des théories qui sont différentes les unes des autres sous certains aspects. Les variations significatives entre les objets d'étude peuvent imposer des limites à la pertinence d'une explication unifiée » (Hodgson, 2001, XIII, notre traduction). Le point de départ est l'observation dans le temps et l'espace d'une grande variété de systèmes socioéconomiques, eux-mêmes caractérisés par une diversité de mécanismes et de relations. L'idée basique soulignée par le problème de la spécificité historique est que cette diversité est susceptible de rendre impossible, ou non pertinente, un modèle d'explication ontologiquement unifié, c'est-à-dire capable de rendre compte de l'ensemble de cette diversité. Par exemple, une théorie visant à expliquer le fonctionnement d'une économie capitaliste devra mobiliser des hypothèses et des concepts différents de ceux que l'on trouve dans une théorie s'intéressant au fonctionnement d'un système féodal.

- *l'adoption d'un « institutionnalisme méthodologique » (ou individualisme structurel) et le rejet de la dichotomie individualisme/holisme méthodologiques* : ce principe à la fois méthodologique et substantif (théorique), indique que l'analyse en sciences sociales ne peut prendre pour point de départ, ni l'individu en considérant comme données ses croyances, ses préférences et les contraintes auxquelles il fait face (l'individualisme méthodologique), ni les structures sociales en postulant que ces dernières ont un effet déterministe systématique sur les individus et leurs actions (holisme méthodologique). L'idée d'un dépassement de cette opposition est récurrente en sciences sociales et se matérialise sous différentes appellations qui ont toutes en commun de proposer un dépassement du réductionnisme méthodologique que partagent l'individualisme et le holisme méthodologiques. Le principe de l'institutionnalisme méthodologique consiste à considérer que l'action humaine et les structures sociales sont chacune le résultat d'effets émergents provenant de l'autre. Dès lors, aucun des deux pôles ne peut constituer un point de départ *logique* à l'analyse, ce qui nécessite de situer en permanence l'explication théorique dans un contexte historique et institutionnel donné. Toute explication théorique doit ainsi être historicisée.
- *le recours à l'inférence abductive et à la méthodologie des idéaltypes* : de manière générique, ce principe à la fois épistémologique et méthodologique énonce que les concepts théoriques sont toujours fondés sur des plans axiologiques, empiriques et historiques. L'inférence abductive (ou *abduction*) a été formalisée par le philosophe américain Charles Sanders Peirce (1984 ; 2002 ; 2006). Complémentaire à l'induction et à la déduction, l'abduction désigne l'inférence par laquelle un individu

va former une hypothèse visant à expliquer un phénomène observé en identifiant les causes qui en sont à l'origine. Il ne s'agit ni d'une généralisation, ni d'une déduction, mais d'un raisonnement fondé sur l'observation reliant un *explanandum* observable à des *explanans* non observés et hypothétiques. La méthodologie des idéaltypes, développée essentiellement par Max Weber (1904), consiste quant à elle à donner une représentation de la réalité à l'aide de concepts en en accentuant délibérément certains aspects. Cette méthodologie repose sur le postulat (épistémologique) que la réalité n'est pas directement accessible à l'esprit humain et que les concepts doivent de ce point de vue jouer le rôle d'intermédiaires dans une conception activiste de la connaissance. Abduction et méthodologie des idéaltypes aboutissent au résultat que la construction de théories (définies comme un ensemble de concepts et d'hypothèses) est toujours contingente, d'une part au problème spécifique étudié et pour lequel la théorie est construite, et d'autre part au contexte dans lequel elle est élaborée, dans la mesure où la formulation des hypothèses ou la construction des concepts répond en partie à un critère axiologique, que Weber (1904 ; 1959) nomme « rapport aux valeurs ».

La théorisation de l'histoire constitue l'autre versant du programme de recherche de l'institutionnalisme historique[1]. Elle indique que le noyau dur du programme de recherche institutionnaliste est composé de principes (épistémologiques et théoriques) qui orientent les travaux s'inscrivant dans son cadre vers l'étude de la dynamique et de l'évolution dans le temps historique des systèmes socioéconomiques et de leurs institutions. Autrement dit, la perspective institutionnaliste est essen-

1 Nous utilisons l'expression « théorisation de l'histoire » comme un raccourci sémantique. Dans l'absolu, en effet, cette formulation est incorrecte car elle laisse supposer que l'histoire est une donnée objective qui existe indépendamment des représentations que l'on peut en faire. Ce réalisme ontologique est acceptable (et, de fait, il est adopté par la plupart des auteurs institutionnalistes), mais l'impossibilité d'accéder directement à la réalité historique (autre élément caractéristique de l'épistémologie institutionnaliste) indique qu'il est nécessaire de disposer *au préalable* de concepts théoriques et d'un point de vue axiologique pour pouvoir accéder à l'histoire. Une formulation plus satisfaisante serait donc : « théorisation de la dynamique et de l'évolution des systèmes socioéconomiques et de leurs institutions ».

tiellement orientée vers l'explication de la dynamique historique des sociétés humaines et de leur économie. Ici encore, on peut identifier trois principes qui vont dans ce sens :

- *Un principe d'économie substantive* : la notion d'économie substantive est étroitement rattachée aux travaux de l'économiste hongrois Karl Polanyi (1944 ; 1957a ; 1977). L'expression est en effet utilisée en premier par Polanyi pour l'opposer à la notion d'économie formelle, qui désignerait la conception de l'économie sous-tendant l'essentiel de l'analyse économique. Même si les autres auteurs institutionnalistes n'ont pas utilisé explicitement cette notion, on considère que le programme de recherche de l'institutionnalisme historique s'articule autour d'un « principe d'économie substantive ». On peut formuler le principe d'économie substantive autour duquel s'articule l'ensemble des analyses relevant de l'institutionnalisme historique ainsi : il est postulé que le champ de l'analyse économique n'est pas défini par un principe de rationalité et que l'économie n'est pas considérée comme la sphère des comportements maximisateurs. Au contraire, il est présupposé que toutes les interactions économiques prennent place au sein d'un cadre institutionnel constitué d'une variété de règles, de normes et d'organisations ; ce cadre institutionnel a pour effet à la fois de borner, mais aussi de rendre possible un ensemble d'actions de la part d'individus à la rationalité limitée ou procédurale et guidés par des motivations plurielles. L'économie, en tant que sphère de la société, se définit alors comme l'ensemble institutionnel visant à permettre aux individus la satisfaction de leurs besoins, eux-mêmes définis par les institutions en présence. Le principe d'économie substantive repose sur deux concepts majeurs, celui d'institution et celui de rationalité. Les institutions, définies comme des systèmes de règles et de normes sociales structurant les interactions sociales (Hodgson, 2006a, 2), jouent en effet un rôle prépondérant dans l'organisation des relations économiques. Le point de vue substantiviste considère qu'il est impossible de parvenir à une explication satisfaisante des phénomènes économiques en faisant abstraction des institutions en présence. La rationalité est l'autre pôle de l'économie substantive dans un sens qui s'écarte de celui de la théorie standard. Dans l'optique institutionnaliste, la rationalité des individus s'appuie sur un ensemble de normes et de règles sociales, mais peut également être guidée par une pluralité de logiques d'action.

– *une perspective évolutionnaire sur les institutions* : l'analyse synchronique des institutions ne peut constituer qu'un aspect d'une démarche institutionnaliste. Comme le nom que nous lui avons donné l'indique, le programme de recherche de l'institutionnalisme historique se caractérise par des travaux mettant en avant la dimension historique des phénomènes socioéconomiques. De manière schématique, il est possible de rendre compte de cette dimension historique de deux manières : dans une perspective de développement et dans une perspective évolutionnaire[1]. Appréhender l'histoire en tant que développement consiste à considérer que cette dernière est porteuse d'une logique de développement lui faisant suivre un schéma prédéterminé. En d'autres termes, l'histoire comme développement renvoie à une conception déterministe où sont identifiées certaines forces à l'œuvre ayant le statut de lois de développement. La conception évolutionnaire[2] de l'histoire est tout autre. Le déroulement de l'histoire est pensé comme indéterminé et contingent, de telle sorte que l'on ne peut indiquer *ex ante* sa trajectoire. Cela ne signifie pas en revanche qu'il n'est pas possible, *ex post*, de reconstituer le sentier d'évolution suivi par une société ou une institution, ni même que l'évolution socioéconomique ne répond pas à certains principes. À bien des égards, la conception évolutionnaire de l'histoire emprunte largement des éléments du darwinisme. L'institutionnalisme historique développe cette conception évolutionnaire de l'histoire en se concentrant principalement sur la question de l'évolution et de la dynamique des institutions. Autrement dit, une perspective diachronique est mobilisée pour construire une théorie de l'évolution des

1 Voir Hodgson (1993) pour une réflexion sur la différence entre développement et évolution.

2 Nous préférons le terme « évolutionnaire » à celui de « évolutionniste », dans la mesure où ce dernier connote également l'idée d'évolution déterminée *ex ante*.

systèmes économiques, laquelle repose sur certains mécanismes identifiables et explicables, mais ne vise qu'à reconstruire *ex post* les causes de l'évolution socioéconomique[1].

- *Le capitalisme comme système historique spécifique* : ce dernier principe se place sur les plans substantif et théorique, et non méthodologique et épistémologique. Il indique que les analyses s'inscrivant dans le cadre de l'institutionnalisme historique partent du postulat que l'économie capitaliste est un système spécifique dont l'émergence, l'évolution et le fonctionnement doivent être expliqués à partir de ses fondements institutionnels. Le capitalisme est à la fois appréhendé comme un système économique contingent, c'est-à-dire dont l'émergence résulte très largement de la combinaison « accidentelle » d'un ensemble de facteurs, et spécifique, dans le sens où le capitalisme n'est qu'un des modes d'organisation des relations économiques ayant gouverné les sociétés humaines. Toute analyse institutionnaliste du capitalisme doit donc s'attacher à en restituer l'émergence et surtout être en mesure de souligner ce que ce système a de particulier dans son fonctionnement par rapport à d'autres l'ayant précédé. Sur un plan épistémologique, cela indique que le capitalisme est un *concept* (un idéaltype) construit dans le but de saisir la spécificité des économies occidentales, et non pas un moyen de désigner un ensemble d'institutions considéré comme universel.

L'idée défendue dans ce travail est que le noyau dur du programme de recherche de l'institutionnalisme historique peut se définir par ces six principes et, par conséquent, par le double mouvement historicisation de la théorie/théorisation de l'histoire. La « ceinture protectrice » du programme de recherche, c'est à dire les propositions s'appuyant sur

1 C'est ici que se situe peut-être le principal point de clivage entre l'institutionnalisme historique et les approches marxistes. Rattacher le marxisme et le matérialisme historique à une conception déterministe de l'histoire ne va toutefois pas de soi, et on n'abordera pas ici la question de savoir si Marx développe une telle conception dans son *Introduction à la critique de l'économie politique* (1857). Nous ne rejetons pas *a priori* la possibilité que le marxisme, notamment dans ses développements contemporains, développe une approche évolutionnaire de l'histoire. Dans ce cas, il existerait probablement une forte proximité entre l'institutionnalisme et certaines approches marxistes. Nous laissons toutefois cette question en suspens et adoptons un point de vue agnostique. Étudier les travaux de Marx dans la perspective de l'institutionnalisme historique peut constituer un prolongement intéressant.

les principes du noyau dur mais pouvant être amendées ou réfutées car non constitutives de celui-ci, est constituée de l'ensemble des analyses épistémologiques, théoriques et empiriques développées par les différents auteurs relevant de l'institutionnalisme historique. Parfois, ces analyses vont explicitement défendre certains des principes du noyau dur, mais le plus souvent, ces principes sont contenus implicitement dedans. À la différence des principes du noyau dur, chaque analyse ponctuelle et les propositions qui en émanent sont en principe « réfutables », sans pour autant que soit remis en cause programme de recherche de l'institutionnalisme historique. La figure 1 ci-contre propose une représentation schématisée du programme de recherche de l'institutionnalisme historique en indiquant quelques exemples de théories relevant de la ceinture protectrice.

Ainsi, par exemple, la typologie des actions sociales de Weber (1922), qui sera abordée au chapitre « Une analyse en termes d'économie substantive », constitue une proposition théorique visant à conceptualiser les modalités de l'action humaine. En tant que théorie, elle est critiquable et réfutable. En revanche, les principes sur lesquels elle repose, à savoir essentiellement les principes deux, trois et quatre, doivent à tout prix être préservés, même si la typologie des actions sociales de Weber est rejetée. Il en va de même également pour la notion polanyienne d'encastrement (chapitre « Une analyse en termes d'économie substantive ») et l'analyse de l'émergence de la société de marché que propose l'économiste hongrois (chapitre « Le capitalisme comme système historique contingent ») : la notion d'encastrement telle que Polanyi la formule peut être rejetée, de même que la thèse de la « grande transformation » qu'il défend, mais en revanche les principes constitutifs de cette analyse (le principe d'économie substantive et le capitalisme comme système historique) doivent être sauvegardés.

Suivant la structure du noyau dur, notre étude se déclinera donc en deux parties correspondant chacune à l'un des mouvements entre théorie et histoire. Chaque partie sera ainsi composée de trois chapitres, chaque chapitre discutant l'un des principes évoqués ci-dessus. La Partie I sera à dominante épistémologique et va s'attacher à caractériser la dimension « historicisation de la théorie » de l'institutionnalisme historique. Le chapitre « Les fondements philosophiques et méthodologiques des analyses historicistes et institutionnalistes originelles » sera consacré à présenter

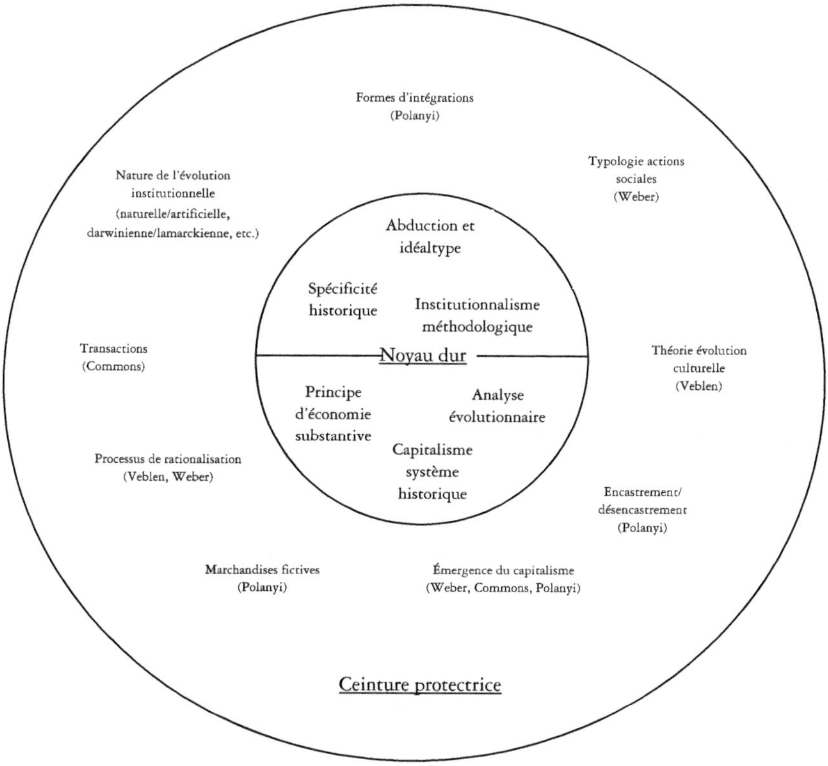

FIG. 1 – Le programme de recherche
de l'institutionnalisme historique

les fondements philosophiques et méthodologiques qui sous-tendent les analyses institutionnalistes, et plus particulièrement celles développées dans le cadre de l'école historique allemande et de l'institutionnalisme américain. On abordera notamment les travaux des philosophes néo-kantiens et des philosophes pragmatistes américains. Ces travaux fondent, chacun d'une manière différente, l'idée d'historicisation de la théorie telle qu'elle a été définie. Le chapitre « L'historicisation de la théorie et l'école historique allemande d'économie » portera sur l'historicisation de la théorie dans le cadre des travaux de l'école historique allemande, notamment chez Schmoller et Weber. On y abordera notamment le rôle joué par la « querelle des méthodes » et la position défendue par Schmoller dans ce cadre ainsi que l'épistémologie wébérienne, et en particulier sa méthodologie de l'idéaltype. Enfin, le chapitre « L'historicisation de la théorie dans l'institutionnalisme américain et ses prolongements contemporains » abordera l'historicisation de la théorie dans le cadre de l'institutionnalisme américain et chez Karl Polanyi. Ici encore, on abordera et discutera de certains aspects des contributions de différents auteurs (notamment Veblen, Commons et Polanyi) qui montrent que ces derniers ont adopté les principes évoqués plus haut.

La Partie II portera sur la théorisation dans le cadre de l'institutionnalisme historique, ou plus exactement sur la mise en œuvre d'une analyse évolutionnaire de la dynamique des systèmes économiques en général et du capitalisme en particulier. Le plan de cette partie traitera successivement les trois principes qui ont été reliés à la théorisation de l'histoire, même si des éléments évoqués dans la première partie pourront de nouveau être mobilisés. Le chapitre « Une analyse en termes d'économie substantive » visera à préciser le principe d'économie substantive et à montrer dans quelle mesure certains auteurs institutionnalistes l'ont mis en œuvre. En particulier, seront abordées dans cette perspective les contributions de Schmoller, Weber, Commons et Polanyi. Le chapitre « La dimension évolutionnaire de l'institutionnalisme historique » sera consacré à préciser la dimension évolutionnaire de l'institutionnalisme historique. On se focalisera alors essentiellement sur l'économie évolutionnaire de Veblen, ce qui au passage permettra également de montrer que ce dernier adopte également le principe d'économie substantive. Enfin, le chapitre « Le capitalisme comme système historique contingent » étudiera les analyses du capitalisme proposées par Weber, Veblen, Commons et Polanyi. Ce chapitre sera à nouveau l'occasion de souligner la dimension évolutionnaire des analyses institutionnalistes, mais surtout de montrer qu'au-delà de leurs divergences, les différentes analyses du capitalisme proposées convergent autour de certains principes communs.

Notre étude s'achèvera par une conclusion générale qui discutera de certains prolongements notables de l'institutionnalisme historique dans les sciences sociales contemporaines, particulièrement en économie.

Cet ouvrage est issu d'une thèse de doctorat en sciences économiques soutenue le 10 décembre 2009 à l'université de Reims Champagne-Ardenne, et intitulée *Le rapport entre théorie et histoire dans les approches historicistes et institutionnalistes en économie : reconstruction rationnelle du programme de recherche scientifique de l'institutionnalisme historique*. J'adresse mes remerciements aux personnes qui ont contribué à la réalisation de cette thèse, en particulier au directeur de celle-ci, Hervé Guillemin. Je remercie également Loïc Charles pour m'avoir suggéré l'idée de tirer de cette thèse le présent ouvrage.

PREMIÈRE PARTIE

L'INSTITUTIONNALISME HISTORIQUE ET L'HISTORICISATION DE LA THÉORIE

Dans cette partie, nous caractérisons le premier ensemble de principes constitutif de l'institutionnalisme historique, l'historicisation de la théorie. Comme nous l'avons indiqué en introduction, cette dimension peut se résumer par trois principes :

- la prise en compte du problème de la spécificité historique et son traitement ;
- la mise en œuvre d'un institutionnalisme méthodologique ou individualisme structurel ;
- le recours à la méthodologie des idéaltypes et à l'inférence abductive.

Le problème de la spécificité historique indique que la diversité des phénomènes socioéconomiques dans le temps (et dans l'espace) implique l'utilisation de théories au moins partiellement spécifiques, s'appuyant sur des concepts et des hypothèses ne visant pas à s'appliquer universellement, mais au contraire construits pour saisir la singularité du phénomène étudié. Cela ne signifie pas qu'il n'existe pas quelques concepts pouvant s'appliquer universellement, mais que toute théorie est composée de différents niveaux de concepts se différenciant par leur généralité. La mise en œuvre d'un institutionnalisme historique consiste à considérer que le point de départ de l'analyse théorique et empirique ne peut être ni l'individu, ni les structures sociales qui l'entourent. En conséquence, le point de départ de l'analyse est toujours un certain contexte historique spécifique qui ne peut être précisé « en abstrait », mais uniquement en resituant la théorie par rapport au contexte qu'elle étudie. L'institutionnalisme méthodologique relève également de la théorisation de l'histoire, ce qui implique que ce principe ressortira également dans la Partie II. Enfin, le troisième principe a deux implications : d'une part, il indique que le développement des hypothèses initiant l'enquête scientifique est toujours fonction d'un questionnement spécifique, partant d'observations historiquement situées ; d'autre part, dans le cadre de la définition de ces hypothèses et des concepts utilisés pour étudier la réalité, le contexte dans lequel ce processus prend lieu contribue à définir le point de vue théorique. Autrement dit, l'émergence de la théorie est conditionnée par le contexte historique dans lequel elle prend place.

Ces trois principes indiquent que, par nature, toute théorie est historicisée. Le point de vue défendu dans cette partie est que, dans le cadre de l'institutionnalisme historique, cette implication constitue l'une des préoccupations centrales des réflexions épistémologiques et a des implications dans les théories qui sont développées. On étayera cette position en trois temps. On reviendra tout d'abord sur les fondements philosophiques et méthodologiques sous-tendant les travaux de l'école historique allemande d'économie et de l'institutionnalisme. Ce détour va nous amener à aborder la littérature philosophique néo-kantienne et pragmatiste pour montrer comment ces deux courants, au-delà de leurs divergences, posent les jalons de la problématique de l'historicisation de la théorie. À strictement parler, ce détour n'était pas indispensable, mais permet de consolider la thèse défendue. Les deux chapitres suivants traiteront successivement de l'historicisation de la théorie chez l'école historique allemande d'une part et chez l'institutionnalisme américain et Polanyi d'autre part. On aura ainsi l'occasion d'étayer les trois principes rappelés plus haut et de montrer qu'ils ressortent, implicitement ou explicitement, des travaux institutionnalistes. Soulignons que, dans ces deux derniers chapitres, nous nous focalisons essentiellement sur les réflexions épistémologiques des auteurs étudiés. Cependant, dans une très large mesure, leurs travaux appliqués sont en conformité avec ces réflexions, comme on essaiera de le souligner dans cette partie, mais aussi dans la partie suivante.

LES FONDEMENTS PHILOSOPHIQUES ET MÉTHODOLOGIQUES DES ANALYSES HISTORICISTES ET INSTITUTIONNALISTES ORIGINELLES

Ce chapitre examine les fondements philosophiques des approches historicistes et institutionnalistes que nous localisons respectivement dans la philosophie néo-kantienne allemande et la philosophie pragmatiste américaine. Il s'agit d'expliciter les idées défendues par ces courants concernant la nature de la science, et plus particulièrement des sciences sociales, afin que la spécificité des travaux du programme de recherche institutionnaliste puisse plus aisément se comprendre et se justifier.

Nous revenons dans une première section sur les fondements philosophiques positivistes de la science économique. Notre objectif n'est pas d'examiner dans le détail l'histoire et les débats du positivisme en philosophie des sciences et la manière dont le positivisme a été importé en économie, mais de rappeler que la science économique contemporaine ne s'est pas construite à partir d'un vide philosophique. La deuxième section portera sur la philosophie idéaliste allemande, et plus particulièrement sur le néo-kantisme entendu au sens large. On se concentrera essentiellement sur les contributions de deux philosophes majeurs, Wilhelm Dilthey (1833-1911) et Heinrich Rickert (1863-1936). L'analyse des travaux de ces deux auteurs se justifie par le fait que ces derniers ont largement contribué à structurer l'environnement épistémologique dans lequel les travaux historicistes se sont développés. La troisième section s'intéressera aux apports de la philosophie pragmatiste américaine, largement repris par la suite par certains auteurs institutionnalistes américains. Nous insisterons finalement dans une dernière section sur la proximité de ces deux courants – proximité qui n'a *a priori* rien d'évidente – en les mettant en perspective avec une autre tradition philosophique majeure, la philosophie positiviste entendue au sens large. On cherchera notamment à montrer que cette dernière a largement servi de fondement à la théorie économie standard et qu'elle explique notamment en partie le relatif oubli de la dimension historique en économie. À l'inverse, le néo-kantisme et le pragmatisme ont en commun, chacun à leur manière, de mettre en avant l'historicité des sciences, notamment sociales, et de leurs conclusions.

SCIENCE ÉCONOMIQUE ET POSITIVISME

Le positivisme a renvoi à un ensemble de conceptions et d'idées qui imprègnent très largement la philosophie des sciences depuis la fin du XIXe siècle. Supportant la thèse d'une unité de la science, le positivisme tend à nier la spécificité des « sciences de la culture ». La science économique moderne s'est très largement construite à partir de fondements positivistes, ce qui contribue à expliquer son manque d'intérêt pour la dimension spécifiquement historique de son objet d'étude.

LE POSITIVISME EN PHILOSOPHIE DES SCIENCES

Le positivisme au XIXe siècle

On a pu voir que le point de départ des philosophes néo-kantiens, et notamment de Dilthey, a été une critique de la philosophie positiviste telle qu'elle fut élaborée par Auguste Comte et, sous une forme différente, par les auteurs anglo-saxons comme John Stuart Mill. Le positivisme comtien reste très spécifique. Totalement opposé à l'empirisme (Lecourt, 2006), il apparaît qui plus est sous la forme d'une philosophie de l'histoire que l'on imagine difficilement compatible avec le positivisme du XXe siècle. Ce « positivisme primitif fonde la croyance scientiste des sciences en elles-mêmes au moyen d'une construction de l'histoire de l'espèce comme histoire de la réalisation de l'esprit positif » (Habermas, 1976, 106). Avec Mill, le positivisme va prendre une tournure plus empirique et développer une problématique qu'il n'abandonnera plus ensuite : celle de la détermination de la *bonne* méthode scientifique.

Il est incontestable que la conception positiviste de la science du XIXe siècle, associée à l'influence de la physique et du paradigme newtonien, a largement contribué à l'orientation de l'économie politique et à la constitution du marginalisme. Cependant, à partir des années 1920, c'est une nouvelle forme de positivisme qui va émerger et qui va considérablement orienter le développement de l'économie, comme celui de toutes les autres sciences d'ailleurs : le positivisme logique[1]. Le positivisme logique va consacrer l'idée « scientiste » « [selon laquelle] le sens de la connaissance est défini par ce que réalisent les sciences et peut par conséquent être expliqué de façon suffisante au moyen de l'analyse méthodique des procédés scientifiques » (Habermas, 1976, 102). Dit autrement, la connaissance trouve son unique origine dans l'activité scientifique et il est donc possible d'expliquer sa formation en étudiant les procédés scientifiques. Les positivistes vont dès lors s'atteler à caractériser la forme *devant* être prise par ces procédés.

Le Cercle de Vienne et le positivisme logique

L'acte de naissance de l'empirisme logique et plus largement de l'ensemble du positivisme logique est l'émergence, dans les années 1920, d'un groupe de philosophes connu sous le nom de « Cercle de Vienne »[2]. Constitué en 1923 à l'initiative d'un ancien élève de Max Planck, le physicien Moritz Schlick, ce groupe tiendra des réunions hebdomadaires à Vienne de 1925 à 1936. Les principaux membres du cercle étaient Rudolph

---

1 Nous précisons un point de terminologie : nous suivons Malherbe (1979) en désignant par « positivisme logique » l'ensemble de la tradition philosophique qui s'est développée à partir des années 1920 jusqu'aux travaux de Karl Popper compris. Par « empirisme logique », nous désignerons le sous-ensemble du positivisme logique composé des auteurs et travaux directement issus du Cercle de Vienne et qui disparaît aux alentours des années 1950. Notons qu'un auteur comme Bruce Caldwell (1982) utilise les deux termes dans un sens parfaitement opposé au nôtre, ce qui parait néanmoins moins cohérent puisque, comme ce dernier l'indique lui-même, les travaux issus du Cercle de Vienne défendent une conception radicalement empiriste de la science. Hands (2001) et McCloskey (1998) utilisent quant à eux respectivement les expressions de *received view* et de *modernism* pour désigner ce que nous appelons positivisme logique. À noter que Wade Hands y inclut volontairement les travaux de Popper tout en reconnaissant qu'à strictement parler, Popper doit être considéré comme un auteur à part. Enfin, Habermas (2005) fait de Popper le principal représentant du « positivisme ». Par commodité, nous adoptons la même démarche bien qu'étant conscient qu'il est abusif de faire de Popper un positiviste logique en tant que tel.

2 Les développements qui suivent sur l'histoire du Cercle de Vienne et de l'empirisme logique s'appuient largement sur Malherbe (1979), ainsi que ponctuellement sur Caldwell (1982) et Hands (2001).

Carnap, Herbert Feigl, Kurt Gödel, Karl Menger (le fils de l'économiste) et Otto Neurath. Toutefois, plusieurs précurseurs ont joué un rôle dans la constitution des idées centrales du Cercle de Vienne : Ernst Mach, Bertrand Russel et Ludwig Wittgenstein. En 1929, Neurath, Carnap et Hahn publient un manifeste intitulé *La conception scientifique du monde : le Cercle de Vienne* où sont exposées les principales thèses et méthodes du Cercle. Le caractère distinctif des empiristes logiques, par rapport aux anciens empiristes, y est mis en avant : l'analyse logique. Les auteurs du Cercle de Vienne sont radicalement empiristes dans la mesure où il est considéré que la connaissance ne peut être extraite que de l'expérience. Partant de là, l'objectif des empiristes logiques est de parvenir, à partir de l'analyse logique du langage, à distinguer le langage scientifique *via* un critère de *signification* : ne seront considérées comme scientifiques que les propositions ayant une signification. Il s'agit de parvenir à une clarification toujours plus importante des concepts des sciences particulières. L'idée kantienne de jugements synthétiques *a priori* est exclue : seuls les jugements analytiques sont *a priori* (ce sont des tautologies) tandis que les jugements synthétiques sont considérés comme étant constitués nécessairement à partir de l'expérience. Les propositions métaphysiques sont rejetées car dépourvues de sens (ce qui ne veut pas dire qu'elles sont fausses). De manière plus générale, il est réaffirmé l'idée, déjà présente dans le positivisme du XIXe siècle, que seuls les éléments directement observables ont un sens. La distinction entre jugements synthétiques et jugements analytiques est permise par le critère de *vérification* : seuls les jugements synthétiques, c'est-à-dire portant sur l'expérience empirique, peuvent être vérifiés. *In fine*, seuls ces derniers relèvent de la science puisque les jugements analytiques n'apportent aucune information empirique ; leur vérification n'a ainsi aucun sens.

Le critère de vérification va ainsi servir de pilier à une épistémologie radicalement nouvelle. C'est notamment Rudolph Carnap qui va être responsable, jusqu'à la dissolution du Cercle de Vienne à la fin des années 1930, du développement des principales idées de l'empirisme logique. La thèse principale qui ressort des travaux de Carnap et des autres empiristes logiques est celle d'unité de la science. Ainsi, il s'agit pour Carnap de « montrer que tous les énoncés utilisés dans les sciences peuvent être construits sur la base d'énoncés exprimant des expériences perceptives du sujet connaissant » (Malherbe, 1979, 55) : tous les énoncés scientifiques sont invariablement construits de la même manière, en partant de l'expérience, de la perception empirique. En mettant ainsi l'accent sur les données physiques, il se pose alors la question du statut des énoncés théoriques. Sur ce point, l'empirisme logique n'aura pas de position unifiée et celle de Carnap va évoluer (Caldwell, 1982 ; Malherbe, 1979) : il considérait au départ que seuls les phénomènes observables peuvent avoir le statut de connaissances. Plus tard, il assouplira sa position en affirmant que les termes théoriques peuvent avoir une signification partielle à partir du moment où ces termes peuvent être interprétés dans un langage d'observation. De même, la position de Carnap va évoluer sur la question du critère de vérification suite aux débats qu'il mènera sur le sujet avec Karl Popper, puisqu'il admettra la viabilité du critère de *confirmabilité simple* (la vérification *potentielle* d'une proposition est suffisante, même si en pratique elle ne peut être mise en œuvre). En tout état de cause, l'empirisme logique a conduit à la fin des années 1930 à une conception empirique et unifiée de la science dans laquelle la place de l'histoire et la spécificité des sciences sociales sont ignorées.

Le positivisme logique après le Cercle de Vienne

À partir du milieu des années 1930 et jusqu'au milieu des années 1950, se développe un positivisme plus sophistiqué et moins empiriste que l'empirisme logique (Caldwell, 1982). Dans les conceptions issues du Cercle de Vienne, il n'y pas vraiment de séparation entre théorie et observation, puisque les éléments théoriques doivent pouvoir se réduire à des observations empiriques. Cette séparation va progressivement apparaître avec les travaux d'auteurs tels que Carl Hempel (1942), Thomas Nagel et Alfred Ayer, en même temps que la logique inductive est remplacée par la mise en avant de la démarche hypothético-déductive comme fondement de la structure des théories scientifiques (Hands, 2001). Avec Carnap, ces auteurs vont remettre en question le critère de vérification pour se tourner vers celui de confirmation. Ils vont surtout être à l'origine d'une réflexion sur la structure des théories scientifiques faisant du modèle hypothético-déductif l'archétype de l'explication scientifique : toute théorie est conçue comme un système composé d'axiomes (ou affirmations primitives) et de théorèmes (ou affirmations dérivées) qui peuvent en être logiquement déduits. Le point important est qu'ici, les axiomes n'ont pas à se référer à des entités observables (contrairement à ce qui était le cas dans l'empirisme logique). La théorie est donc conçue comme un système global devant permettre des interprétations empiriques. Cependant, tous les éléments de la théorie n'ont pas à être reliés à des propositions empiriques. Les théories se présentent alors sous la forme d'une structure hiérarchique dans laquelle les hypothèses supérieures sont des axiomes dérivés d'entités théoriques et les hypothèses inférieures constituant quant à elles les conclusions de la théorie et pouvant être décrites en termes de phénomènes observables.

Dans un important article de 1948, Carl Hempel et Paul Oppenheim (1948) développent le modèle dit « déductif-nomologique » (*D-N model*) de l'explication scientifique. Ce modèle est venu remplacer dans le positivisme moderne l'idée de Comte suivant laquelle la théorie ne cherche pas à expliquer les phénomènes, mais seulement à les décrire. Les deux auteurs avancent l'idée que toute explication scientifique valide est composée de deux ensembles : l'*explanandum* (l'expression décrivant le phénomène devant être expliqué) et les *explanans* (les expressions rendant compte des causes du phénomène). Ces derniers sont composés de deux sous-ensembles : les expressions comprenant une liste des conditions de départ et des expressions exprimant des lois générales. Pour être valide, une explication doit satisfaire à quatre conditions empiriques et logiques (Caldwell, 1982, 28) : sur le plan logique, a) l'*explanandum* doit être une conséquence logique des *explanans*, b) les *explanans* doivent contenir des lois générales nécessaires à la dérivation de l'*explanandum*, c) les *explanans* doivent avoir un certain contenu empirique permettant, en principe, un test par l'expérimentation ou l'observation. Sur le plan empirique, d) les expressions renvoyant aux *explanans* doivent être vraies. Ce modèle met en valeur la nature déductive de toute explication scientifique. On peut donc représenter l'explication déductive-nomologique ainsi (Hands, 2001, 86) :

C1, C2,...Cn
L1, L2,...Lm (*explanans*)
____
E (*explanandum*)

où chaque Ci représente une expression décrivant les conditions initiales et chaque Li représente une loi générale. Par exemple :

C1 = x est la demande de travail
C2 = le salaire minimum légal diminue
C3 = il n'y a pas de changement dans d'autres variables pertinentes (clause *ceteris paribus*)
L1 = la demande de travail augmente quand le prix du travail baisse (*ceteris paribus*)
Donc, la demande de travail x augmente.

Toutefois, ce modèle ne fonctionne qu'à partir du moment où il existe des lois générales. Ainsi que Hempel et Oppenheim le reconnaissent, cela pose des difficultés dans la mesure où de nombreuses analyses, notamment en sciences sociales, s'appuient sur des lois statistiques et probabilistes. C'est dans cette optique que Carl Hempel développera quelques années plus tard le modèle « inductif-probabiliste » (« *I-P model* ») où la relation entre *explanans* et *explanandum* est d'ordre probabiliste et statistique. Ces deux modèles conduisent à la thèse de la symétrie entre explication et prédiction (Blaug, 1994 ; Caldwell, 1982 ; Hands, 2001) : explication et prédiction sont logiquement équivalentes, la seule différence étant d'ordre temporel. Dans l'explication, l'*explanandum* s'est déjà produit, alors que dans la prédiction, il n'apparaîtra que dans le futur. Par ailleurs, il est prétendu que ces deux modèles décrivent de manière adéquate l'ensemble des explications, que ce soit en sciences sociales et dans les sciences de la nature. Ces deux thèses seront très contestées à partir des années 1960 (Caldwell, 1982). On peut en tout cas remarquer que le modèle d'explication scientifique proposé par Hempel et d'autres, et qui pendant un certain temps va être largement admis, conduit non seulement à nier la spécificité de l'histoire et des sciences sociales, mais surtout à soumettre ces dernières à un raisonnement nomologique, c'est-à-dire fondé sur l'idée d'existence de lois (pour le modèle D-N) ou au moins de régularités empiriques (pour le modèle I-P) considérées comme *universelles*.

Karl Popper et le positivisme logique

C'est avec Karl Popper (1902-1994) que l'on peut considérer que le positivisme logique atteint son apogée mais aussi, paradoxalement, qu'il prend fin. À proprement parler, Popper n'appartient pas au positivisme logique. En effet, toute la philosophie de Popper se construit à partir d'une critique des thèses positivistes relatives au critère de démarcation. Par ailleurs, contrairement aux philosophes positivistes, Popper va poser la question de la dynamique de la connaissance (Popper, 1953 ; 1972). Enfin, contrairement aux empiristes logiques, Popper ne rejette nullement la métaphysique et développera même son propre système métaphysique. Pour autant, il n'est pas totalement illégitime de faire de Popper le principal représentant du positivisme[1] pour au moins deux raisons. D'une part, les travaux de Popper poursuivent la quête positiviste de l'unité de la méthode scientifique et de la recherche des bonnes règles méthodologiques à adopter. Le critère de falsification est évidemment primordial de ce point de vue. D'autre part, à tort ou à raison, la grande majorité des économistes s'étant intéressée de près ou de loin aux questions de méthode a eu tendance à rattacher de manière indifférenciée Popper à l'ensemble de la tradition positiviste (Hands, 2001).

Les premiers travaux de Popper, à commencer par son ouvrage *Logik der Forschung* publié en 1934 (Popper, 1934), développent une critique des thèses du Cercle de Vienne. Popper va ainsi être le principal interlocuteur de Carnap sur les questions relatives au critère de confirmation et aux prédicats dispositionnels (Malherbe, 1979) dans les années 1930. Le critère de falsifiabilité de Popper est ainsi une réponse aux positions du Cercle. De manière plus générale, les critiques adressées par Popper au Cercle de Vienne portent sur cinq thèmes fondamentaux (Malherbe, 1979, 85) : a) l'élimination de la métaphysique, b) l'unité de la science, c) l'exigence de vérifiabilité ou de confirmabilité, d) la logique inductive et e) la philosophie en tant qu'activité. Du point de vue qui nous occupe ici, l'œuvre de Popper comporte trois aspects cruciaux : le critère de falsification, l'idée d'unité de la science et la critique de l'historicisme. Comme indiqué précédemment, Popper critique les différents critères de démarcation entre science et non-science (signification, vérification, confirmation). Cette critique

1 Comme indiqué plus haut, cela est également fait par Habermas (2005), Hands (2001) et McCloskey (1998).

est élaborée à partir du problème de l'induction, découvert par Hume et que Popper reformule : selon Hume, il n'existe aucune justification rationnelle possible de l'induction. On ne peut jamais être sûr et faire la démonstration par la seule observation de régularités passées que ces régularités se reproduiront dans le futur. De plus, la preuve déductive de l'induction est impossible : on ne peut « prouver » l'induction que par l'induction rendant ainsi la démonstration circulaire. La résolution du problème de l'induction se trouve dans l'idée de falsification : si l'observation d'une occurrence empirique supplémentaire ne peut jamais permettre de valider une hypothèse, celle d'un seul événement contraire peut en revanche l'invalider. Une démarche scientifique ne doit donc pas chercher à vérifier empiriquement ses propositions théoriques parce que cela est non seulement aisé, mais ne fait surtout pas progresser la connaissance. C'est au contraire dans l'élimination des hypothèses que la science progresse, c'est-à-dire suivant un processus d'essais-erreurs. Ainsi, toute démarche débouchant sur l'élaboration de propositions ne pouvant être empiriquement réfutées doit être considérée comme non scientifique. Selon Popper, le critère de falsification permet ainsi de fonder l'unité de la science, ceci sur un plan méthodologique. En effet, toute science doit sans exception suivre la même procédure méthodologique (Malherbe, 1979, 93) : a) avancer un nouvel énoncé théorique hypothétique et en déduire des énoncés singuliers, b) s'assurer que les différents énoncés singuliers sont cohérents, c) comparer les énoncés singuliers à d'autres énoncés relatifs à la question visée par l'hypothèse et préalablement admis, d) en conclure si l'hypothèse est réfutée ou (provisoirement) corroborée. Il n'y a donc aucune discrimination entre différents types de sciences. Dans tous les cas, la théorie prend invariablement la forme d'un système axiomatisé formé d'énoncés synthétiques universels permettant l'explication ou la prédiction d'énoncés singuliers. Cette conception de l'unité de la science sert de fondement à la critique poppérienne de l'historicisme que l'on retrouve dans des travaux Popper datant des années 1940 : *Misère de l'historicisme* et *La société ouverte et ses ennemis*. L'ouvrage *Misère de l'historicisme*, publié en 1944, est une réponse au problème du naturalisme, c'est-à-dire l'introduction de la méthode des sciences de la nature dans les sciences sociales. Popper y renvoie dos à dos les pro-naturalistes et les anti-naturalistes (Malherbe, 1979). Ces deux positions sont issues d'une mauvaise compréhension de la notion de lois sociologiques. Popper commence par récuser le déterminisme historique (« l'historicisme »), c'est-à-dire l'existence de lois générales du changement social dans l'histoire des civilisations. Par historicisme, Popper désigne en fait aussi bien les doctrines des pro- que des anti-naturalistes : il s'agit de la théorie qui fait de la prédiction historique le but principal et qui enseigne que ce but peut être atteint si l'on découvre les rythmes, les « patterns », les lois ou tendances générales sous-tendant les développements historiques. Pour Popper, c'est pour des raisons de stricte logique qu'il est impossible de prédire le cours futur de l'histoire. Il y a unité de méthode et les différences entre les sciences sont de degré et non de nature. Le schéma poppérien de la croissance des connaissances s'applique donc également aux sciences sociales.

Comme on le verra plus loin, c'est paradoxalement à partir des travaux de Popper que le positivisme logique va s'effriter. Plus que la critique poppérienne en tant que telle (qui, on le voit, s'inscrit encore dans un cadre positiviste), ce sont les ouvertures qu'elle va créer de par ses faiblesses qui vont ouvrir la voie à une véritable révolution épistémologique à partir des années 1960-70. Ce n'est pas un hasard si certains des artisans de cette révolution ont été, soit des étudiants de Popper (comme c'est le cas pour Paul Feyerabend), soit des poppériens affichés, au moins au départ (comme c'est le cas d'Imre Lakatos). Il nous faut néanmoins au préalable préciser la manière dont le positivisme a été reçu et assimilé par la science économique et notamment la théorie dominante.

LE POSITIVISME LOGIQUE DANS LA THÉORIE ÉCONOMIQUE STANDARD AU XXe SIÈCLE

Il est difficile d'affirmer que le positivisme comtien a véritablement influencé la science économique « moderne »[1]. L'économie politique classique a plutôt été influencée par la philosophie empiriste britannique, et si Dilthey fait de Mill un positiviste, il est probablement inexact de voir l'économie classique comme « positiviste ». Il en va de même pour les auteurs de la révolution marginaliste, Léon Walras et Stanley Jevons (Carl Menger devant encore être mis à part, *cf.* chapitre « L'historicisation de la théorie et l'école historique allemande d'économie ») dont les sources

1 On entend par là la théorie économique telle qu'elle s'est développée à partir de la révolution marginaliste dans les années 1870 et plus encore au XXe siècle à partir des années 1920 et 1930.

philosophiques ne sont pas à chercher du côté du positivisme comtien. Notons toutefois que Philipp Mirowski (1987) défend l'idée que la théorie néoclassique est profondément marquée par le cartésianisme et la conception de la connaissance qui lui est liée. Ainsi, c'est probablement dans l'influence cartésienne ainsi que celle de la physique newtonienne qu'il faut chercher les fondements philosophiques du marginalisme et du début de l'ère néoclassique.

En revanche, il apparaît que dès sa naissance, le positivisme logique au sens large a très rapidement vu certaines de ses idées importées en économie et servir ainsi de socle permettant de justifier les orientations méthodologiques de la science économique. Un ouvrage majeur de ce point de vue est celui de Terence Hutchison, *The Significance and Basic Postulates of Economic Theory*, publié en 1938. L'ouvrage est remarquable dans la mesure où, seulement quatre ans après la publication de la première édition du *Logik der Forschung* de Popper, Hutchison y utilise le concept de réfutabilité et entend le transposer dans la science économique. L'ouvrage de Hutchison est une réponse à celui de Lionel Robbins, *An Essay on the Nature and Significance of Economic Science*, publié en 1932. Ce dernier possède une forte notoriété du fait qu'il propose une définition largement admise aujourd'hui de la science économique, l'étude de la relation entre l'usage de moyens rares et à usage alternatif et des fins prédéfinies. Cette définition, et l'ouvrage de Robbins dans son ensemble, sont à l'origine de la séparation définitive entre économie et sociologie dans les années 1930, Talcott Parsons redéfinissant de son côté la sociologie comme l'étude de la formation des fins poursuivies par les individus (Hodgson, 2001). C'est également à ce moment que la séparation entre économie et histoire va être définitivement actée, que la dimension diachronique de l'économie va être délaissée au profit de la seule dimension synchronique, selon les termes de Deirdre McCloskey (1998). L'attaque d'Hutchison se porte sur le caractère *a priori* et axiomatique de la théorie économique telle que conçue par Robbins. En effet, selon Robbins, la théorie fait usage d'hypothèses fondamentales ayant le statut d'axiomes pouvant être dérivées de manière plus ou moins introspective : rationalité, rareté des biens, pluralité des facteurs de production. Des hypothèses subsidiaires, spécifiques au contexte, sont ensuite formées (par exemple, les conditions du marché). L'association des axiomes aux hypothèses subsidiaires permet la dérivation de propositions plus complexes. Inspiré par les thèses du

Cercle de Vienne, Hutchison critique cette conception de la théorie économique à quatre points de vue (Caldwell, 1982, 107) : le vide empirique des propositions de la « théorie pure », la nécessité d'étendre le postulat de rationalité aux anticipations parfaites, la nécessité d'un usage plus extensif des techniques empiriques et l'illégitimité de l'usage de la « méthode psychologique » (c'est-à-dire l'introspection) pour déterminer les postulats fondamentaux. Il s'agit pour Hutchison de caractériser la scientificité de la théorie économique, selon les canons positivistes en vigueur. Pour cela, il faut montrer que les postulats de base de la théorie sont *empiriquement* fondés. Seules les propositions empiriquement falsifiables sont considérées comme scientifiques, les autres (les propositions analytiques) sont qualifiées de tautologie et exclues du domaine de la science. Si l'on peut débattre sur le caractère authentiquement positiviste de la position de Hutchison (voir Caldwell, 1982), l'analyse de ce dernier va avoir au moins un impact : mettre au centre de la théorie économique l'hypothèse de rationalité et la question de son statut. Si Hutchison a défendu l'idée qu'elle devait être empiriquement fondée et donc être, d'une certaine manière, « réaliste », cette position va ensuite être attaquée par plusieurs économistes qui, plus ou moins consciemment, vont suivre l'évolution de l'épistémologie positiviste dont on a rendue compte plus haut.

La première attaque contre l'empirisme radical de Hutchison vient de Fritz Machlup et de son article « The Problem of Verification in Economics » au milieu des années 1950. Dans cet article, Machlup aborde la question de la confirmation des hypothèses et des propositions de la théorie. Il remarque que les théories et les hypothèses ne peuvent jamais être totalement vérifiées (dans le sens de confirmées). Une distinction est faite entre trois types de propositions scientifiques en économie (Caldwell, 1982, 141) : a) les hypothèses fondamentales (la rationalité, l'ordonnancement des préférences, la préférence à risque égal pour plutôt plus que moins de profits), b) les hypothèses spécifiques qui sont testables empiriquement (par exemple, que tel type de dépenses représente telle proportion des dépenses totales d'un ménage), c) les propositions de « dernier niveau », dérivées des propositions plus abstraites, qui sont directement testables empiriquement également. Machlup affirme que les postulats fondamentaux ont une valeur heuristique et qu'on ne peut les appréhender au travers de la dichotomie synthétique/analytique. Le premier de ces postulats est celui de rationalité. Il n'a donc pas à être testé empiriquement, sa justification est purement heuristique et anhistorique. Selon Machlup, la théorie économique est donc de nature axiomatico-déductive, fondée sur des postulats isolés de toute relation à l'histoire ou de la spécificité du contexte étudié[1].

Un autre moment important dans la constitution de l'économie comme science positiviste est le célèbre article de Milton Friedman (1953), « The Methodology of Positive Economics ». Bien que critiqué et attaqué de toute part, cet article fait encore figure aujourd'hui de référence, au moins implicite, dans de nombreux travaux économiques. La méthode qu'expose Friedman, l'instrumentalisme méthodologique, est en effet reprise dans une grande majorité d'analyses relevant de la théorie standard. En substance, Friedman développe l'idée que le rôle de toute théorie est de produire des propositions prenant la forme de prédictions testables. C'est la justesse de ces prédictions, et seulement elle, qui doit permettre d'évaluer les théories. En revanche, les autres critères tels que la simplicité ne doivent être mobilisés que pour départager deux théories faisant les mêmes prédictions. Surtout, le réalisme des hypothèses de départ et des postulats, n'a aucune importance et ne doit pas servir à l'évaluation des théories. Selon Friedman, les théories ont ainsi une structure proche de celle décrite par les positivistes tels que Hempel : un ensemble d'axiomes ou de postulats fondés de manière plus ou moins *a priori*, hors de l'expérience, à partir duquel on peut logiquement déduire un corps de propositions empiriques testables. L'originalité de Friedman est son insistance sur la totale absence de l'importance du réalisme des hypothèses. Les théories sont de purs instruments, ni vraies ni fausses en soi. Elles ne sont que des outils pour permettre de prédire l'occurrence de phénomènes. On retrouve aussi chez Friedman une relativisation des différences entre sciences sociales et sciences de la nature et donc l'affirmation de l'unité de la science. De manière générale, l'approche de Friedman est en accord avec le positivisme : les théories sont évaluées via le test de certaines de leurs propositions. Les propositions de base sont

1 Il y a là une différence de nature fondamentale avec, par exemple, la démarche de Max Weber à laquelle Machlup se réfère souvent. En effet, pour Machlup, le postulat de rationalité (et quelques autres), s'il est justifié heuristiquement, a un statut inamovible, quelque soit le contexte étudié. À l'inverse, comme on le verra au deuxième chapitre, l'épistémologie wébérienne pose la question de la formation des concepts. De ce point de vue, le statut de l'idéaltype de rationalité en finalité n'est pas le même que celui du postulat de rationalité chez Machlup.

cependant totalement indépendantes de toutes considérations empiriques, elles ont un caractère plus ou moins axiomatique. La relation entre théorie et histoire (entendue au sens de réalité empirique évolutive) est donc à sens unique : l'histoire sert à tester les théories, mais la formation de ces dernières se fait hors de toute considération historique.

IDÉALISME ALLEMAND ET PHILOSOPHIE NÉO-KANTIENNE : DE KANT À RICKERT

Il est difficile de comprendre le développement des sciences sociales allemandes en faisant abstraction du contexte culturel et philosophique dans lequel elles se sont développées à partir de la fin du XVIIIe siècle. En effet, l'Allemagne est le berceau de la philosophie idéaliste, produit des œuvres de Emmanuel Kant, Johann Gottlieb Fichte, Friedrich von Schelling et Georg W. F. Hegel. Le rayonnement de l'idéalisme allemand a nécessairement rejailli sur le développement des sciences sociales en Allemagne et contribué à constituer leur spécificité. Néanmoins, l'idéalisme allemand ne forme pas un tout unifié et son influence a surtout été indirecte. Plus que Kant ou Hegel, ce sont les philosophes néo-kantiens (Dufour, 2003) qui ont joué un rôle majeur dans l'orientation épistémologique des travaux des principaux auteurs historicistes, à commencer par Max Weber. On s'intéressera ici à l'influence du néo-kantisme, et on s'attachera à dégager les implications de l'idéalisme en général, du néo-kantisme en particulier, sur le plan de l'épistémologie des sciences sociales.

LE NÉO-KANTISME : D'UN DÉPASSEMENT DE KANT À LA CONSÉCRATION DES SCIENCES SOCIALES

L'émergence de la philosophie néo-kantienne

Les années 1840 voient en Allemagne l'émergence d'un « retour à Kant » initié par un groupe de philosophes qualifiés de « néo-kantiens ». À cette époque, l'Allemagne est dominée par l'idéalisme hégélien tandis que le positivisme, sous l'influence d'Auguste Comte, commence à s'étendre. La philosophie hégélienne connaît néanmoins le début d'un déclin dont elle ne se remettra qu'à la fin du XIXe siècle (Dufour, 2003). Le projet des philosophes néo-kantiens, par-delà leur diversité, est de redonner à la philosophie un statut scientifique de théorie de la connaissance qu'elle avait perdu avec l'hégélianisme. C'est à partir des années 1860 que la philosophie néo-kantienne se constitue à proprement parler, sur la base d'un réexamen et d'un approfondissement de la distinction kantienne entre question de droit et question de fait (Dufour, 2003). Les philosophes néo-kantiens vont ainsi reprendre, là où Kant l'avait laissée, la question de la possibilité de la connaissance et de la science.

Le développement de la philosophie néo-kantienne au XIXe siècle est essentiel du point de vue des sciences sociales allemandes à plusieurs titres : d'une part, ce développement se produit à un moment où en Grande-Bretagne, la théorie de la connaissance empiriste connaît un renouveau notable avec les écrits épistémologiques de John Stuart Mill (1843). Associée à la montée en puissance du positivisme d'Auguste Comte, l'épistémologie de Mill mène à une conception de la science s'écartant radicalement de l'idéalisme transcendantal tel que Kant l'avait élaboré. La philosophie néo-kantienne va alors se constituer en principal opposant à la pensée positiviste et orienter les sciences sociales allemandes dans une direction très différentes de celles de ses homologues britanniques et français. D'autre part, en lien avec le point précédant, la philosophie néo-kantienne va largement inspirer les travaux de plusieurs auteurs historicistes, économistes et sociologues (Weber, Simmel, Schmoller dans une moindre mesure). Le développement du néo-kantisme correspond plus ou moins avec l'émergence de la seconde génération de l'école historique allemande, traditionnellement associée aux travaux de Gustav Schmoller. Si pour cette génération, l'influence de la philosophie néo-kantienne est largement indirecte[1], elle se fera en revanche largement plus sentir pour les travaux des auteurs de la

1 Elle est essentiellement le fait d'une « atmosphère intellectuelle » dans laquelle étaient immergés les économistes et sociologues de l'époque. Les références à des auteurs tels que Dilthey sont en effet relativement rares dans les écrits de Schmoller par exemple, et le plus souvent sur des points non spécifiquement méthodologiques. De plus, il ne faut pas occulter le fait que l'hégélianisme, dont l'influence est évidente sur les travaux de la première génération de l'école historique, se manifeste encore à certains endroits de l'œuvre de Schmoller. Cela est par exemple clair dans les passages où Schmoller affirme sa croyance dans la tendance à un progrès des sociétés humaines (voir notamment Schmoller, 1902).

troisième génération (Weber, Sombart, Spiethoff). Enfin, les auteurs néo-kantiens vont développer une réflexion d'envergure sur le statut de l'histoire et des sciences « historiques » en reformulant ni plus ni moins la question kantienne : tandis que Kant avait cherché à déterminer, de manière transcendantale, les conditions requises pour permettre la connaissance scientifique, les néo-kantiens se proposent de reprendre le même questionnement, mais de l'étendre au domaine de l'histoire. Il s'agit alors de développer une « critique de la raison historique », selon les termes de Raymond Aron (1969). Ce sont donc les néo-kantiens qui vont les premiers donner leurs lettres de noblesse aux sciences sociales en fondant en raison leur caractère scientifique et les mettre au même plan que les sciences de la nature. La philosophie néo-kantienne constitue ainsi le point d'entrée à la question de la relation entre théorie et histoire, question dont nous chercherons ensuite à montrer qu'elle traverse l'ensemble des réflexions institutionnalistes en économie.

Il convient de préciser ici l'extrême diversité de la philosophie néo-kantienne. On peut considérer que le précurseur de la philosophie néo-kantienne est Wilhelm Dilthey (Mesure, 1990). Le néo-kantisme proprement dit se sépare en deux écoles distinctes (Dufour, 2003) : l'école dite de Marbourg, dont les principaux auteurs ont été Hermann Cohen et Paul Natorp, et l'école de Heidelberg, ou encore « école du sud-ouest ». Constituée de trois figures majeures, Wilhelm Windelband, Emile Lask et Heinrich Rickert, c'est elle qui va poser la question du statut de la connaissance historique. Ces deux écoles se rejoignent sur plusieurs points : la primauté accordée à la théorie de la connaissance, le rejet de la conception de la connaissance comme reproduction de l'objet, le raisonnement transcendantal cherchant à déterminer les conditions *a priori* de la connaissance. Toutefois, l'approche de l'école de Marbourg n'est que de faible importance étant donnée notre perspective, puisqu'elle s'intéressera exclusivement à la connaissance scientifique de la science mathématique (Dufour, 2003, 33). Sur les plans tant historique qu'analytique, deux auteurs semblent avoir joué un rôle essentiel dans la construction des sciences sociales allemandes à l'origine de la perspective institutionnaliste étudiée ici : Wilhelm Dilthey et Heinrich Rickert, accompagné pour ce dernier par les autres auteurs de l'école de Heidelberg.

Dilthey et les sciences de l'esprit

Wilhelm Dilthey n'appartient pas à proprement parler au courant de la philosophie néo-kantienne. Des désaccords profonds sont notamment apparus au début du XXe siècle entre lui et les principaux représentants de l'école de Heidelberg, Heinrich Rickert et Wilhelm Windelband. Toutefois, Dilthey, qui a commencé sa carrière universitaire en 1866 à l'université de Bâle, a été l'un des tous premiers philosophes à entreprendre un retour à Kant pour reconstruire la philosophie en tant que théorie de la connaissance. C'est surtout le premier à avoir posé le principe d'une distinction entre deux types de sciences à un moment où le positivisme et le naturalisme qui l'accompagnent, étaient très influents. Dilthey est ainsi un auteur important à deux points de vue : d'une part, il va ouvrir la voie à une réflexion sur la spécificité des sciences sociales (appelées « sciences de l'esprit ») et l'importance de leur dimension historique ; d'autre part, il va inspirer, de manière plus ou moins directe, les travaux de certains auteurs de l'école historique allemande.

L'œuvre de Dilthey est composée de deux ouvrages majeurs (Guillemin, 1999) : l'*Introduction aux sciences de l'esprit* (Dilthey, 1883) et *L'édification du monde historique dans les sciences de l'esprit* (Dilthey, 1910). C'est dans l'*Introduction* que Dilthey développe les principaux éléments de sa philosophie de la connaissance. L'ouvrage de 1910 démontre un infléchissement de certaines de ses positions sur divers points, comme par exemple sur le rôle et la place de la psychologie. Il marque également un détachement vis-à-vis de la question de la spécificité des sciences de l'esprit au profit d'une tentative de mettre au jour l'ensemble immanent aux sciences dans leur ensemble (Aron, 1969). Pour autant, les positions de Dilthey sur la question qui nous intéresse principalement, à savoir les fondements de la spécificité d'un ensemble de sciences autres que les sciences de la nature, n'évolueront guère au cours de son œuvre, de sorte que nous nous autorisons à aborder cette dernière comme un tout relativement homogène. En nous inspirant du travail de Sylvie Mesure (1990), il est possible de scinder la contribution de Dilthey en trois moments : une critique du positivisme, une caractérisation des sciences de l'esprit et la justification de leur autonomie, et enfin l'explicitation de leur logique.

– La critique du positivisme

Dilthey développe sa critique du positivisme dès les années 1870 avec *De l'étude de l'histoire des sciences humaines, sociales et politiques* publié en 1875 (Mesure, 1990). Elle apparaît également dans les chapitres 14 à 17 de l'*Introduction*. Par positivisme, Dilthey cible essentiellement deux auteurs : le sociologue français Auguste Comte et l'économiste anglais John Stuart Mill. Cette critique contre le positivisme est le point de départ de la critique de la raison historique entreprise par Dilthey et de l'objectif qu'elle poursuit : fonder une logique des sciences historiques (ou sociales, ou de l'esprit) à partir d'une démarche transcendantale, similaire à celle adoptée par Kant et donc, démarquer ces sciences des sciences naturelles et physiques. De ce point de vue, le positivisme sous ses différentes formes est un adversaire tout désigné : porteur d'un naturalisme épistémologique, il ne parvient à une caractérisation des sciences historiques que par une mise en perspective, souvent comparative, par rapport aux sciences de la nature. Il ne peut alors en ressortir que deux choses : ou bien le caractère scientifique des sciences historiques est nié, car ne répondant pas aux canons de la scientificité au sens des sciences naturelles ; ou bien l'état des sciences historiques est évalué *à l'aune* du développement des sciences naturelles, avec l'idée que les sciences sociales suivront un chemin d'évolution devant les amener à être identiques aux sciences de la nature. Pour Dilthey, Comte, et à un degré moindre, Mill, empruntent tous deux la seconde voie. La critique que Dilthey adresse à Comte se place en fait sur deux plans. Dans *De l'étude de l'histoire des sciences humaines, sociales et politiques* (1875), c'est la classification comtienne des sciences qui est attaquée, ou plus précisément la place qui est conférée à la sociologie au sein de cette classification (Mesure, 1990). À ce niveau, c'est clairement le naturalisme du positivisme de Comte qui est pris pour cible (Mesure, 1990, 34). Tout en créditant Comte d'avoir eu la volonté d'établir un système et une histoire des sciences de l'esprit comparables à ce qui a été fait pour les sciences de la nature, Dilthey estime que cette élaboration s'est faite, contrairement à ce qui a été le cas pour les sciences de la nature, totalement *a priori*. En d'autres termes, c'est uniquement par référence aux sciences naturelles que Comte a développé son analyse des sciences sociales, sans jamais s'interroger sur leur spécificité. L'objection majeure de Dilthey consiste à estimer que la subordination de la sociologie à la biologie se fonde sur deux présupposés irrecevables (Mesure, 1990, 48 et suiv.) : d'une part, l'idée d'un parallélisme psycho-physique consistant à postuler la réduction des états psychiques à certains états physiologiques, menant ainsi à une certaine forme de déterminisme ; d'autre part, une condamnation de la psychologie que Dilthey défend par ailleurs[1] et qui indique qu'il n'existerait pas de lois propres à la vie psychique. Cette subordination de la sociologie aux sciences de la nature, où l'autonomie des sciences sociales que laisse entrevoir Comte est immédiatement annulée par une sorte de réductionnisme physique, conduit de fait à n'appréhender le développement des sciences de l'esprit qu'à l'aune des sciences de la nature, conçues comme la référence du développement de la science. Cela amène la critique de Dilthey à se déplacer sur un second plan, qui transparaît de manière plus évidente dans l'*Introduction*. Pour Dilthey, la conception erronée des sciences de l'esprit de Comte (issue de sa classification des sciences) l'a conduit à développer une conception des sciences sociales consistant en une « métaphysique naturaliste de l'histoire » : « C'est à partir de la subordination du monde historique au système de la connaissance de la nature que la sociologie de Comte était née en prolongeant l'esprit de la philosophie française du XVIIIe siècle » (Dilthey, 1883, 266). Le paradoxe est que le positivisme de Comte, pourtant fondé sur une démarche empirique, a conduit ce dernier à reconstruire une philosophie de l'histoire précisément en raison de son incapacité à saisir ce qui fait la spécificité des sciences de l'esprit et de leur objet d'étude. De manière plus générale, toute théorie sociologique ou philosophie de l'histoire sera dans l'erreur à partir du moment où elle ne concevra la description du singulier que comme la simple matière première à de futures abstractions (Dilthey, 1883, 251). L'erreur positiviste naît donc d'une « présomption fatale » : croire que l'objet des sciences de l'esprit, se caractérisant comme une infinité de singularités, puisse à la manière de ce qui se passe dans les sciences de la nature, se subsumer dans sa totalité en un schéma général fait de lois (historiques).

La critique que développe Dilthey à l'encontre de Mill et de son ouvrage de 1843 est similaire même si elle est plus nuancée. Comme

1 Même si, comme on le verra plus bas, il s'agit d'une psychologie analytique et descriptive et non d'une psychologie « explicative » qui appartient, elle, au domaine des sciences de la nature.

le remarque Dilthey, Mill se place dans une perspective kantienne : il s'agit de déterminer les conditions d'existence des « sciences morales » et leur degré de perfection (Mesure, 1990). Comme dans le cas de Comte, c'est le naturalisme de Mill que Dilthey vise essentiellement. Du point de vue défendu par Dilthey, on peut considérer que Mill s'engage sur la bonne voie puisqu'il reconnaît la spécificité des sciences sociales (Mill, 1843). Cette spécificité est issue de la nature de l'objet des sciences morales, à savoir l'action humaine en ce qu'elle a d'irréductible aux phénomènes naturels. Deux points distinguent le positivisme de Mill de celui de Comte : d'une part, contrairement à Comte et explicitement contre lui, Mill souligne le rôle de la psychologie dans les sciences morales. Mill adopte une position à mi-chemin entre l'idée de nécessité et celle de libre-arbitre : les actions humaines sont le fait de relations de causalité au sens humien, mais pour autant elles ne sont nullement nécessaires et inévitables. Sur cette question, la position de Mill n'est pas en contradiction avec celle de Dilthey (Mesure, 1990). D'autre part, si dans le domaine des sciences de la nature, c'est la logique inductive qui prévaut, la complexité de l'objet des sciences sociales, mais aussi sa nature particulière (qui rend possible l'introspection) font que les sciences morales doivent reposer essentiellement sur une démarche déductive (Guillemin, 1998). Sur ces deux plans, il semble difficile de distinguer des traces de naturalisme chez Mill, par contraste avec ce que l'on a pu voir chez Comte. Cependant, deux éléments viennent tempérer cette impression. D'une part, et même si cela ne semble pas être mis en avant par Dilthey, l'empirisme de Mill transparaît également dans sa conception des sciences morales puisque l'économiste britannique est explicite sur le fait que les hypothèses de départ des sciences sociales (de l'économie plus spécifiquement), à savoir essentiellement l'axiome de rationalité, sont empiriquement fondées, au moins en principe (Hands, 2001, 22-23). Pour Mill, il n'existe pas de connaissance *a priori*, même la prémisse majeure d'un syllogisme est nécessairement induite empiriquement. Par ailleurs, point cette fois explicitement mis en avant par Dilthey, la méthode des sciences morales conçue par Mill reste subordonnée au schéma qu'il tire des sciences de la nature (Mesure, 1990). Il y a bien chez Mill une conception moniste de la science où les sciences de la nature servent de modèle, de point de référence à la construction des sciences sociales. Ces dernières ne peuvent être pensées en dehors d'une référence aux sciences de la nature, ce qui renvoie à une forme de naturalisme.

Le monisme méthodologique de Mill est étroitement lié à sa conception de la causalité, synonyme de scientificité (Mesure, 1990, 70). Dilthey répond à la position normative de Mill par une description de la « réalité » des sciences morales en montrant le caractère erroné de la « psychologie explicative » et causaliste de Mill. En se fondant sur la notion de cause, la psychologie de Mill conduit, de fait, à nier aux sciences de l'esprit leur spécificité puisqu'il est supposé que ces dernières sont réductibles à un principe explicatif qui est identique à celui prévalant dans les sciences de la nature : « la subordination méthodologique de l'étude des faits spirituels aux méthodes de la science de la nature, John Stuart Mill, pour le moins, l'a maintenue et défendue » (Dilthey, 1883, 266). Dilthey rejette l'idée que le fondement psychologique (justifié à ses yeux) des sciences de l'esprit implique que les phénomènes sociaux complexes soient réductibles à des phénomènes génériques psychiques isolés. Au contraire, si les sciences de l'esprit doivent tirer partie de la psychologie, c'est dans le but de rendre compte des valeurs, des mobiles et des fins dirigeant l'action des individus. En d'autres termes, il ne s'agit pas d'expliquer causalement, mais de comprendre (Mesure, 1990, 84).

– La caractérisation des sciences de l'esprit

La critique à l'encontre du positivisme développée par Dilthey indique déjà clairement l'orientation que le philosophe allemand va donner à sa caractérisation des sciences de l'esprit. L'*Introduction* est la première et principale tentative de Dilthey pour aboutir à une justification *transcendantale* de l'autonomie des sciences de l'esprit. Dilthey y contraste clairement sa démarche par rapport au positivisme :

> La méthode empirique exige que, par rapport à ce matériau des sciences elles-mêmes, la valeur des divers procédés dont la pensée se sert ici pour résoudre ses problèmes soit l'objet d'un développement historique et critique. Elle exige aussi que, par rapport à l'intuition de ce grand processus dont le sujet est l'humanité elle-même, soit éclaircie la nature du savoir et de la connaissance que nous pouvons acquérir en ce domaine. Une telle méthode entre en contradiction avec celle dont, depuis peu, ne se servent que trop fréquemment les soi-disant positivistes : à partir d'une définition du savoir résultant de leurs préoccupations qui, le plus souvent, se rapportent au domaine

> des sciences de la nature, ils déduisent le contenu du concept de science, et, à partir d'un tel concept, décident si à telle ou telle préoccupation intellectuelle doit revenir le nom et le rang de science (Dilthey, 1883, 157-158).

Le point de départ de Dilthey est éminemment kantien, à savoir appliquer la méthode transcendantale pour rendre compte des conditions nécessaires à l'existence des sciences de l'esprit. Il s'agit de mettre en œuvre une véritable critique de la raison historique même si, comme le relève Raymond Aron (1969), parce que les sciences morales n'ont pas eu leur Newton, Dilthey concevait son projet différemment de celui de Kant. La démarche adoptée part d'un double fait (Mesure, 1990) : le constat d'une autonomisation des sciences de l'homme et le sentiment intime par lequel chaque individu se ressent différent de la nature. L'élément central dans l'autonomisation des sciences de l'esprit chez Dilthey est *l'expérience interne* (Guillemin, 1998 ; Helle, 1995 ; Mesure, 1990). S'il est vrai que les sciences de l'esprit contiennent des faits naturels, il apparaît toutefois qu'il existe une relation diachronique entre « l'appréhension interne » et « l'appréhension externe » (Dilthey, 1883, 169). En d'autres termes, il existe bien une distinction entre deux points de vue, celui de la vie physique et celui de la vie spirituelle. L'expérience interne est celle par laquelle l'individu expérimente « réellement la réalité ». Par conséquent, il doit exister deux types de principes explicatifs, les uns rendant compte de la nature et de la vie physique, tandis que les autres permettent d'appréhender la vie spirituelle. Ces derniers constituent le fondement des sciences de l'esprit, lesquelles ont trois caractères spécifiques (Aron, 1969, 41) : les unités y sont immédiatement disponibles *via* l'expérience, le monde historique et social est porteur de sens, leur objet n'est pas immuable, mais s'étend au fur et à mesure qu'elles se développent. C'est donc l'*expérience* qui fonde la distinction entre deux types de sciences, au sens où les objets des sciences de l'esprit ne sont pas perçus de la même manière que ceux des sciences de la nature[1]. En conséquence, les faits spirituels (moraux, sociaux) ne sont pas accessibles

1 Ainsi que cela est noté par S. Mesure (1990, voir aussi Guillemin, 1998), cela indique que la distinction de Dilthey n'est pas de nature ontologique. En effet, les objets des sciences de l'esprit et des sciences de la nature peuvent être communs (comme c'est le cas de l'homme en tant qu'objet). C'est le regard que l'on porte sur eux et surtout la manière dont ils sont perçus qui expliquent qu'ils puissent être appréhender de deux manière différentes. De ce point de vue, les critiques adressées par Rickert et Windelband à Dilthey sur le caractère ontologique supposé de sa distinction ne semblent pas fondées.

par *les sens*, mais il faut s'intéresser *au sens* de leurs expressions (Guillemin, 1998). On est alors amené de fait, à rejeter pour les sciences de l'esprit l'objectif qui est celui poursuivi par les sciences de la nature, à savoir la découverte de lois régissant des relations de causalité. Au contraire, l'objectif des sciences de l'esprit est de saisir la singularité de la réalité sociale et historique (Dilthey, 1883, 184). Il ne s'agit donc pas de découvrir des lois, mais plutôt de saisir les événements individuels en en restituant le sens, notamment en révélant les fins poursuivies par les individus et les motivations qui les animent. On relèvera dans cette citation que Dilthey donne toute sa place à l'abstraction. L'abstraction, procédure par laquelle on ignore certains aspects de la réalité factuelle pour en faire ressortir d'autres, n'est pas l'objectif ultime des sciences de l'esprit mais en constitue un instrument indispensable. Elle est un complément à la démarche de compréhension (Dilthey, 1883, 184) qui est permise par le fait que le chercheur est lui-même partie intégrante du corps social qu'il étudie (Dilthey, 1883, 195).

– La logique des sciences de l'esprit

Dans le cadre des sciences de l'esprit, Dilthey insiste sur l'importance de la psychologie « analytique » ou « descriptive », à l'encontre de la psychologie explicative considérée comme relevant des sciences de la nature. Comme le relève S. Mesure (1990), si la fondation psychologique des sciences de l'esprit est relativisée dans l'*Introduction*, elle est en revanche exprimée de manière de plus en plus radicale à partir des années 1890, à un point tel que Dilthey aboutit à une conception « psychologisante » de la connaissance incompatible avec le criticisme kantien qui était pourtant son point de départ (Mesure, 1990, 123). Cette mise en avant de la psychologie aboutit à un rejet de la distinction entre sujet empirique et sujet transcendantal : dans une perspective très proche de celle du philosophe pragmatiste William James[1] ou encore de Bergson (Aron, 1969), Dilthey développe l'idée que notre connaissance du monde spirituel se forme au travers du flux incessant engendrant notre expérience intérieure. Il n'y a nulle connaissance *a priori*, c'est *dans* l'expérience

1 Holborn (1950) rapporte d'ailleurs que Dilthey et James se sont rencontrés en 1867 à Berlin. Pour autant, selon cet auteur, il reste difficile de se prononcer sur les relations entre Dilthey et les philosophes pragmatistes américains.

elle-même que l'esprit forme les représentations générales lui permettant de dépasser l'infinie singularité de la réalité. La mise en avant de la psychologie par Dilthey s'atténue toutefois de nouveau progressivement jusqu'à quasiment disparaître dans l'*Édification*[1] (Dilthey, 1910). On peut conjecturer que ce revirement est probablement en partie du aux critiques développées par Wilhelm Windelband et Heinrich Rickert à la fin du XIXe et au début du XXe siècle qui, de même qu'Husserl, ont attaqué Dilthey pour son « psychologisme » (Mesure, 1990).

Quelles qu'en soient les raisons, ce recul du psychologisme amène Dilthey à préciser la notion de compréhension comme l'activité consistant à restituer le *sens* et la logique interne propre à l'objet étudié, non par le biais de l'introspection ou d'un mystérieux procédé psychologique, mais en explicitant les normes et valeurs qui composent son esprit (Dilthey, 1910). Il le conduit également à développer une forme d'individualisme méthodologique anticipant les analyses de Simmel et Weber (Mesure, 1990), en ce sens qu'il ne conduit pas pour autant à l'atomisme. Le dépassement de la seule démarche individualiste dans l'*Édification* se traduit par l'apparition d'une nouvelle catégorie : les *ensembles*, définis comme des créations issues du sujet examinant une expérience. Dilthey voit les ensembles comme des créations du sujet réfléchissant son expérience. En d'autres termes, il s'agit de constructions intellectuelles par lesquelles le sujet connaissant parvient, d'une part, à opérer un choix quant à l'objet historique à étudier et, d'autre part, à développer une conceptualisation permettant de transformer des ensembles de caractère universel en objets de connaissance pour la science historique. Les ensembles sont donc des créations intellectuelles au moyen desquelles l'historien peut rendre compte du sens et des activités humaines en les resituant dans un cadre plus large de normes et de valeurs. Plus spécifiquement, Dilthey introduit ici l'idée de cercle herméneutique : un événement historique isolé ne prend de sens que lorsqu'il est replacé dans l'ensemble interactif, composé de valeurs et de fins, auquel il appartient. La dimension historique des sciences de l'esprit est donc ici évidente : la singularité historique aide l'observateur à construire des ensembles, c'est-à-dire des principes d'interprétation, qui eux-mêmes aident à comprendre le singulier. Il y a ici un dernier

1 Dans son introduction à l'édition française de l'*Édification*, Sylvie Mesure estime ainsi que l'on peut distinguer « deux Dilthey » sur la question de la psychologie : celui des années 1890 et celui de l'*Édification*.

point essentiel, à savoir que cela indique que la démarche compréhensive n'est pas uniquement valable au niveau individuel ou inter-individuel, mais aussi au niveau macro-social. Finalement, l'essentiel de la spécificité des sciences de l'esprit chez Dilthey se trouve ici : contrairement aux sciences de la nature, il s'agit de restituer les logiques d'ensemble sous-jacentes aux événements historiques, c'est-à-dire d'expliciter les finalités, les motifs et les valeurs communes à un groupe de phénomènes historiques individuels. On essaiera de montrer que cela préfigure certains développements institutionnalistes en économie.

Rickert et la question du fondement des sciences historiques et culturelles

Heinrich Rickert, contrairement à Dilthey, est un philosophe néo-kantien à part entière. Sans ignorer les importantes contributions de Windelband et de Lask, les deux autres principaux représentants de l'école de Heidelberg, l'œuvre de Rickert est ici de première importance pour deux raisons : d'une part, elle constitue la tentative la plus élaborée de justifier la distinction entre deux types de sciences, ou plutôt deux logiques scientifiques, avant que le positivisme logique n'éteigne pendant plusieurs décennies cette problématique. D'autre part, sur un plan plus historique, il est évident que Rickert a été une source d'inspiration majeure pour Max Weber sur les questions épistémologiques[1], les deux hommes étant par ailleurs très proches. À l'instar de Dilthey, Rickert se propose de partir du transcendantalisme kantien pour reprendre là où Kant s'était arrêté : justifier de la possibilité de sciences historiques. La démarche suivie par Rickert s'écarte néanmoins sensiblement de celle adoptée par Dilthey.

– Rickert et le néo-kantisme

H. Rickert, W. Windelband et E. Lask ont en commun d'avoir œuvré à la distinction de deux types de procédés scientifiques à partir d'une

1 Outre les évidences textuelles dans les textes de Weber sur lesquelles nous reviendrons, cette position est défendue de manière convaincante par Guy Oakes (1988, 1997). Notons que certains auteurs minorent malgré tout l'importance de l'influence de Rickert sur Weber, comme c'est par exemple le cas de Wilhelm Hennis (1996) qui met davantage l'accent sur l'importance de Nietzsche et ignore totalement Rickert.

analyse générale des relations entre la connaissance et les valeurs. Le point de départ de la réflexion menée par cette école peut être repéré dans une conférence donnée par Windelband en 1894 à Strasbourg, intitulée « *History and Natural Science* ». Wildelband y mentionne clairement la nécessité de revenir à Kant pour mieux le dépasser : en effet, si la théorie de la connaissance kantienne marque une étape majeure de la réflexion épistémologique en fondant le raisonnement scientifique sur la découverte de lois et de relations nécessaires, elle reste limitée au cadre de la philosophie naturaliste newtonienne. Le savoir historique, particulier et contingent ne se voit lui accorder qu'un statut inférieur puisqu'il ne peut remplir les critères du savoir scientifique tels qu'ils sont définis dans la *Critique de la raison pure.* C'est là que se situe, pour Windelband, le point de la théorie de la connaissance kantienne à réviser prioritairement (Oakes, 1988). Lors de cette conférence, Windelband développe l'idée que la possibilité de l'histoire en tant que science repose sur trois prémisses (Oakes, 1986 ; 1988) : une conception individualiste de la valeur, une conception nomologique des limites des sciences de la nature, une conception individualiste (ou idiographique) des sciences historiques. La conception individualiste de la valeur indique que seules les choses uniques, singulières et incomparables ont de la valeur. Les sciences de la nature, parce qu'elles sont de nature nomologique (*i.e.* elles consistent dans la recherche de lois abstraites) ne peuvent répondre à cette exigence de l'analyse du singulier. C'est là que se situe leur limite. À l'inverse, les sciences historiques sont dites idiographiques puisqu'elles ont précisément pour objet d'étudier les événements dans leur singularité et leur spécificité : « Ici, l'objet de la connaissance est de comprendre les propriétés distinctives de l'événement unique en lui-même. L'histoire s'intéresse à un phénomène non pour ce qu'il partage avec d'autres, mais pour ses qualités propres » (Oakes, 1988, 44, notre traduction). Un point important transparaît ici : la distinction entre deux types de sciences, les sciences naturelles et les sciences historiques, est de nature épistémologique et formelle et non ontologique.

E. Lask approfondit la réflexion du problème de la connaissance historique, notamment dans sa thèse sur Fichte publiée en 1901. Il y développe l'idée que la question des conditions de la connaissance d'un objet est réductible à la question de la formation des concepts à propos de cet objet. Le problème de la connaissance historique est donc celui de la formation de concepts individuels. C'est Lask qui le premier introduit l'idée de l'existence d'un *hiatus irrationalis* entre la réalité et le concept, c'est-à-dire d'une incommensurabilité induisant que les concepts ne peuvent rendre compte de la réalité dans son essence (Oakes, 1986 ; 1988). L'idée d'incommensurabilité entre réalité et concept découle de la théorie analytique des concepts qui veut que a) la formation de concepts soit une abstraction de la réalité, b) qu'en conséquence le concept soit ontologiquement vide, c) que par conséquent il y ait un dualisme entre concept et réalité, d) ce qui implique que la réalité soit irrationnelle puisque non conceptualisable[1] (Oakes, 1988, 50). Le *hiatus irrationalis* pose évidemment un problème dans la perspective d'une conceptualisation scientifique de l'histoire et de l'individualité. C'est précisément à ce problème que l'essentiel de l'œuvre de Rickert s'est attelé à répondre.

Rickert publie son principal ouvrage, *The Limits of Concept Formation in Natural Science*, en 1902. Il sera réédité à plusieurs reprises, la quatrième édition datant de 1921 étant d'ailleurs dédiée à Weber (Rickert, 1921, 8). Ce travail est la tentative la plus complète de Rickert pour fonder l'objectivité, et donc la scientificité, des sciences historiques de la culture, aux côtés des sciences de la nature. L'ensemble de l'œuvre de Rickert, et particulièrement ce livre, est dirigé contre un certain nombre de traditions philosophiques à l'influence non négligeable : l'idéalisme hégélien entaché de son « émanatisme », le positivisme et son naturalisme épistémologique, le réalisme épistémologique qui postule que la connaissance est le reflet de la réalité, mais aussi l'historicisme et son relativisme total (Rickert, 1921, 18). Rickert est ainsi conduit à rechercher une position intermédiaire se détachant à la fois de toute forme de dogmatisme métaphysique et de relativisme nihiliste, sans pour autant tomber dans le positivisme. Ce sont les travaux de Windelband qui servent de point de départ à Rickert. Deux éléments retiennent spécifiquement son attention : la doctrine de l'individualité des valeurs et la distinction entre connaissances

1 Lask indique que cette théorie analytique des concepts, issue de Kant, s'oppose à la théorie « émanatiste » issue de la philosophie de Hegel. En substance, la théorie émanatiste considère que le contenu du concept est entièrement compris dans l'existence individuelle à partir de laquelle il émane. En d'autres termes, le concept est supposé pouvoir permettre la déduction de la réalité dans son entière complexité à partir de son seul développement. Il n'y a dès lors plus de distinction entre réalité et concept, puisque la première est entièrement saisie par le second. L'émanatisme sera une cible de Rickert, mais encore plus de Weber (1903-06).

nomothétiques et idiographiques (Oakes, 1997). Comme pour Windelband, il s'agit pour Rickert de fonder, sur un plan épistémologique, la spécificité des sciences historiques. En d'autres termes, il s'agit de montrer qu'il *existe une logique d'investigation propre aux sciences historiques.*

– La spécificité des sciences historiques

Rickert entend définir les « sciences historiques de la culture » à partir de deux critères distincts, mais complémentaires : un critère formel et un critère matériel (Rickert, 1921 ; 1926). En effet, puisque les sciences peuvent se distinguer à la fois par leur objet et par leur méthode, c'est sur ces deux plans que la classification doit être faite, en sachant que rien ne permet de dire que les résultats coïncideront. Rickert commence par rejeter l'idée que la psychologie pourrait servir de fondement des sciences historiques (Rickert, 1926, 95 et suiv.). Suivant Kant, c'est sur le plan transcendantal que l'on peut justifier les fondements de toutes les sciences (Rickert, 1921, 26). Toute démarcation fondée sur un critère ontologique est exclue : Rickert rejette l'opposition entre la nature, comme être corporel, et l'esprit, comme être psychique. Cette opposition conduit en effet à faire de la mécanique d'un côté, et de la psychologie de l'autre, les archétypes des deux types de sciences. On ne peut classer les sciences suivant deux groupes d'objets, mais plutôt suivant le *type de regard* qu'elles portent sur un même objet. En reprenant l'idée d'un *hiatus irrationalis* entre concept et réalité, Rickert fonde ainsi la distinction entre les sciences de la nature et les sciences historiques sur le plan formel : les sciences de la nature ont un intérêt nomothétique qui les amènent à produire des abstractions et à découvrir des lois. Seule la généralité les intéresse. Mais l'élimination, inévitable, de l'individualité qui en résulte limite forcément leur champ d'investigation (Rickert, 1921, 40). Lorsque les limites des sciences de la nature sont atteintes, c'est vers l'histoire que l'on se tourne. Ce que les sciences de la nature ne peuvent saisir, à savoir l'individualité, la singularité de chaque phénomène, seule une science portant sur le passé peut le faire ; et la science portant sur le passé est précisément l'histoire (Rickert, 1921, 48). Cependant, ainsi que le remarque Rickert, on ne peut s'arrêter là. Les partisans du monisme méthodologique peuvent tout à fait souscrire à cette définition de l'histoire et l'invoquer pour nier à cette discipline sa scientificité. Aussi est-il nécessaire de faire la démonstration du caractère scientifique de la logique suivie par l'histoire. Rickert emprunte le même chemin que Lask à ce sujet en indiquant que cette question renvoie au problème de la formation des concepts historiques. Il s'agit de déterminer comment se forment les concepts dans les sciences historiques, mais surtout dans quelle mesure cette formation peut s'avérer « objective ». Rickert introduit à cet endroit de son raisonnement le second critère de démarcation : le critère matériel.

– Des sciences historiques et culturelles

À ce niveau, les sciences historiques sont également *culturelles*. En effet, la procédure d'abstraction dans les sciences de la nature ne relève que d'un intérêt pour le général. En revanche, l'intérêt pour l'individuel ne suffit pas à expliquer la formation des concepts historiques. Reprenant l'idée « d'irrationalité de la réalité », Rickert montre que l'historien est amené à choisir, parmi l'infinité du matériau historique, les individualités et singularités qui lui semblent dignes d'intérêt. Ce choix repose sur un *rapport aux valeurs* : c'est parce que les objets, dans une perspective historique, ont une valeur qu'un choix peut être fait parmi eux. Or, cette valeur est liée à la culture, il s'agit de valeurs culturelles, puisque c'est le contenu d'une culture qui va permettre de hiérarchiser les individualités en termes d'importance. Ce rapport aux valeurs fonde la spécificité des sciences de la culture : « À partir de la présence ou de l'absence de ce *rapport à la valeur*, on peut distinguer avec certitude deux types d'*objets* scientifiques, et du point de vue méthodologique nous avons le droit de le faire uniquement parce que, si on fait abstraction de la valeur qui lui est attachée, tout processus culturel réel doit être considéré aussi dans son rapport avec la nature, et finalement en tant que nature même » (Rickert, 1926, 43). Les valeurs n'ont pas d'existence en elles-mêmes, la seule question qui importe est de savoir dans quelle mesure elles sont *valides* (Rickert, 1926, 47) : un objet a une valeur à partir du moment où un grand nombre d'individus appartenant à une communauté donnée s'accorde pour lui donner une signification culturelle. En d'autres termes, c'est le contexte culturel et historique qui oriente le chercheur dans le choix des individualités historiques considérées comme importantes. La culture est ainsi le pendant matériel des sciences historiques au sens formel : les sciences historiques de la culture s'opposent aux sciences de la nature, à la fois sur les plans formel et matériel.

Il reste à ce stade à répondre à trois interrogations essentielles : la distinction entre *rapport* aux valeurs et *jugements* de valeur, l'existence ou non de valeurs « objectives », c'est-à-dire universelles, la place de l'économie dans la typologie proposée par Rickert. Concernant la première question, Rickert est explicite (Rickert, 1921, 88) : l'histoire n'a pas pour objet de porter un jugement, elle détermine ce qui est important, ce qui a une signification historique. Les sciences historiques de la culture ne visent pas à juger les individus historiques sur la base des valeurs, mais à montrer leur importance au regard de ces dernières. Selon Rickert, tout jugement de valeur est irrationnel dans la mesure où il n'existe pas de principe pouvant permettre de les départager (Oakes, 1997). Le seul moyen de rendre des jugements de valeur commensurables est de les asseoir sur une référence commune définie par des « valeurs repères ». À l'inverse, il existe, selon Rickert, des moyens de résoudre les conflits entre plusieurs valeurs pertinentes. Il s'ensuit que les sciences historiques peuvent prétendre à l'objectivité, au même titre que les sciences de la nature. Mais il faut pour cela faire la démonstration qu'il existe des valeurs (en fait, au moins une) universellement valables, qui ne puissent être contestées et qui servent de point de départ à l'enquête historique. Rickert entreprend cette tâche dans une optique typiquement kantienne en cherchant, à partir d'un raisonnement transcendantal, à démontrer que de telles valeurs existent. Il s'agit de démontrer formellement la nécessité logique de l'existence de certaines valeurs universelles, sans que pour autant l'on soit forcément informé sur leur contenu. Rickert part de la valeur fondamentale qui guide tout travail théorique et scientifique : la vérité. Il démontre alors qu'il est logiquement impossible de lui nier un caractère universel dans la mesure où sa négation revient, en elle-même, à affirmer une vérité et donc à la valider de fait : « L'affirmation selon laquelle une certaine position est incertaine ou douteuse est en elle-même une proposition contenant une assertion présentée comme vraie » (Oakes, 1988, 106, notre traduction). Douter de la vérité est absurde dans la mesure où cela revient à douter de la base sur laquelle se forme ce doute. Ce faisant, Rickert parvient notamment à réfuter les thèses relativistes et donc à démontrer l'objectivité des sciences historiques[1]. La solution de Rickert pour éviter le relativisme

---

1 La démonstration transcendantale de Rickert a été attaquée par plusieurs auteurs, souvent à juste titre. Aron (1969) lui reproche sa démarche excessivement déductive partant d'hypothèses fortes, mais non évidentes (l'objectivité de certaines valeurs) avant même de

est donc de partir d'un sujet transcendantal, hors de son temps, et non d'un individu déterminé, vivant dans une société particulière.

Le statut de la science économique au regard du cadre élaboré est traité par Rickert à plusieurs endroits. L'économie appartient à ce que Rickert (1926) nomme les « domaines intermédiaires », c'est-à-dire un ensemble de disciplines scientifiques adoptant tantôt la logique de recherche des sciences de la nature, tantôt celle des sciences de la culture. Contre certaines de ses critiques, Rickert insiste bien sur le fait qu'il ne considère pas l'économie comme relevant uniquement de la logique historique (Rickert, 1926, 154). Pour autant, et c'est là un élément essentiel, l'économie ne peut être uniquement définie comme une science purement nomothétique. Ses visées généralisantes ne doivent pas occulter l'importance de la dimension historique et de la prise en compte du singulier et du spécifique (Rickert, 1926, 154n).

LES IMPLICATIONS ÉPISTÉMOLOGIQUES DU NÉO-KANTISME

La place de la psychologie

La théorie de la connaissance néo-kantienne a une implication importante sur un point dont on verra, notamment lorsqu'il sera question de la philosophie pragmatiste et de certains travaux institutionnalistes, qu'il est fondamental : la place et le rôle de la psychologie dans les sciences sociales, et en particulier en économie. Si on a pu voir que la place accordée par Dilthey à la psychologie dans le cadre des sciences de l'esprit a été fluctuante, il en va différemment des auteurs strictement néo-kantiens, à commencer par Rickert.

En fondant pendant un temps les sciences sociales sur une nouvelle psychologie, Dilthey s'est écarté largement du point de départ kantien qui était le sien même si, on l'a vu, il est revenu sur ses positions à la fin

les démontrer. Il se donnerait ainsi ce qui est à justifier, c'est-à-dire le caractère anhistorique des valeurs. Dufour (2003) estime cette condamnation trop rapide car ne reconnaissant pas la nécessité pour tout travail historique de s'appuyer sur des valeurs universelles. Oakes (1988, chap. 4) estime quant à lui que la démonstration de Rickert rate sa cible, car elle ne nous aide en rien à définir des principes permettant de choisir parmi plusieurs valeurs pertinentes. Notons enfin que McCloskey (1998, 180-1) estime que ce type d'argument constitue en fait une pure figure de rhétorique permettant de prouver n'importe quoi (comme l'existence de licornes) en conférant à un objet une existence réelle simplement parce que cet objet a un référent dans le langage.

de sa vie. Pour Rickert et les néo-kantiens, cet appui sur la psychologie est inadéquat dans la mesure où il revient à faire reposer les sciences sociales sur des fondements naturalistes. Cela est lié au rejet de toute dichotomie ontologique entre le monde de la nature et celui de l'histoire : la psychologie, parce qu'elle vise nécessairement à une connaissance nomothétique, ne peut être utile pour fonder les sciences historiques. La mise en avant du critère formel de distinction entre deux types de logique scientifique conduit donc à l'idée que c'est uniquement sur le plan transcendantal, donc, par définition, hors de l'expérience, que l'on peut asseoir l'existence des sciences sociales. La « compréhension » historique, c'est-à-dire la méthode reposant sur le rapport aux valeurs, est totalement indépendante de toute considération psychologique (Rickert, 1926, 96-98). Dans l'absolu, cela n'indique pas que la psychologie ne puisse pas, en certaines occasions, venir compléter les sciences sociales, mais ces dernières sont logiquement autonomes.

Le dualisme méthodologique

Le second apport de la théorie de la connaissance néo-kantienne réside dans la mise en avant de l'idée de *dualisme méthodologique*. Le positivisme a pour caractéristique, au travers d'une forme de naturalisme mettant sur le même plan sciences de la nature et sciences sociales, de défendre un monisme méthodologique. Dans cet optique, il est considéré que ces deux types de sciences ont les mêmes objectifs, que leur structure d'explication respective est la même, ainsi que les critères permettant d'évaluer les théories qui en sont issues. Les travaux de Dilthey et ceux de l'école de Heidelberg viennent concrétiser une intuition du criticisme kantien, à savoir que la nature et l'histoire ne relèvent pas du même mode de connaissance. Mais tandis que Kant avait circonscrit le domaine de la connaissance au domaine naturel, les néo-kantiens ont entrepris de fonder logiquement la légitimité des sciences historiques. Au-delà des divergences que l'on a pu repérer entre les différents auteurs néo-kantiens, il ressort une idée fondamentale : la démarche scientifique devant être adoptée dans les sciences historiques, dont l'économie relève au moins pour partie, doit se développer suivant une logique visant à saisir la spécificité de chaque contexte socio-historique étudié et renoncer à la recherche de lois universelles supposées pouvoir s'appliquer en tout lieu et tout temps.

Le dualisme méthodologique qui ressort des analyses néo-kantiennes implique de tenir compte des particularités du rapport entre théorie et histoire puisque c'est précisément la dimension historique des sciences sociales qui leur confère un statut à part. Le monde historique a plusieurs spécificités que l'on ne retrouve pas dans les sciences de la nature : il est infiniment complexe et non reproductible, il est en partie accessible par l'expérience interne, il est axiologiquement non-neutre et il ne peut être appréhendé par un biais nomologique. L'ensemble de ces éléments impose des constructions théoriques qui, inévitablement, diffèrent de celles que l'on peut trouver dans le domaine des sciences de la nature[1]. Il en ressort notamment que la construction des théories ne peut plus être considérée indépendamment du contexte qu'elles sont sensées étudier, et ceci à double titre : d'une part, suivant la doctrine du rapport aux valeurs, la construction même de l'objet historique étudié et les concepts qui sont mobilisés *dépendent du contexte historique et culturel dans lequel ils sont conçus et élaborés*. D'autre part, les théories construites ne peuvent, dans une large mesure, que viser à une compréhension de ce qui fait la spécificité du contexte étudié. Si cette dernière peut être mise en perspective par des études comparatives, les théories produites doivent être adaptées à cet objectif idiographique avant de s'inscrire dans une perspective nomologique. Dans cet ouvrage, nous réunissons ces deux éléments combinés sous le terme *d'historicisation de la théorie*.

ENTRE IDÉALISME ET EMPIRISME, L'APPORT DÉCISIF DE LA PHILOSOPHIE PRAGMATISTE AMÉRICAINE

La philosophie pragmatiste est née aux États-Unis dans les années 1870. Il est souvent considéré que l'acte fondateur de ce courant est constitué par un article du philosophe Charles Sanders Peirce

1 Notons, que ni Dilthey, ni les philosophes de l'école de Heidelberg n'ont cherché véritablement à spécifier les formes que doit prendre la théorisation en sciences sociales. Leurs contributions se sont essentiellement arrêtées à une justification de l'autonomie d'une logique scientifique distincte de celle des sciences de la nature. C'est à des auteurs comme Max Weber qu'il reviendra de dépasser ce stade pour préciser la méthodologie des sciences sociales.

(1839-1914), « *La logique de la science* », paru en 1877 et 1878 dans la revue *Popular Science Monthly* (Peirce, 1984). Deux autres auteurs ont également joué un rôle dans le développement de la pensée pragmatiste : le philosophe et psychologue William James (1842-1910) et le philosophe John Dewey (1859-1952). Le pragmatisme est un courant spécifiquement américain, mais dont l'origine se trouve dans l'influence de trois évolutions scientifiques majeures s'étant produites dans la seconde moitié du XIXe siècle : la théorie évolutionniste darwinienne en ce qu'elle met en avant l'indétermination de l'évolution, la psychologie empirique qui met notamment en valeur l'importance des habitudes de pensée, et le développement des sciences expérimentales dans lesquelles le pragmatisme fondera son rejet de la contemplation au profit de l'action. Il est maintenant largement accepté[1] que la philosophie pragmatiste a sensiblement influencé les travaux des principaux auteurs institutionnalistes américains, à savoir Thorstein Veblen, John R. Commons et Clarence E. Ayres. Il importe ici de déterminer les éléments essentiels de la philosophie pragmatiste ayant contribué à amener les auteurs institutionnalistes à adopter certains principes fondamentaux caractérisant le programme de recherche institutionnaliste. De ce point de vue, la philosophie pragmatiste a pour particularité de développer parallèlement, et de manière intimement liée, une théorie de la connaissance et une théorie de l'action. Ces deux éléments ont participé à l'élaboration des trois propositions constitutives d'un rapport spécifique de la théorie à l'histoire sous la forme d'une *historicisation de la théorie.*

LA THÉORIE DE LA CONNAISSANCE PRAGMATISTE

La théorie de la connaissance pragmatiste est essentiellement issue des travaux fondateurs de Peirce et de ceux, s'inscrivant dans une perspective légèrement différente, de Dewey.

---

1 Voir, par exemple, Bazzoli (1999 ; 2000a ; 2000b ; 2000c), Bazzoli et Dutraive (1997 ; 2005a), Gislain (2000), Griffin (1998), Hall et Whybrow (2008), Jensen (1987), Kilpinen (1999 ; 2003 ; 2004), Liebhafsky (1993), Mirowski (1987), Renault (1992), Webb (2002 ; 2007) Wible (1984).

Peirce et la méthode scientifique

– Une critique de l'idéalisme et du cartésianisme

Le pragmatisme de Peirce[1] (ou « pragmaticisme », expression utilisée par Peirce) peut s'appréhender comme une critique simultanée de l'idéalisme, notamment dans sa version hégélienne, mais également kantienne, et de l'empirisme (Guillemin, 1998). De l'empirisme, le pragmatisme refuse la conception sensualiste de la perception et de la connaissance en ce qu'elle ignore l'importance du signe. Pour Peirce, le rapport au réel n'est fait que de signes. En revanche, le pragmatisme partage avec l'empirisme l'importance donnée à l'expérience et aux croyances et habitudes dans la production de la connaissance. À ce titre, la philosophie de Peirce a une incontestable proximité avec l'empirisme de Hume. En fait, la théorie de la connaissance peircienne consiste essentiellement dans une remise en cause radicale du cartésianisme (Tiercelin, 1993). Le pragmatisme de Peirce se place dans une perspective réaliste s'opposant au nominalisme (Peirce, 2002) : le réalisme philosophique consiste à postuler que les Universaux, c'est-à-dire les idées et concepts généraux que l'on forme à partir du réel, ont le même statut que les objets empiriques et les individus desquels ils sont issus. Il s'agit aussi d'un réalisme ontologique qui renvoie à l'idée qu'il existe une réalité indépendante des représentations que l'on peut en avoir. Pour autant, cette réalité n'est accessible que par les signes, c'est-à-dire par le langage : ce réalisme « défend l'idée que les objets existent en dehors de notre pensée mais que le réel n'est accessible que par les « signes » (le langage), si bien que le problème est de faire porter le processus de pensée sur des objets réels et de les confronter constamment à l'expérience » (Bazzoli et Kirat, 2003, 9). Partant de là, l'opposition avec la philosophie de Descartes est claire, et Peirce (2002) dans un article de 1868 est très explicite sur ce point. En premier lieu, c'est contre le doute radical cartésien que la critique peircienne est dirigée. Selon Descartes, l'individu doit douter de tout de manière systématique. Peirce considère ce doute systématique non seulement comme impossible mais aussi comme nuisible. En effet, il

1 Voir Tiercelin (1993) pour une analyse du pragmatisme de Peirce. Nous nous appuyons en partie sur cet ouvrage dans cette section.

relève déjà que l'on ne peut douter de quelque chose dont on a pas conscience ; or, selon Peirce, l'esprit humain est fait de croyances et d'habitudes qui ne sont pas forcément conscientes. Peirce ajoute que chaque individu a des préjugés fortement ancrés de telle sorte qu'il est impossible de commencer par le doute complet (Peirce, 2002, 37). Il vaut mieux admettre ces préjugés et en tenir compte. En d'autres termes, il apparaît que le doute radical revient à supposer que l'on puisse penser au-delà de nos croyances, ce qui constitue une impasse logique.

Peirce ne rejette pas pour autant totalement le doute, mais il défend un « doute positif », qui ne soit pas une simple déclaration d'intention. Ce doute doit être « honnête » et, selon Peirce, si on ne choisit pas de douter, le doute constitue néanmoins le moteur de l'enquête scientifique : le but de l'enquête est de fixer des croyances là où le doute s'est installé.

La critique opérée par Peirce à la philosophie cartésienne va plus loin. Notamment, il rejette deux aspects essentiels que l'on retrouve chez Descartes : le pouvoir d'intuition et le pouvoir d'introspection. L'intuition est essentielle chez Descartes en ce qu'elle fait de l'individu un être pouvant accéder de manière autonome à la vérité. Dit autrement, chez Descartes, l'individu n'a besoin de personne d'autre que sa raison pour produire des connaissances. Peirce rejette cette conception en ce qu'elle fait l'impasse sur le rôle fondamental du langage dans la pensée. Or, le langage ne peut s'acquérir de manière autonome. De manière plus générale, par cette critique du pouvoir d'intuition, Peirce s'attaque surtout à la notion de « pensée privée » en prenant le contre-pied du cartésianisme : chez Descartes, la pensée privée, c'est-à-dire la conscience, est première. Pour Peirce, la conscience est au contraire le résultat d'une confrontation de l'individu avec le monde extérieur. En d'autres termes, « la conscience de soi ne surgit pas au terme d'un processus eidétique de mise entre parenthèses du monde extérieur, du corps sensible et d'autrui, mais par une série d'étapes dans lesquelles le corps, les objets, les autres et le langage ont un rôle déterminant » (Tiercelin, 1993, 23). La démarche de Peirce est donc totalement à l'opposé de celle de Descartes, elle procède à une critique radicale de l'individualisme hérité de la pensée cartésienne.

Peirce rejette de la même manière le pouvoir d'introspection que Descartes confère à l'individu en niant une éventuelle séparation entre un monde extérieur et un monde intérieur (Peirce, 2002, 30). Selon Peirce, le monde intérieur, qui correspond à la conscience, n'est connaissable qu'en passant par le monde extérieur, l'introspection totale n'existe pas. On comprend ainsi que pour Peirce, l'expérience est fondamentale. C'est l'expérience qui structure la pensée de l'individu. Ce faisant, Peirce est amené à rejeter les traditionnelles dichotomies entre corps et esprit et entre faits et pensées héritées du cartésianisme. Enfin, via cette critique du cartésianisme, Peirce met en valeur deux autres incapacités : l'incapacité de pouvoir penser sans signe, et l'incapacité de pouvoir penser l'absolument inconnaissable. Ces deux incapacités visent à supprimer le mythe d'une pensée toute puissante et autonome, conférant à l'homme le pouvoir de connaître par lui seul.

– Peirce et la « logique de la science »

La critique du cartésianisme sert à Peirce de point de départ pour élaborer sa propre théorie de la connaissance. Cette dernière est précisée notamment à l'occasion de l'article, publié en deux parties, « *La logique de la science* » en 1878 (Peirce, 1984). Il ressort de cet article, et des autres écrits de Peirce, que le pragmatisme est en fait une logique de la connaissance. Le point de départ est la notion de doute, mais dans un sens non cartésien. C'est le doute, en tant que sensation de malaise traduisant un décalage entre nos croyances et la réalité, qui nous pousse à entreprendre une recherche pouvant y mettre fin. En d'autres termes, Peirce conceptualise le processus de recherche comme un mouvement partant d'un sentiment de doute et allant jusqu'à la formation de croyances : « Le doute est un état de malaise et de mécontentement dont on s'efforce de sortir pour atteindre l'état de croyance. Celui-ci est un état de calme et de satisfaction qu'on ne veut pas abandonner ni changer pour adopter une autre croyance » (Peirce, 1984, 274). L'essence de la croyance correspond à l'établissement d'une habitude, c'est-à-dire que l'objet de la pensée est de produire des habitudes d'actions, contribuant à apaiser notre esprit. Dans la conception peircienne, le doute n'est donc pas volontaire, il ne relève pas d'un choix. Il est la manifestation d'une inadéquation des croyances et des habitudes en place avec le réel, inadéquation qui est révélée par l'expérience. Mais ce doute ne correspond pas à un besoin immédiat de supprimer les croyances en place[1], mais de les tester d'abord, et de les améliorer ou de les rejeter ensuite. Le point de départ de l'enquête scientifique est invariablement un état de croyance fragilisé par le doute, pour aboutir nécessairement dans l'établissement d'une opinion, consistant dans la formation de nouvelles croyances. Ce faisant, on trouve là une critique implicite tant de l'idéalisme, pour qui la démonstration doit partir de principes premiers universels incontestables, que de l'empirisme qui considère que les propositions de départ doivent être des sensations premières.

Cela amène Peirce à distinguer quatre méthodes de fixation des croyances : la méthode de ténacité, la méthode d'autorité, la méthode *a priori* et la méthode scientifique (Peirce, 1984, 278 et suiv.)[2]. La méthode de ténacité consiste à préconiser le maintien à tout prix des croyances antérieures. Comme le note Peirce, bien qu'appliquée souvent dans la pratique, elle ne peut l'être constamment car « elle a contre elle les instincts sociaux » (Peirce, 1984, 278). Le maintien par un individu de ses croyances sera contrarié par son observation du fait que d'autres individus pensent autrement, ce qui est susceptible d'ébranler sa confiance en ce qu'il croit. La méthode d'autorité est essentiellement le fait de l'État, puisqu'il s'agit d'imposer autoritairement certaines croyances à d'autres. Ici encore, il est impossible d'empêcher l'apparition d'un doute chez certains individus, dès lors que certains peuvent observer que d'autres n'ont pas les mêmes croyances qu'eux, et de toute évidence que ces croyances ne sont pas plus erronées que les leurs. La méthode *a priori* consiste à adopter certaines propositions fondamentales parce qu'elles sont « agréables à la raison ». Selon Peirce, elle a pour défaut de tomber dans le relativisme le plus complet dans la mesure où il est impossible de fonder des propositions objectives de manière *a priori*. Reste donc la méthode scientifique : « Pour mettre fin à nos doutes, il nous faut donc trouver une méthode grâce à laquelle nos croyances ne soient produites par rien d'humain, mais par quelque chose d'extérieur à nous et d'immuable, quelque chose sur quoi notre pensée n'ait point d'effet » (Peirce, 1984, 282). Cette méthode repose sur un postulat fondamental, expression du réalisme ontologique évoqué plus haut :

1 Selon Peirce, cela est logiquement impossible. D'une part, certaines croyances sont inconscientes et l'on ne peut douter de ce dont l'on a pas conscience. D'autre part, ne pas croire en ce que l'on croit n'a pas de sens.

2 Voir aussi Tiercelin (1993, 90 et suiv.).

> Il existe des réalités dont les caractères sont absolument indépendants des idées que nous pouvons en avoir. Ces réalités affectent nos sens suivant certaines lois, et bien que nos relations soient aussi variées que nos relations avec les choses, en nous appuyant sur les lois de la perception, nous pouvons connaître avec certitude, en nous aidant du raisonnement, comment les choses sont réellement ; et tous les hommes, pourvu qu'ils aient une expérience suffisante et qu'ils raisonnent suffisamment sur ces données, seront conduits à une seule et véritable conclusion (Peirce, 1984, 282).

La méthode scientifique est ainsi la seule qui nous permette de distinguer les croyances justifiées de celles qui n'ont pas (ou plus) de fondement.

Selon Peirce, c'est Descartes qui a inauguré la méthode *a priori* (Peirce, 1984, 288). Mais c'est au pragmatisme qu'il revient de spécifier la méthode scientifique. Le pragmatisme en tant que méthode scientifique est « une méthode de clarification et de détermination des concepts, ou signes intellectuels » (Tiercelin, 1993, 32). Cet aspect ressort au travers de la « maxime pragmatiste » que Peirce énonce dans ces termes : « Considérer quels sont les effets pratiques que nous pensons pouvoir être produits par l'objet de notre conception. La conception de tous ces effets est la conception complète de l'objet » (Peirce, 1984, 297). Cette maxime exprime l'idée que toute entité ou chose doit se définir, pour une exigence de clarté, par ses effets sensibles et ses implications pratiques. C'est ainsi que les croyances erronées et les confusions pourront être repérées et éliminées. Le corollaire est donc le suivant : « Pour développer le sens d'une pensée, il faut donc simplement déterminer quelles habitudes elle produit, car le sens d'une chose consiste simplement dans les habitudes qu'elle implique » (Peirce, 1984, 296). Pour autant, si l'objectif de la démarche scientifique est précisé, cela n'est pas encore le cas de son déroulement. Dans cette optique, Peirce met en avant le caractère nécessaire mais non suffisant de la déduction et de l'induction (Peirce, 2006). La déduction est un raisonnement nécessaire dans le sens où elle consiste à passer logiquement d'hypothèses ou de prémisses à leur conclusion logique. La fausseté ou la véracité de l'hypothèse ou du résultat n'a rien à voir avec le raisonnement (Peirce, 2002, 381). L'induction est quant à elle considérée par Peirce comme « le test expérimental d'une théorie ». Elle sert à mesurer le degré d'accord entre une théorie et les faits[1]. Pour

1 Contrairement à ce qui a pu parfois être écrit sur le pragmatisme, celui-ci n'est donc pas un empirisme naïf. Peirce est explicite sur ce point : l'induction est une inférence *non*

autant, ni l'induction ni la déduction ne permettent d'introduire des idées nouvelles (Peirce, 2002, 401). La déduction comme l'induction ne sont que des inférences explicatives (*Truth-confirming*) (Kilpinen, 2003) mais pas « amplificatrices » (*Truth-advancing*). Ce privilège appartient à une troisième forme d'inférence : l'abduction, que Peirce nomme occasionnellement rétroduction. L'abduction est le processus de pensée par lequel est constituée une hypothèse explicative concernant un phénomène donné. C'est ainsi un raisonnement s'appuyant sur l'observation et prenant la forme suivante (Peirce, 2002, 425) :

Le fait surprenant *C* est observé ;
Mais si *A* était vrai, *C* irait de soi.
Partant, il y a des raisons de soupçonner que *A* est vrai.

L'abduction est à la base de nos jugements perceptuels, c'est-à-dire les jugements à partir desquels l'individu forme les premières prémisses de son raisonnement et qui sont ensuite considérées comme « évidentes » (acquérant ainsi le statut de postulat). Mais l'abduction est aussi à l'origine de la formation d'hypothèses plus faibles, visant à être directement testées lors de l'enquête scientifique. Pour Peirce, le pragmatisme n'est en fait rien d'autre qu'une logique de l'abduction (Peirce, 2002, 431).

– Une théorie de la connaissance évolutionniste et faillibiliste

La méthode scientifique pragmatiste, se caractérisant par l'enchaînement abduction-déduction-induction, associée au réalisme ontologique et philosophique, amène Peirce à développer une conception faillibiliste et évolutionniste de la vérité. Le pragmatisme est une philosophie fortement marquée par l'influence de l'évolutionnisme en général et du darwinisme en particulier. Il en découle une prise en compte du changement, notamment de son aspect imprévisible et indéterminé. C'est là un point de rupture majeur avec le déterminisme cartésien, mais aussi avec le déterminisme dialectique de Hegel. Du darwinisme, les pragmatistes vont notamment retenir l'idée de mouvement perpétuel et d'indétermination. Cela signifie, que la vérité n'est jamais fixée et est toujours factuelle et relative. Ce « réalisme du vague » amène à une conception de la vérité particulière.

---

démonstrative, elle ne sert pas à prouver une théorie ni même à en élaborer une.

Peirce ne nie pas l'existence du vrai, mais il lui donne une définition particulière, contextuelle et consensuelle. Du fait de l'indéterminisme à l'œuvre, nous ne pouvons jamais dire d'une vérité qu'elle est absolue. Par définition, toute vérité est faillible, elle n'est jamais définitive. Pour Peirce, la vérité sera ce vers quoi tend l'enquête scientifique, c'est-à-dire vers les croyances rendues satisfaisantes par l'enquête (Tiercelin, 1993, 105). Selon Peirce, est vrai ce sur quoi s'accordent les scientifiques, ce qui signifie que la réalité est indissociable de l'idée sociale de la communauté et que la vérité est le résultat de la correspondance entre un monde extérieur réel et le langage. La vérité est ainsi par définition provisoire et faillible. Dans une perspective pragmatiste, la vérité s'apparente à un accord conditionnel, susceptible d'être remis en cause à chaque instant par l'expérience et l'expérimentation. Ce faillibilisme peircien est déstabilisant en ce qu'il est autant ontologique qu'épistémologique : la nature des choses elle-même est indéterminée. Ce faisant, le pragmatisme est un rempart au dogmatisme. Mais il est aussi un remède au scepticisme radical dans la mesure où il souligne que ce qui importe, c'est notre croyance, qui par définition est toujours juste.

Dewey et la logique de l'enquête scientifique

– Pragmatisme et instrumentalisme

John Dewey est l'autre représentant majeur du pragmatisme américain. Egalement connu pour ses apports en science de l'éducation et en philosophie politique, Dewey a surtout développé une théorie de la connaissance (étroitement articulée à une théorie de l'action) et de l'enquête scientifique qui, tout en s'inspirant largement des idées de Peirce, se distingue par quelques spécificités. On peut tout d'abord noter que Dewey préférait désigner sa démarche par le terme d'instrumentalisme, et non de pragmatisme[1]. L'instrumentalisme exprime une idée fondamentale chez Dewey qui fait le lien entre sa théorie de la connaissance et sa philosophie sociale : l'enquête scientifique, comme de manière générale la vie humaine dans son ensemble, s'organise selon un *continuum*

1 Le terme d'instrumentalisme a d'ailleurs été source de confusion puisque certains auteurs ont assimilé l'instrumentalisme de Dewey à celui de Milton Friedman (1953) alors qu'il est clair que les démarches épistémologiques respectives de Dewey et Friedman n'ont rien en commun. Sur ce sujet, voir Wible (1984).

« moyens-fins-moyens ». En d'autres termes, les fins poursuivies par l'activité humaine n'ont de sens qu'en tant que moyens pour atteindre d'autres fins. On retrouve ainsi une idée proche de celle exprimée dans la maxime pragmatiste. Concernant plus spécifiquement l'enquête scientifique, cela indique que cette dernière est un processus actif dont la finalité doit être la production de moyens visant à l'amélioration de la vie humaine.

L'ouvrage majeur de Dewey concernant la théorie de la connaissance est *Logique : la théorie de l'enquête* (Dewey, 1938). Ce travail fait clairement apparaître la conception de l'enquête scientifique de Dewey, qui est d'ailleurs très proche de celle de Peirce : « L'enquête est la transformation contrôlée ou dirigée d'une situation indéterminée en une situation qui est si déterminée en ses distinctions et relations constitutives qu'elle convertit les éléments de la situation originelle en un tout unifié » (Dewey, 1938, 169). Dewey (1938, 63) reprend quasiment à l'identique les catégories de « doute » et de « croyance » de Peirce. De même, comme Peirce, Dewey (1938, 69) situe les principes logiques premiers dans des habitudes (croyances) qui préexistent nécessairement avant le début de l'enquête scientifique. Selon cet auteur, l'enquête scientifique se développe à partir de deux « matrices existentielles » : une matrice biologique et une matrice culturelle. La première matrice exprime l'idée que toute enquête scientifique a une dimension naturaliste (Dewey, 1938, 81-82). L'idée de matrice culturelle reprend la critique peircienne du cartésianisme et notamment de sa dualité corps/esprit. Dewey y souligne également l'importance de l'influence de l'environnement culturel sur l'homme (Dewey, 1938, 102). De manière générique, le but de toute enquête scientifique selon Dewey (1938, 231) est de transformer le matériau dont elle traite, ou plus exactement le jugement que l'on porte sur lui : l'enquête part toujours d'une situation considérée comme problématique et indéterminée et ne s'achève qu'à partir du moment où un jugement sur cette situation peut être émis, c'est-à-dire que la situation est considérée comme résolue et déterminée. De ce point de vue, Dewey s'oppose à ce qu'il appelle la « conception immédiate » de la connaissance. À l'inverse, il considère que cette dernière est de nature médiate, et notamment qu'on ne doit pas faire reposer l'enquête sur certains axiomes considérés comme évidents. Au contraire, l'existence de ces derniers est contre-productive pour le progrès scientifique (Dewey,

1938, 212). Toute enquête scientifique s'inscrit donc dans un processus d'ensemble, de nature cumulative où les résultats précédents (qui débouchent sur des croyances) sont sans cesse remis en cause (Dewey, 1938, 326). Concernant les modes d'inférence propres au raisonnement scientifique, Dewey, contrairement à Peirce, ne met pas en avant une troisième forme complémentaire à l'induction et à la déduction. En revanche, le caractère complémentaire de ces deux dernières est souligné, le stade hypothético-déductif n'étant clairement qu'intermédiaire dans le processus de l'enquête, isolé des stades initial et terminal de l'enquête (Dewey, 1938, 523-4).

– La spécificité des sciences sociales

Cette conception générale est valable pour toutes les sciences. Dewey précise néanmoins certains éléments pour l'histoire et les sciences sociales en général. En rapport avec le rejet de la dichotomie entre théorie et pratique, Dewey développe une réflexion intéressante sur la relation entre généralité et singularité dans le cadre de l'enquête scientifique. La position du philosophe américain est explicite : ne considérer comme scientifique que les propositions générales est un choix purement arbitraire (Dewey, 1938, 535). Concernant l'histoire, la question n'est pas de savoir si elle est ou peut devenir une science, mais plutôt de « savoir si les *procédés* employés par les historiens ne peuvent pas avoir une qualité scientifique » (Dewey, 1938, 535). L'histoire, comme d'autres sciences (Dewey cite la biologie et la géologie), s'occupe surtout de la détermination des singuliers. Les énoncés généraux, s'il ne sont pas directement issus des énoncés singuliers, n'ont toutefois de sens que dans l'interprétation des singuliers (Dewey, 1938, 535-536). Dans ce cadre, et cela est valable pour l'ensemble des sciences, la recherche de lois a une nature purement fonctionnelle : dans une perspective instrumentaliste, la découverte de loi n'est pas une fin en soi, mais un *moyen* pour interpréter une situation spécifique et individuelle.

Le chapitre 24 de la *Logique* est entièrement consacré à l'enquête sociale. Il apparaît clairement que Dewey rejette la perspective positiviste et naturaliste telle qu'elle peut se manifester chez un auteur comme Comte (Dewey, 1938, 589). On retrouve également une idée d'historicisation de la théorie, telle que nous l'avons définie précédemment :

> Toute enquête procède à l'intérieur d'une matrice culturelle qui est en dernière analyse déterminée par la nature des relations sociales. L'objet de l'enquête physique à n'importe quel moment tombe dans un champ social plus vaste. Les techniques disponibles à un moment donné dépendent de l'état de la culture matérielle et intellectuelle à ce moment (Dewey, 1938, 590).

Selon Dewey, les relations sociales et de manière plus générale le contexte social dans son ensemble contribuent à orienter la recherche, son objet et ses moyens. Plus spécifiquement, l'enquête qui porte sur un objet social doit, pour remplir les conditions de la méthode scientifique : a) naître de tensions ou de troubles sociaux réels, b) voir leur objet déterminé par les conditions en tant que moyens matériels pour produire une situation unifiée et c) être en relation avec une hypothèse qui soit une ligne de conduite pour la résolution de la situation sociale conflictuelle (Dewey, 1938, 602). Au même titre que l'enquête scientifique dans son ensemble, l'enquête sociale ne peux jamais partir de faits « bruts ». Une sélection, fondée sur la formation d'une hypothèse généralisante, est un préalable indispensable à la constitution du matériau soumis par la suite à examen (Dewey, 1938, 600). Même si elle est exprimée différemment, il semble que l'on retrouve ici l'idée de rapport aux valeurs développée par Rickert (*cf. supra*). La dimension historique des faits sociaux est également considérée par Dewey comme essentielle. Les phénomènes physiques ont également une dimension historique, mais ils peuvent être isolés de leur contexte d'occurrence pour être étudiés. Il n'en va pas de même pour les phénomènes sociaux qui, par nature, ont la propriété d'être un élément constitutif moteur de l'histoire (Dewey, 1938, 604). Dewey dégage ici les prémisses d'une articulation théorie/histoire spécifique aux sciences sociales : les sciences sociales s'intéressent à des phénomènes sociaux dont l'essence réside dans leur dimension historique. Or, toute dimension historique repose sur un élément de singularité s'inscrivant dans un ensemble plus large. Par conséquent, les sciences sociales doivent utiliser la théorie de manière à faire ressortir ces éléments de singularité et à les réinscrire dans le processus historique d'ensemble pour les étudier.

On terminera ce rapide examen de la théorie de la connaissance développée par Dewey en s'arrêtant sur sa conception de la science économique. L'auteur aborde l'économie politique classique vers la fin de la *Logique*. Selon lui, l'économie classique repose précisément sur les principes méthodologiques dénoncés dans son ouvrage, à savoir la mise en avant de « vérités ultimes », lesquelles étaient érigées en axiomes, puis la déduction logique de propositions à partir de ces derniers, propositions qui étaient ensuite conçues comme des normes de l'activité pratique dans le domaine des phénomènes économiques (Dewey, 1938, 607-608). Dans cette perspective, lorsque émergeait un décalage entre propositions théoriques et les faits empiriques, c'était ces derniers qui étaient considérés comme « anormaux ». Dewey souligne les erreurs de cette méthode :

> Du point de vue de la méthode logique, les conceptions impliquées n'étaient pas regardées comme des *hypothèses* à employer dans l'observation et l'ordonnation des phénomènes et donc à mettre à l'épreuve grâce aux conséquences produites en agissant à partir d'eux. Elles étaient regardées comme des *vérités* déjà établies et par conséquent indiscutables. En outre, il est évident que ces conceptions ne furent pas formées par référence aux besoins et aux tensions existant à un *moment* et en un *lieu* particuliers ou comme méthodes pour résoudre les difficultés existant hic et nunc, mais comme principes universels applicables n'importe où et partout (Dewey, 1938, 609).

On a ici tous les éléments constitutifs de la critique du paradigme marginaliste à partir de laquelle s'est construit le programme de recherche institutionnaliste à la fin du XIXe siècle.

LA THÉORIE DE L'ACTION PRAGMATISTE : DEWEY ET LA PSYCHOLOGIE SOCIALE

Les philosophes pragmatistes ont développé, en parallèle de leur théorie de la connaissance, une théorie de l'action. Il apparaît en fait que ces deux dimensions sont intimement liées, la théorie de la connaissance n'étant en fait qu'une application spécifique au domaine de la connaissance scientifique de la conception pragmatiste de l'action humaine. En conséquence, on se contentera ici de préciser les contours de cette théorie de l'action, sachant qu'une grande partie de son contenu vient en fait d'être présentée plus haut. La théorie de l'action pragmatiste est importante puisqu'elle fonde notre proposition concernant l'institutionnalisme méthodologique : le point de départ de l'analyse en sciences sociales ne peut être ni l'individu, ni les structures sociales, mais un certain contexte historique donné dans toute sa complexité. On présentera ici uniquement l'analyse proposée par John Dewey. Il est toutefois important de noter qu'une théorie de l'action est également développée par Peirce et par un autre philosophe pragmatiste important, William James.

Dewey a développé une théorie de la nature humaine qui est notamment exposée dans l'article « *The Reflex Arc Concept in Psychology* » (1896) et surtout dans l'ouvrage *Human Nature and Conduct* (1922). Dans cet ouvrage, Dewey développe l'idée, comme James l'avait fait auparavant, que l'esprit humain est fait d'instincts et d'habitudes, les premiers étant innés et héréditaires, les secondes étant apprises et acquises. Surtout, il développe l'idée d'une conception « intermédiaire » de la nature humaine dans laquelle « tout comportement est une *interaction* entre des éléments de la nature humaine et l'environnement, naturel comme social » (Dewey, 1922, 10, notre traduction). Comme le remarque Renaud (1992), Dewey analyse ainsi l'action humaine au travers de deux matrices, l'une culturelle, l'autre biologique, articulation amenant au passage à remettre en cause, dans la droite lignée de la tradition pragmatiste, la dichotomie corps/esprit. De la même façon, sont rejetées les séparations entre sensations, idées et mouvements qui sont en fait différents aspects d'un même acte. Pour Dewey, l'individu est une « unité organique » dans laquelle on ne peut séparer stimuli et réponse : « le stimuli sensoriel, l'interprétation, et la réponse motrice, c'est-à-dire l'action, sont les parties coordonnées et ontologiquement inséparables de la même activité mentale » (Albert et Ramstad, 1997, 889, notre traduction).

Cette conception organique de la nature humaine est à la base de la psychologie sociale de Dewey. Dans cette dernière, il est considéré que l'unité de base du comportement est l'habitude (Dewey, 1922, 125, notre traduction). En fait, selon Dewey, l'Homme n'est pas fait d'habitude, mais il *est* habitude, il est un ensemble de prédispositions à se comporter de certaines manières. Les habitudes sont vues comme des significations actives, des dispositions à agir, elles sont la volonté humaine. On aura compris que les habitudes sont par essence sociales et culturelles. Elles sont acquises au travers de l'expérience qui se définit comme le résultat des interactions entre l'organisme et l'environnement et qui est donc construite au travers des relations de l'individu avec son milieu social. La caractéristique principale des habitudes est leur stabilité, stabilité qui est notamment le résultat de leur dépendance à la coutume, cette dernière se caractérisant elle-même par une forte inertie. Les habitudes, selon Dewey, viennent de la répétition de certains actes qui est induite par les coutumes préexistantes. En effet, les institutions, les coutumes sociales, les habitudes collectives ne sont pas, dans l'ensemble le résultat d'une consolidation d'habitudes individuelles. Au contraire, « dans une large mesure les coutumes persistent parce que les individus forment leurs habitudes personnelles sous les conditions posées par les coutumes antérieures » (Dewey, 1922, 58, notre traduction). En d'autres termes, il existe une asymétrie temporelle entre l'individu et l'habitude collective, au bénéfice de cette dernière : la coutume est déjà là quand l'individu naît (Dewey, 1922, 58). Il ne s'agit pas, selon Dewey, de postuler une quelconque « priorité » de la société sur l'individu, mais plutôt de montrer que l'association des volontés humaines exerce une contrainte sur les volontés particulières. Les individus acquièrent leurs habitudes au travers de leur participation à des activités qui prennent elles-mêmes place dans un cadre institutionnel préexistant : la psychologie individuelle dérive du social, la psychologie est sociale.

Dewey introduit également dans son analyse la notion d'instinct, qu'il qualifie d'« impulsion » (*impulse*). Contrairement à chez James, les instincts occupent chez Dewey une place clairement secondaire. D'une part, pour ce dernier, l'acquis est primordial dans la conduite, d'autre part, les instincts n'ont aucune signification sans un « médian social » (Dewey, 1922, 89, notre traduction). En fait, les instincts sont rapidement et nécessairement supplantés par les habitudes, ils sont même (dé)formés par elles, jusqu'à devenir eux-mêmes des habitudes. Dès lors, quelle est leur propriété ? Selon Dewey, la fonction principale des instincts consiste à réorienter les habitudes, à faire changer leurs qualités et significations. Ils sont les éléments constituant le socle de l'esprit humain, mais ils sont néanmoins extrêmement malléables.

Dewey conçoit l'esprit en action comme reposant fondamentalement sur les habitudes. Il souligne également le rôle de l'intelligence, c'est-à-dire l'utilisation consciente de l'esprit, dans la modification des comportements habituels. Dans cette perspective, il apparaît que les habitudes, tant qu'elles ne seront pas empêchées de fonctionner correctement par l'environnement, agiront automatiquement comme des routines. Mais à partir de l'instant où elles s'avéreront inefficaces pour régler un problème, et donc pour permettre la coordination entre l'individu et son environnement, la conscience va alors intervenir pour modifier les habitudes via les instincts. Dewey introduit ici les concepts de *facteurs limitatifs* et de *facteurs complémentaires*. Les premiers sont les éléments de l'environnement qui contraignent et restreignent l'action humaine. Les seconds sont ceux qui lui permettent d'agir conformément à ses habitudes. L'action consciente, via notamment sa propriété d'anticipation, sera alors de transformer, en modifiant ses habitudes, les facteurs limitatifs en facteurs complémentaires. Pour Dewey, l'esprit humain est résolument tourné vers le futur et la résolution de problèmes et est de ce fait de nature créative. L'individu cherche perpétuellement à restaurer un minimum de continuité et d'harmonie dans un monde instable et changeant.

LA RELATION THÉORIE/HISTOIRE DANS LA PERSPECTIVE PRAGMATISTE

Contrairement à la philosophie néo-kantienne, il apparaît que le pragmatisme ne se confronte pas directement à la question de la relation théorie/histoire. Toutefois, la philosophie pragmatiste conduit également à l'idée d'historicisation de la théorie, et plus spécifiquement aux trois propositions que l'on a dégagées dans l'introduction.

La théorie de la connaissance pragmatiste mène à l'idée d'historicisation de la théorie. La conception faillibiliste et évolutionniste que l'on retrouve chez Peirce et, à un degré moindre, chez Dewey, indique ainsi que l'enquête scientifique doit toujours remettre en cause les résultats (les croyances) auxquels elle a pu précédemment aboutir. En d'autres termes, la vérité est changeante, tant sur le plan épistémologique (on ne peut jamais être certain de la vérité absolue d'une théorie, elle peut être amenée à être remplacée) que sur le plan ontologique (la réalité est changeante et donc le consensus sur celle-ci également). Il y a bien la nécessité de prendre en compte une forme de *spécificité historique* qui apparaît encore plus clairement quand Dewey met en garde contre l'usage systématique d'axiomes ou de propositions considérées comme universellement vraies. La découverte de lois n'est jamais la fin ultime de l'enquête scientifique, mais plutôt un moyen (selon le *continuum* mis en avant par Dewey) pour progresser dans notre maîtrise *pratique* des phénomènes économiques et sociaux. La théorie n'apparaît donc pas comme un bloc monolithique devant s'appliquer systématiquement, mais plutôt comme le produit d'une interaction entre l'environnement étudié, l'objet conféré à l'enquête, et les hypothèses posées par le chercheur. Et, comme on a pu le montrer plus haut, chez Dewey, on retrouve l'idée de la nécessité de s'intéresser à la dimension historique des phénomènes sociaux, c'est-à-dire à ce qui fait la singularité de chacun d'entre eux.

Cette prise en compte de la spécificité historique doit se faire par un rapport théorie/histoire dont rend compte le concept d'abduction de Peirce et qui renvoie par ailleurs à au troisième principe constitutif de l'institutionnalisme historique. Raisonnement partant de l'observation, l'abduction est l'inférence par laquelle la théorie peut évoluer au contact du contexte empirique. Plus précisément, c'est par l'abduction que le chercheur peut réviser ses postulats et hypothèses de départ. En combinant de la sorte inférence abductive, conception faillibiliste de la vérité et instrumentalisme, le pragmatisme décrit une démarche scientifique (qui ici, semble devoir s'appliquer à l'ensemble des sciences) où la théorie est sans cesse remise en cause, amendée, afin de s'adapter au mieux à la réalité étudiée. Dans la mesure où les philosophes pragmatistes, et notamment Peirce, ne se sont jamais spécifiquement intéressés aux sciences sociales et en particulier à l'économie[1], il est difficile d'aller plus loin ici sur la question du rapport entre théorie économique et histoire. Toujours est-il qu'il apparaît que la conception de la méthode scientifique au sens pragmatiste est en accord avec l'idée d'historicisation de la théorie telle que nous l'avons définie et dont on essaye de montrer qu'elle est caractéristique de nombreux travaux institutionnalistes.

Par ailleurs, la théorie de l'action pragmatiste va dans le sens de l'institutionnalisme méthodologique. Que ce soit chez Peirce ou Dewey, on est en présence de l'idée que l'action des individus est toujours socialement et culturellement située. Par conséquent, toute enquête scientifique portant sur l'action humaine, c'est-à-dire toute enquête relevant des sciences sociales, doit tenir compte de cette caractéristique. Il devient dès lors impossible de développer une théorie économique faisant abstraction du contexte institutionnel dans lequel les individus agissent.

---

1 Notons toutefois que Peirce, par ailleurs proche des idées libérales, avait une très bonne opinion de l'économie marginaliste mathématique de la fin du XIXe siècle (Kilpinen, 2004). Par ailleurs, Peirce peut être considéré comme le précurseur du champ de « l'économie du savoir scientifique » (Hands, 2001) puisqu'il est l'auteur d'un article intitulé « A Note on the Theory of the Economy of Research » et publié en 1879. Cet article est une application de l'analyse coûts/bénéfices au problème du choix entre plusieurs projets de recherche scientifique. Voir Wible (1994) pour une analyse de cet article.

NÉO-KANTISME, PRAGMATISME ET LE RETOUR DE L'HISTOIRE EN ÉCONOMIE

Il peut paraître surprenant, de prime abord, de réunir les philosophies néo-kantienne et pragmatiste pour en faire les fondements épistémologiques d'un programme de recherche unique. En effet, comme cela peut apparaître à la lecture des sections précédentes, les auteurs néo-kantiens et pragmatistes ne se rattachent pas aux mêmes traditions intellectuelles et semblent avoir des préoccupations différentes. Comme on a pu l'indiquer, la philosophie néo-kantienne est directement issue d'un retour à Kant, lequel a élaboré sa théorie de la connaissance en tant que réponse et critique du scepticisme de Hume. Le pragmatisme, quant à lui, est issu d'une critique de l'idéalisme, y compris kantien. Et, d'une certaine manière, le pragmatisme de Peirce peut être compris comme une sorte de « retour à Hume » : mise en avant du rôle de l'expérience et de l'observation, condamnation du raisonnement *a priori*, conception de la vérité comme étant par nature faillible. Cependant, on peut montrer que le pragmatisme et le néo-kantisme se rejoignent lorsqu'il s'agit de penser la relation entre théorie et histoire. Cela apparaît d'autant plus évident lorsque ces deux approches sont mises en perspective avec la philosophie positiviste, entendue au sens large, dont on peut montrer qu'elle a largement influencé la science économique.

LE DÉCLIN DU POSITIVISME LOGIQUE

Le positivisme logique a deux implications majeures, une pour la science dans son ensemble, et une autre pour les sciences sociales et en particulier pour l'économie. Concernant la science, le positivisme logique présuppose l'idée d'une « épistémologie de règles ». Autrement dit, les travaux des positivistes logiques se sont développés dans une perspective où il est considéré que c'est à la philosophie des sciences qu'il revient de fixer les règles définissant la « bonne » science. Il ressort du positivisme que toute science, pour avoir ce statut, doit respecter un certain nombre de principes : testabilité (vérification, confirmation, falsification), distinction faits/valeurs, mode d'explication hypothético-déductif ou inductif-probabiliste, etc. Depuis les années 1970, cette conception positiviste du rôle de l'épistémologie a été considérablement remise en cause (Chalmers, 1988). Les travaux d'auteurs tels que William Quine (1951 ; 1953), Thomas Kuhn (1962), Paul Feyerabend (1975) ou encore Imre Lakatos (1994) ont en effet contribué à rejeter l'idée que les sciences auraient historiquement progressé en suivant rigoureusement les critères définis par les positivistes. Au contraire, dans des perspectives différentes, chacun de ces auteurs a montré que non seulement, l'histoire effective des sciences offrait un portrait bien plus complexe, moins rationnel et plus « anarchique » que l'image dessinée par le positivisme logique. Surtout, des auteurs tels que Kuhn ou Feyerabend, en développant l'idée de dépendance des faits à la théorie, ou encore la thèse de Duhem-Quine démontrant l'impossibilité de tester de manière isolée une proposition, ont contribué à montrer que le respect de telles règles est impossible et serait de toute façon contre-productif. L'épistémologie moderne est aujourd'hui beaucoup plus ouverte et moins ambitieuse : il s'agit maintenant davantage de rendre compte du développement de la science en tant que tel, de décrire les pratiques effectives des chercheurs, plutôt que de fixer de manière *ad hoc* des règles préconçues. Dans le champs de l'épistémologie économique (en anglais, *economic methodology*), ce « tournant sémantique » de l'épistémologie commence à être pris en compte comme en attestent les travaux d'auteurs tels que Bruce Caldwell (1982), Deirdre McCloskey (1998) ou D. Wade Hands (2001). Ces trois ouvrages ont en commun de renoncer à formuler des prescriptions méthodologiques pour prôner un dialogue entre les différents programmes de recherche en économie : c'est là l'idée de « pluralisme méthodologique » chez Caldwell ou de « conversation » chez McCloskey. L'idée que l'économie devrait se conformer à certains canons méthodologiques, singer les sciences de la nature ou s'attacher à produire à tout prix des propositions testables, est donc en passe d'être abandonnée. C'est dans ce contexte que l'on peut notamment assister à la résurgence de la philosophie pragmatiste (Dickstein, 1998, ed.). Il s'agit d'une opportunité pour le programme de recherche institutionnaliste pour s'affirmer aux côtés du paradigme dominant.

Concernant les sciences sociales et l'économie, le déclin du positivisme a une autre implication d'importance. Le positivisme, que ce soit celui du XIXe siècle ou bien le positivisme logique, a pour caractéristique d'avoir défini les canons de la scientificité à la lueur des sciences de la nature et notamment de la physique. Il en est ressorti une conception nomologique de la science, au sens de Rickert, où cette dernière a pour objectif de rechercher l'existence de lois invariables dans le temps et dans l'espace. Cette posture a amené l'économie à ignorer l'histoire (Hodgson, 2001), dans un sens double : l'intérêt des économistes s'est porté exclusivement vers la théorie pure ou, selon les termes de McCloskey (1998), l'analyse synchronique. Mais même lorsque l'histoire économique est redevenue un centre d'intérêt pour les économistes, cela s'est fait dans une perspective théorique s'appuyant sur des présupposés (des axiomes) universels, tels que le principe de rationalité. Si l'histoire est alors redevenue un objet d'étude, la théorie a continué à être considérée comme un bloc monolithique, constitué de principes considérés comme universels et visant à découvrir des lois ou régularités anhistoriques. Le déclin du positivisme ouvre la voie à des approches économiques radicalement différentes, portées par des présupposés philosophiques opposés au positivisme.

LE « RETOUR DE L'HISTOIRE »

On ne peut nier qu'il existe d'importantes différences entre les philosophies néo-kantiennes et pragmatistes, dont nous prétendons qu'elles constituent les fondements du programme de recherche institutionnaliste. Notamment, ainsi que cela est évoqué par Caldwell (1982), la philosophie pragmatiste, celle de Peirce essentiellement, a anticipé certains des développements du positivisme logique, au moins dans sa version poppérienne. Peirce est ainsi le premier philosophe à mettre en avant l'importance de la testabilité dans la démarche scientifique. Il y a chez Peirce l'idée poppérienne que le progrès de la science passe par le fait d'accepter de soumettre ses croyances à la réalité empirique par le biais de tests sévères. De la même manière, Peirce, ainsi que James, sont les précurseurs de la conception de l'évolution de la science au travers d'un processus évolutionnaire de sélection des idées scientifiques. Sans compter que, comme indiqué plus haut, le pragmatisme peut s'interpréter comme une forme de « retour à Hume » *contra* Kant. Cependant, le pragmatisme et le néo-kantisme se rejoignent dans leur critique du positivisme.

Le pragmatisme s'oppose au positivisme logique sur deux plans : la dynamique de l'évolution des théories scientifiques et la structure de l'enquête scientifique. Sur le premier point, le pragmatisme est en effet proche de la position de Popper, dans le sens où la vérité est conçue comme un état perpétuellement provisoire. La démarche scientifique, au sens de Peirce, consiste en une remise en cause constante de certaines de ces croyances, croyances qui lorsqu'elles font consensus au sein de la communauté scientifique, définissent la « vérité ». On a donc bien dans le pragmatisme une idée, issue de son héritage darwinien, d'un processus évolutionnaire de sélection des idées scientifiques. Toutefois, la position pragmatiste est beaucoup plus « libérale » que celle de Popper. En effet, si les croyances doivent être remises en cause, aucune contrainte n'est posée sur la forme que cette remise en cause doit prendre (contrairement à chez Popper où cette remise en cause se fait par la falsification). C'est d'ailleurs la raison pour laquelle des auteurs s'inscrivant dans une perspective post-moderne, tels que D. McCloskey (1998) ou Richard Rorty, évoquent la tradition pragmatiste pour soutenir leur conception de la science comme « conversation ». Il en ressort donc l'idée d'une plus grande tolérance méthodologique. Le pragmatisme s'écarte également du positivisme sur le plan de la structure de l'enquête scientifique. Comme on l'a indiqué plus haut, en mettant notamment en avant l'importance de l'abduction (Peirce) et en concevant l'enquête comme un *continuum* moyens-fins-moyens (Dewey), le pragmatisme indique la nécessité d'une historicisation de la théorie : la théorie émerge toujours à partir d'un certain contexte, de certaines observations et questions et correspond toujours à certaines finalités pratiques. Les concepts mobilisés par la théorie doivent donc nécessairement refléter cette historicité. Cela ne veut pas dire qu'il ne doit pas y avoir dans une théorie des concepts plus généraux (« universels ») que d'autres, ou que l'utilisation de certaines hypothèses axiomatisées est proscrite. Néanmoins, l'idée même de pragmatisme indique que les théories doivent s'adapter au contexte étudié. Cela parait d'autant plus important dans le cadre des sciences sociales du fait de leur dimension historique.

Contrairement au pragmatisme, la philosophie néo-kantienne ne connaît guère actuellement de retour en grâce. Toutefois, son incompatibilité avec les principes positivistes est incontestable. Les néo-kantiens n'ont pas véritablement abordé la question de la sélection des théories ou les principes à partir desquels certains concepts devaient être préférés à d'autres. En revanche, les philosophes néo-kantiens ont offert les fondements justifiant une approche spécifique dans les sciences sociales.

Toutefois, contrairement à certaines interprétations ayant conduit à un dualisme méthodologique, l'utilisation qui a été faite des principes néo-kantiens notamment dans les travaux de l'école historique allemande, n'a pas conduit nécessairement à une séparation radicale des sciences sociales et des sciences de la nature. Mais la dimension historique des sciences sociales doit pousser ces dernières à renoncer à la recherche exclusive de lois ou de régularités anhistoriques. La compréhension et l'explication de l'historiquement spécifique doivent au contraire constituer le centre d'intérêt premier des sciences sociales. La combinaison des apports pragmatistes et néo-kantiens légitime donc l'existence d'un programme de recherche en économie qui, *au côté* d'une approche purement synchronique et formelle de l'économie, met l'accent sur la dimension historique et diachronique de son objet d'étude et en tire les conséquences méthodologiques qui s'imposent.

CONCLUSION

Nous avons présenté dans ce chapitre les deux grandes sources philosophiques au fondement du programme de recherche de l'institutionnalisme historique : le néo-kantisme allemand et le pragmatisme américain. La philosophie néo-kantienne, notamment à partir des travaux de W. Dilthey et H. Rickert, a prolongé la *Critique de la raison pure* de Kant pour fonder en raison le caractère scientifique des sciences historiques et sociales. En dépit des divergences au sein de ce courant, il en ressort une idée forte : les sciences historiques et sociales trouvent leur légitimité dans la spécificité du regard qu'elles portent sur la réalité et sur l'attention qu'elles accordent à la singularité et au particulier. Cela ne veut pas dire que l'économie doive renoncer à toute connaissance nomologique, mais en toute état de cause cette dernière doit servir à l'étude du contexte historique spécifique. La philosophie pragmatiste est issue d'une tradition intellectuelle très différente. Néanmoins, d'une autre manière, elle souligne l'importance de la prise en compte de la spécificité du contexte dans la construction des théories scientifiques. Elle développe une théorie de la connaissance mettant l'accent sur le caractère évolutif de la réalité et de la vérité et de l'impossibilité de faire reposer la connaissance scientifique sur quelques principes axiomatisés et immuables. La théorie doit en permanence s'adapter à la réalité étudiée via une sorte de «*feedback*» de l'expérience sur les concepts et hypothèses théoriques. La théorie de l'action pragmatiste souligne quant à elle la dimension sociale et collective de la connaissance et de l'action humaine. Elle tend à indiquer, indirectement, que toute théorie en sciences sociales doit tenir compte du contexte social et institutionnel spécifique pour saisir le comportement humain.

Il ne s'agit pas de prétendre que les traditions néo-kantienne et pragmatiste sont proches. Leurs origines mêmes (l'idéalisme de Kant d'une part, l'empirisme de Hume de l'autre) attestent que ce serait aberrant. Toutefois, elles se rejoignent à deux points de vue : d'une part, chacune dans une perspective qui leur est propre, elles entrent en conformité avec les propositions du noyau dur du programme de recherche institutionnaliste fondant l'*historicisation de la théorie*; d'autre part, elles se rejoignent dans leur opposition au positivisme, notamment dans sa variante « moderne », le positivisme logique.

Les deux prochains chapitres examinent la manière dont les principaux auteurs historicistes et institutionnalistes se sont appropriés les apports néo-kantiens et pragmatistes et les ont adaptés.

L'HISTORICISATION DE LA THÉORIE ET L'ÉCOLE HISTORIQUE ALLEMANDE D'ÉCONOMIE

L'objet de ce chapitre est, en s'appuyant sur les éléments énoncés dans le chapitre précédent, de montrer comment divers auteurs appartenant à l'école historique allemande ont, plus ou moins explicitement, développé et mis en application l'idée d'historicisation de la théorie. L'historicisation de la théorie renvoie aux trois propositions suivantes : a) la théorisation en sciences sociales tient compte du problème de la spécificité historique, b) le point de départ de l'enquête n'est ni l'individu ni les structures sociales mais le contexte historique dans toute sa complexité institutionnelle et c) la théorie se construit via une abstraction partant de la réalité par le biais d'une méthode idealtypique et/ou abductive. Nous avons établi dans le chapitre précédent que ces éléments caractéristiques de l'historicisation de la théorie étaient présents en filigrane dans les écrits des philosophes néo-kantiens et pragmatistes ayant servi de fondement aux travaux historicistes et institutionnalistes. Il s'agit maintenant de déterminer dans quelle mesure, et de quelle manière, les principaux auteurs historicistes ont adopté cette idée. Nous mènerons la même réflexion pour l'institutionnalisme américain et certains auteurs apparentés à ce courant dans le chapitre « L'historicisation de la théorie dans l'institutionnalisme américain et ses prolongements contemporains ».

Comme dans l'ensemble de l'ouvrage, nous combinons une perspective historique (diachronique) et une perspective analytique (synchronique). Nous concentrons notre propos sur les principaux auteurs de l'école historique allemande. Pour des questions d'espace, nous avons fait le choix de ne pas aborder les auteurs s'inscrivant dans ce que l'on appelle traditionnellement, depuis Schumpeter (1954), l'ancienne école historique allemande, à laquelle ont appartenu notamment Wilhelm Roscher, Bruno Hildebrand et Karl Knies. Même si leurs travaux on un intérêt sur le plan historique, le fait qu'ils soient encore largement marqués par l'idéalisme hégélien les mets en marge de l'institutionnalisme historique. La première section porte sur les travaux relatifs à la deuxième génération de l'école historique allemande, encore appelée « jeune école historique », au travers de l'œuvre de Gustav Schmoller. Une seconde section étudiera la manière dont l'idée d'historicisation de la théorie est développée par Max Weber, dans le cadre notamment d'une réponse à la Querelle des méthodes. Nous reviendrons brièvement dans la conclusion sur les positions épistémologiques des deux autres principaux représentants de la troisième génération de l'école historique, Werner Sombart et Arthur Spiethoff.

L'HISTORICISATION DE LA THÉORIE DANS LE CADRE DE LA JEUNE ÉCOLE HISTORIQUE ALLEMANDE

Schmoller et la Querelle des méthodes

Il est traditionnel, depuis Schumpeter (1954), de considérer que l'école historique allemande se décline selon trois générations : l'ancienne école historique dans laquelle on trouve notamment Wilhelm Roscher (1817-1894), Bruno Hildebrand (1812-1878) et Karl Knies (1821-1898) ; la « jeune école historique » emmenée principalement par Gustav Schmoller (1838-1917) et Karl Bücher (1847-1930) ; la « toute jeune école historique » composée de Max Weber (1864-1920), Werner Sombart (1863-1941) et Arthur Spiethoff (1873-1957). Les travaux de l'ancienne école historique ont surtout un intérêt historique plus qu'analytique. L'œuvre de Gustav Schmoller est, sur le plan méthodologique, en revanche essentielle, ne serait-ce qu'en raison de sa contribution à la *Methodenstreit* (querelle des méthodes) à laquelle a également participé l'économiste viennois Carl Menger.

Représentant le plus éminent de la seconde génération de l'école historique allemande et personnage académique et politique allemand majeur jusqu'à sa mort en 1917, Gustav Schmoller est un personnage dont les idées épistémologiques ont souvent été caricaturées. Avant d'aborder le conflit qui l'a opposé à Carl Menger et qui permettra de comprendre une bonne partie des développements subséquents de l'école historique allemande et de l'ensemble de la tradition institutionnaliste, il s'agit de revenir ici en détail sur la manière dont l'idée d'historicisation de la théorie se manifeste dans l'œuvre de Gustav Schmoller[1].

SCHMOLLER ET LA JEUNE ÉCOLE HISTORIQUE ALLEMANDE

En tant que chef de file de la jeune école historique, Schmoller est à l'origine d'un « programme de recherche » relevant de ce qui a pu être qualifié d'« historicisme éthique » (Hédoin, 2006 ; Shionoya, 1995). Cette expression exprime l'idée que les travaux de Schmoller se sont déployés selon deux perspectives étroitement liées mais néanmoins distinctes : sur un plan substantif, les analyses de Schmoller se caractérisent par la mise en avant des facteurs éthiques dans les phénomènes économiques. Plus précisément, à l'instar des premiers historicistes, Schmoller considère que l'on ne peut se contenter de partir d'un individu purement égoïste, mais qu'il faut au contraire reconnaître la pluralité des motivations humaines. Dans son article « The Idea of Justice in Political Economy » (Schmoller 1893-4), publié originalement en allemand en 1881, Schmoller montre ainsi comment l'exigence de justice propre à chaque individu influence de manière décisive à la fois l'évolution des institutions et les relations purement marchandes prenant place via l'institution du marché (Hédoin, 2006 ; Van Luijk, 1995). Cela conduit Schmoller à développer une véritable analyse économique institutionnaliste soulignant l'importance des normes, coutumes et institutions dans le processus de développement économique[2]. À cet endroit, il ne faut d'ailleurs pas se méprendre sur le sens des facteurs éthiques dans l'analyse de Schmoller : s'il est vrai que les travaux de Schmoller comportent une importante dimension normative, l'analyse du rôle des facteurs éthiques relève en elle-même du positif : il ne s'agissait pas pour Schmoller d'introduire par principe ses propres critères éthiques

1 Nous renvoyons la discussion sur les analyses théoriques et historiques à proprement parler (concept d'institution, place de l'idée de justice, importance de l'éthique dans les phénomènes économiques) de Schmoller au chapitre « Une analyse en termes d'économie substantive » de la Partie II.

2 De ce point de vue, les *Principes d'économie politique* (Schmoller, 1905-08) constituent certainement un des premiers ouvrages fondateurs de l'économie institutionnelle au sens large, et de manière plus spécifique, du programme de recherche de l'institutionnalisme historique. La seule lecture de l'introduction générale permet de se rendre compte de l'importance que les concepts d'institution et de coutume y occupent.

dans l'analyse (qu'il ait à l'occasion dérogé à cette règle est incontestable mais constitue un autre problème) mais bien de souligner l'importance des motivations autres que les motifs purement pécuniaires dans les phénomènes économiques (Shionoya, 1995).

Aux côtés de cet aspect substantif des travaux de Schmoller, Schmoller a également proposé une contribution majeure via l'élaboration d'une méthodologie historiciste et sur laquelle nous nous concentrerons pour le reste de cette sous-section. Les considérations méthodologiques chez Schmoller sont parsemées tout au long de ses écrits, mais on les trouve sous une forme relativement systématisée plus particulièrement dans l'introduction des *Principes d'économie politique* (Schmoller, 1905-08, I) et plus encore dans la troisième partie, intitulée « Économie nationale, économie politique et méthode », de l'ouvrage *Politique sociale et économie politique* (Schmoller, 1902)[1]. Schmoller s'appuie, dans l'élaboration de ses positions épistémologiques et méthodologiques, en partie sur les thèses des premiers historicistes. À l'instar de ses prédécesseurs, Schmoller développe ainsi une critique de la démarche purement déductive de l'économie classique. Toutefois, il s'écarte en parallèle assez sensiblement des points les plus faibles que l'on peu repérer chez Roscher, Hildebrand et Knies. De manière générale, Schmoller abandonne quasiment toute forme d'hégélianisme et semble adopter la perspective philosophique néo-kantienne alors en plein développement. De manière plus spécifique, trois ruptures sont identifiables (Gioia, 2000) : a) le rejet de l'idée même de lois naturelles de développement ou d'évolution ; b) le rejet des tentatives visant à trouver de nouveaux modèles d'explication scientifique comme les « lois d'analogie » de Knies ; c) le rejet de concept métaphysique tel que celui « d'esprit du peuple » (*Volkgeist*) mobilisé par Roscher pour justifier sa recherche de lois d'évolution.

L'HISTORICISATION DE LA THÉORIE CHEZ SCHMOLLER

Quelles sont les principales positions épistémologiques défendues par Schmoller et comment peut-on les interpréter au regard de l'idée d'historicisation de la théorie ? Le premier point notable est que Schmoller se réapproprie la notion d'économie nationale qui apparaît en premier

1 L'ouvrage, en français, a été publié en 1902. La troisième partie a néanmoins été publiée en allemand en 1892, soit bien après la « querelle des méthodes » ayant opposé Schmoller à Menger.

chez List et que tous les premiers historicistes mobiliseront. L'économie nationale se distingue de l'économie domestique, de l'économie paysanne et de l'économie de ville en ce qu'elle est liée à l'existence d'un État permettant une union juridique et organisatrice sur un vaste territoire (Schmoller, 1902, 302). Schmoller en propose la définition suivante :

> Nous pouvons donc définir l'économie nationale : l'ensemble organisé unitairement des économies individuelles et corporatives qui existent dans un État, tantôt juxtaposées, tantôt superposées, y compris l'économie financière de l'État ; nous considérons cet ensemble comme le système unitaire des institutions et des arrangements économiques et sociaux de la nation ; nous voyons dans ce système un tout réel et unitaire, malgré l'indépendance des parties, en ce qu'il est dominé par des causes psychiques et matérielles unitaires, en ce que toutes ses parties dépendent d'une façon étroite les unes des autres, et que ses organes centraux exercent des effets manifestes sur toutes les parties (Schmoller, 1902, 332-333).

Deux éléments sont à retenir ici : d'une part, Schmoller distingue l'économie nationale des autres formes d'économie ce qui implicitement, constitue en soi l'introduction de l'idée de spécificité historique. D'autre part, on comprend par cette définition que toute forme d'analyse réductionniste est rejetée dans la mesure où l'économie nationale est « un tout réel et unitaire (…) dominé par des causes psychiques et matérielles unitaires ». L'économie nationale est donc un ensemble interdépendant d' « organes » dont les parties ne peuvent être étudiées indépendamment du tout dans lequel elles s'inscrivent. L'objet posé, il reste à préciser la méthode par laquelle il peut être étudié. Pour cela, Schmoller (1905-08, I, 243) dégage une démarche en trois temps : « La science de l'économie politique a pour but la description complète de l'économie d'un peuple, l'esquisse des phénomènes économiques dans l'espace et le temps, des phénomènes classés d'après leur situation dans l'espace et leur ordre de succession historique. (…) Les principales tâches de la science exacte sont donc : 1° de bien observer ; 2° de bien définir et de bien classer ; 3° de trouver des formes typiques et d'expliquer par les causes ». L'objectif de l'économie politique et surtout la démarche qu'elle doit mettre en œuvre sont donc selon Schmoller de proposer une « esquisse » des phénomènes économiques dans leurs dimensions temporelle et géographique, ceci en partant d'une observation attentive devant déboucher sur des définitions et un classement des phénomènes, pour finalement parvenir à la construction de « formes typiques » permettant de retrouver les relations causales ayant conduit au phénomène étudié. Plusieurs éléments caractéristiques de la méthode de Schmoller et participant à l'historicisation de la théorie sont à distinguer.

La notion de causalité

Le passage précédent indique que Schmoller met l'accent sur le fait que les sciences sociales, au même titre que les sciences de la nature, ont pour objectif de rechercher des relations de causalité. Il s'agit là d'une rupture avec l'approche prônée par Knies, lequel entendait substituer des « lois d'analogie » aux lois causales. Cependant, Schmoller estime que la notion de causalité n'est pas de même nature dans les sciences de la nature que dans les sciences sociales (Gioia, 1993). Dans les premières, les causes sont d'ordre physique et organique ; dans les secondes, elles sont essentiellement psychiques et psychologiques (Schmoller, 1902, 402)[1]. À ce niveau, on est renvoyé à l'aspect « éthique » des travaux de Schmoller dans lesquels l'économiste allemand souligne l'efficacité causale de motifs divers sur les phénomènes économiques et sociaux. Schmoller illustre d'ailleurs cette idée par ses propres travaux sur la justice dans l'économie (Schmoller, 1902, 402-403). L'auteur allemand réitère par ailleurs l'idée que la finalité de la recherche économique scientifique est bien la découverte de relations de causalité, et non la simple déduction logique de propositions dérivées d'axiomes considérés comme universels (Schmoller, 1902, 254). Le propos de Schmoller sur ce point est dépourvu d'ambiguïté : la finalité de la recherche théorique est de mettre en avant des relations causales à l'origine des phénomènes étudiés, et non de découvrir des lois de développement transcendantes ou encore de construire des systèmes abstraits de relations logiques partant d'axiomes arbitraires.

1 Nau et Steiner (2002) soulignent à juste titre l'importance de la psychologie descriptive chez Schmoller. Pour ce dernier, le vrai but de la recherche économique était de parvenir à une explication psychologique des motifs de l'action humaine, explication à partir de laquelle pourrait ensuite être construite une théorie plus générale des institutions. Les mêmes auteurs (Nau et Steiner, 2002, 1010) indiquent que sur ce point Schmoller a été très influencé par l'œuvre de Dilthey mais aussi par celle du sociologue britannique Herbert Spencer.

De la description à la construction de concepts

La découverte de ces relations causales passe inévitablement par la construction de concepts. Conformément à l'essence même de la démarche historiciste, Schmoller indique que cette construction doit au préalable passer par une observation et une description de phénomènes historiques particuliers. En ce sens, Schmoller se fait le partisan d'un « réalisme scientifique » (Gioia, 2000), soucieux de partir des faits tels qu'ils sont (Schmoller, 1905-08, I, 243). Sur cette question de l'observation, on voit déjà apparaître chez Schmoller l'idée de compréhension (*Verstehen*), développée à la même époque par Dilthey et que l'on retrouvera chez Max Weber : « Observer des phénomènes économiques c'est rechercher les motifs des actions économiques qui s'y rapportent, et leurs résultats, leur marche et leur effet. *Nous connaissons les motifs de nos actes directement par l'observation de notre propre vie psychique ; et de nous-mêmes nous concluons aux autres* » (Schmoller, 1902, 364, nous soulignons). Toutefois, Schmoller reconnaît explicitement la nécessité préalable d'un cadre théorique avant toute description des phénomènes : « Fixer scientifiquement une observation, c'est ce qui s'appelle décrire ; mais toute description à peu près utilisable suppose déjà un système ordonné de concepts et la connaissance de formes connues et déterminées en même temps que des rapports de causalité » (Schmoller, 1905-08, I, 244). Il semble ainsi que l'économiste allemand développe implicitement une théorie de la formation des concepts très proche de la perspective néo-kantienne étudiée dans le chapitre « Les fondements philosophiques et méthodologiques des analyses historicistes et institutionnalistes originelles », où la formation des concepts relève de l'activité de la pensée du chercheur tentant d'ordonner une réalité chaotique et « irrationnelle » : « Toute observation isole du chaos des phénomènes un fait particulier, pour le considérer à part. Elle repose toujours sur une abstraction » (Schmoller, 1902, 365). Il semble en fait que Schmoller prône une sorte « d'empirisme éclairé ». Il est évident que pour lui toute recherche scientifique doit partir de l'observation de la réalité. Mais Schmoller est conscient des limites de l'empirisme radical tel qu'il a été pratiqué (selon lui) par les mercantilistes et les caméralistes. D'un autre côté, il s'agit d'éviter également de tomber dans l'écueil du rationalisme excessif manifesté par les théories du droit naturel et l'économie politique classique. L'observation n'est donc pas un processus aléatoire, pas plus qu'elle n'est une fin en soi (Schmoller, 1902, 371). Elle est une collection ordonnée de données permettant de renouveler sans cesse les concepts théoriques, lesquels sont eux-mêmes à l'origine de l'ordonnancement des données[1].

Partant d'un réalisme scientifique, il est intéressant de noter comment la théorie de la formation des concepts de Schmoller semble évoluer vers une forme de nominalisme philosophique. L'économiste allemand affirme en effet explicitement que les concepts ne sont pas le simple reflet de la réalité (Schmoller, 1905-08, I, 249-252). Dans une perspective kantienne, ils sont une création de l'esprit totalement artificielle dont la fonction est de permettre d'ordonner la réalité (Schmoller, 1902, 394).

Induction et déduction

La position épistémologique de Schmoller est donc bien plus complexe qu'elle n'est traditionnellement présentée. Certes, pour Schmoller, toute démarche scientifique doit invariablement partir de la réalité et de son observation. Il ne s'agit pas pour l'économiste de décrire un système idéaliste et rationaliste constitué de relations universellement valables à partir de quelques axiomes posés plus ou moins arbitrairement, mais de parvenir à une explication causale de la réalité historique dans toute sa complexité et dans toute sa spécificité. Pour autant, le passage de l'observation à l'explication causale n'est pas direct, il est donc faux de faire de Schmoller un inductiviste naïf. Tout d'abord, Schmoller ne croît pas à l'idée de la *tabula rasa*, héritée de la théorie de la connaissance de Locke, où l'esprit n'est qu'une entité passive recevant et reproduisant les sensations issues du monde sensible. Toute observation, pour se transformer en description, présuppose l'existence de catégories et de concepts, permettant d'ordonner la réalité. Les concepts sont conçus dans un sens nominaliste : ils sont des créations artificielles de l'esprit, prêtes à être modifiées à chaque nouvelle observation. Ils doivent permettre une représentation de la réalité mettant en valeur les relations causales, notamment d'ordre psychologique, régissant le phénomène étudié.

1 Notons toutefois que Schmoller donne incontestablement la priorité aux données et aux faits sur la théorie, comme l'atteste cette formule qu'il reprend de Lasalle : « La matière même sans idées a toujours une valeur relative ; l'idée sans la matière n'a que la valeur d'une chimère » (Schmoller, 1902, 372).

Il est de ce fait impossible d'affirmer, comme il est coutume de le faire, que Schmoller ne croyait qu'en l'induction et rejetait toute forme de déduction (Schmoller, 1905-08, I, 267). L'induction sert à produire des observations et des descriptions permettant de ne pas partir de « prémisses superficielles ». La déduction intervient dans la manière d'articuler les concepts théoriques entre eux. À ce niveau, on relèvera toutefois trois points opaques dans la position de Schmoller. Dans un premier temps, il faut remarquer que si Schmoller donne une définition de ce qu'il entend par induction[1], on ne trouve pas trace en revanche dans ses écrits majeurs d'une définition précise de la déduction. Cela tend à confirmer l'impression que l'on peut avoir suivant laquelle Schmoller confère, au moins implicitement, une importance plus grande à l'observation et à l'induction. Deuxième point, largement lié au précédent, Schmoller ne dit rien sur l'articulation précise entre méthode déductive et méthode inductive. Notamment, Schmoller n'explique jamais la procédure par laquelle les concepts se forment et se transforment. En d'autres termes, si en lisant Schmoller, on comprend que la démarche déductive et la démarche inductive ne sont pas autonomes (l'induction présupposant des concepts et leur articulation logique, et les concepts étant eux-mêmes susceptibles de se transformer), rien n'est dit sur les processus régissant ce phénomène. On peut alors avoir l'impression que l'empirisme de Schmoller est plus naïf qu'il n'y parait : certes, toute description présuppose certains concepts, mais c'est de la seule induction qu'émerge des connaissances nouvelles en procédant à partir de généralisation, la place de la déduction étant alors plus qu'obscure faute de définition précise. Cette sensation est renforcée, et c'est là le troisième point, par les nombreuses occurrences dans les écrits de Schmoller où il est indiqué que les « travaux préliminaires » (empiriques) sont insuffisants. Ainsi, au sujet du régime des banques privées, Schmoller (1905-08, III, 525) souligne à plusieurs reprises « l'insuffisance des travaux préliminaires » pour développer davantage la théorie. À un autre endroit (Schmoller, 1905-08, I, 245), Schmoller indique que, du fait d'une plus grande complexité des phénomènes économiques et sociaux relativement aux phénomènes naturels, l'observation est rendue d'autant plus délicate mais indispensable.

1 La méthode inductive « part du particulier, de l'observation, et elle recherche ensuite la règle qui explique ce qu'on a observé, qui déclare vrai pour toute une classe de phénomènes ce qui est vrai des différents cas observés » (Schmoller, 1902, 416).

Enfin, l'économiste allemand (Schmoller, 1902, 417-418) affirme que plus une science est évoluée, plus elle est de nature déductive. Ce type de passages explique que beaucoup de commentateurs continuent de voir dans Schmoller un empiriste finalement assez rudimentaire semblant considérer qu'une théorie n'est, *in fine*, qu'une généralisation de faits empiriques et que plus la collection de ces derniers est large, plus la théorie sera satisfaisante. En l'occurrence, Schmoller semble estimer que dans le domaine de l'économie, les données empiriques sont encore insuffisantes pour parvenir à une théorie satisfaisante (Shionoya, 1995, 69). Une certaine contradiction au sein même des écrits méthodologiques et épistémologiques de Schmoller semble apparaître. La lecture des chapitres « appliqués » des *Principes* semble indiquer, qu'en pratique, Schmoller adhère plutôt à la seconde ligne, à savoir l'idée que toute construction théorique n'est possible que si, au préalable, une quantité suffisante de données empiriques a été amassée. Il ne s'agit pas de dire que toute théorie est absente des écrits de Schmoller (loin s'en faut), mais il convient d'admettre que les *Principes* (qui, comme leur nom l'indique, sont sensés présenter les concepts et mécanismes fondamentaux de l'économie politique) ressemblent parfois à de longues monographies.

Relativisme et historicisation de la théorie chez Schmoller

On achèvera cette discussion sur la doctrine épistémologique de Schmoller en explicitant dans quelle mesure Schmoller procède à une historicisation de la théorie. Ce faisant, on peut alors mettre en valeur l'existence chez Schmoller d'un certain relativisme théorique, compatible avec son nominalisme philosophique mais en tension avec son empirisme parfois radical. En reprenant ce qui a été dit précédemment, on retrouve clairement des éléments participant de l'historicisation de la théorie telle qu'elle a été définie : dans sa définition de l'économie politique, l'économiste allemand affirme explicitement que le but de cette dernière est de saisir ce qui fait la spécificité de chaque économie nationale dans le temps et l'espace. La notion même d'économie nationale présuppose que chaque peuple et chaque nation a organisé ses relations économiques autour d'institutions spécifiques. Il revient à l'économiste d'en expliquer l'existence et l'origine causale. De ce point de vue, le critère de la spécificité historique est pleinement rempli : dans la mesure où la théorie se construit à partir de l'observation et de la description de contextes historiques uniques, la théorie, tout du moins dans son état provisoire, est nécessairement relative à l'objet étudié. L'inverse nécessiterait de partir d'axiomes considérés comme universels, ce que Schmoller, on l'a vu, rejette de manière absolue. Par ailleurs, en indiquant que la causalité psychologique est le centre d'intérêt premier des sciences sociales, Schmoller exprime l'idée que l'objet d'étude majeure des économistes est les conventions, les règles, les normes et les coutumes, ou, en un mot, les institutions. L'économiste ne peut ignorer les institutions s'il veut comprendre la spécificité de l'économie étudiée, dans la mesure où ce sont ces dernières qui sont à l'origine des relations causales psychologiques à partir desquelles les individus se meuvent. En retour, Schmoller ne présuppose pas que les institutions sont produites *ex nihilo* ; elles sont au contraire elles-mêmes le fruit de l'action des individus, elle-même issue de certains principes éthiques... à leur tour matérialisés dans les institutions. Les conditions de ce que nous appelons « l'institutionnalisme méthodologique » sont ainsi vérifiées. Enfin, on a pu montrer qu'il y a chez Schmoller les prémisses d'une théorie de la formation des concepts, même si elle n'est à aucun moment véritablement explicitée.

Ce dernier point appelle à quelques précisions et justifications textuelles, car il révèle l'existence chez Schmoller d'un certain relativisme théorique. De manière générale, l'idée d'historicisation de la théorie désigne le fait que toute théorie est dépendante de l'objet étudié, et du contexte dans lequel elle est produite. Le premier aspect renvoie à la question de la spécificité historique. Le second est en grande partie cerné par le critère de la formation des concepts. Si, comme on l'a dit, cette dernière n'est que trop peu explicitée par Schmoller, on trouve en revanche de nombreux passages chez cet auteur qui attestent la reconnaissance de l'idée que toute théorie est relative au contexte dans lequel elle est produite. Ainsi, au sujet de la pluralité des théories relatives à la propriété, Schmoller (1905-08, II, 416, nous soulignons) affirme t-il : « [t]outes ces théories ont leur intérêt, *envisagées comme des produits historiques de leur temps*, comme les ferments de développement ultérieur de la propriété ». Sur les théories de la répartition, le propos est quasiment le même : « Nous nous demandons comment la science de 1750 à 1870 est arrivée à une théorie de la répartition aussi foncièrement pessimiste ? Simplement parce *qu'elle s'est fondée sur des événements du temps qu'elle a trop généralisés* » (Schmoller, 1905-08,

IV, 475, nous soulignons). Ce dernier passage est intéressant parce qu'il révèle en quoi la reconnaissance du caractère historicisé de toute théorie est importante : selon Schmoller, c'est parce que les économistes classiques n'avaient pas conscience de ce caractère, ou qu'ils croyaient pouvoir s'en affranchir en construisant leurs théories à partir d'axiomes généraux (alors même que cette démarche était un produit de la période des Lumières), qu'ils sont tombés dans les travers absolutistes que tous les économistes historicistes n'ont eu de cesse de dénoncer.

Nous rejoignons ainsi l'idée de Gioia (2000, 54) suivant laquelle, d'un réalisme scientifique, Schmoller aboutit à une théorie de la connaissance relativiste, bien aidé en cela par son nominalisme philosophique. Ainsi, toutes les théories et systèmes reposent « sur une certaine représentation individuelle du développement du monde et de l'histoire. (...) Et cette représentation reste toujours, dans un certain sens, subjective, en tout cas élargie par l'imagination constructive, et elle repose le plus souvent sur des considérations téléologiques » (Schmoller, 1902, 361). Pour Schmoller, ce sont d'abord des considérations téléologiques, c'est-à-dire ce que le chercheur cherche à montrer eu égard à ses intérêts et au contexte dans lequel il travaille, qui gouvernent l'élaboration des diverses théories[1]. Toutefois, dans la mesure où Schmoller ne nous donne aucun critère spécifique permettant de sélectionner les théories – autre que le critère de l'explication causale, qui reste assez flou – on est amené à en conclure que Schmoller se fait le représentant d'un véritable relativisme épistémologique : à partir du moment où les théories ont été construites « dans les règles de l'art » (i.e. en ne s'appuyant pas sur des axiomes *a priori* considérés comme universels), il ne devient plus possible de déterminer laquelle est la plus pertinente dans la mesure où elles renvoient toutes à des phénomènes empiriques spécifiques. L'historicisation de la théorie chez Schmoller est donc complète. On soulignera toutefois que, comme toute position relativiste, celle de Schmoller semble achopper sur une auto-contradiction : comme indiqué plus haut, le fait même qu'une théorie ait pour objectif de révéler des relations causales est un axiome métaphysique universel et l'idée de relativité historique des théories repose sur une méta-théorie qui se veut nécessairement générale et universelle.

1 On perçoit des éléments de ressemblance avec la notion de « rapport aux valeurs » développée par Rickert (*cf.* chapitre « Les fondements philosophiques et méthodologiques des analyses historicistes et institutionnalistes originelles ») et reprise par Max Weber.

LA REMISE EN CAUSE DE L'HISTORICISME : LE *METHODENSTREIT*

Dans les années 1870 et 1880, l'école historique allemande est très largement dominante en Allemagne, alors le pays dominant dans le domaine des sciences sociales. Les développements des sciences sociales en Allemagne sont étroitement liés aux spécificités de la philosophie idéaliste allemande et de manière plus générale de l'environnement intellectuel qui caractérise le monde germanique tout au long du XIXe siècle. Avant de toucher l'économie, l'historicisme s'est en effet d'abord développé dans les domaines des lettres, du droit et de l'histoire. C'est pourtant au sein même du monde intellectuel germanique, d'Autriche plus précisément, que va émerger une offensive contre la domination de l'historicisme, à tout le moins en économie, connue sous le nom de *Methodenstreit*, ou « Querelle des méthodes ». Avant de rentrer dans les détails de ce débat, et de revenir notamment sur les positions défendues par Carl Menger, son principal protagoniste avec Schmoller, il est nécessaire de rappeler la particularité du contexte académique en Allemagne à l'époque où le conflit émerge, c'est-à-dire dans les années 1870. À cette époque là, les enseignements académiques en Allemagne sont donnés en très grande majorité par des économistes historicistes. Schmoller occupe sur ce plan académique une place proéminente. En 1873, il participe avec d'autres économistes à la création du *Verein für Sozialpolitik*, association ayant vocation à produire des recherches sur les politiques économiques et sociales et ouvertement opposée au libéralisme anglo-saxon[1]. Très rapidement, le *Verein* va exercer une influence réelle sur les politiques mises en œuvre par les pouvoirs publics allemands. L'école historique allemande représente donc le *mainstream* au moment où éclate le conflit des méthodes. Le point de départ du conflit est la publication par Menger de ses *Principes d'économie politique* dans lesquels l'économiste autrichien souligne notamment que les difficultés de l'école historique allemande sont liées à son concept d'économie nationale (Campagnolo, 2004). Profitant de son influence, Schmoller parvient à faire en sorte que

1 Comme cela est clairement indiqué sur la page d'accueil du site internet de l'association, qui existe toujours : http ://www.socialpolitik.org/vfs.php?mode=informationen&lang=2.

l'ouvrage de Menger ne rentre jamais dans les universités allemandes. C'est en 1883 qu'éclate à proprement parler la querelle : Menger publie alors son ouvrage *Untersuchungen über die Methode der Sozialwissenschaften, und der politischen Őkonomie insbesondere* (publié en français sous le titre *Recherches sur la méthode dans les sciences sociales et en économie politique en particulier*). Ce travail est une attaque en règle, mais totalement académique, de l'économie historiciste. Schmoller en fait une critique acerbe et Menger publie en 1884 une réponse sous forme de pamphlet *Irrthümer des Historismus in der deutschen Nationalökonomie* (*Les erreurs de l'historicisme sur l'économie allemande*). À ce stade, la « discussion » a déjà quitté les sentiers académiques pour se transformer en querelle de personnes, ce qui fera dire à nombre de commentateurs, à commencer par Schumpeter (1954), que le *Methodenstreit* n'aura été qu'un « dialogue de sourds » improductif. Après avoir présenté la position de Menger, mettrons en valeur la signification réelle de la Querelle des méthodes, notamment eu égard aux développements de la tradition institutionnaliste.

LA MÉTHODE SELON MENGER : UN RÉALISME ARISTOTÉLICIEN

Bien que convaincu de l'inutilité des débats purement méthodologiques, Carl Menger (1883) décide néanmoins de consacrer un ouvrage complet aux questions relatives à la méthode en économie politique, estimant que les errements de l'école historique allemande se sont avérés néfastes pour le développement de la science économique en Allemagne et en Autriche (Yagi, 1997). Bien que traditionnellement présenté comme l'un des trois auteurs à l'origine de la révolution marginaliste, en compagnie de William S. Jevons et de Léon Walras, l'œuvre de Menger se démarque sensiblement de celles de l'économiste anglais et de l'économiste français. De nationalité autrichienne, Menger a eu l'occasion de lire les principaux économistes allemands, comme en atteste le fait que ses *Principes* sont dédicacés à l'attention de Wilhelm Roscher (Yagi, 1997). La critique que développe Menger à l'encontre de l'école historique allemande est donc une critique informée, ce qui la rend d'autant plus digne d'intérêt. Dans son ouvrage de 1883, l'économiste autrichien se propose de mettre à jour les erreurs majeures de l'historicisme pour leur opposer ce qu'il pense être les bons principes épistémologiques et méthodologiques devant être suivis par la science économique.

Les erreurs de l'historicisme

Menger repère ainsi au moins quatre erreurs fondamentales dans les analyses des économistes historicistes allemands. En premier lieu, Menger indique que toute recherche scientifique peut se décliner sur deux plans distincts : soit dans une perspective générale, soit dans une perspective individuelle. Dans ce dernier cas, les phénomènes sont étudiés du point de vue de leur position dans le temps et l'espace et en fonction de leurs relations avec d'autres éléments. Cette perspective renvoie à la recherche historique. Dans le premier cas, la recherche s'oriente vers la mise en avant des aspects généraux des phénomènes au travers de la récurrence de leur forme. C'est là le propos de la recherche théorique. La première erreur des historicistes, selon Menger, se situe dans leur incapacité à avoir perçu et tenu compte de cette distinction : l'économie politique relève à la fois des sciences théoriques (la théorie économique) et des sciences historiques (l'histoire économique et la statistique économique). Or, l'école historique allemande « ne distingue pas la compréhension spécifiquement *historique* de l'économie politique de celle qui est *théorique*, et elle confond deux choses, à savoir l'aspiration à comprendre les phnéomènes économiques *concrets*, au moyen de l'histoire *et au moyen de la théorie* de l'économie politique respectivement, avec l'exploration scientifique même ; en particulier, elle confond complètement cette aspiration avec la recherche dans le domaine de l'économie nationale théorique » (Menger, 1883, 185). Les historicistes auraient ainsi commis l'erreur de vouloir réduire l'économie politique à de l'histoire économique et, ce faisant, d'ignorer sa dimension théorique.

La deuxième erreur mise en avant par Menger se situe dans le prolongement de la première. Selon ce dernier, la recherche théorique se subdivise elle-même en deux formes suivant les objectifs qu'elle poursuit : la recherche théorique peut être de type « empirique-réaliste », elle consiste alors à analyser les types et les relations typiques des phénomènes tels qu'ils se présentent eux-mêmes dans leur pleine réalité empirique. Elle débouche, soit sur la formation de « types réels » (les images basiques de phénomènes réels), soit sur la découverte de lois empiriques mettant en valeur des régularités effectives dans la succession et la coexistence des phénomènes (Menger, 1883, 24-26). D'un autre côté, Menger indique que la recherche théorique peut avoir une orientation « exacte ». Elle vise à déterminer des lois strictes des phénomènes, des régularités dans la succession de ces phénomènes et débouche donc sur la découverte de « lois exactes ». Ici, la recherche théorique doit procéder de manière à éliminer les « impuretés » des phénomènes étudiés afin de ne conserver que les éléments les plus simples et basiques des objets réels, débouchant sur la mise en avant de « types exacts »[1]. Dans le domaine des sciences sociales, la recherche exacte procède en réduisant les phénomènes sociaux en leurs éléments les plus simples : les individus. Menger indique que la recherche exacte et la recherche empirique-réaliste ont la même légitimité et sont largement complémentaires. La deuxième erreur des historicistes consiste, dans les cas où ils ont reconnu la légitimité de la recherche exacte, à l'avoir malgré tout subordonnée à la recherche empirique-réaliste (Menger, 1883, 40). La troisième erreur trouve encore une fois sa source dans la confusion entre théorie et histoire : en ne reconnaissant pas la légitimité de la recherche théorique, les historicistes ont été poussés à vouloir faire de la science économique la science de tous les phénomènes sociaux. Les auteurs de cette erreur « négligent le fait que l'*histoire* a pour tâche de porter à la compréhension *toutes les facettes de phénomènes déterminés*, tandis qu'au contraire, ce ne sont que des facettes *déterminées* de *tous* les phénomènes que les théories exactes ont, au lieu de cela, pour tâche de faire comprendre à leur manière » (Menger, 1883, 219). Or, du point de vue de la recherche exacte, vouloir traiter simultanément de tous les phénomènes sociaux est une « absurdité méthodologique ». Cette ambition est par ailleurs totalement irréaliste même du point de vue de la recherche empirique-réaliste, la notion même de loi empirique impliquant déjà une première abstraction (Menger, 1883, 52-53).

La dernière erreur majeure commise par les historicistes réside dans leur incompréhension du statut de « l'homme économique », lequel est mû uniquement par son intérêt personnel. On a pu voir précédemment que tous les économistes historicistes sont unanimes dans leur critique de la conception de l'individu développée par les économistes classiques. Schmoller estimait ainsi qu'il était nécessaire de prendre en compte l'ensemble des motifs présidant à l'action humaine. Menger considère

1 Menger (1883, 31) indique que son ouvrage n'a pas pour projet de présenter la méthode par laquelle les lois exactes sont établies. C'est un choix dommageable dans la mesure où il n'est *a priori* pas évident de comprendre comment il est possible d'éliminer les « impuretés » des phénomènes étudiés. Plus loin dans son ouvrage, Menger donne néanmoins quelques indices sur lesquels on aura l'occasion de revenir.

que cette critique, ainsi que sa sœur jumelle concernant la conception « atomistique » de l'individu, sont le fruit d'une compréhension erronée de la notion même d'abstraction. Ce que les historicistes présentent comme un axiome injustifié n'est en fait, selon Menger, qu'une abstraction similaire à ce qui se pratique dans toutes les sciences (Menger, 1883, 58). Ainsi, l'économie, en tant que recherche théorique exacte, procède exactement de la même façon que les sciences de la nature en partant des phénomènes humains réduits dans leur forme la plus simple et basique : l'anticipation et la satisfaction des besoins matériels économiques, la propension de chaque individu à chercher à accroître son bien-être (Menger, 1883, 60).

Le statut de la recherche théorique exacte

Une fois les erreurs majeures commises par l'école historique allemande soulignées, Menger s'attache à préciser la forme que doit prendre la recherche théorique en économie. La doctrine épistémologique que développe Menger relève à la fois du réalisme et de l'essentialisme (Hodgson, 2001) et est marquée par l'héritage d'Aristote (Campagnolo, 2004). L'économiste autrichien s'applique principalement à souligner la légitimité de la recherche théorique exacte en économie. Cette dernière procède à partir d'un processus d'abstraction en deux temps (Hodgson, 2001) : a) isoler les aspects essentiels du phénomène étudié, b) diviser ces aspects essentiels dans leur forme la plus simple et la plus typique. Toutes les sciences procèdent de la sorte (Menger, 1883, 58). Il en va de même pour l'économie ainsi que Menger l'explique pour le cas de la formation des prix (Menger, 1883, 41) : la recherche exacte sur le phénomène des prix nous informe que lorsque le besoin d'un bien augmente dans un espace et des conditions données, le prix va croître dans une mesure qui peut être exactement déterminée. Ce résultat est atteint à partir de quatre présuppositions :

1. tous les sujets économiques considérés cherchent pleinement à protéger leurs intérêts économiques ;
2. il n'y a aucune erreur de commise dans la poursuite par les individus de leurs objectifs et dans les mesures qu'ils utilisent pour les atteindre ;

3. la situation économique, en tant qu'elle influe sur la formation des prix, est inconnue des individus considérés ;
4. aucune force externe pouvant restreindre leur liberté économique ne s'exerce sur eux.

Menger admet clairement que de telles conditions ne sont jamais réunies empiriquement. Toutefois, cette procédure permet de remonter jusqu'aux « essences » des phénomènes considérés. Le même raisonnement est valable pour la recherche empirique-réaliste, à la différence près qu'elle ne débouche pas sur la formation de lois exactes, mais sur celle de lois empiriques, moins précises et souffrant davantage d'exceptions. En matière de sciences sociales, l'élément le plus basique sur la base duquel doivent être étudiés les phénomènes selon Menger est l'individu. Ainsi, l'idée typiquement historiciste « d'économie nationale » est erronée : elle n'est pas un tout unifié qui agit de lui-même dans son intérêt propre. L'économie nationale n'est pas non plus une simple juxtaposition d'individus. Elle est un ensemble d'individus étroitement liés les uns aux autres par le biais d'échanges (Menger, 1883, 180). De manière plus générale, c'est l'ensemble des institutions économiques et sociales qui, selon Menger, doit être étudié en en isolant l'élément le plus basique, à savoir l'action de chaque individu. Ce type d'institutions, produit involontaire d'un ensemble d'actions individuelles autonomes, est qualifié par Menger d'institutions organiques[1]. Il les oppose aux institutions pragmatiques (produit conscient et volontaire de l'action humaine) dont il ne nie pas l'existence mais dont il minore l'importance. Menger fait remonter cette idée d'institution organique à Edmund Burke et, ironiquement, à l'école historique allemande du droit de Savigny, laquelle a développé l'idée que le droit était le résultat non intentionnel du développement historique des nations. L'ironie réside dans le fait que les premiers économistes historicistes revendiquaient l'héritage de l'école historique du droit. Or, Menger souligne que Roscher et les autres ont perverti cet héritage en recherchant des lois de développement et en expliquant les institutions par des concepts métaphysiques tels que celui « d'esprit » (*Geist*).

La démarche de Menger peut donc être résumée ainsi : toute science, y compris l'économie, comporte une recherche théorique et une recherche

1 Le marché et la monnaie sont l'archétype de ce type d'institution. Menger étudie dans son ouvrage l'apparition de l'institution de la monnaie.

historique. Les deux approches sont complémentaires et indispensables, mais ne doivent pas être confondues. La recherche théorique, par définition, a pour vocation la recherche de lois. Menger critique ainsi sévèrement l'idée selon laquelle il n'existerait pas de lois exactes en économie (Menger, 1883, 200). Mais il importe de s'entendre sur la nature de ces lois : les lois empiriques-réalistes sont des régularités imparfaites, découvertes en partie via l'induction. En revanche, les lois exactes ne peuvent être découvertes de manière empirique. Elles supposent que les phénomènes étudiés soient décomposés, débarrassés de leurs éléments impurs. On peut ainsi parvenir à remonter à leur essence, c'est-à-dire à leur nature sous sa forme la plus basique et inamovible. L'approche de Menger relève donc bien de l'essentialisme et du réalisme. Sa démarche est essentialiste car elle suppose qu'une partie de la démarche scientifique a pour vocation à retrouver l'essence des choses. Elle est réaliste sur le plan philosophique dans le sens où elle suppose que les concepts ont une existence propre, sous la forme d'essence. Ainsi, les concepts de « prix » ou celui de « marché » ne renvoient pas à de simples définitions conventionnelles désignant des phénomènes variables à travers le temps (comme cela serait le cas dans une optique nominaliste). Il s'agit au contraire de phénomènes bien réels ayant une nature propre. Il est du ressort de la recherche théorique exacte de la mettre au jour.

UN CLIVAGE NOMINALISME/RÉALISME

La Querelle des méthodes est certainement l'un des épisodes de l'histoire de la pensée économique le plus caricaturé. Avant de chercher à en comprendre les enseignements, il convient de préciser ce sur quoi n'ont porté ni la critique de Menger ni le *Methodenstreit* dans son ensemble. Concernant la critique de Menger, il est important de voir que l'économiste autrichien ne reproche pas à l'école historique allemande d'être anti-théorique, mais bien plutôt d'avoir eu une mauvaise compréhension de la nature de la théorie (Hodgson, 2001, 79). Par ailleurs, le point de départ de Menger, la question initiale sous-tendant l'ensemble de ses réflexions épistémologiques, est le même que celui de Schmoller, à savoir comment composer avec la complexité du réel (Labrousse, 2002). Plus précisément, c'est même la question du traitement du problème de la spécificité historique qui est en son centre (Labrousse, 2002), ainsi que celui de la définition de l'économie en tant que science (Tribe, 2007). De ce point de vue, il est donc totalement erroné de réduire la querelle des méthodes à un débat opposant la théorie à un empirisme a-théorique, ou bien à un conflit entre économie mathématisée et économie « littéraire », ou encore à une opposition entre démarche déductive et démarche inductive, pas plus qu'entre individualisme méthodologique et holisme[1].

Des points de convergence

Si ce conflit a dégénéré en « dialogue de sourds », cela est ainsi dû probablement plus à la personnalité des protagonistes qu'à la matière sur laquelle il a porté : une analyse attentive révèle en effet que non seulement Schmoller et Menger se posaient les mêmes questions, mais qu'ils étaient en plus en accord sur un nombre assez grand de points (Haüser, 1988 ; Hutchison, 1988). Ainsi, comme on a pu le voir, Schmoller insiste sur le fait que tant la déduction que l'induction ont leur place dans la démarche scientifique. De même chez Menger, il existe bien un moment inductif nécessaire, même dans la recherche théorique, pour parvenir à la découverte de lois empiriques[2]. De la même manière, si Menger accuse les historicistes de confondre théorie et histoire, cela ne rend pas justice aux écrits de Schmoller, lesquels, on l'a vu, confèrent une attention réelle à la notion d'abstraction. Enfin, si l'individualisme de Menger est évident et relève davantage de considérations ontologiques (l'individu est l'élément basique des phénomènes sociaux) que méthodologiques, il est erroné de réduire la démarche de Schmoller à un simple holisme. Sur ce point, la convergence de vues entre Menger et Schmoller va même très loin : non seulement, les deux auteurs s'accordent pour voir dans l'individu les seules entités au comportement finalisé (Labrousse,

1 Voir Labrousse (2002) pour une démonstration.

2 Menger reste assez vague sur les modalités de ce moment inductif. Il est ainsi difficile de voir à quel moment celui-ci doit intervenir dans la recherche empirique-réaliste et dans quelle mesure il est lié à la recherche historique. Par ailleurs, Menger semble estimer que la recherche exacte peut se passer de tout moment inductif. Cela semble problématique, au regard même de son propre aristotélisme. Pour parvenir à débarrasser un objet de ses éléments accessoires pour n'en garder que son essence, il est nécessaire au préalable de connaître l'objet sous sa forme empirique, sauf à supposer que l'essence des choses soit une connaissance *a priori* de la cognition humaine (Menger n'en fait pas la démonstration). Dès lors, soit la recherche théorique exacte est en partie inductive (Menger semble rejeter cette solution), ou bien elle est en partie *dépendante* (et non seulement *complémentaire*) de la recherche théorique empirique-réaliste et même de la recherche historique.

2002), mais surtout ils adoptent tous deux un même subjectivisme. Il s'agit là d'un point souvent méconnu : le subjectivisme de Menger et plus largement celui de l'école autrichienne d'économie trouvent en effet leurs racines dans les travaux de l'école historique allemande[1] (Labrousse, 2002 ; Priddat, 1998 ; Tribe, 2007). Tant l'évaluation de la valeur des biens que le contenu des besoins humains sont variables dans le temps et dans l'espace. La césure entre l'école historique et l'école autrichienne se situe au niveau du fait que la première estime que la détermination des besoins et des évaluations peut être expliquée par les institutions, tandis que les seconds délèguent cette tâche aux autres sciences sociales (sociologie et psychologie).

L'objet du conflit : définition de l'économie et historicisation de la théorie

C'est donc bien sur deux autres points qu'a porté le conflit : la définition de l'économie en tant que science, et le traitement du problème de la spécificité historique et même plus largement de celui de l'historicisation de la théorie. La première divergence se situe donc dans la définition de l'économie. Chez les historicistes, le terme « économie » est désigné par plusieurs mots allemands, employés tantôt de manière synonyme, tantôt afin de désigner divers champs d'une science économique générale : *Staatswirthschaftslehre, Nationalökonomie, Politische Ökonomie, Wirthschaftslehre, Volkswirthschaftslehre* (Tribe, 2007). Comme déjà indiqué, le concept d'« économie nationale » est central chez tous les auteurs historicistes, au point d'être plus ou moins synonyme avec celui d'économie. Dans cette acception, la science économique consiste donc dans l'examen de l'ensemble des institutions et de leurs relations caractérisant une économie nationale à une époque donnée. Menger rejette cette définition : « Nous comprenons sous le terme d'*économie* l'activité de prévision par laquelle les hommes visent à couvrir leurs besoins en bien, et sous le terme d'*économie politique* la forme sociale que prend cette dernière » (Menger, 1883, 203). Le premier élément intéressant est que la définition de l'économie donnée par Menger est de type substantif et non formel, puisque l'économie renvoie à une activité particulière, celle

1 Le rejet par Schmoller (1905-08) de la théorie de la valeur travail n'est donc, de ce point de vue, guère surprenant.

de la satisfaction des besoins matériels[1]. Pour autant, Menger refuse de la réduire à la notion d'économie nationale. En effet, au sein même de l'économie en tant que science, il estime nécessaire de distinguer trois domaines (Menger, 1883, 3-4) : l'économie théorique (orientation théorique), l'histoire et la statistique économiques (orientation historique), la politique économique (orientation pratique). Selon Menger, définir l'économie uniquement en termes d'économie nationale revient donc à se contenter de son orientation historique et pratique, mais à ignorer sa dimension théorique.

Cette première divergence trouve l'essentiel de son origine dans une seconde : la différente manière dont Menger d'un côté, et Schmoller et les autres historicistes de l'autre, ont traité le problème de la spécificité historique et plus largement celui de l'historicisation de la théorie. Menger était en effet largement conscient de ce problème (Hodgson, 2001 ; Labrousse, 2002), indiquant par exemple que les lois empiriques sont contingentes à chaque système économique spécifique (Menger, 1883, 81). L'économiste autrichien affirme même que les lois empiriques peuvent avoir un domaine de validité à un stade de développement particulier (Menger, 1883, 82). Schmoller et Menger avaient donc un sujet de conversation commun. C'est dans la solution considérée comme adéquate à ce problème de la spécificité historique que les deux auteurs se séparent. Nous avons présenté plus haut la solution proposée par Schmoller : aux côtés d'une démarche (naïvement) empiriste de collection de données empiriques, l'économiste allemand a élaboré une théorie nominaliste de formation des concepts où ces derniers sont vus comme des images mentales représentant de manière construite une réalité historiquement spécifique. Chaque concept est ainsi dans une large mesure une construction arbitraire de l'esprit humain destinée à saisir la singularité du phénomène étudié. Ce traitement de la spécificité historique s'inscrit lui-même au sein d'une conception relativiste et historicisée de la théorie où cette dernière est vue comme le produit du contexte culturel dans lequel elle est élaborée.

1 Il n'est donc pas tout à fait exact de dire, comme Agnès Labrousse (2002), que pour Menger la science économique se définit comme l'étude de tous les comportements motivés par l'égoïsme. Si l'on accepte l'idée qu'une science se définit d'abord par son objet avant de se définir par sa méthode, alors la définition retenue par Menger n'est pas si éloignée de celle des historicistes et n'a rien en commun avec celle qui s'imposera au XXe siècle.

La solution de Menger est évidemment très différente et fait appel à son réalisme essentialiste : elle réside dans l'idée de recherche théorique exacte et de lois (ou types) exactes. En effet, si Menger reconnaît la contingence historique des lois et types empiriques, il considère en revanche que la recherche exacte permet de s'absoudre de ce problème. La recherche exacte doit déboucher sur la découverte de l'essence des phénomènes étudiés qui, par définition, est invariable et nécessaire. Ainsi, au-delà du problème de la spécificité historique, il semble possible de supposer que le point de clivage fondamental ayant opposé Schmoller et Menger (et que les deux auteurs n'avaient probablement pas perçu de la sorte) se situe *au niveau de leur théorie de la formation des concepts et du statut accordé à la théorie*. Du point de vue nominaliste de Schmoller, les concepts et théories sont dans une large mesure des créations arbitraires et historiquement spécifiques, devant rendre compte de la singularité des phénomènes étudiés. Du point de vue réaliste de Menger, les concepts et théories, au moins dans le cadre de la recherche exacte, renvoient au contraire à des entités réelles dans leur essence. Ils permettent de saisir l'invariable et l'inamovible de chaque phénomène et de mettre de côté l'accidentel lié à la contingence historique.

PORTÉE ET ENSEIGNEMENTS DU *METHODENSTREIT*

Il est souvent considéré que Menger a été le « vainqueur » du *Methodenstreit*, non tant parce qu'il a eu le dernier mot, mais parce que la science économique du XXe siècle aurait emprunté les sentiers qu'il avait ébauchés. En réalité, les thèses d'aucun des deux auteurs ne se sont matérialisées en tant que telle dans l'analyse économique moderne. Paradoxalement, ce sont les lacunes des positions défendues par Schmoller et Menger qui permettent de mieux comprendre les développements subséquents au sein de la tradition institutionnaliste et notamment les travaux de Max Weber.

On ne reviendra pas sur les faiblesses des thèses de Schmoller. L'ébauche de théorie de formation des concepts qui apparaît en filigrane et que l'on a soulignée se perd au milieu d'un empirisme parfois radical et de travaux consistant souvent en une collection de données et de faits. Si ces travaux ont une valeur intrinsèque estimable, c'est bien davantage sur le plan de l'histoire économique. Ses quelques intuitions judicieuses sur le statut des concepts et des théories ne pèsent que d'un poids infime face à la croyance et la mise en application de l'idée que la construction d'une théorie pertinente passe par l'accumulation de faits empiriques. En d'autres termes, si Schmoller est probablement le premier historiciste à percevoir clairement le problème de l'historicisation de la théorie et avoir posé des principes pour le résoudre, il n'a pas été capable de proposer une solution cohérente et correcte, et surtout de la mettre en application. Pour autant, la position de Menger pose également des difficultés. En premier lieu, comme il a déjà été souligné, Menger n'indique à aucun moment par quelle manière les lois et types exacts peuvent être découverts. Notamment, il manque une articulation claire entre l'induction et la déduction. De manière plus générale, toujours sur ce point, si la distinction entre histoire et théorie est un grand progrès par rapport aux thèses historicistes[1], Menger se contente de poser leur complémentarité mais ignore leur dépendance respective. Enfin, si Menger a tenté de résoudre le problème de la spécificité historique (avec un succès mitigé donc), il a en revanche ignoré celui, plus large, de l'historicité de la théorie. Ce problème est flagrant lorsque l'économiste autrichien estime que la recherche théorique exacte en sciences sociales consiste à décomposer les phénomènes dans leurs éléments les plus simples, à savoir les individus, pour en atteindre l'essentiel. Comme le souligne Hodgson (2001), le problème vient du fait que Menger ne donne aucune justification quant au critère permettant de distinguer l'essentiel de l'accidentel, pas plus qu'il ne justifie le fait que les individus doivent être considérés comme les éléments basiques des phénomènes sociaux. En d'autres termes, il n'y aucune connexion logique entre l'individualisme méthodologique et le réalisme de Menger ; et son essentialisme repose sur une ontologie sociale individualiste certes légitime *d'un certain point de vue*, mais totalement arbitraire, et non pas nécessaire. Il apparaît en fait qu'il manque à Menger une théorie justifiant (ou expliquant) l'orientation spécifique qu'il confie à la recherche théorique. Sa théorie de la formation des concepts est donc incomplète.

Dans une très large mesure, c'est comme une tentative de dépassement de l'ensemble de ces limites qu'il faut comprendre les travaux épistémologiques de Max Weber.

1 Cette distinction existe chez Schmoller également, même si elle est posée de manière plus ambiguë. En revanche, c'est au niveau de l'articulation entre théorie et histoire par l'induction que la thèse de Schmoller est faible.

MAX WEBER ET L'OBJECTIVITÉ DES SCIENCES SOCIALES : UN DÉPASSEMENT DU CONFLIT THÉORIE/HISTOIRE

Fondateur de la sociologie moderne, Max Weber est indéniablement l'un des principaux penseurs dans l'histoire des sciences sociales. Parmi ses nombreuses contributions, on trouve notamment chez l'auteur allemand une réflexion épistémologique qui, s'il ne l'a jamais conçue ainsi[1], s'apparente à une véritable théorie de la connaissance. C'est sur cette dernière que va porter la présente section, dans la mesure où elle s'inscrit pleinement dans le débat de la relation entre théorie et histoire et constitue une réaction directe à la « Querelle des méthodes ». C'est en s'appuyant très largement sur la philosophie néo-kantienne de Rickert que Weber va tenter de montrer de quelle manière histoire et théorie doivent s'articuler. Ce faisant, Weber se confronte directement au problème de l'historicisation de la théorie. La réflexion de Weber débouchera sur l'émergence de concepts essentiels dans le cadre de l'analyse économique et sociologique, à commencer par celui d'idéaltype. Tout en soulignant les apports offerts par la réflexion de Weber, on achèvera cette section en considérant de près les objections émises par certains commentateurs sur la position wébérienne.

WEBER, L'ÉCOLE HISTORIQUE ALLEMANDE ET LE *METHODENSTREIT*

Bien que de formation juridique[2] et bien qu'étant aujourd'hui invariablement considéré comme un sociologue, Max Weber s'est toujours présenté comme un économiste (Swedberg, 1999). Elève de Karl Knies (Hennis, 1996), Weber a également dans les années 1890 réalisé pour le compte du *Verein für Sozialpolitik* plusieurs études sur les systèmes agricoles. À ce titre, il sera amené à rencontrer Gustav Schmoller, avec

1 Weber était très sceptique sur l'intérêt réel des réflexions purement gnoséologiques : « [u]ne science ne se laisse fonder et ses méthodes ne progressent qu'en soulevant et en résolvant des problèmes qui se rapportent à des faits, mais jamais encore les spéculations purement épistémologiques et méthodologiques n'y ont joué un rôle décisif » (Weber, 1906, 220-221).

2 Weber a obtenu son doctorat en 1889 avec une thèse portant sur les sociétés commerciales en nom collectif dans les cités italiennes du moyen âge. En 1891, il obtient son habilitation avec un travail sur *L'importance de l'histoire agraire romaine pour le droit public et privé.*

lequel il mènera un débat soutenu dans les années 1910 concernant la place des jugements de valeur dans l'activité scientifique (*cf. infra*). Il n'existe pas de consensus concernant la question de l'appartenance *stricto sensu* de Weber à l'école historique allemande. Si tous les commentateurs reconnaissent l'existence d'une certaine filiation, ainsi que le fait que Weber connaissait les travaux des historicistes, nombre d'entre eux considèrent qu'à partir des années 1900 les préoccupations et les options méthodologiques de Weber plaçaient ce dernier radicalement en rupture avec les économistes de l'école historique. D'autres en revanche (voir notamment Colliot-Thélène, 1990 ; Hennis, 1996 ; Hodgson, 2001 ; Schumpeter, 1954 ; Shionoya, 2005) font de Weber le principal représentant de la troisième génération (dénommée « toute jeune école historique » par Schumpeter) de l'école historique, en compagnie de Sombart et Spiethoff. En tout état de cause, que Weber fasse ou non partie intégrante de l'école historique allemande, il apparaît clairement qu'il s'est directement confronté au problème de la relation théorie/histoire en partant *notamment* des écrits des auteurs historicistes.

Weber ne s'est intéressé que ponctuellement aux questions purement méthodologiques et épistémologiques. Ses principales contributions dans ce domaine datent du début des années 1900, alors que Weber se remettait à peine d'une dépression l'ayant éloigné de toute activité intellectuelle soutenue entre 1899 et 1903. À cette époque, la Querelle des méthodes est en passe de s'essouffler sans que pour autant une réelle solution ait émergé. Bien que peu intéressé par les questions purement épistémologiques, Weber entreprend pourtant de rédiger plusieurs essais[1] dans la mesure où, conscient des évolutions récentes de la science économique, il estime que les sciences sociales sont sur le point de changer crucialement d'orientation (Oakes, 1975). Il s'agit également pour lui de remettre en cause plusieurs dogmes qui ont pu se confronter lors du *Methodenstreit* (Oakes, 1975). Ainsi que le souligne Wilhelm Hennis (1991 ; 1996), Weber n'ambitionnait pas de bâtir *sui generis* une nouvelle épistémologie des sciences sociales, mais plus modestement de formaliser la pratique effective des économistes, sociologues et historiens de

1 Une partie d'entre eux a été traduite en français et compilée dans l'ouvrage *Essais sur la théorie de la science* (Weber, 1965). Deux autres essais majeurs n'ont été traduits qu'en anglais : *Roscher and Knies : The Logical Problems of Historical Economics* (Weber, 1903-06) et *Marginal Utility Theory and the "Fundamental Law of Psychophysics"* (Weber, 1908).

l'époque. Si l'objectif de Max Weber est de résoudre la Querelle des méthodes (Kilpinen, 2004) en réexaminant les rapports entre théorie et histoire, une difficulté d'interprétation de ses écrits survient du fait que, sauf en de rares occasions[1], il ne présente ses propres positions que de manière détournée, par l'entremise d'une critique des thèses soutenues par d'autres auteurs. Cela est particulièrement évident dans l'essai consacré à Roscher et Knies (Weber, 1903-06), le premier écrit épistémologique de Weber. Cet essai a un double intérêt : d'une part, il atteste de la très bonne connaissance de la part de Weber des écrits des premiers auteurs historicistes et permet donc de mieux le situer par rapport à ces derniers ; d'autre part, on trouve déjà les premiers éléments forts de l'épistémologie wébérienne : proximité avec Rickert, critique de l' « émanatisme » et de la philosophie hégélienne, critique du naturalisme, notion de rapports aux valeurs, statut de la notion de concept ou encore critère de démarcation entre sciences de la culture et sciences de la nature.

Weber face à ses prédécesseurs historicistes

Dans son essai de 1903, Weber traite successivement des positions de Roscher et de Knies. La partie sur Roscher est intéressante de trois points de vue : Weber y affirme à plusieurs reprises qu'il s'agit pour lui de tester les idées de Rickert, il y précise l'articulation entre connaissance nomologique et connaissance idiographique et enfin il développe une critique de ce qu'il nomme « l'émanatisme ». Weber part de la distinction faite par Roscher entre deux types de méthodes : la méthode « philosophique » qui vise une compréhension analytique, abstraite et générale de la réalité, et la méthode « historique » qui vise elle à une reproduction de la réalité dans sa singularité. Selon Weber, ces deux points de vue sont largement complémentaires et aucune science, à l'exception de la mécanique et de l'histoire pure, ne peut se soustraire à l'une de ces deux perspectives méta-théoriques. Weber s'applique ensuite à mettre en avant la contradiction qui sous-tend l'ensemble du projet de Roscher et dont on a pu voir qu'elle a été perçue par de nombreux autres commentateurs : sous couvert d'une méthode « historique », Roscher semble en fait chercher, par son concept de lois de développement, à déduire la réalité dans sa totalité à partir

1 Survenant essentiellement dans l'essai sur l'*Objectivité* (Weber, 1904), faisant de fait de ce dernier l'écrit épistémologique le plus important de Weber.

d'un petit nombre de concepts qui, de ce fait, se voient dépourvus de tout contenu empirique. Weber identifie cette tendance sous le terme « d'émanatisme » : il s'agit d'une méthode consistant à supposer que le *hiatus irrationalis* entre la réalité et le concept peut être surmonté par le recours à des concepts qui englobent les événements et les individus en tant qu'instances de leur réalisation (Weber, 1903-06, 66). En d'autres termes, il s'agit de supposer que le cours de l'histoire peut être logiquement déduit d'un petit nombre de concepts, lesquels renferment en eux-mêmes le contenu de leur propre évolution : le développement historique « émane » des concepts en tant que tels. Clairement lié à la philosophie de l'histoire hégélienne, l'émanatisme est vu par Weber comme traversant l'ensemble de l'œuvre de Roscher et, à un degré moindre, celle de Knies. Selon lui, le recours par Roscher à cette méthode découle directement de l'incomplétude inévitable d'une démarche historique purement empirique se contentant d'une collecte de faits (Weber, 1903-06, 70). Conscient des limites de l'empirisme radical, Weber rejette toutefois la méthode émanatiste comme moyen de dépassement.

La seconde partie consacrée à Knies apporte également un certain nombre de renseignements sur les propres positions de Weber. Ce dernier s'attarde notamment sur le critère principal qu'emploie Knies pour distinguer les sciences de la nature des sciences historiques. Knies considère que les sciences de la nature ont un objet d'étude qui leur permet la recherche d'une connaissance « objectivante » et nomologique en termes de relations causales. En revanche, les sciences historiques, dont l'économie fait partie, doivent composer avec une caractéristique qui leur est propre : l'action humaine et sa libre volonté qui lui donnent un caractère « irrationnel » et donc imprévisible. Selon Knies, cela interdit toute recherche de relations de causalité à laquelle il substitue celle de « lois d'analogie ». Weber fait état de son insatisfaction à l'égard de ce critère de démarcation : l'action humaine peut, au contraire, suivant le rapport aux valeurs du chercheur (c'est-à-dire ce qu'il cherche à expliquer), s'avérer extrêmement rationnelle, à un niveau comparable à celui des phénomènes naturels (Weber, 1903-06, 122). De ce fait, il est erroné comme le fait Knies de rejeter l'explication causale pour les sciences historiques. Weber note toutefois une différence quant à la manière d'appréhender les phénomènes issus de l'action humaine, par rapport aux événements naturels, à savoir leur caractère *significatif* et *compréhensible*

(Weber, 1903-06, 125). L'action humaine n'est donc pas un obstacle à l'explication causale dans les sciences historiques, dans la mesure où sa signification peut être comprise par le chercheur. De ce point de vue, c'est bien la *signification* qui permet de distinguer les sciences de la nature des sciences historiques (ou de la culture). Autrement dit, ces deux types de sciences ont beaucoup de points communs : ils peuvent tous deux être l'objet d'un savoir nomologique ou idiographique et tous deux peuvent parvenir à une connaissance « objectivante », les sciences de la culture n'ayant nullement un fondement subjectif ou psychologique (Weber, 1903-06, 136-140). Enfin, Weber remarque que Knies n'échappe pas non plus au piège de l'émanatisme : « on peut montrer que Knies ne concevait pas la "liberté" comme "indétermination", mais plutôt comme l'émanation de l'action à partir de la *substance* de la personnalité, une substance nécessairement concrète. Parce que cette propriété est associée à la personnalité, l'irrationalité de l'action devient rationnelle » (Weber, 1903-06, 199 ; notre traduction). Le libre arbitre que Knies met au centre de sa démarcation est l'émanation de sa conception de l'action et de son concept de personnalité. De la même façon que le concept d'esprit et l'idée de lois de développement permettaient à Roscher de surmonter les insuffisances de sa méthode empiriste, le concept de personnalité permet à Knies de faire du libre arbitre et de l'irrationalité de l'action une catégorie qui en est *logiquement déduite*.

Weber et la critique du naturalisme

La critique qu'adresse Weber aux anciens historicistes est sans concession. Toutefois, il convient de remarquer qu'elle n'est pas dirigée directement à l'encontre de l'un des deux principaux protagonistes du *Methodenstreit*, Gustav Schmoller[1]. Par ailleurs, les écrits épistémologiques n'épargnent

1 À une exception près (Weber, 1917) concernant la question des jugements de valeur, Weber n'attaquera jamais de front Schmoller, bien qu'il soit évident que leurs positions divergent sur nombre de points, pas uniquement épistémologiques au demeurant. Il n'est pas évident de déterminer les raisons exactes de cet évitement constant. On peut supposer que la position académiquement forte de Schmoller a été de nature à dissuader Weber de prendre le risque de rentrer dans un conflit ouvert. On peut aussi remarquer que c'est finalement une attitude assez courante dans les écrits de Weber, lesquels s'attaquent souvent aux thèses d'auteurs de second rang (Munsterberg, Edouard Meyer, Stammler) pour en fait développer une critique indirecte d'auteurs plus prestigieux (Dilthey et Schmoller notamment).

pas non plus « l'autre camp », à savoir les partisans d'une économie « théorique ». Weber ne cite à aucun moment le nom de Menger dans ses écrits. Toutefois, de nombreuses évidences laissent apparaître qu'il était en accord avec Menger et d'autres économistes autrichiens (notamment Eugen Böhm-Bawerk) sur plusieurs points, notamment concernant la place des concepts marginalistes dans l'analyse économique (Peukert, 2004 ; Swedberg, 1999). Sur le plan méthodologique, il apparaît évident que Weber adhère à la distinction entre théorie et histoire proposée par Menger ainsi que sur l'intérêt heuristique de la représentation de « l'homme économique ». Pour autant, Weber est loin de se ranger totalement du côté de Menger et développe également en parallèle une critique très pointue de ce qu'il nomme le « naturalisme » ou encore le « monisme naturaliste ». Menger n'est jamais visé directement, pourtant son réalisme essentialiste est également mis à mal par la critique wébérienne[1].

Pour Weber, le naturalisme consiste dans la croyance que toute connaissance scientifique doit pouvoir se décliner sous une forme nomologique, la découverte de lois abstraites et générales devenant alors le but ultime de toute activité scientifique (Weber, 1903-06, 198, notre traduction). Il s'agit en fait de la symétrie parfaite de l'erreur commise par Knies et les autres historicistes, à savoir que les sciences historiques ne peuvent jamais parvenir à la moindre connaissance nomologique. L'erreur naturaliste est sérieuse à plusieurs titres : tout d'abord, elle conduit à faire de l'activité scientifique une quête de lois générales et conduit de ce fait à l'abandon de l'étude des phénomènes dans ce qu'ils ont de spécifique. Elle conduit surtout, en outre, à prendre pour des impératifs normatifs ce qui ne doit être que des outils heuristiques permettant une interprétation de la réalité. Sur ce point, Weber s'attaque directement à l'économie politique marginaliste :

1 Nous nous plaçons ici totalement en porte à faux vis-à-vis de la lecture que Yagi (1997, 2005) fait des travaux épistémologiques de Weber et de son positionnement dans le cadre du *Methodenstreit*. Ce dernier affirme en effet que Weber, en dépit de son ancrage intellectuel dans l'école historique allemande, a fini par totalement adopter les conceptions de Menger à l'occasion de la Querelle des méthodes. À notre sens, cette position est intenable : s'il est indéniable que Weber n'a pas repoussé en tant que tel le marginalisme, il a en revanche radicalement amendé la manière dont ses concepts devaient s'interpréter. Par ailleurs, un examen de ses travaux appliqués (sa « sociologie économique ») permet de comprendre que Weber n'a jamais mis en pratique le type d'analyse économique prôné par les marginalistes autrichiens. Zafirovski (2001 ; 2002) argumente également dans le sens d'une étroite connexion entre Weber et l'école autrichienne mais la rattache moins à la Querelle des méthodes en tant que telle.

> la théorie purement économique en son sens « individualiste », politiquement et moralement « neutre », qui a été un moyen méthodologique indispensable et le restera sans doute toujours, fut conçue par l'école radicale du libéralisme comme le reflet intégral de la réalité « naturelle », c'est-à-dire de la réalité non altérée par la sottise humaine, et pour cette raison comme ayant le caractère d'un devoir-être ; autrement dit on lui a attribué la validité d'un idéal dans la sphère des valeurs au lieu d'un idéaltype à utiliser au cours d'une recherche empirique portant sur l'« étant » (Weber, 1917, 471).

De manière plus générale, le naturalisme trouve son origine dans une compréhension erronée du statut des concepts et des théories (Colliot-Thélène, 1990, 14), ainsi que dans l'ignorance de l'objectif même des sciences sociales, dont l'économie fait partie. Or, on a pu voir dans la section précédente que ces deux points étaient ceux sur lesquels les désaccords les plus fondamentaux entre Schmoller et Menger émergeaient. Pour comprendre le positionnement de Weber par rapport au *Methodenstreit*, et la solution qu'il y a apportée, il est nécessaire d'aller au plus près de la théorie de la connaissance wébérienne.

LA THÉORIE DE LA CONNAISSANCE WÉBÉRIENNE : LA QUESTION DE L'OBJECTIVITÉ DES SCIENCES SOCIALES

Pour pouvoir interpréter la théorie de la connaissance que développe Weber et qu'il applique plus particulièrement aux sciences sociales, il est nécessaire de mesurer à quel point celle-ci est redevable des thèses néo-kantiennes et en particulier des travaux de Heinrich Rickert[1]. Rickert est en effet l'un des rares auteurs dont Weber reconnaît explicitement s'être inspiré : à plusieurs reprises dans son essai de 1903, Weber indique qu'il cherche à « tester » les idées de Rickert. De même, dans une correspondance à sa femme Marianne Weber, il indique avoir lu Rickert (Oakes, 1988). Selon toute vraisemblance, Weber a eu entre les mains l'ouvrage majeur de Rickert peu de temps après sa parution en 1902. Par conséquent, il

1 La connexion entre les analyses de Rickert et celles de Weber est relativement bien établie. Aux États-Unis, elle a par exemple été repérée par John R. Commons (1934) et en France très tôt par Raymond Aron (1935 ; 1967 ; 1969). Guy Oakes lui consacre un ouvrage (Oakes, 1988) et Thomas Burger (1975) va même jusqu'à affirmer que la position épistémologique de Weber n'était pas la sienne mais celle de Rickert. Seul Hennis (1996), comme indiqué plus haut, minore considérablement l'influence de Rickert sur Weber, affirmant lui, *a contrario*, que la théorie de la connaissance wébérienne ne doit rien à Rickert.

ne parait pas infondé de supposer que la théorie de la connaissance de Weber doit beaucoup à la théorie de la connaissance néo-kantienne. Sans surprise, un examen attentif de son contenu confirme cette supposition.

La notion de concept chez Weber

Ainsi que l'indique Burger (1975), la proximité méthodologique entre Weber et Rickert (concernant la distinction entre sciences de la nature et sciences de la culture notamment) n'est guère surprenante dans la mesure où elle était partagée par la plupart des auteurs en sciences sociales en Allemagne à cette époque. Plus intéressante est leur proximité *épistémologique*, à savoir l'explication des procédés par lesquels les humains acquièrent une connaissance sur la réalité empirique. Comprendre la méthodologie wébérienne concernant les sciences sociales implique donc au préalable de comprendre sa théorie de la connaissance. Le point de départ de Weber s'inscrit sans équivoque dans la perspective néo-kantienne : le postulat d'incomplétude (Colliot-Thélène, 2006), à savoir l'existence d'un *hiatus irrationalis* entre la réalité et le concept. La connaissance de la réalité n'est jamais directe, elle n'est pas le fait d'un esprit passif reproduisant à l'identique les images en provenance du monde des sens. Surtout, étant donnée la complexité de la réalité, la connaissance que l'on a de l'individu non seulement n'en sera pas une copie conforme mais également pas totale. En d'autres termes, chez Weber comme chez tous les néo-kantiens, le concept est le fait d'un esprit actif dans la construction de la connaissance et sert à l'organisation du matériau empirique (Cuin, 2006). Dans le cas spécifique des sciences dites « empiriques » (à savoir, pour Weber, l'ensemble des sciences à l'exception des mathématiques), Weber tire de sa notion de concept trois enseignements (Weber, 1903-06, 167 et suiv., notre traduction) :

1. un concept n'a pas, et ne peut pas, avoir une correspondance directe et parfaite avec l'objet réel qu'il désigne. Cela est vrai même pour une science comme la physique ;
2. les objets étudiés par les sciences empiriques sont des constructions conceptuelles *synthétiques*, c'est-à-dire que leur « "unité" est constituée par la sélection des aspects qui sont "essentiels" suivant le point de vue défini par un objectif théorique spécifique. Par conséquent, il s'agit d'un produit de la pensée » ;

3. l'histoire ne peut pas être considérée comme une « reproduction des intuitions empiriques » ou comme la copie d'une expérience directe.

Par nature, la cognition humaine suppose donc la formation de concepts. *A fortiori*, cela est également le cas pour l'activité scientifique. L'étape suivante de la réflexion de Weber, toujours fidèle à sa perspective néo-kantienne, est d'interroger la manière dont ces concepts se forment *suivant le type de sciences auquel on a affaire*. Plus spécifiquement, Weber est conduit, afin de dépasser le conflit des méthodes, à développer une théorie de la formation des concepts justifiant la légitimité des sciences historiques et culturelles aux côtés des sciences de la nature.

Le défi épistémologique de Weber

Weber part de la distinction faite par Windelband et reprise par Rickert entre les sciences nomothétiques et les sciences idiographiques. Les premières ont pour objectif de parvenir à une connaissance générale et abstraite en termes de lois, tandis que les secondes visent au contraire à saisir la spécificité et le caractère unique des phénomènes étudiés. Comme indiqué dans le premier chapitre, cette distinction acquiert chez Rickert une nature épistémologique et même *axiologique* : ce n'est pas la nature de leur objet d'étude qui distingue les sciences, mais le « regard » qu'elles portent sur celui-ci. Ainsi, la délimitation des sciences relève d'abord de considérations conceptuelles et non matérielles (Weber, 1904, 146). La recherche d'une connaissance nomologique n'est une fin en soi que dans le cadre des sciences de la nature dont l'objectif est l'établissement de lois générales et abstraites. Par définition, ces sciences sont « objectives » puisqu'elles sont détachées, dans leur appréhension de leur objet d'étude, de toute subjectivité : il s'agit de construire des concepts et des théories suffisamment généraux pour être en mesure de subsumer un nombre croissant de phénomènes empiriques. Aux sciences de la nature, Weber oppose les sciences de la culture, pour lesquelles la connaissance nomologique, si elle peut être un moyen, ne peut en aucun cas constituer une fin en soi : ici, « [c]e que nous cherchons à atteindre, c'est précisément la connaissance d'un phénomène historique, c'est-à-dire *significatif dans sa singularité* » (Weber,

1904, 162). Le critère de démarcation entre sciences de la culture et sciences de la nature est l'idée de *signification* (Weber, 1904, 159). Dans le cadre des sciences de la culture, la recherche de lois n'a donc plus de sens en tant que finalité ultime. Au contraire même, « [p]lus les lois sont « générales », c'est-à-dire abstraites, moins elles peuvent satisfaire aux exigences de l'imputation causale des phénomènes *singuliers* et, indirectement, à la compréhension de la signification des événements culturels » (Weber, 1904, 164). Ces passages mettent en lumière plusieurs choses : d'une part, que l'on soit dans le cadre des sciences de la nature ou des sciences de la culture, la finalité de la recherche scientifique reste l'imputation causale, même si dans un cas elle prendra la forme de lois abstraites et générales, et dans l'autre d'explication de la singularité. D'autre part, au contraire des sciences de la nature, les sciences de la culture reposent sur l'idée de signification et de *valeur*. Or, dans la mesure où ces sciences visent à saisir ce qui fait la singularité des phénomènes en fonction de leur signification, et que cette signification se rapporte elle-même à « des idées de valeurs », une inévitable *subjectivité* semble les affecter. Par conséquent, autant l'objectivité des sciences de la nature parait aller de soi, autant celle des sciences de la culture pose question. Le défi épistémologique auquel est confronté Weber pour résoudre le *Methodenstreit* est donc le suivant : démontrer le caractère objectif des sciences de la culture sans pour autant verser dans le naturalisme et le monisme méthodologique.

Le rapport aux valeurs

La solution proposée par Weber part d'une idée déjà rencontrée chez Rickert, celle de rapport aux valeurs. Avec elle, Weber s'oriente clairement sur une route l'amenant, implicitement, à développer l'idée d'*historicisation de la théorie*, jusque dans son sens le plus relativiste. Pour Weber, les sciences sociales portent sur la réalité et cherchent à en extraire la signification culturelle (Weber, 1904, 152-153). Cette extraction nécessite un *modus operandi* qui prend la forme du rapport aux valeurs. Ce dernier doit permettre au chercheur de choisir, parmi l'infinité du matériau historique, les éléments de la réalité empirique lui semblant *culturellement significatifs* et devant être soumis à une analyse logique (Cuin, 2006).

– La spécificité axiologique des sciences de la culture

La conditionnalité des sciences de la culture à l'existence d'un rapport aux valeurs fonde leur spécificité (Weber, 1906, 283) : la réalité historique et culturelle est infiniment complexe et, dans la mesure où l'objet des sciences de la culture n'est pas de parvenir à une connaissance nomologique, il est impossible au chercheur de l'appréhender dans son ensemble. Les phénomènes à étudier doivent faire eux-mêmes l'objet d'un choix, d'une sélection. La question qui survient est alors la suivante : selon quel(s) critère(s) le chercheur va-t-il déterminer quels sont les phénomènes devant être soumis à analyse ? La réponse transparaît en fait déjà dans ce qui a été dit précédemment : le chercheur étudiera des phénomènes lui semblant culturellement significatifs au regard de ses valeurs et de ses intérêts axiologiques, en d'autres termes des évènements ayant un intérêt historique *d'un certain point de vue* (Weber, 1906, 298). Dit autrement, face à l'infinie complexité du matériau historique, la connaissance du singulier, qui est l'objet des sciences culturelles, passe nécessairement par une sélection *a priori* des phénomènes devant être étudiés. Cette sélection est le fait du chercheur qui retiendra les éléments qui lui semblent revêtir une signification culturelle en fonction des valeurs et des intérêts scientifiques prévalant à son époque. De ce point de vue, Weber identifie trois grandes formes de signification que peuvent revêtir les phénomènes historiques et sur lesquelles le rapport aux valeurs va opérer (Weber, 1906, 258-259) :

1. le matériau peut être l'exemplaire d'un genre et constituer par conséquent un *moyen de connaissance* de l'*essence générale* des phénomènes étudiés ;
2. le matériau peut constituer un élément caractéristique d'un *collectivum* et être par conséquent un *moyen de connaissance* de la nature *singulière et individuelle* de ce *collectivum* ;
3. le matériau peut être un élément causal d'un ensemble historique.

– La non-existence de valeurs universelles

À ce stade, plusieurs éléments sont à relever. En premier lieu, même si on ne développera pas ce point ici[1], il convient de remarquer que

1 Voir le chapitre « Le capitalisme comme système historique contingent » ainsi que Hédoin (2009).

l'existence même des sciences de la culture repose donc, selon Weber, sur la capacité des individus à sélectionner sur la base d'un rapport aux valeurs les phénomènes devant être étudiés. Or, cette capacité qui atteste de la part des individus une propension à la réflexivité par rapport aux valeurs, est en elle-même le produit du *processus de rationalisation* que Weber met en avant dans l'ensemble de ses travaux. Ainsi, l'objectivité des sciences sociales que Weber cherche à démontrer est à la fois le produit, un témoin et un moyen d'étudier le processus de rationalisation. Ce cadre auto-référentiel amène donc Weber à historiciser les sciences sociales (de la culture) dans leur ensemble, et non seulement leurs théories. Second point essentiel, il apparaît que l'analyse de Weber se démarque quelque peu de celle de Rickert quant au fondement de l'objectivité des sciences de la culture (Oakes, 1988). On a pu voir dans le chapitre précédent que Rickert, par delà l'idée de rapport aux valeurs, cherche à fonder l'objectivité de ces sciences en tentant de démontrer l'existence de valeurs universelles, c'est-à-dire qui doivent être reconnues et acceptées nécessairement par tous ceux s'engageant dans l'enquête scientifique. Selon Rickert, la première des valeurs universelles est celle de vérité. Weber abandonne totalement cette perspective qui a par ailleurs été fortement contestée. Chez Rickert, la sélection des phénomènes pertinents suivant le rapport aux valeurs se faisait relativement à trois éléments : les valeurs universelles donc, les valeurs en vigueur *à l'époque* soumises à l'analyse (les « centres historiques ») et enfin les valeurs comprises dans l'environnement du chercheur. Weber ne conserve dans son idée de rapport aux valeurs que ces dernières. Ainsi, le seul critère sur la base duquel le chercheur choisit les évènements dont il veut comprendre la singularité sont les valeurs en vigueur dans l'environnement du chercheur (Weber, 1904, 171). En d'autres termes, Weber historicise totalement la théorie concernant l'objet de sa connaissance : dans les sciences de la culture, une théorie ne vise pas une connaissance générale, mais une connaissance du spécifique (critère de la spécificité historique), sachant que l'identité du spécifique en question (le phénomène à étudier) est déterminée par le contexte culturel et intellectuel dans lequel s'inscrit le chercheur élaborant la théorie. Dans la mesure où Weber se refuse à hiérarchiser les valeurs et à rechercher des valeurs universelles[1], l'historicisation de

1 Weber (1917 ; 1959) parle à ce sujet de « polythéisme des valeurs », tant au sujet spécifique des valeurs guidant le travail scientifique dans les sciences de la culture que de manière

la théorie à laquelle il procède implicitement se mue en une forme de relativisme que l'on peut juger radical.

Un dernier point à souligner, préfigurant ce qui sera dit au sujet de l'idéaltype, concerne le statut de l'analyse scientifique *une fois* le phénomène à étudier circonscrit via le rapport aux valeurs. Weber est sur ce point explicite, les sciences de la culture sont *wertfreiheit*, c'est-à-dire dénuées de tout jugement de valeurs. Une fois le matériau historique isolé, l'analyse doit être scientifique et compréhensible par tous (Weber, 1904, 132). Autrement dit, la subjectivité du chercheur n'intervient en fait à aucun moment : elle n'intervient pas lors de l'extraction dans l'infinité historique du phénomène à étudier car cette dernière s'opère suivant un rapport aux valeurs dépendant du contexte culturel dans lequel le chercheur est inséré ; elle n'intervient pas non plus au moment de l'analyse scientifique *stricto sensu* puisque l'objectif du chercheur n'est pas d'évaluer (Weber 1904 ; 1917), mais « *d'expliquer par voie compréhensive* » (Weber, 1917, 421) le phénomène tel qu'il a été identifié dans sa singularité.

IDÉALTYPE ET RAPPORT THÉORIE/HISTOIRE CHEZ WEBER

La discrimination des phénomènes à étudier parmi l'infinité de la réalité permise par le rapport au valeur précisée, il reste à déterminer comment Weber pense possible une analyse objective visant à saisir leur singularité. Il faut ici se rappeler la manière dont Weber pense la nature du « concept » : une construction mentale n'ayant aucun lien logique avec la réalité. À la question épistémologique du dépassement par le chercheur du *hiatus irrationalis* qui en découle, succède maintenant la question méthodologique des modalités par lesquelles les sciences sociales peuvent parvenir à leur objectif.

Compréhension, explication et causalité

La notion centrale dans le schéma wébérien est évidement ici celle d'idéaltype, laquelle a constamment été l'objet d'interrogations et de réflexions multiples. Toutefois, pour comprendre la place et le statut de

plus générale au sujet des valeurs régissant l'ensemble de la vie économique et sociale. Voir notamment l'analyse de Raymond Aron (1959) à ce sujet.

l'idéaltype, il est nécessaire au préalable de saisir l'objectif que Weber assigne aux sciences sociales. On a pu voir que les sciences de la culture, par nature, ont pour objectif de saisir la singularité des phénomènes historiques dans ce qu'ils ont de significatifs. Par conséquent, la connaissance nomologique, si elle peut être un *moyen* pour parvenir à cet objectif, ne peut en aucun cas être une fin en soi (Weber, 1904, 165). Pour autant, de même que Schmoller, Weber ne rejette pas la légitimité de la recherche de causalité en sciences sociales. Dans sa critique des travaux de l'historien allemand Edouard Meyer (Weber, 1906), Weber indique ainsi qu'il est erroné d'assimiler causalité et nécessité. Si cette relation est vraie dans les sciences de la nature où, par définition, l'intérêt nomologique conduit à la recherche de *lois* causales, il n'en va pas de même dans les sciences de la culture où l'*accidentel* peut fonder tout autant que le nécessaire une relation causale. En d'autres termes, raisonner en termes de causalité n'amène pas nécessairement à penser les phénomènes historiques en termes de lois dans le sens de celui des sciences de la nature, mais aussi en termes de contingences. Si la recherche de causalités est légitime dans les sciences sociales, elle se fait toutefois au travers d'une modalité qui leur est spécifique : la *compréhension*. Weber indique ainsi : « [c]e qui, du moins au sens plein, est propre uniquement au comportement humain, ce sont des enchaînements et des régularités dont le développement se laisse interpréter de façon *compréhensible* » (Weber, 1913, 327).

Ainsi, les phénomènes sociaux ne sont pas seulement significatifs sur le plan culturel, ils sont également compréhensibles car produits du comportement humain. La compréhension (*Verstehen*) signifie saisir par l'interprétation le sens ou l'ensemble significatif visé (Weber, 1922, I, 35). Cela revient par conséquent à restituer les motifs présidant à une action ou à un ensemble d'actions *historiquement situées*. Pour autant, contrairement à une idée reçue, Weber n'oppose pas compréhension et explication (Colliot-Thélène, 1990), comme en attestent les nombreuses associations des deux termes dans ses écrits. En tant que telle, l'activité de compréhension ne permet pas d'expliquer ; pour cela elle doit être soumise au préalable en tant qu'hypothèse à un test (Weber, 1922, I, 36). Une fois vérifiée, la compréhension n'aura de valeur que parce qu'elle est explicative (Weber, 1922, I, 35). On doit alors pouvoir aboutir à une *explication causale* faisant un lien entre deux événements historiques spécifiques (Weber, 1922, I, 38). Chez Weber, compréhension, explication et causalité sont ainsi intimement liées. La compréhension est la modalité privilégiée par laquelle il est possible de produire une explication dans les sciences de la culture en raison du caractère significatif des phénomènes historiques. L'explication prend quant à elle la même forme que dans toutes les sciences, à savoir une forme causale, même si les causes identifiées ne relèvent pas invariablement du nécessaire, mais aussi de l'accidentel et du contingent.

L'objectif des sciences sociales chez Weber spécifié, on peut dorénavant mieux saisir la place jouée par la notion d'idéaltype et les conséquences qui en découlent concernant l'articulation entre théorie (économique ou sociologique) et histoire.

La notion d'idéaltype chez Weber

Weber discute essentiellement de l'idéaltype dans son essai sur l'objectivité des sciences sociales (1904). Des considérations plus éparses y apparaissent également dans ses autres écrits épistémologiques ainsi que dans *Économie et société* (Weber, 1922). Bien qu'on ne reviendra pas sur ce point, la place de cette notion dans la schéma wébérien nécessite pour être pleinement appréhendée de la replacer dans le cadre néo-kantien dans lequel Weber s'inscrit, notamment concernant le statut du concept et le rapport aux valeurs. On peut en effet montrer que l'idéaltype n'est qu'une application spécifique de la doctrine plus générale du rapport aux valeurs.

– Définition de la notion d'idéaltype

Dans la mesure où aucune théorie, en raison du *hiatus irrationalis*, n'est en mesure de saisir directement et entièrement la réalité, comment est-il possible de saisir, une fois les phénomènes historiques intéressants isolés, leur caractère singulier au travers d'une explication causale ? Selon Weber, en « sélectionnant » et en « accentuant » les éléments de la réalité qui nous paraissent essentiels dans le cadre de l'explication afin de leur conférer un statut heuristique particulier. C'est là l'essence de la construction idéaltypique : « On obtient un idéaltype *en accentuant* unilatéralement *un* ou *plusieurs* points de vue et en enchaînant une multitude de phénomènes donnés *isolément*, diffus et discrets, que l'on trouve tantôt en grand nombre, tantôt en petit nombre et par endroit pas du tout, qu'on ordonne selon les précédents points de vue choisis unilatéralement, pour former un *tableau de pensée* homogène » (Weber,

1904, 181). Il s'agit donc d'une « mise en cohérence » de la réalité à partir de *certains* de ces divers composants que le chercheur juge essentiels du point de vue de ce qu'il cherche à expliquer. L'idéaltype est ainsi une représentation idéalisée de la réalité socio-économique *d'un point de vue particulier.* À ce titre, il ne consiste aucunement en une *représentation* fidèle et encore moins en une copie de la réalité historique, il est une pure « utopie » (Weber, 1904, 181). Le terme « utopie » doit ici être pris dans son sens le plus strict. Comme le souligne Burger (1975, 123), l'idéaltype wébérien est plus que la mise en avant d'un ensemble de caractéristiques présentes à divers degrés dans la réalité. Il s'agit d'une *idéalisation* de la réalité allant jusqu'à décrire un monde qui n'existe pas.

Les commentateurs estiment en général que l'on peut repérer chez Weber l'usage de quatre formes d'idéaltypes (Aron, 1967 ; Burger, 1975).

1. Les idéaltypes d'individus historiques tels que le capitalisme ou la ville d'Occident : « Le type idéal, dans ce cas, est la reconstruction intelligible d'une réalité historique globale et singulière, globale puisque l'ensemble d'un régime économique est désigné par le terme de capitalisme, singulière puisque d'après Weber le capitalisme, au sens où il définit ce terme, n'a été réalisé que dans les sociétés occidentales modernes » (Aron, 1967, 521) ;
2. Les idéaltypes qui désignent des éléments abstraits de la réalité historique qui se retrouvent dans un grand nombre de circonstances comme la bureaucratie, ou à un niveau supérieur d'abstraction, les trois formes de domination (rationnelle légale, traditionnelle, charismatique) et au niveau le plus élevé d'abstraction, les types d'actions ;
3. Les idéaltypes constitués par les reconstructions rationalisantes de conduites d'un caractère particulier. Par exemple : les propositions théoriques de l'économie pure, telle que la théorie de l'utilité marginale ;
4. Les idéaltypes de développement (Weber, 1904) qui consistent en des représentations abstraites d'une forme de développement historique, telle que la succession féodalisme/capitalisme/communisme chez Marx.

– Idéaltype et rapport aux valeurs

Quelque soit la forme d'idéaltype, le néo-kantisme de Weber est évident dans le sens où sa théorie de la formation des concepts repose sur le même nominalisme qui traverse, de ce point de vue, toute la philosophie néo-kantienne. Les concepts n'ont pas de réalité propre, mais sont juste une construction de l'esprit humain ayant un but heuristique, c'est-à-dire visant à une meilleure appréhension de la réalité. Dans le cadre des sciences de la culture, la formation des concepts prend donc une dimension axiologique, dans le sens où elle repose sur un rapport aux valeurs. Il est évident que le rapport aux valeurs est tout aussi important dans le cadre de la formation de l'idéaltype, dans la mesure où la construction de ces formes pures ne s'impose jamais au chercheur autrement que par le biais des éléments qu'il estime devoir être mis en avant[1]. Le relativisme que l'on a pu mettre en avant à l'occasion de l'examen de la notion de rapport aux valeurs se retrouve par conséquent au sujet de l'idéaltype. Chaque point de vue requiert la formation d'idéaltypes différents (Burger, 1975, 129).

– Idéaltype et théorie économique

Il est intéressant de noter que la plupart des passages des écrits de Weber où la notion d'idéaltype est discutée se juxtaposent ou sont même liés à des considérations sur l'économie politique et le statut de la théorie économique. Cela tend à confirmer l'idée que l'idéaltype est l'outil conçu par Weber dans le but d'apporter une solution à la Querelle des méthodes. À cet égard, on se rend compte que Weber interprète la théorie

---

1 Dans ce cadre, il peut être légitime de se demander quelle est la différence exacte entre concept et idéaltype chez Weber. Ce dernier n'est jamais explicite sur ce point. Clairement, le premier est à rattacher à sa théorie de la connaissance, dans le sens où l'ensemble de la cognition humaine repose sur la construction de concept. Le second concerne en revanche la théorie des sciences sociales de Weber. Burger (1975, 115 et suiv.) indique que la notion d'idéaltype a été mobilisée par Weber pour répondre à une difficulté à laquelle il a été confronté étant donnée sa représentation de la notion de concept. Chez Weber, les concepts sont des généralisations de phénomènes similaires. Par exemple, le concept d'« arbre » englobe l'ensemble des objets ayant en commun certaines caractéristiques propres à l'ensemble des arbres. Le problème est que la description historique nécessite la formation de concepts qui ne répondent pas à ce critère de généralité dans le sens où ils peuvent désigner des phénomènes très divers : « bureaucratie », « conflit », etc. La notion d'idéaltype permet la justification de l'existence de tels concepts qui autrement, du seul point de vue de la notion de concept au sens néo-kantien, ne sont pas pertinents.

économique et ses concepts dans une perspective nominaliste radicalement différente de celle de Menger et des économistes marginalistes. Weber se sert ainsi constamment de la « théorie abstraite de l'économie » pour illustrer sa notion d'idéaltype : cette dernière « nous présente, en effet, un tableau idéal des événements qui ont lieu sur le marché des biens, dans le cas d'une société organisée selon le principe de l'échange, de la libre concurrence et d'une activité strictement rationnelle. Ce tableau de pensée réunit des relations et des événements déterminés de la vie historique en un cosmos non contradictoire de relations *pensées*. Par son contenu, cette construction a le caractère d'une *utopie* que l'on obtient en accentuant *par la pensée* des éléments déterminés de la réalité » (Weber, 1904, 180). La théorie économique est ainsi une manière de se représenter la réalité appréhendée du point de vue spécifique des évènements marchands, nonobstant la prépondérance réelle de ces derniers (Weber, 1904, 180). L'élément principal au sein de la théorie économique que souligne Weber est plus particulièrement sa représentation de l'individu en tant qu'être rationnel. L'idéaltype de l'action rationnelle acquiert en effet chez Weber un statut heuristique particulier dans le cadre de l' « imputation causale » car il sert d'étalon de mesure pour comprendre l'ensemble des autres actions sociales (Weber, 1917, 468). C'est pourtant à cet endroit de sa réflexion que Weber prend clairement ses distances avec l'*interprétation* que les économistes font de leurs concepts théoriques.

En effet, Weber estime que la plupart des économistes ont eu tendance à interpréter les concepts de la théorie économique non comme des types idéaux mais plutôt comme des lois au sens des sciences de la nature, tombant ainsi dans le piège du « monisme naturaliste » dont on a déjà présenté la critique wébérienne. La mauvaise interprétation des idéaltypes de la théorie économique conduit selon Weber à faire tout simplement la confusion entre théorie et histoire :

> Rien n'est sans doute plus dangereux que la *confusion* entre théorie et histoire, dont la source se trouve dans les préjugés naturalistes. Elle se présente sous diverses formes : tantôt on croit fixer dans ces tableaux théoriques et conceptuels le « véritable » contenu ou l'« essence » de la réalité historique, tantôt on les utilise comme une sorte de lit de Procuste dans lequel on introduira de force l'histoire, tantôt on hypostasie même les « idées » pour en faire la « vraie » réalité se profilant derrière le flux des événements ou les « forces » réelles qui se sont accomplis dans l'histoire (Weber, 1904, 187).

Au travers de ce passage, Weber dénonce clairement plusieurs erreurs d'interprétation : l'essentialisme, le réalisme et l'idéalisme. De ce point de vue, les économistes théoriciens, à commencer par Menger, sont clairement visés par Weber[1]. On a en effet pu voir que Menger avait une interprétation réaliste et essentialiste de la théorie économique : essentialiste car la recherche exacte devait permettre l'élaboration de concepts saisissant l'essence des phénomènes économiques, réaliste car la théorie devait déboucher sur des types et des lois exacts renvoyant à des entités pures réelles. Menger pensait pouvoir distinguer théorie et histoire sur cette base, et il est ironique de voir que pour Weber l'essentialisme revient exactement au contraire. Le « préjugé réaliste » consistant à penser que la théorie peut renvoyer à des entités historiques réelles revient en effet à nier le postulat d'incomplétude entre la réalité et le concept et, ce faisant, à confondre *in fine* théorie et histoire. De manière plus générale, le naturalisme commet l'erreur de voir dans les concepts des théories sociologiques et économiques des lois dont la découverte constituerait la fin en soi. Or, la construction d'idéaltype n'est pas l'objectif de la recherche scientifique, mais seulement le moyen. La finalité reste quant à elle la saisie de la singularité des phénomènes étudiés (Weber, 1904, 197).

Le statut de l'idéaltype et le rapport entre théorie et histoire

– L'instrumentalisme wébérien

L'idéaltype chez Weber a donc un statut purement heuristique : il n'est ni le résultat du travail théorique ou empirique, ni la description de l'essence de certains phénomènes, ni une proposition normative sur ce qui devrait être. Weber, à côté de l'erreur naturaliste, considère ainsi qu'il est également erroné de vouloir fonder l'abstraction de « l'homme économique » sur des considérations psychologiques (Weber 1908). Cette abstraction n'a pas pour objet de décrire un comportement réel, puisque l'action rationnelle en finalité en tant que telle est empiriquement

1 La critique de l'idéalisme que nous repérons dans la précédente citation est en fait probablement dirigée à l'encontre de Marx et de son matérialisme historique. À plusieurs endroits (notamment Weber, 1904), Weber souligne en effet l'intérêt heuristique des idéaltypes de développement du marxisme mais remarque que l'on trouve chez Marx et les marxistes une tendance à mal les interpréter au point de les concevoir comme des lois de développement historique.

inexistante (Weber, 1922). Il ne s'agit donc que d'un outil, créé par l'esprit humain pour mettre en avant un aspect délibérément privilégié de la réalité empirique au détriment des autres. La notion d'idéaltype est de ce point de vue étroitement liée à l'idée de spécificité historique car sa validité (ou plus exactement, sa *pertinence*) est fonction de l'objet étudié et de la manière dont il est appréhendé. Ainsi, Weber met explicitement en avant le fait que la portée heuristique de la théorie marginaliste, et en particulier sa représentation de l'individu, est dépendante de la spécificité du capitalisme moderne (Weber, 1908, 33 ; voir également Zafirovski, 2002). Weber se fait donc clairement le porteur d'un anti-réalisme et d'un nominalisme philosophique[1] qui ont clairement une incidence sur la place de la théorie par rapport à l'histoire.

Ce point est particulièrement important puisqu'il faut se souvenir que Weber s'est précisément engagé dans des réflexions épistémologiques dans le but de clarifier la nature du travail historique (Weber, 1906) et donc de réexaminer le rapport entre théorie et histoire. Il apparaît clairement que Weber accepte l'idée d'une séparation entre théorie et histoire. Dans le cadre des sciences de la nature, cette séparation n'a pas de sens puisque la perspective nomologique indique que la connaissance s'oriente uniquement vers la recherche de lois générales. L'histoire disparaît donc derrière la théorie. Il en va différemment des sciences sociales puisque ces sciences portent directement sur un matériau historique infini et *axiologiquement non neutre*. Par conséquent, la recherche nomologique ne peut nullement se constituer comme une fin en soi. On a ainsi pu voir que tout travail dans le domaine des sciences de la

1 Vandenberghe (1997) remarque judicieusement que les choses sont certainement en fait plus complexes : « les idéaltypes ne sont pas tant des constructions arbitraires que le chercheur utilise pour organiser le chaos de la réalité que des constructions synthétiques qui ont dans la société une existence objective ou réelle pour les acteurs eux-mêmes et que le sociologue met à jour en effectuant un travail d'abstraction réalisé à partir d'un immense matériel historique et comparatif. *Autrement dit, les idéaltypes ne sont pas des constructions analytiques mais des constructions synthétiques des catégories que les acteurs (sociologues inclus) utilisent pour s'orienter dans le monde social* » (Vandenberghe, 1997, 178-179, nous soulignons). Ce commentateur souligne ainsi que les idéaltypes wébériens demandent, pour être construits, un travail empirique préalable. Dans la mesure où cela indique que l'idéaltype n'est pas construit *ex nihilo* mais à partir d'un objet, l'objection est recevable. Les idéaltypes ne sont en effet pas de purs construits *a priori*. Cependant, il faut remarquer que ce n'est pas tant « l'immense matériel historique » qui conduit à la construction des types idéaux que le rapport aux valeurs préalables et qui amène déjà le chercheur à sélectionner le matériau historique avant même de l'étudier.

culture suppose un rapport aux valeurs à partir duquel le chercheur va extraire de la réalité empirique les phénomènes qu'il veut étudier. En soi, ce rapport aux valeurs est déjà une première marque d'*historicisation de la théorie* puisque c'est relativement au contexte culturel et intellectuel que le chercheur va opérer son choix. La construction des idéaltypes et de manière plus générale des théories est ensuite également fonction de l'objet étudié puisque l'objet des sciences de la culture est de saisir la singularité du phénomène soumis à l'analyse. La théorie est donc largement *spécifique* à l'objet. Enfin, dans le cadre des sciences sociales, l'explication passe par la compréhension de l'action des individus, ce qui amène à la construction de types idéaux spécifiques au contexte dans lequel l'action étudiée se déroule[1]. Toutefois, *par définition*, toute théorie ne peut produire qu'une connaissance générale, dans le sens où elle s'appuie sur une construction idéaltypique de la réalité empirique. Cela nous conduit ainsi à défendre l'idée suivante : chez Weber, dans le domaine des sciences de la culture, la théorie est un *instrument* visant à produire *indirectement* une connaissance historique sur des phénomènes spécifiques. Néanmoins, en elle-même, la théorie ne vise pas à décrire la réalité historique et repose donc sur des concepts abstraits qui peuvent être plus ou moins généraux.

– Économie et histoire

À certains égards, Weber semble opposer théorie (plus exactement, la sociologie) et histoire. Ainsi, dans *Économie et société*, il indique que la sociologie « élabore des concepts de *types* et elle est en quête de règles *générales* du devenir », tandis que l'histoire « a pour objet l'analyse et l'imputation causale d'actes, de structures et de personnalités *individuelles*, *culturellement* importants » (Weber, 1922, I, 48). Cependant, cette opposition n'est qu'apparente dans la mesure ou ni l'histoire, ni la sociologie (et l'économie) ne peuvent se constituer l'une sans l'autre. Ainsi, la sociologie et l'économie ne peuvent élaborer des « types » et des « règles générales » qu'en partant d'un *certain point de vue historique*. En effet, dans le cas contraire, on ne voit pas bien comment le théoricien pourrait éviter le piège du naturalisme consistant à assimiler les types idéaux à des lois

1 Comme en atteste le fait que Weber considère la pertinence de la théorie marginaliste comme contingente au système capitaliste.

relevant de la nécessité. Qui plus est, l'infinité de la réalité historique contraint le chercheur, *avant même tout travail théorique « rationnel »*, à sélectionner le matériau à partir duquel les concepts théoriques pourront être construits. Ces derniers ne peuvent donc logiquement prétendre à une généralité absolue, mais seulement relative. Cependant, la réciproque est également vraie et ce faisant, Weber se garde bien de fondre la théorie dans l'histoire. Weber affirme ainsi : « il y a de la "théorie" au cœur même des faits » (Weber, 1906, 303). Plus précisément, « le premier pas en vue de constituer un jugement historique est déjà – et j'insiste là-dessus – un processus d'*abstractions* qui progresse par analyse et par isolement en pensée des éléments du donné immédiat – que l'on regarde simplement comme un complexe de relations causales *possibles* – et qui doit aboutir à une synthèse de l'ensemble causal "réel" » (Weber, 1906, 303). Il est remarquable de constater que c'est encore l'idée de rapport aux valeurs qui permet de comprendre que l'histoire ne peut exister en tant que telle sans abstraction (Weber, 1904, 162).

Pour autant, si histoire et théorie sont complémentaires, il nous semble erroné de penser que Weber les situe sur le même plan : en tant qu'outils de construction d'idéaltypes, l'économie et la sociologie dans leur dimension théorique sont des sciences auxiliaires de l'histoire (Burger, 1975). Cela est la conclusion logique à laquelle mène la priorité que donne Weber à la connaissance idiographique dans les sciences de la culture. Burger (1975) considère même que, dans le schéma wébérien, la sociologie et l'économie sont des sciences de la nature puisqu'elles ne développent en tant que telles qu'une connaissance nomologique. Sans être faux, ce jugement doit pouvoir être précisé : la *théorie* économique (sociologique) est bien une science en quête de savoir nomologique. Seulement, l'économie n'est pas réductible à l'économie théorique ainsi que Weber le met lui-même en avant. Ainsi, une partie de l'économie comme science a pour objet un savoir historique (l'histoire économique et même la sociologie économique telle que Weber la pratique). Par conséquent, à l'instar de Rickert (1921 ; 1926), il convient de classer l'économie dans le champ des « domaines intermédiaires », à cheval entre les sciences nomologiques et les sciences idiographiques. Dès lors, du point de vue wébérien, au sein même de l'économie, la théorie est un instrument au service de la connaissance historique des phénomènes économiques.

RELATIVISME ET NIHILISME : CRITIQUES DE LA SOLUTION WÉBÉRIENNE

La solution proposée par Weber pour sortir de la Querelle des méthodes est donc sophistiquée et, à bien des égards, satisfaisante, dans la mesure où elle parvient à concilier les points de vue qui jusqu'alors étaient opposés : de Schmoller, Weber reprend, accentue et renforce l'idée de nominalisme ainsi que le souci pour la connaissance historique ; de Menger, il reprend la distinction entre théorie et histoire et accepte le bien fondé des concepts marginalistes. En d'autres termes, tant sur les modalités de la connaissance de la réalité historique que sur l'objet de l'économie politique, Weber parvient à proposer une solution ne rejetant totalement aucun « camp ». Pour autant, la solution wébérienne n'est pas exempte de reproches que n'ont pas manqué de soulever de nombreux commentateurs. Ici, on privilégiera l'étude de ceux se plaçant à deux niveaux : ceux sur la théorie de la connaissance de Weber et la notion de rapport aux valeurs, et ceux sur la notion d'idéaltype.

Rapport aux valeurs et relativisme

Nous avons souligné l'importance cruciale qu'occupe, dans le schéma wébérien, la notion de rapport aux valeurs. C'est par elle que Weber fonde la spécificité axiologique des sciences de la culture. C'est également par elle que Weber s'attache à démontrer leur objectivité. Elle aboutit à une historicisation de la théorie complète. Pour autant, plusieurs commentateurs ont estimé qu'elle a conduit Weber à tomber dans le relativisme, voire même le nihilisme.

Il faut ici rappeler que Weber s'écarte des sentiers tracés par Rickert. Ce dernier, dans son souci de fonder l'objectivité des sciences de la culture, avait entrepris de démontrer l'existence de certaines valeurs universelles, à commencer par celle de « vérité ». Weber s'écarte de cette solution en postulant qu'il n'existe pas de valeurs supérieures à d'autres (Oakes, 1988 ; Aron, 1959). Weber utilise à ce sujet l'expression de « polythéisme des valeurs » (Weber, 1959). Ce polythéisme dépasse largement le cadre scientifique pour s'étendre à l'ensemble des valeurs régissant la vie humaine : « pour autant que la vie a en elle-même un sens et qu'elle se comprend d'elle-même, (...) elle ne connaît que l'incompatibilité des points de vue ultimes possibles, l'impossibilité de régler leurs conflits et par conséquent la nécessité de se décider en faveur de l'un ou de l'autre » (Weber, 1959, 91). Ce refus de hiérarchisation implique qu'il n'existe pas de point de vue – de regard scientifique – préférable à un autre. Il est fondé sur deux prémisses (Oakes, 1988, 34 et suiv.) : la variété et le changement perpétuel des points de vue scientifiques et des valeurs qui gouvernent leur choix, l'émergence inévitable de conflits de valeurs radicaux. Le seul critère qui détermine la sélection des phénomènes historiques par le chercheur est celui de l'environnement culturel dans lequel il agit. À cet égard, la situation du chercheur n'est qu'un cas spécifique de la situation plus générale dans laquelle se trouve l'homme moderne : bien que capable de prendre du recul par rapport aux valeurs guidant son existence, l'homme moderne est dans l'incapacité de hiérarchiser ces dernières, le contraignant ainsi à un choix subjectif[1]. L'application wébérienne de la notion de rapport aux valeurs est donc totalement relativiste, ce que dénonce par exemple Léo Strauss dans *Droit naturel et histoire* (1954) qui estime que Weber flirte avec le nihilisme scientifique (Aron, 1959, 31). Dès lors, Weber a-t-il échoué dans sa tentative de fondement de l'objectivité des sciences sociales ? Selon Guy Oakes (1988), Weber est parvenu à sortir du piège relativiste en séparant radicalement le « problème de l'objectivité » du « problème de l'explication », élément que nous avons implicitement déjà mis en avant plus haut. Pour Weber, en effet, le problème du choix entre plusieurs explications ne relève pas du rapport aux valeurs, mais de celui de leur pertinence heuristique pour produire une explication causale des phénomènes étudiés. En d'autres termes, si le choix et la manière dont un phénomène doit être appréhendé sont totalement relatifs et non hiérarchisables, en revanche l'explication causale – qui relève de l'activité scientifique à proprement parler – repose sur certains présupposés, à commencer par « les règles de la logique » (Weber, 1959, 77).

Toutefois, cette solution n'est pas totalement satisfaisante, et ceci de deux points de vue étroitement liés : d'une part, dans le cadre même du

1 Plusieurs commentateurs (par exemple, Hennis, 1996) considèrent ici que Weber a été très influencé par Nietzsche. Certains extraits de la conférence sur « Le métier et la vocation de savant » confirment ce relativisme. Par exemple : « [s]uivant les convictions profondes de chaque être, l'une de ces éthiques prendra le visage du diable, l'autre celle du dieu et chaque individu aura à décider, de *son propre point de vue*, qui est dieu et qui est diable. Il en est ainsi de tous les ordres de vie » (Weber, 1959, 85), ou encore : « [i]l faut (...) se mettre à son travail et répondre aux demandes chaque jour – dans sa vie d'homme, mais aussi dans son métier. Et ce travail sera simple et facile si chacun trouve le démon qui tient les fils de *sa* vie et lui obéit » (Weber, 1959, 98).

problème de l'explication, la démarche de Weber n'échappe pas à une forme de relativisme (*cf. infra*) ; d'autre part, comme le souligne Oakes (1988), une solution au problème d'explication nécessite une solution au problème du *hiatus irrationalis*. Or, cette dernière dépend de la doctrine du rapport aux valeurs. La distinction problème de l'objectivité/problème de l'explication opérée par Weber ne fait ainsi que reporter les difficultés du premier vers le second.

Idéaltype et relativisme

Les difficultés liées à la notion de rapport aux valeurs et à son utilisation par Weber sont finalement peu étudiées par la littérature. Il en va tout autrement en revanche concernant la notion d'idéaltype, sans que pour autant les critiques aient nécessairement conscience que les difficultés qui surgissent dans la théorie wébérienne de l'explication et de l'idéaltype trouvent leur origine dans son traitement du problème de l'objectivité. On ne présente ici que les critiques concernant la construction et la sélection des idéaltypes, dans la mesure où elles découlent directement du point précédent.

Une telle critique est notamment développée par Hodgson (2001) ainsi que par Commons (1934, voir chapitre « L'historicisation de la théorie dans l'institutionnalisme américain et ses prolongements contemporains »). Geoffrey Hodgson, tout en soulignant l'apport de la notion d'idéaltype dans le traitement et la résolution du problème de la spécificité historique, relève la dimension instrumentaliste et relativiste qu'elle donne à l'approche wébérienne. Il en ressort notamment une difficulté, à savoir qu'aucune règle n'est donnée quant à la procédure de construction des idéaltypes (Hodgson, 2001, 125). L'autre difficulté, plus sérieuse, est que Weber ne donne aucun critère devant présider au choix des idéaltypes et à la sélection des plus pertinents. Plus exactement, Weber nous fournit implicitement deux critères, mais tous deux sont insatisfaisants. Le premier, concernant le choix de l'idéaltype à utiliser, renvoie directement au problème du rapport aux valeurs. Or, on l'a vu, on ne peut hiérarchiser les points de vue adoptés pour étudier les phénomènes. L'idéaltype s'apparentant à un outil et à une hypothèse pour étudier les phénomènes historiques, cela indique que l'on ne peut pas faire un choix rationnel *a priori* parmi l'infinité des constructions idéal typiques à notre disposition. Par conséquent, c'est *ex post*, une fois l'idéaltype utilisé dans l'optique de la production d'une explication causale, que l'on va pouvoir dire s'il est suffisamment pertinent. Mais une nouvelle difficulté survient dans la mesure où Weber ne nous fournit aucun critère de sélection, ni absolu (la pertinence ou la validité en tant que tel de l'idéaltype) ni relatif (pertinence ou validité *par rapport* à des idéaltypes alternatifs), permettant de hiérarchiser les idéaltypes pour en éliminer certains et en conserver d'autres. Eu égard à l'instrumentalisme de Weber, que nous avons mis en avant plus haut, il apparaît clairement qu'il est impropre de se demander si tel idéaltype est vrai ou faux, ou même valide ou non. Dans la perspective wébérienne, seule sa pertinence heuristique du point de vue de l'explication causale importe, le problème étant que Weber ne donne aucune indication sur la manière d'évaluer cette pertinence.

De ce point de vue, la place privilégiée que Weber donne à l'idéaltype de l'action rationnelle en finalité (Weber, 1922) est totalement arbitraire (Hodgson, 2001). S'il s'emploie à en justifier l'usage (Weber, 1903-06 ; 1913 ; 1922), ce dernier se rapporte toujours à *un point de vue spécifique* (un rapport aux valeurs) qui n'est pas plus légitime qu'un autre d'après le schéma wébérien lui-même. L'ensemble de l'approche wébérienne, de sa théorie de la connaissance à sa méthodologie des sciences sociales, est donc frappé de relativisme. On peut toutefois se demander, s'en vouloir « sauver » la solution wébérienne à tout prix, si cela est réellement un problème. Il est vrai que, d'un certain point de vue, le relativisme wébérien, au lieu de clarifier l'articulation théorie/histoire, la rend plus problématique. Plus important encore, la séparation jugements de faits/jugements de valeurs, qui est au centre de la réflexion axiologique de Weber, est également mise à mal : si la définition du problème scientifique et la construction des outils pour étudier ce dernier sont exemptes de toutes règles épistémologiques et méthodologiques absolues, il est impossible d'affirmer que les jugements de valeurs peuvent rester hors du cadre scientifique. Pour autant, le relativisme wébérien n'est problématique *que du point de vue d'une conception positiviste de la science*, selon laquelle l'activité scientifique se démarque par sa recherche de la vérité, son objectivité, sa neutralité axiologique et son respect de règles méthodologiques (le « contexte de justification ») strictes. Or, s'il ne fait guère de doute que Weber a développé ses réflexions épistémologiques dans une perspective plutôt positiviste (sans que Weber soit positiviste, bien entendu), une fois réinterprétées dans une perspective « post-positiviste » (*cf.* chapitre « Les fondements philosophiques et méthodologiques des analyses historicistes et institutionnalistes originelles »), elles deviennent alors plus pertinentes. D'un point de vue post-positiviste, la non-existence d'un critère universel de sélection des théories est à la fois une évidence historique et une nécessité épistémologique. En d'autres termes, la distinction entre contexte de découverte (qui n'est soumis, d'après le positivisme, à aucune règle spécifique) et contexte de justification est infondée (Kuhn, 1962 ; Feyerabend, 1975). La propagation du relativisme wébérien du problème de l'objectivité au problème de l'explication n'est alors plus problématique : tant l'un que l'autre, dans une perspective post-positiviste, sont dépendants des contingences historiques, par-delà toutes règles de procédure ou de sélection. En d'autres termes, c'est la communauté scientifique, par un processus de « conversation » (McCloskey, 1998), qui définit tant les objets scientifiques dignes d'intérêt (le rapport aux valeurs) que les outils pertinents pour les étudier (les idéaltypes). Rechercher un critère trans-historique pour ces deux problèmes n'a pas de sens. Interpréter de cette façon, l'historicisation de la théorie chez Weber est donc non seulement complète, mais également justifiable.

CONCLUSION

Nous avons montrer dans ce chapitre comment différents auteurs ayant appartenu, de près ou de loin, à l'école historique allemande, ont procédé à une historicisation de la théorie. C'est avec les travaux de Gustav Schmoller que ces fondements épistémologiques et méthodologiques commencent à s'étayer : d'une part, l'idéalisme hégélien est quasiment éliminé et d'autre part Schmoller semble conscient des limites de l'empirisme radical, même s'il n'en tirera pas nécessairement les leçons. La Querelle des méthodes aura eu, de ce point de vue, au moins une vertu : révéler les failles dans les positions épistémologiques des historicistes en se confrontant à une tradition (l'école autrichienne) certainement plus en avance sur ce point, mais aux positions assez largement différentes.

Les écrits épistémologiques de Weber doivent ainsi se comprendre comme une tentative de solution au conflit des méthodes. À la question de savoir si Weber a réussi ou échoué dans son entreprise, il parait difficile de répondre. Deux points sont toutefois clairs : d'une part, les réflexions épistémologiques de Weber ont eu une influence réelle en sociologie comme en économie, comme en atteste le fait que l'héritage wébérien est encore aujourd'hui largement disputé[1]. Si certains voient en Weber l'un des responsables du morcellement des sciences sociales au XXe siècle[2] de part son rejet de la psychologie et sa justification à la représentation de l'*homoeconomicus*, nous estimons de notre côté que ses réflexions, interprétées de manière adéquate, ouvrent la voie à une authentique démarche institutionnaliste en sciences sociales. L'examen de la sociologie économique wébérienne dans la Partie II justifiera ce point de vue. D'autre part, au-delà des limites et controverses que nous avons pu souligner à ce sujet, il convient de remarquer que Weber est probablement le premier auteur à atteindre et réaliser pleinement l'idée d'historicisation de la théorie, telle que nous l'avons définie. Cela justifie la place majeure que nous lui accordons dans ce travail. De ce point de vue, nous aurions pu également discuter les travaux de Werner Sombart et Arthur Spiethoff, principaux représentants avec Weber de la « toute jeune école historique », dans la mesure où ils s'inscrivent dans la même perspective. Les réflexions épistémologiques et méthodologiques de ces auteurs sont moins poussées que celles de Weber mais semblent également compatibles avec l'idée d'historicisation de la théorie. Comme en atteste son seul écrit purement méthodologique, « Economic theory and economic history », publié en 1929, Sombart envisage le problème de la méthode comme un problème d'articulation entre théorie et histoire. Clairement, il ne voit pas dans les écrits de Schmoller et ceux des autres historicistes des deux premières générations une réponse adéquate. La position de Sombart est ainsi proche de celle de Weber sur bien des

1 Toute une branche de l'école autrichienne se rattache ainsi explicitement à Weber. De notre côté, nous faisons de Weber un contributeur essentiel au programme de recherche de l'institutionnalisme historique. En sociologie et en philosophie, l'héritage wébérien est également revendiqué par les traditions et les auteurs les plus divers, allant de Habermas à Boudon, en passant par la sociologie économique contemporaine.

2 C'est le cas de Hodgson (2001) par exemple.

points[1], à commencer par la nécessaire séparation entre jugements de faits et jugements de valeurs ainsi que la séparation et la complémentarité entre démarche théorique et démarche historique.

À l'instar de ceux de Sombart, les écrits méthodologiques de Spiethoff ont bénéficié d'un certain recul par rapport à la *Methodenstreit* et aux solutions qui y ont été apportées, y compris la solution wébérienne. Développant une position différente de celle de Weber et plus élaborée que celle de Sombart, Spiethoff (1952) distingue notamment la théorie non historique et la théorie historique, ou « théorie historique concrète » et forge le concept de « réel-type ». Selon Spiethoff, la connaissance est doublement relative : à l'objet étudié, et au contexte dans lequel il est étudié, dans la mesure où la notion même de style économique indique qu'un phénomène économique doit s'étudier en partant de la complexité institutionnelle et historique dans laquelle il s'inscrit. On peut donc en conclure que l'historicisation de la théorie chez Spiethoff est complète.

Le chapitre suivant s'inscrit dans une démarche totalement identique, en abordant cette fois les travaux et réflexions épistémologiques des auteurs institutionnalistes américains ainsi que ceux de certains auteurs postérieurs ayant également développé l'idée d'historicisation de la théorie.

1 Il faut rappeler que Sombart et Weber se connaissaient bien. Ils sont ainsi tous deux devenus, avec Edgar Jaffé, éditeurs du *Archiv für Sozialwissensschaft und Sozialpolitik*, l'un des journaux en sciences sociales les plus influents en Allemagne, en 1904 (Stehr et Grundmann, 2001).

L'HISTORICISATION DE LA THÉORIE DANS L'INSTITUTIONNALISME AMÉRICAIN ET SES PROLONGEMENTS CONTEMPORAINS

Courant de pensée qui émerge aux États-Unis dans les années 1890 avec les travaux de Thorstein Veblen, l'institutionnalisme américain est généralement présenté comme le résultat de l'importation de l'influence de l'école historique allemande dans les milieux académiques de l'Amérique du nord. La filiation entre l'école historique allemande et l'institutionnalisme américain s'est essentiellement faite par le biais d'économistes américains venus faire leurs études d'économie durant la seconde moitié du XIXe siècle en Allemagne, qui est alors l'un des pays les plus développés sur le plan académique. On peut notamment citer les noms de John Bates Clark, Edwin Seligman et Richard T. Ely, lequel sera par la suite l'un des professeurs de John R. Commons (Hodgson, 2001). Après avoir étudié en Allemagne avec des professeurs appartenant à l'école historique, ces économistes rentreront aux États-Unis et contribueront à la diffusion de certaines idées historicistes au sein de la pensée économique américaine.

Il existe une indéniable proximité entre les travaux de l'école historique allemande et l'institutionnalisme américain, même si elle ne saurait être exagérée. On verra que les points de convergence entre ces deux courants sont réels, mais que l'institutionnalisme américain s'est également en partie construit à partir d'une critique des conceptions épistémologiques de l'école historique allemande. Nous chercherons à montrer que ces deux courants se rejoignent dans la double perspective qu'ils adoptent concernant la relation entre théorie et histoire : l'historicisation de la théorie et ce que l'on appelle (de manière simplifiée, mais impropre) la théorisation de l'histoire. Ce chapitre a précisément pour objectif de démontrer la présence de l'idée d'historicisation de la théorie dans les travaux des deux principaux auteurs institutionnalistes : Thorstein

Veblen et John R. Commons. Ce sera là l'objet de la première section qui cherchera également de manière plus générale à resituer la méthodologie générale de ce courant de pensée dans le cadre de cette problématique.

Il faut toutefois souligner que, à l'exception notable de J. R. Commons, aucun auteur appartenant à l'institutionnalisme américain n'a véritablement traité de manière frontale la question de l'historicisation de la théorie à la manière des économistes historicistes allemands. Il en découle que nous n'accordons nous-même qu'une place réduite à ce sujet relativement à ce que nous avons fait pour l'école historique au chapitre précédent. La seconde section de ce chapitre portera donc sur un auteur qui n'appartient pas à l'institutionnalisme américain. C'est ainsi que l'on abordera à l'occasion de cette deuxième section les travaux essentiels de Karl Polanyi, l'objectif étant de souligner là encore l'existence d'une forme d'historicisation de la théorie.

L'HISTORICISATION DE LA THÉORIE CHEZ LES ÉCONOMISTES INSTITUTIONNALISTES AMÉRICAINS

Les économistes institutionnalistes américains ont été notablement influencés par la philosophie pragmatiste. Cette influence se retrouve, parfois implicitement, parfois explicitement, tant dans les orientations méthodologiques institutionnalistes que dans les tendances politiques et normatives manifestées par les auteurs. L'influence pragmatiste est évidente, bien que présente à des degrés divers et sous des formes différentes, chez les deux principaux auteurs institutionnalistes américains, Thorstein Veblen (1857-1929) et John R. Commons (1862-1945). Elle les conduit à développer chacun une forme d'historicisation de la théorie spécifique que nous mettrons en avant.

L'HISTORICISATION DE LA THÉORIE CHEZ VEBLEN : LA THÉORIE DES PRÉCONCEPTIONS SCIENTIFIQUES

L'ensemble des analyses de Veblen s'est construit à partir d'une lecture critique des travaux de Marx et de l'école historique allemande de laquelle émergent certaines idées clés concernant l'épistémologie de

Veblen. Veblen développe surtout une critique radicale de l'économie marginaliste et de ses préconceptions. Il met ainsi en place une théorie des préconceptions scientifiques à partir de laquelle se manifeste une véritable historicisation de la théorie.

Les sources d'influence de Veblen : pragmatisme, historicisme et marxisme

Les premiers écrits de Veblen[1], dans les années 1880 et 1890, ont essentiellement consisté en des comptes-rendus critiques des travaux de plusieurs économistes (Hodgson, 2004) : Marx, Schmoller, Sombart, etc. On peut déjà dégager de ces écrits les grandes lignes de la pensée de Veblen : réflexions sur les préconceptions scientifiques à partir de la critique de Marx, réflexions sur le darwinisme et l'évolution culturelle à partir de la critique des travaux historicistes.

– La critique des préconceptions marxistes

Veblen étudie l'œuvre de Marx de manière critique essentiellement dans deux articles publiés en 1906 et 1907 : « The Socialist Economics of Karl Marx and His Followers » I et II (Veblen, 1906b ; 1907). Veblen y développe plusieurs éléments caractéristiques de sa pensée institutionnaliste et évolutionnaire. Lecteur attentif de Marx, Veblen va développer dans ses travaux des considérations souvent proches ainsi qu'un point de vue tout aussi critique à l'égard du capitalisme. En fait, plus que les travaux de Marx en eux-mêmes, c'est aux préconceptions implicites sous-tendant ces derniers que Veblen s'attaque (O'Hara, 1997). Veblen définit les préconceptions comme un système de croyances sous-tendant l'activité sociale de tout individu et plus particulièrement l'activité scientifique. Elles sont génératrices d'habitudes de pensée qui elles-mêmes conditionnent les comportements et structurent les institutions sociales. Selon Veblen (1906b, 411), les préconceptions de Marx ont deux origines distinctes, la métaphysique hégélienne et le système anglais des droits naturels.

Le système des droits naturels sous-tend la théorie de la valeur-travail de Marx et ses deux corollaires : la thèse de l'exploitation du travail par le

1 Pour des détails sur la vie et la carrière de Thorstein Veblen, voir la biographie de Joseph Dorfman (1934). Pour des études exhaustives sur les travaux de Veblen, voir notamment Hodgson (2004) et Tilman (1996).

capital et la prétention du travailleur à bénéficier de la totalité du produit de son travail. La dialectique hégélienne sert quant à elle de cadre général au système marxiste même si, comme Veblen le souligne fortement, elle est interprétée dans une perspective matérialiste et renverse ainsi la logique de l'hégélianisme orthodoxe. Pour autant, l'esprit hégélien est conservé (Veblen, 1906b, 414-415). Veblen remarque que le matérialisme dialectique de Marx se concrétise dans sa théorie du conflit de classes.

Veblen considère que l'analyse de Marx est totalement cohérente sur le plan logique et rigoureuse d'un point de vue théorique. Toutefois, c'est bien au niveau de ses préconceptions que la critique véblénienne se déploie. Notamment, Veblen reproche au matérialisme dialectique d'être « pré-darwinien »[1] : « Le point crucial ici, en reliant les conceptions matérialistes à l'hégélianisme, est que cette relation se pose immédiatement en opposition avec les conceptions darwiniennes et post-darwiniennes de l'évolution » (Veblen, 1906b, 413-414, notre traduction). Autrement dit, Veblen reproche à la conception de l'évolution sociale développée par Marx son aspect téléologique selon lequel l'évolution est linéaire et tend vers un point d'arrivée, un équilibre prédéfini. Cette téléologie sous-tend l'ensemble de l'analyse du conflit de classe de Marx : le processus dialectique du conflit de classe est sous-tendu par une force, celle de la conscience humaine et de la conscience de classe. Sans la présence de cette force, on aurait un matérialisme pur faisant du conflit dialectique un conflit inconscient de forces matérielles brutes (Veblen, 1906b). En fin de compte, ce n'est pas tant au matérialisme de Marx que Veblen s'attaque, qu'à son *a priori* finaliste qui veut que le processus dialectique débouche *nécessairement* sur un certain résultat. Veblen donne une deuxième et une troisième dimension à sa critique de la théorie de Marx en repérant chez elle une dimension utilitariste et en soulignant le manque de fondement, autre que métaphysique, de la théorie de la valeur travail.

Sur le premier point, Veblen remarque en effet qu'il y a l'idée dans la notion même de lutte des classes de la poursuite par les individus de leurs intérêts personnels dans une pure perspective utilitariste. Ce

1 On renvoie au point suivant pour une analyse plus détaillée de ce que Veblen entend par science pré- et post-darwinienne. Pour une analyse plus poussée de l'évolutionnisme et du darwinisme de Veblen, voir le chapitre « La dimension évolutionnaire de l'institutionnalisme historique » dans la seconde partie de cet ouvrage.

biais, que Veblen qualifie dans d'autres écrits (Veblen, 1898a ; 1909) d'hédonisme, affecte de manière plus ample l'économie marginaliste et revient, toujours selon Veblen, à négliger les enseignements de la psychologie et de l'anthropologie et constitue, de manière générale, la marque d'une science pré-darwinienne. *In fine*, l'analyse de Marx en termes de conflits de classe ne relève pas d'une démarche post-darwinienne, authentiquement évolutionnaire, ni même d'un présupposé purement hégélien, mais plutôt d'une optique utilitariste. Concernant la théorie de la valeur travail, Veblen estime qu'elle est adossée aux préconceptions liées à la doctrine du droit naturel et qu'elle n'est pas une conséquence du système de Marx, mais plutôt l'un de ses présupposés : « La théorie de la valeur fait partie des principaux postulats du système marxien, elle n'en est pas dérivée » (Veblen, 1906b, 422, notre traduction). En d'autres termes, la théorie de la valeur travail ne tient que par les préconceptions sur lesquelles elle repose, or, il s'agit de préconceptions critiquables car ne correspondant pas à une science post-darwinienne. Donc, la théorie de la valeur travail doit être rejetée[1].

À divers autres endroits dans ses écrits, Veblen développe également d'autres critiques à l'encontre de Marx et du marxisme, critiques que l'on abordera seulement dans la deuxième partie de ce travail. C'est notamment le cas de la conception marxiste de l'action humaine (Hodgson, 2004). Cette critique participe à la construction par Veblen de sa théorie du comportement économique, laquelle correspond pleinement à l'idée d'institutionnalisme méthodologique.

– La critique de l'école historique allemande

Veblen a également été un lecteur attentif des travaux de certains économistes historicistes allemands. Si aucun élément ne suggère véritablement que Veblen a pris connaissance des travaux de Max Weber, il est évident en revanche qu'il a lu et étudié de manière approfondie ceux de Gustav Schmoller (Veblen, 1901a) et de Werner Sombart (Veblen, 1903). Comme avec sa critique de Marx, la lecture que Veblen fait des travaux des économistes historicistes permet de mieux comprendre certains aspects de

1 O'Hara (1997) relève judicieusement que Veblen ne définit à aucun endroit ce qu'il entend précisément par « doctrine des droits naturels ». Il n'apporte également aucune preuve quant au fait que Marx aurait adopté la doctrine du droit naturel du travailleur à disposer pleinement de son produit.

la pensée de ce dernier. Dans ses deux articles sur Schmoller et Sombart, Veblen procède en fait à un compte-rendu de leur travail majeur respectif, à savoir les *Principes d'économie politique* pour Schmoller et le *Capitalisme moderne* pour Sombart. De manière générale, Veblen loue tant les efforts de Schmoller que ceux de Sombart. Concernant Schmoller, Veblen note que ce dernier est le premier historiciste à dépasser les apories caractéristiques des premiers travaux de l'école historique allemande, notamment concernant l'absence quasi-complète de théorisation. Critiquant la conception de l'évolution sociale que l'on retrouve chez Roscher, très marquée par la philosophie hégélienne, Veblen souligne en revanche que Schmoller va très rapidement faire disparaître en quasi-totalité ce même biais hégélien qui caractérise ses premiers travaux. L'économiste allemand va même développer, toujours selon Veblen, une conception de l'évolution sociale proche d'un point de vue darwinien. Pour Veblen, les travaux de Schmoller relèvent plus du darwinisme que de l'hégélianisme et l'on ne peut les qualifier d'« historiques » que dans le même sens que l'on qualifie d'historique l'appréhension darwinienne de l'évolution des institutions économiques : « La caractéristique distinctive des travaux du professeur Schmoller, qui les fait se distinguer des premiers travaux des économistes relevant du même courant, est qu'ils visent à établir une explication darwinienne de l'origine, de la croissance, de la persistence et de la variation des institutions, en tant que ces institutions ont un rapport quelconque avec la vie économique, soit en tant que cause ou soit en tant qu'effet » (Veblen, 1901a, 265, notre traduction). En d'autres termes, Veblen repère chez Schmoller des traces de préconceptions compatibles avec une science darwinienne ce qui, de son point de vue, est une avancée considérable pour la science économique. Dans le reste de l'article, Veblen procède à un compte-rendu détaillé des *Principes*. Au-delà des aspects empiriques et factuels du premier livre, Veblen estime que Schmoller met en œuvre une véritable analyse des institutions de type génétique, où le processus de développement institutionnel est conçu comme étant de nature incrémentale et cumulative, sans point d'arrivée prédéfini. Appréhendée sous cet aspect, l'analyse de Schmoller, selon Veblen, est dépourvue de tout jugement de valeur. Cela est moins vrai, toujours selon Veblen, dans le deuxième livre lorsque Schmoller s'attache à étudier certaines institutions spécifiques. Enfin, Veblen repère chez Schmoller l'ébauche d'une réflexion sur le rôle de la technologie et de l'entreprise moderne dans le développement institutionnel, réflexion que Veblen approfondira dans ses propres travaux.

Au sujet de Sombart, Veblen (1903) fait de ce dernier un « marxiste post-darwinien » (1903, 300). Le *Capitalisme moderne* est une mise en œuvre d'une analyse génétique et causale des institutions du capitalisme, et en particulier de l'entreprise moderne : comment elles sont apparues et comment elles ont évolué. Si l'on met en perspective le compte-rendu que Veblen fait des travaux de Sombart avec ses propres analyses développées essentiellement dans les années 1900 (voir les chapitres « La dimension évolutionnaire de l'institutionnalisme historique » et « Le capitalisme comme système historique contingent » sur ce point), on aperçoit aisément la proximité de la perspective adoptée par les deux auteurs[1]. Le principal reproche que formule Veblen à l'égard de Sombart est de s'être focalisé exclusivement sur l'histoire économique allemande et d'avoir de ce fait ignoré les importants développements économiques et culturels ayant pris naissance dans le monde anglo-saxon.

La tonalité des propos de Veblen à l'égard de l'école historique allemande est en revanche bien moins bienveillante dans son article majeur, véritable acte fondateur de l'institutionnalisme américain, « Why is Economics not an Evolutionary Science » (Veblen, 1898a). Veblen indique notamment que le fait pour une théorie économique d'être « réaliste » et d'insister sur les faits, ne fait pas d'elle une science évolutionnaire (Veblen, 1898a). Il précise : l'école historique « a bien tenté une explication en termes de développement par séquences, mais l'a fait en suivant les traces des spéculations pré-darwiniennes concernant le développpement plutôt que celles que la science moderne reconnaitrait comme évolutionnaires. Les économistes historicistes ont offert un récit des phénomènes, mais pas une explication génétique d'un processus émergent. Il ne fait pas de doute qu'ils ont élaboré des résultats ayant une valeur permanente ; mais ces résultats peuvent difficilement être considérés comme relevant de la théorie économique » (Veblen, 1898a, 72, notre traduction) S'il est vrai qu'ici Veblen fait essentiellement

1 Notamment, on ne peut qu'être frappé à la lecture de certains passages de l'article de 1903, de la similitude des thèses développées par Sombart concernant l'entreprise moderne et son « esprit » avec les développements que lui consacrera Veblen dans son ouvrage *The Theory of Business Enterprise*, publié en 1904. Pour une comparaison entre les analyses de Sombart et de Veblen, notamment concernant leur périodisation de l'histoire, voir Loader, Waddoups et Tilman (1991).

référence à la première génération de l'école historique allemande, il critique en revanche l'ensemble des auteurs historicistes lorsqu'il leur reproche, au même titre que les économistes marginalistes, de ne pas avoir une conception totalement adéquate de l'action humaine. Au final, l'école historique allemande échoue, selon Veblen, à faire de l'économie une science post-darwinienne à part entière.

– L'influence du pragmatisme

La littérature souligne très largement la filiation entre Veblen et la philosophie pragmatiste. Contrairement à John R. Commons (*cf. infra*), Veblen est très peu explicite sur ses liens avec le pragmatisme. Ses deux articles sur la place de la science dans la société (Veblen, 1906a) et sur l'évolution du raisonnement scientifique (Veblen, 1908) sont même très ambiguës, car ils semblent suggérer que les habitudes de pensée pragmatistes sont frustres et incompatibles avec une science post-darwinienne. Pour autant, il y a de bonnes raisons de penser que Veblen tire une partie de sa pensée de la philosophie pragmatiste. Une partie de ces raisons sont d'ordre historique : Veblen, en compagnie de John Dewey, a suivi en 1880 et 1881 plusieurs séminaires de Charles Sanders Peirce à l'université de John Hopkins (Hall et Whybrow, 2008). Par ailleurs, il a été le collègue de John Dewey à l'université de Chicago à la fin des années 1890. Sur un plan plus analytique, Veblen semble avoir repris indirectement de nombreuses idées des philosophes pragmatistes : sur le plan purement épistémologique, la notion de causalité cumulative ainsi que l'idée de l'évolution des formes prises par la connaissance humaine trouvent clairement leur origine dans le pragmatisme peircien (Griffin, 1998 ; Hall et Whybrow, 2008). Sur le plan de la psychologie, c'est notamment de William James que Veblen tirera sa théorie des instincts et des habitudes (Hodgson, 2004 ; Lawlor, 2006 ; Twomey, 1998).

En tout état de cause, Veblen partage avec la philosophie pragmatiste un certain intérêt pour le darwinisme authentique, non le darwinisme social à la Herbert Spencer alors très en vogue à l'époque. C'est à la capacité des sciences à prendre en compte les apports de la révolution darwinienne que Veblen évalue leur état d'avancement. D'un autre côté, Veblen se démarque clairement de toute perspective positiviste (Hodgson, 2004). Contrairement au positivisme caractéristique de Comte, Veblen considère en effet que la science ne peut être fondée sur l'expérience seule sans s'appuyer sur des présuppositions indémontrables. La possibilité même de l'observation implique au préalable l'existence de préconceptions permettant d'organiser le matériau empirique perçu par les individus. La première des préconceptions nécessaires à la science selon Veblen est ainsi celle de causalité[1]. Par ailleurs, Veblen rejette toute idée d'un quelconque déterminisme. L'idée selon laquelle tout raisonnement, qu'il soit scientifique ou non d'ailleurs, doit s'appuyer sur des préconceptions, est fondamentale dans le cadre de la problématique de l'historicisation de la théorie chez Veblen. En effet, comme pour Marx et l'école historique, c'est en partant des préconceptions sous-tendant les théories classiques et marginalistes qu'il critique ces dernières. C'est à partir d'elles que Veblen met également en avant l'inévitable historicité de toute forme de connaissance, soulignant dès lors le rôle de l'histoire dans la construction même de la théorie.

La théorie des préconceptions scientifiques et la critique du marginalisme

– Veblen et le *Methodenstreit*

On a pu voir dans le chapitre précédent l'enjeu porté par la Querelle des méthodes concernant la relation entre théorie et histoire. Le rôle central joué par les historicistes dans ce débat, et notamment par Gustav Schmoller (directement) et Max Weber (plus indirectement), a également été souligné. Veblen est un contemporain de Weber, les deux auteurs écrivent même leurs œuvres majeures à des dates similaires. Pour autant, le positionnement de Veblen par rapport au *Methodenstreit* est assez original et différent de celui de Weber. Tandis que ce dernier a tenté de proposer une solution permettant de résoudre le conflit, Veblen a implicitement tenté de l'abolir (Kilpinen, 2004) en en soulignant le manque de pertinence.

Il apparaît que pour Veblen (même s'il n'a rien écrit d'explicite sur le sujet), l'objet même de la querelle des méthodes manque de pertinence dans le sens où le débat repose sur des préconceptions scientifiques qui n'ont pas pris en compte les apports du darwinisme. Cette critique des préconceptions de la science économique en général, dont on a pu voir

1 On retrouve ainsi ici l'influence de Kant sur Veblen. Cela n'est pas surprenant dans la mesure où le premier écrit académique de Veblen a été consacré à Kant et à sa *Critique de la faculté de juger* (Veblen, 1884).

une partie concernant les travaux de Marx et de l'école historique allemande, apparaît de manière plus évidente lorsque le regard de Veblen se porte sur la théorie marginaliste.

– Veblen et le marginalisme

Veblen développe sa critique du marginalisme dans essentiellement deux articles : « Why is Economics not an Evolutionary Science » (Veblen, 1898a) et « The Limitations of Marginal Utility » (Veblen, 1909). Elle porte sur deux aspects : la conception de l'individu dans la théorie marginaliste et les préconceptions sous-tendant les analyses marginalistes. Le premier aspect rentre dans le cadre de la théorie du comportement de Veblen et sera plus particulièrement étudié dans le cadre du chapitre « La dimension évolutionnaire de l'institutionnalisme historique ». On notera juste qu'elle participe à la construction d'une approche relevant de l'institutionnalisme méthodologique. En effet, Veblen estime que la principale erreur de la théorie marginaliste vient de sa conception de la nature humaine qui ignore les apports récents (pour l'époque) de la psychologie et de l'anthropologie (Veblen, 1898a). L'approche marginaliste repose sur une conception « hédoniste » de l'individu, un individu isolé aux préférences prédéfinies et qui réagit de manière mécanique aux stimuli externes provenant de son environnement direct. Ce célèbre passage est particulièrement révélateur :

> La conception hédoniste de l'individu est celle d'un calculateur instantané des peines et des plaisirs, oscillant tel un globule homogène de désir de bonheur sous les impulsions fournies par des stimuli et qui le font se déplacer tout en le laissant intact. L'individu hédoniste n'a ni antécédent ni conséquent. Il est un atome isolé en équilibre stable jusqu'à ce que des forces externes le déplacent dans une direction ou une autre. S'imposant de lui même dans l'espace, il tourne sur son axe spirituel jusqu'à temps que le parallélogramme des forces l'emporte pour lui faire suivre une trajectoire prédéfinie. Quand la force de l'impact s'en est allée, il retourne au repos, tel un globule de désir comme avant (Veblen, 1898a, 73-74, notre traduction)[1].

Dit autrement (et de manière moins imagée), Veblen estime que l'individu dans la perspective marginaliste est asocial et anhistorique.

1 Ce passage, et l'ensemble de la critique véblénienne, sont incontestablement marqués par l'influence de Dewey. En effet, il semble plus ou moins que Veblen transpose ici l'attaque de Dewey contre la conception dite de « l'arc » de la relation stimulus/action (Dewey, 1896).

À cette conception, Veblen oppose l'idée qu'il faut partir d'un individu historiquement et institutionnellement situé, à la fois produit de l'évolution biologique (les instincts), mais aussi de l'évolution sociale via l'influence des institutions. En d'autres termes, il est nécessaire de partir des institutions et de leur évolution, avant de présupposer une nature humaine immuable.

Toutefois, la critique du marginalisme par Veblen se veut plus large que cela. Clairement, il s'agit pour lui de remettre en cause les préconceptions scientifiques sous-tendant les analyses de ce courant. Dans son article de 1898, Veblen reproche à l'économie dans son ensemble d'être une science « pré-darwinienne », c'est-à-dire de ne pas remplir les critères d'une science évolutionnaire. Que doit-on entendre par science évolutionnaire ? Selon Veblen, une telle science est une théorie du processus, c'est-à-dire qui s'intéresse au changement et en étudie les mécanismes. Plus précisément, « [l]a différence est de l'odre de l'attitude spirituelle ou du point de vue entre les deux générations de scientifiques. (...) c'est une différence au niveau de la base à partir de laquelle les faits sont évalués dans une optique scientifique, ou au niveau de l'intérêt à partir duquel les faits sont appréciés » (Veblen, 1898a, 60, notre traduction). En d'autres termes, la différence réside dans l'*état d'esprit* des chercheurs guidant l'analyse des faits. Dans les deux types de sciences (pré- et post-évolutionnaires), les scientifiques s'intéressent aux relations de causalité. Mais là où, selon Veblen, le scientifique « moderne » va limiter son explication des faits en termes de relation de causes à effets, le scientifique pré-évolutionniste va compléter son analyse par une référence aux « lois naturelles » : dans les sciences pré-évolutionnaires, « le terme ultime de la systématisation de la connaissance est la "loi naturelle" » (Veblen, 1898a, 61, notre traduction). On reconnaît ici l'influence du darwinisme sur les analyses de Veblen. Conformément à la philosophie darwinienne, le rôle de la science doit être de trouver la cause de chaque effet. Mais cette quête doit être menée dans le but de retracer l'évolution en termes de « causalité cumulative » (*cumulative causation*) sans présupposer que cette évolution tend vers un état prédéterminé. Autrement dit, il s'agit d'évacuer toute dimension téléologique de l'analyse.

Or, Veblen remarque que les sciences pré-évolutionnaires sont caractérisées par une *préconception de la normalité.* Il s'agit de montrer qu'il y a un ordre relevant du spirituel derrière les faits, et que cet ordre tend à diriger l'évolution dans une certaine direction. Le point de vue évolutionnaire s'émancipe de toute recherche de tendance, puisque la recherche d'une tendance suppose que le chercheur ait déjà idée de ce vers quoi pourrait tendre l'évolution (Veblen, 1898a, 76). Pour autant, bien qu'il considère que la science économique n'ait pas encore pris acte de la révolution darwinienne pour devenir évolutionnaire, Veblen est plutôt optimiste sur son avenir, et ceci pour au moins deux raisons : du fait de l'évolution des autres sciences qui sont de plus en plus nombreuses à avoir adopté les préconceptions des sciences évolutionnaires et le fait que les connaissances tendent malgré tout de plus en plus à être appréhendées en termes de séquence causale, notamment concernant la connaissance des faits bruts qui est modelée par les exigences de l'industrie mécanique moderne.

– Une théorie des préconceptions scientifiques

Ce dernier point, pour être saisi, nécessite d'aborder ce qui est le cœur de l'historicisation de la théorie chez Veblen : sa théorie des préconceptions scientifiques. Veblen développe plus particulièrement cette dernière dans sa série de trois articles intitulée « *The Preconceptions of Economic Science* » (Veblen, 1899b ; 1899c ; 1900)[1] en procédant à une mise en perspective des préconceptions sous-tendant les analyses des principaux économistes, des physiocrates aux marginalistes en passant par Adam Smith et l'école classique britannique. Veblen y développe l'idée que toute forme de connaissance, qu'elle soit de nature scientifique ou autre, repose en dernier ressort sur des présupposés métaphysiques qu'il nomme préconceptions. Dans ce sens, toute découverte scientifique est en partie dépendante de postulats considérés comme évidents pour le chercheur, postulats qui lui servent à la fois de point de départ et de cadre général à son analyse. Pour autant, la présence inévitable de ces préconceptions ne signifie pas que leur contenu soit fixé à jamais. Au contraire, elles sont soumises, au même titre que toutes les habitudes mentales, à un processus de sélection.

Ainsi, en analysant plus particulièrement le développement de la pensée économique des physiocrates à Marshall, Veblen remarque une

1 Cette question est également centrale dans l'un de ses ouvrages majeurs, *The Instinct of Wormanship and the State of the Industrial Arts* (Veblen, 1914). Voir également Veblen (1908a).

transformation progressive des préconceptions sous-tendant les travaux des économistes : les préconceptions « animistes » (Veblen utilise également d'autres qualificatifs : « téléologiques », « de normalité ») sont très largement prépondérantes dans les travaux des physiocrates. Elles consistent à interpréter tous les phénomènes observés en termes de cause finale, comme si l'évolution et les phénomènes naturels et humains devaient tendre nécessairement vers un certain état d'équilibre naturel. Progressivement, les préconceptions animistes vont laisser place aux préconceptions factuelles (*matter-of-fact preconceptions*), ce qui signifie que les économistes vont de plus en plus souvent partir du postulat que tous les phénomènes doivent être analysés uniquement en termes de relations de cause à effet, sans jamais supposer qu'il existe dans l'ordre naturel ou social un état d'équilibre prédéfini. Si Veblen estime que la science économique n'a pas encore atteint un stade de développement suffisant pour être considérée comme une science évolutionnaire (Veblen, 1898a), il considère en revanche que la plupart des sciences reposent aujourd'hui sur des préconceptions factuelles (Veblen, 1906a et 1908). L'élément clé est que Veblen élargit cette analyse des préconceptions scientifiques en considérant que ces deux logiques d'appréhension des phénomènes caractérisent en fait l'ensemble de la cognition humaine : « Les mêmes caractéristiques de la pensée humaine, les deux mêmes méthodes complémentaires d'appréhension des faits dans le but de les connaître, sont présentes de manière similaire et évidente dans la vie quotidienne des hommes de notre communauté. La question est, en grande partie, laquelle de ces deux méthodes est prépondérante lorsqu'il s'agit de construire notre connaissance à tout moment et selon un certain ensemble de faits ou de questions » (Veblen, 1899b, 102, notre traduction). Ainsi, l'évolution des préconceptions scientifiques trouve son explication dans l'évolution plus générale des logiques de pensée et d'action des individus au sein de la société, qui sont elles-mêmes la conséquence d'une évolution des modes de vie (Veblen, 1899b, 105). L'évolution des modes de pensée scientifique est donc, chez Veblen, le reflet de l'évolution des habitudes mentales (*habits of thought*) et de l'importance respective des logiques animistes et factuelles[1]. Par conséquent, la science est le produit du contexte culturel actuel (Veblen, 1908, 38).

1 On peut noter au passage un point important en rapport avec les fondements pragmatistes des travaux de Veblen (voir Veblen, 1906a, où cette filiation pragmatiste apparaît clairement).

Une historicisation de la théorie

La théorie des préconceptions de Veblen a suscité récemment un certain nombre d'interrogations et de débats, voire de critiques[1]. Tony Lawson (2002a) relève ainsi que la manière d'appréhender la théorie des préconceptions conditionne le sens que l'on doit conférer à la question « pourquoi l'économie n'est-elle pas une science évolutionnaire ? » posée par Veblen en 1898. Néanmoins, l'interprétation retenue n'a finalement que peu d'importance sur la manière de comprendre la théorie des préconceptions comme participant chez Veblen à une historicisation de la théorie. En effet, en soumettant la transformation des préconceptions scientifiques à l'évolution générale des habitudes mentales, Veblen nous indique que la perception par la science de la dimension évolutionnaire de la société et de l'économie suppose, au préalable, que les conditions socio-culturelles permettent le développement d'une telle pensée évolutionnaire. En d'autres termes, l'interprétation par les individus de leur environnement est spécifique au système d'interprétation promulgué par cet environnement : il n'existe pas de méta-critère permettant de sélectionner différentes préconceptions. Par conséquent, le fait que l'environnement soit perçu de manière de plus en plus factuel par les scientifiques est nécessairement l'indication que ce dernier se caractérise par un fonctionnement lui-même de plus en plus « factuel ». La connaissance scientifique chez Veblen est ici spécifique sur deux plans (Neill, 2006) : elle est spécifique à l'objet étudié, mais elle l'est également par rapport au contexte dans lequel elle est produite. Autrement dit, les préconceptions des scientifiques sont soumises au même processus d'évolution que l'ensemble des habitudes de pensée guidant les hommes.

Il y a donc bien l'idée d'historicisation de la théorie chez Veblen. Outre le fait que Veblen développe une théorie du comportement mettant en place une démarche relevant de l'institutionnalisme méthodologique (*cf.* chapitre « La dimension évolutionnaire de l'institutionnalisme

---

On peut ainsi remarquer que le mode de connaissance animiste englobe plus ou moins trois des modes de connaissance identifiés par le philosophe pragmatiste C. S. Peirce (Peirce, 1984. *Cf.* chapitre « Les fondements philosophiques et méthodologiques des analyses historicistes et institutionnalistes originelles ») : la méthode de ténacité, la méthode *a priori* et la méthode d'autorité. Le second mode distingué par Veblen, à savoir la connaissance factuelle, correspond quant à elle à la méthode scientifique telle que l'a définie Peirce.

1 Voir notamment Hodgson (2004, chap. X), Lawson (2002a), Peukert (2001) et Samuels (1990).

historique »), la distinction faite entre deux logiques de comportement indique qu'une partie des concepts mobilisés pour étudier telle société ne l'est plus quand il s'agit d'en étudier une autre. Enfin, sans mobiliser explicitement le concept d'abduction chez Peirce, il y a clairement l'idée que les sciences « post-darwiniennes » sont fondées sur l'observation et la découverte de relations causales, conformément à la méthode scientifique mise en avant par Peirce. Ce dernier point mérite d'ailleurs d'être détaillé. On a relevé lors du premier chapitre que Peirce distinguait quatre méthodes de production de la connaissance : les méthodes de ténacité, d'autorité, *a priori* et scientifique. Seule cette dernière, fondée sur l'abduction, admet une remise en cause des croyances sur lesquelles est assise la connaissance. On ne peut ignorer le parallèle qui semble exister entre ces quatre méthodes et les deux types de logique de pensée qu'identifie Veblen : les préconceptions animistes et les préconceptions factuelles. Toutefois, par rapport à Peirce, Veblen ajoute une dimension supplémentaire à son analyse puisque ici il y a une évolution dans le temps de la prédominance respective de l'une ou de l'autre forme de préconception : la théorie des préconceptions de Veblen, et de manière plus générale, sa théorie de l'évolution culturelle, visent en effet à retranscrire l'évolution des modes de pensée des individus à travers l'histoire. La théorie de la connaissance de Veblen se place ainsi dans une perspective diachronique, tandis que celle de Peirce est essentiellement synchronique.

L'historicisation de la théorie chez Veblen prend ainsi une dimension supplémentaire, qui se traduit par la présence d'un cercle herméneutique, comme repéré par Samuels (1990) : c'est l'évolution sociale qui permet le développement de préconceptions scientifiques qui rendent possible l'examen de l'évolution sociale sous un angle darwinien. Les nouveaux principes de l'enquête scientifique sont évolutionnaires (Veblen, 1925), mais cela n'a été permis qu'en raison de l'évolution culturelle induite par le développement technologique, aspect de la théorie véblénienne sur lequel nous reviendrons dans la seconde partie de l'ouvrage.

On peut interpréter, à l'instar de Hodgson (2004, chap. 10), la théorie des préconceptions de Veblen comme une forme de synthèse philosophique de Kant, Darwin, Peirce et James. À la manière de Kant, Veblen estimait que la connaissance scientifique doit reposer nécessairement sur des hypothèses *a priori* non démontrables, notamment sur le plan ontologique. Pour autant, Kant ne donne pas de critère de choix méta-théorique permettant de sélectionner telle ou telle hypothèse. Par ailleurs, Veblen ne semblait pas véritablement satisfait avec la définition de la vérité comme un consensus au sein de la communauté scientifique et a été attiré par la suggestion faite par William James que la sélection darwinienne pouvait s'appliquer aux idées. Clairement, la théorie des préconceptions de Veblen est une tentative d'appliquer le darwinisme au problème du choix des prémisses métaphysiques (Hodgson, 2004a). Toutefois, tout le « cercle herméneutique » décrit par Veblen tient au fait que c'est l'évolution sociale, caractérisée par le développement de la technologie, qui a induit une évolution dans les préconceptions scientifiques, rendant ainsi possible le développement des préconceptions factuelles et évolutionnaires, elles-mêmes indispensables tant à la fois pour faire émerger les sciences post-darwiniennes que, pour Veblen, élaborer sa propre théorie des préconceptions. Le problème est que, comme le relève Geoffrey Hodgson, à aucun endroit dans ses travaux Veblen ne parvient à apporter une explication convaincante à la supposée relation de causalité entre technologie et préconceptions. De manière imagée, Veblen échoue à véritablement fermer le cercle herméneutique.

LA MÉTHODOLOGIE DE L'ÉCONOMIE INSTITUTIONNELLE DE J. R. COMMONS

John Rogers Commons[1] (1862-1945) est, avec Thorstein Veblen, le principal représentant du courant institutionnaliste américain. Économiste atypique, qui n'occupera son premier poste universitaire qu'à l'âge de 42 ans, lorsqu'il entrera en 1904 à l'université du Wisconsin, Commons est l'institutionnaliste qui a fait le plus d'efforts dans la construction d'un corpus analytique et théorique systématique dépassant les seules études de cas empiriques auxquelles on associe souvent (à tort) les courants institutionnalistes et historicistes (Guéry, 2001). Commons a notamment eu pour professeur Richard T. Ely (Bazzoli, 1999), l'un des économistes américains ayant importé les idées historicistes aux États-Unis à la fin du XIXe siècle. Après avoir mené un nombre considérable d'études de cas et de travaux empiriques sur l'histoire économique et légale américaine[2], il commence – tardivement – à développer son système théorique avec l'un

1 Pour une étude exhaustive en français, avec notamment des considérations biographiques sur lesquelles nous ne pouvons nous attarder dans ce travail, *cf.* Bazzoli (1999).

2 Commons a notamment été le co-auteur d'une étude en quatre volumes sur l'histoire du travail aux États-Unis, *History of Labor in the United States*, publiée entre 1918 et 1935. Il

de ses deux ouvrages fondateurs, *Legal Foundations of Capitalism*, publié en 1924. Dans une perspective à la tonalité indéniablement historiciste (Biddle et Samuels, 1997), Commons décrit l'émergence du système économique capitaliste américain au XIXe siècle. Ce n'est toutefois qu'en 1934, dans son *magnum opus* intitulé *Institutional Economics*, que l'économiste propose une architecture théorique systématisée, incontestablement la tentative théorique la plus aboutie dans le cadre de l'institutionnalisme américain[1]. Le dernier ouvrage de Commons, *Economics of Collective Action*, publié à titre *posthume* en 1950, reprend, sans apporter d'éléments fondamentalement nouveaux, les analyses précédentes. Après une rapide présentation du propos général de Commons, on se concentrera sur les considérations méthodologiques qu'il développe dans plusieurs chapitres de *Institutional Economics*. On indiquera alors dans quelle mesure Commons aboutit effectivement à une historicisation de la théorie.

Considérations générales sur l'économie institutionnelle de Commons

Sans anticiper sur ce qui sera le cœur du chapitre « Une analyse en termes d'économie substantive », il est nécessaire ici de préciser le point de départ théorique adopté par Commons dans *Institutional Economics*, afin de pouvoir comprendre le développement de sa méthodologie et sa perspective épistémologique plus générale.

– Le projet d'*Institutional Economics*

Commons publie son principal ouvrage théorique en 1934, à l'âge de 72 ans, alors qu'il a à son actif une quantité considérable d'études empiriques et historiques. Le projet d'*Institutional Economics*, dont on

---

a aussi été l'éditeur du volumineux *A Documentary History of American Industrial Society*, publié en 10 volumes en 1910.

1 Il faut remarquer que ce cadre théorique n'a toutefois quasiment pas été exploité par les successeurs de Commons. Les élèves de ce dernier se sont principalement orientés vers l'analyse empirique et factuelle et, même dans le cadre du courant institutionnaliste américain qui s'est perpétué après guerre, les analyses de Commons ont été délaissées au profit de la « branche texanne », plus inspirée des travaux de Veblen et surtout de Clarence Ayres. Plusieurs raisons peuvent expliquer cet oubli : des facteurs exogènes, comme la montée en puissance du keynésianisme, puis de l'économie mathématique, le déclin de la philosophie pragmatiste et la prise de pouvoir du positivisme. On peut aussi évoquer des causes « internes », relatives à la forte imperméabilité des écrits de Commons et au fait que son système théorique est extrêmement idiosyncrasique.

peut trouver les grandes lignes dans l'article du même nom publié en 1931 (Commons, 1931), est clairement de parvenir à une systématisation théorique des nombreux éléments empiriques que Commons a pu accumuler au cours de ses recherches. Commons y procède à une lecture instrumentale de l'histoire de la pensée économique (Théret, 2002) dans laquelle il réinterprète un certain nombre d'auteurs, économistes (Smith, Menger), philosophes (Locke, Hume, Peirce) ou juristes (Blackstone) pour construire son cadre d'analyse. Cet ouvrage développe tout un ensemble de concepts plus ou moins idiosyncrasiques, dont pour certains on ne trouve pas de trace dans les écrits d'autres auteurs : transaction, institution, valeur raisonnable, « futurité », *going concern*, *working rules*, etc.

Comme il l'annonce explicitement, il s'agit pour Commons de « réunir l'économie, le droit et l'éthique », c'est-à-dire de comprendre comment les sphères économique, politique/juridique et morale interagissent entre elles. Plus précisément, Commons pose la question des modalités de la formation d'un ordre régulant les interactions économiques au sein de la société. C'est là l'objectif de l'économie institutionnelle dont il se fait le porteur : comprendre comment l'action collective parvient à encadrer l'action individuelle et à contenir les inévitables conflits devant survenir. De ce point de vue, et c'est là d'ailleurs un point qui a suscité un débat chez les exégètes, Commons (1931 ; 1934) indique explicitement qu'il ne s'agit pas de renier les apports de l'économie « psychologique » (marginaliste). Il s'agit plutôt de développer une perspective différente mieux à même de comprendre le développement institutionnel de l'économie capitaliste.

– Les catégories fondamentales de l'économie institutionnelle de Commons

Le premier concept fondamental pour comprendre la problématique de l'ordre qui anime les travaux de Commons est celui de « futurité » (*futurity*). Il traduit l'idée que le présent est estimé et évalué en fonction d'anticipation sur le futur : « La futurité opère dans les deux dimensions de l'attente et du risque. Chacune de ces dimensions relève de l'actualisation, en vertu de laquelle la valeur présente d'une quantité future est moindre, en termes monétaires, qu'elle n'aurait été si aucun laps de temps ne s'était écoulé entre le point présent du temps où la transaction se concrétise légalement et le point futur du temps où l'on s'attend à ce que ses résultats se produisent » (Commons, 1934, 520, notre traduction). En d'autres termes, l'individu n'agit au point présent du temps qu'en fonction des anticipations qu'il forme sur le futur. Plus précisément, selon Commons, l'individu est à la recherche de la *sécurité de ses anticipations*[1] : une action ne peut être entreprise que dans la mesure où l'individu a une confiance suffisante dans les anticipations qu'il forme sur la conséquence de cette action. Toute la problématique de l'ordre découle de cette aversion à l'incertitude épistémique : « La signification de l'ordre dérive du fait que le futur est radicalement incertain, à l'exception des inférences qui peuvent être faites à partir des expériences passées ; et aussi du fait que l'on peut dire que l'homme vit dans le futur mais agit dans le présent » (Commons, 1934, 58, notre traduction). Dans la mesure où les seules expériences passées ne peuvent suffire à nous assurer de la validité de nos croyances quant à la probabilité de l'occurrence d'un évènement, il est nécessaire que la société organise la sécurisation de nos anticipations. C'est là le rôle fondamental des institutions.

Comme son nom l'indique, l'économie institutionnelle de Commons confère en effet une place centrale au concept d'institution. Il définit les institutions comme « l'action collective dans le contrôle, la libération et l'expansion de l'action individuelle » (Commons, 1934, 73, notre traduction). En d'autres termes, les institutions sont les règles (les *working rules*) fixées par l'ensemble des individus pour à la fois limiter les possibilités d'action de chacun, mais également satisfaire à l'exigence de la futurité. En sécurisant les anticipations, les institutions permettent à chacun d'agir dans la mesure où il est possible d'avoir une confiance raisonnable dans

1 Dans le langage de l'analyse économique moderne, on peut penser que l'on pourrait formuler autrement cette idée *via* la notion d'aversion au risque : en règle générale, entre deux loteries ayant la même espérance de gain, les individus préfèrent celle qui est la moins risquée. Il n'est toutefois pas évident que ce concept traduise fidèlement le sens de l'idée de futurité chez Commons dans la mesure où chez ce dernier l'aversion au risque ne porte pas tant sur les conséquences de l'aléa, que sur le fait que les anticipations elles-mêmes soient erronées. Par exemple, l'aversion au risque indique que, pour une même espérance de gain, un individu préfèrera un gain sûr à une situation où le gain a une faible probabilité d'être très élevé mais une forte probabilité d'être faible. La futurité au sens de Commons renvoie plutôt au fait que c'est l'incertitude concernant les anticipations *sur les probabilités de gain* que l'individu cherche à éviter. Qu'un gain soit incertain (mais probabilisable) n'est pas un problème pour l'individu selon Commons, mais c'est le fait qu'il y ait incertitude sur les probabilités réelles de ce gain qui l'est. D'une certaine manière, Commons est très proche de Keynes sur ce point puisque le concept de futurité doit se comprendre en terme de probabilités épistémiques (voir Moureau et Rivaud-Danset, 2004), à savoir la probabilité que nos croyances (anticipations) soient bonnes.

la validité de nos anticipations et croyances. Commons précise que les institutions se manifestent particulièrement au travers de deux formes extrêmes : la coutume et le droit. La coutume peut s'avérer extrêmement contraignante sur les comportements (Commons, 1934, 72). Pour autant, du fait de son imprécision et de son caractère changeant, elle peut donner naissance à des disputes et conflits. Le droit permet de surmonter ces limites. Commons insiste plus particulièrement sur l'importance de la *common law* et sur le rôle joué par la jurisprudence de la Cour suprême américaine (Commons, 1934, 73). Les règles encadrant les actions des individus peuvent provenir selon Commons des trois domaines de la société qu'il cherche à réunir dans son analyse : le droit, l'économie et l'éthique. Le droit émet des règles formelles dont l'effectivité est assurée par le biais de sanctions s'appuyant sur la force physique. L'économie émet également des règles, mais leur respect est induit par des sanctions prenant la forme de pertes ou de gains économiques. Enfin, l'éthique produit des règles de conduite par le biais de la coutume et dont le respect est induit par la menace de sanctions morales de la part de l'opinion collective.

La dernière catégorie clé de l'économie institutionnelle est celle de transaction. Elle est également liée à la notion de futurité. Le concept de transaction repose sur l'idée fondamentale qu'il y a un décalage temporel entre le moment où les individus s'échangent les *droits de propriété* sur un objet et le moment où cet objet est *physiquement* échangé. De manière générique, Commons (1931, 652, notre traduction) définit la transaction ainsi : « l'aliénation et l'acquisition, entre individus, de droits de propriété et de liberté créés par la société, et qui doivent être négociés entre les parties concernées avant que le travail puisse produire, que les consommateurs puissent consommer, ou que les marchandises puissent être physiquement échangées ». Cette distinction entre transfert de *droits* de propriété et propriété implique un problème de futurité : un individu ne peut consentir à céder le droit de propriété d'un objet qu'à la condition qu'il anticipe que l'échange prendra effectivement lieu dans l'avenir selon des règles prédéfinies. Mais cette anticipation doit être sécurisée, *i.e.* il faut que l'individu estime cette anticipation fondée. Commons distingue trois types de transactions : transactions de marchandage (*bargaining transactions*), de direction (*managerial transactions*) et de répartition (*rationing transactions*)[1].

1 On se reportera au chapitre « Une analyse en termes d'économie substantive » pour une analyse détaillée du contenu des différentes transactions distinguées par Commons. *Cf.*

L'épistémologie de l'économie institutionnelle selon Commons

Ce rapide premier survol de l'économie institutionnelle nous permet maintenant d'aborder directement le sujet de ce chapitre : l'épistémologie de l'économie institutionnelle de Commons et la manière dont elle aboutit à une historicisation de la théorie. Commons développe un nombre assez important de considérations méthodologiques et épistémologiques dans *Institutional Economics* qui permettent de comprendre au moins deux éléments : la filiation entre le pragmatisme et l'institutionnalisme de Commons d'une part, le statut de la théorie chez Commons d'autre part.

– De Hume à Peirce : le lien entre pragmatisme et institutionnalisme

Commons développe plus particulièrement la question du lien entre institutionnalisme et pragmatisme dans le Chapitre IV de *Institutional Economics*. Pour comprendre ce lien, il faut toutefois rapidement s'arrêter sur la critique faite par l'économiste institutionnaliste de la théorie de la connaissance lockéenne (Commons, 1934, 14-55). Selon Commons, l'épistémologie de Locke est fondée sur une complète séparation entre l'esprit et le monde externe : l'esprit correspond à un miroir reflétant le monde externe. Locke développe ainsi une conception passive et individualiste de la connaissance où chaque individu voit son esprit reproduire les sensations en provenance du monde extérieur. Commons formule essentiellement deux reproches majeurs à Locke : d'une part, ne pas avoir été en mesure de concevoir l'activité de l'esprit humain dans le processus de connaissance et avoir transposé ce manque dans une théorie de l'action reprise par la suite par l'économie classique ; d'autre part, avoir transposé les coutumes en vigueur à son époque ainsi que des caractéristiques historiquement spécifiques (l'abondance et la paix) à l'ensemble des sociétés humaines. La théorie de la valeur travail dont Locke est l'initiateur découle de cette même erreur (Commons, 1934, 26). En d'autres termes, l'épistémologie de Locke l'a empêché de traiter du problème de la spécificité historique et celui, plus large, de l'historicisation de la théorie.

Dans le chapitre intitulé « Hume and Peirce », Commons (1934, 140-157) cherche à montrer comment Hume et encore davantage Peirce

également Bazzoli (1999) sur ce point.

ont permis un dépassement de la conception passive de l'esprit humain de Locke. Selon Commons, au contraire de Locke et de Quesnay, Hume parvient à lier économie, droit et éthique selon un principe de rareté. Mais l'évolution la plus notable de Locke à Hume se situe au niveau de la conceptualisation des idées. Tandis que Locke voit les idées comme des reflets et copies du monde extérieur, Hume les réduit à des sentiments subjectifs. On sait en effet que chez Hume (1748), l'esprit humain ne peut aller au-delà de la seule observation de la conjonction de deux évènements pour atteindre l'essence d'une supposée relation de causalité. Autrement dit, l'esprit est le réceptacle d'une série de sensations n'ayant aucune connexion entre elles : « Hume a ainsi atteint la forme ultime de son scepticisme avec l'idée que le monde n'est qu'une succession de sensations, et que l'esprit, en tant qu'intelligence, ne perçoit jamais aucune connexion réelle entre ces sensations » (Commons, 1934, 145, notre traduction). Mais c'est précisément ce manque de connexion qui nécessite que la construction de la connaissance soit dynamique. Le scepticisme humien indique que, puisque l'esprit n'est pas en mesure d'établir l'existence de relations de causalité entre les phénomènes observés, la connaissance repose nécessairement sur la formation d'habitudes, dont l'essence réside dans la répétition d'une croyance. Or, la formation de telles habitudes repose nécessairement sur un esprit actif, construisant et arrangeant les informations qu'il reçoit de manière à leur donner une signification. Pour Commons (1934, 148 et suiv.), Hume a détruit avec son scepticisme l'idée de l'esprit passif au profit de celle de l'esprit actif qui crée des relations entre une multitude de sensations.

Toutefois, Hume n'a pu dépasser son scepticisme et en est resté à une conception individualiste de la connaissance. L'étape décisive a, de son point de vue, été franchie par Charles Sanders Peirce. En effet, l'un des apports de Peirce, par rapport à Hume, est de montrer que la connaissance scientifique ne peut pas s'appuyer sur la seule accumulation d'expériences individuelles, mais doit reposer sur des expériences « collectives ». Selon Commons, cette dimension collective de la connaissance fonde la distinction entre habitude et coutume et, plus largement, entre l'opinion individuelle et la science (Commons, 1934, 153). Pour Commons, l'habitude est donc individuelle et la coutume collective : « l'habitude est un terme individualiste dans le sens où il est limité à l'expérience, aux sentiments et aux anticipations d'un individu ; mais la coutume est cette partie de l'expérience, des sentiments et des anticipations qui est dérivée d'autres personnes qui agissent collectivement de manière similaire, ce qui correspond à l'éducation dans son sens le plus large. L'habitude est la répétition par une personne. La coutume est la répétition par un groupe continu de personnes » (Commons, 1934, 155, notre traduction).

En se référant ainsi à Peirce, Commons adopte la conception pragmatiste de la connaissance dont on a détaillé le contenu dans le chapitre « Les fondements philosophiques et méthodologiques des analyses historicistes et institutionnalistes originelles ». Dans la perspective pragmatiste, la connaissance scientifique (et la connaissance dans son ensemble) se caractérise par une remise en cause constante des croyances sur lesquelles elle était assise au préalable. Il s'agit d'un processus éminemment collectif puisque les croyances établies sont celles qui font consensus au sein de la communauté scientifique. C'est cette dimension collective qui permet de dépasser le scepticisme humien et qui confère notamment un statut spécial à la connaissance scientifique (Commons, 1934, 154). Commons va ainsi retenir de Peirce principalement deux éléments : d'une part sa méthode scientifique et notamment sa démarche abductive par laquelle l'esprit parvient à créer de nouvelles hypothèses et croyances. Commons fait donc sien sur ce plan le réalisme peircien et son souci de partir de l'observation[1]. D'autre part, il faut noter que Commons se sert de l'esprit actif de Peirce pour en dériver sa psychologie des transactions, c'est-à-dire sa « psychologie négociationnelle » :

> [l]'esprit n'attend pas de recevoir des impressions, il en est au contraire en perpétuelle quête, les divisant en parties pour ensuite les reconstruire sous la forme de nouvelles sensations. Ces nouvelles sensations ne sont pas les impressions passives de Hume, mais les croyances activistes de Peirce cherchant une action future. Il s'agit de la relation de la partie au tout et de l'expérience passée aux anticipations futures qui devient la psychologie de nos transactions et de notre action collective (Commons, 1934, 154, notre traduction).

1 On notera toutefois que Commons n'a jamais employé le terme d'« abduction » utilisé par Peirce. Néanmoins, il ne fait aucun doute que la démarche de Commons est typiquement abductive : d'une part, sa théorie s'est construite à partir des observations qu'il a pu mener au cours de sa carrière de praticien, d'autre part Commons (1934, 104) distingue explicitement deux types d'inductions : la première s'apparente à une simple collection de faits (elle correspond à l'induction utilisée par exemple par la première génération de l'école historique allemande) tandis que la seconde est une méthode pour découvrir de nouveaux « *insights* ». Cette dernière, qui est celle employée par Commons, correspond donc bien à l'abduction peircienne.

On a noté dans le chapitre « Les fondements philosophiques et méthodologiques des analyses historicistes et institutionnalistes originelles » qu'il y avait une étroite connexion dans le pragmatisme entre la théorie de la connaissance et la théorie de l'action. Cette connexion se retrouve également chez Commons puisque le pragmatisme lui sert également à fonder sa théorie de l'action. Toutefois, il relève que la philosophie pragmatiste a deux sens, l'un en tant que théorie de la connaissance, l'autre en tant que philosophie sociale. Si pour le premier point, il adhère au pragmatisme peircien, y compris concernant les sciences sociales, il suit en revanche la voie tracée par Dewey pour le second (Commons, 1934, 150).

– Le statut de la théorie chez Commons

Démontrer la filiation entre Commons et le pragmatisme ne suffit pas à établir l'idée d'historicisation de la théorie. Il faut maintenant s'interroger sur le statut que Commons confère à la théorie et aux concepts qui la composent. Ici, c'est plutôt la filiation avec la philosophie néo-kantienne qui va ressortir. On peut distinguer des considérations, d'une part, sur le statut de la théorie et d'autre part, sur le processus de théorisation apparaissant à plusieurs endroits dans *Institutional Economics*.

Concernant le statut de la théorie et son contenu conceptuel, Commons considère que toute théorie est composée de cinq types d'idées (Commons, 1934, 94 et suiv. ; Bazzoli, 1999, 67-68 ; Ramstad, 1986) : les percepts, les concepts, les principes, les formules et les philosophies sociales. Les *percepts* consistent dans « *le sens que l'on donne à une sensation* » (Commons, 1934, 94, notre traduction). Les *concepts* se définissent quant à eux comme des idées saisissant la similarité des attributs des objets (Bazzoli, 1999, 67). Ils consistent donc à réduire un ensemble d'objets aux attributs qu'ils ont en commun[1]. Les *principes* sont des « similarités d'actions », plus précisément des idées saisissant des similarités de cause, d'effet et de but (Bazzoli, 1999, 67). Commons y intègre la loi de l'offre et de la demande, ainsi que les notions de futurité et de *working rules* : toutes ont en commun de décrire certains mécanismes causaux. Les *formules* sont des représentations mentales appréhendant des relations entre les parties et le tout. Selon Commons, elles s'apparentent aux idéaltypes que l'on

1 Par exemple, le concept d'« arbre » désigne l'ensemble des objets partageant un ensemble d'attributs : un tronc, des branches, des feuilles, etc.

peut trouver chez Weber et Sombart. Enfin, les *philosophies sociales* sont des idées normatives conceptualisant un certain nombre de finalités. Elles ont « deux pôles de relations – elles sont d'une part fondées sur une nature humaine ayant une dimension éthique et elles fixent d'autre part un idéal pour le futur » (Commons, 1934, 98, notre traduction).

Il ressort de cette classification que la théorie apparaît chez Commons à la fois comme un résultat de la pensée, c'est-à-dire un ensemble d'idées sur les relations entre faits, ainsi qu'une activité mentale, un processus de pensée des faits (Bazzoli, 1999, 67). De ce point de vue, la théorie au sens de Commons n'est pas une copie de la réalité, mais plutôt une abstraction partant du concret, l'abstraction allant croissante au fur et à mesure que l'on monte dans la hiérarchie des idées. Ainsi, l'idée de transaction abordée plus haut ne doit pas se comprendre comme une copie de la réalité eu égard à son statut de formule (Commons, 1934, 59). On trouve donc chez Commons une conception d'ordre nominaliste de la théorie où cette dernière mobilise des concepts ne visant pas à décrire de manière réaliste le réel, mais à en fournir une représentation construite.

Mais Commons ne s'arrête pas ici puisqu'il se pose la question du processus de théorisation par lequel une théorie est construite (Commons, 1934, 99 ; Bazzoli, 1999, 68). Commons conceptualise ce processus en trois temps, via le triptyque *analysis/genesis/synthesis* et débouche sur une conception génétique de la formation des théories qui est en fait la retranscription de la manière dont il a lui-même procédé tout au long de sa carrière pour bâtir son cadre analytique (Conchon, 2001 ; Théret, 2002). Commons (1934, 99, notre traduction) définit ainsi les trois temps du processus de théorisation :

- l'analyse « est un processus de classification, par lequel nous découvrons des similarités et des différences et sommes ensuite capables de diviser l'objet d'étude en concepts, principes, formules et philosophies ». En d'autres termes, il s'agit du processus par lequel on abstrait de la complexité du concret certains éléments spécifiques afin de réduire cette complexité ;
- la genèse « est l'analyse des changements qui prennent continuellement place dans tous les objets ». Ici, Commons mentionne explicitement la révolution darwinienne et la sélection naturelle. La genèse est l'étape du processus de théorisation

par laquelle la conceptualisation de chaque phénomène est reliée à leur évolution :

- la synthèse « est l'union de l'analyse et de la genèse en une formule des relations changeantes entre les parties et le tout ». La synthèse vise à saisir les relations changeantes entre les parties et le tout, autrement dit les interdépendances entre concepts et principes (Bazzoli, 1999). Elle débouche sur la production « d'*insights* », équivalents au moment de l'abduction chez Peirce, et à partir desquels le chercheur peut tester de nouvelles hypothèses. Commons (1934, 100) indique aussi que cette dernière étape se rapproche de la compréhension wébérienne.

Ce processus doit être compris de manière circulaire, ou plus exactement dialectique : c'est la confrontation permanente des *insights* avec la réalité historique qui débouche sur la formation de nouveaux *insights*, induisant une dynamique d'évolution des connaissances scientifiques[1] : « Au total, Commons envisage l'investigation scientifique comme un processus d'interaction entre une philosophie, une théorie conçue comme un ensemble de "*working hypothesis*" activement construites par l'esprit et des tests expérimentaux menés par la communauté pour décider si les hypothèses sont pertinentes » (Bazzoli, 1999, 68). Cette description du processus de théorisation se retrouve clairement dans l'évolution du cadre d'analyse de Commons lui-même, où l'on peut voir l'apparition progressive dans le temps de nouveaux concepts enrichissant progressivement l'architecture théorique.

Une historicisation de la théorie

L'historicisation de la théorie chez Commons apparaît déjà clairement dans la mesure où la construction de toute théorie passe par une confrontation régulière avec la réalité historique spécifique qui est étudiée. La construction de la théorie ne procédant pas de manière axiomatique, il est inévitable qu'elle dépende fortement de la spécificité du matériau étudié. Cette impression est renforcée par le fait que Commons fait référence, à plusieurs reprises, à l'école historique allemande et à la philosophie néo-kantienne, ainsi qu'à la notion d'idéaltype.

1 Théret (2002) souligne bien cette dimension de l'épistémologie de Commons et fait un rapprochement avec l'épistémologie génétique de Jean Piaget.

– L'école historique et la notion d'idéaltype selon Commons

La lecture d'*Institutional Economics* fait apparaître que Commons a étudié les écrits de certains économistes historicistes et plus particulièrement ceux de la troisième génération. L'économiste américain fait notamment remarquer que les historicistes allemands ont été les premiers à véritablement reconnaître la distinction entre la propriété juridique et la possession physique, dont on a vu que Commons la conceptualisait *via* la notion de transaction. De manière plus générale, il loue l'école historique et, à sa suite, Veblen, d'avoir développé une approche tentant de prendre en compte les facteurs juridiques et éthiques dans les phénomènes économiques (Commons, 1934, 115).

Sur le plan purement épistémologique, Commons souligne l'importance considérable de la notion d'idéaltype dont il repère la présence d'abord chez Rickert, puis chez Weber et Sombart. Il discute de cette notion à divers endroits, permettant par là même de mieux saisir la manière dont il conçoit l'historicisation de la théorie. Pour Commons, les idéaltypes sont l'équivalent des formules : « Max Weber, suivi par Sombart et précédé de Rickert, a construit quelque chose de similaire à la formule et qu'il a nommé « idéaltypes ». L'objectif était d'éliminer les facteurs subjectifs et de fournir une formule strictement objective des éléments essentiels pour l'investigation et la compréhension de tous les faits sociaux dans leurs relations. Par conséquent, l'idéaltype n'avait aucune implication en termes de vérité ou de fausseté » (Commons, 1934, 97, notre traduction). À la manière dont nous l'avons interprété dans le chapitre précédent, Commons conçoit l'idéaltype comme un instrument permettant d'isoler les facteurs essentiels pour comprendre un phénomène économique ou social. Dans le chapitre X (Commons, 1934), Commons revient sur la Querelle des méthodes ayant opposé Schmoller à Menger et resitue la position de Weber dans ce débat. Il précise que Menger et Schmoller se rejoignent sur le fait que toute science, y compris l'économie, doit nécessairement recourir à des abstractions. Mais les deux auteurs divergent sur la méthode utilisée pour élaborer ces abstractions et surtout pour les réunir : tandis que Menger était partisan d'une démarche déductive partant de la théorie de l'utilité marginale, Schmoller recommandait une démarche empirique consistant à retracer l'évolution des coutumes et des institutions. Commons est bien conscient que c'est dans le cadre de ce conflit là que la notion d'idéaltype doit être abordée. Ainsi, Weber « a renversé la formulation du problème. Plutôt que de savoir comment combiner différentes perspectives *après* qu'elles aient été pensées séparément par abstraction, il s'agissait de savoir comment définir le problème en les combinant *avant* que les différentes perspectives aient été pensées séparément » (Commons, 1934, 721, notre traduction). Plus fondamentalement, ainsi que nous l'avons nous-même souligné dans le chapitre « L'historicisation de la théorie et l'école historique allemande d'économie », Weber procède de manière plus générale à une réinterprétation de la notion même de théorie. Chez Menger, les « lois exactes » sont réelles, elles ont une contrepartie physique dans la réalité ; Weber, amplifiant et améliorant le propos de Schmoller, nie aux concepts et lois le statut de copie de la nature. Commons (1934, 722 et suiv.) relève ensuite une série d'autres points (sept exactement) que l'on ne détaillera pas ici. On peut toutefois indiquer que Commons considère l'idéaltype comme un concept *historique*, puisque nécessairement issu d'une abstraction partant d'une réalité historique donnée. Il en souligne la dimension « utopique » et neutre sur le plan éthique, dans le sens où l'idéaltype ne vise pas à porter un jugement normatif sur une situation donnée. Surtout, Commons considère l'idéaltype comme un moyen de produire des hypothèses (des *insights*) et, à ce titre, réunit l'abduction peircienne et l'idéaltype wébérien dans un même moment épistémologique, celui de la *synthèse* : l'idéaltype « diffère de la théorie de Menger tout autant que la synthèse diffère de l'analyse » (Commons, 1934, 723, notre traduction). Commons n'arrête cependant pas là son examen et s'engage dans une analyse critique de la notion d'idéaltype pour tenter de l'amender.

– La critique de la notion d'idéaltype

Commons (1934, 725 et suiv.) repère dans l'usage qu'en font Weber et Sombart trois significations différentes de la notion d'idéaltype. La première forme est celle de l'idéaltype « pédagogique ». Il s'agit du type d'idéaltypes dont Commons estime que Weber les repère chez Menger. Il semble correspondre plus ou moins à la représentation de l'individu rationnel dans le cadre marginaliste : « En tant qu'instrument pédagogique, l'idéaltype est une construction intellectuelle par laquelle l'esprit ou l'âme d'une situation historique ou d'une institution, ou encore d'un individu, peut être rationalisé de manière à être compris dans les termes des motivations l'animant » (Commons, 1934, 725, notre traduction). Tout en étant utile, Commons considère que cette forme d'idéaltype, prise isolément, n'est pas scientifique à proprement parler (Commons, 1934, 726). Viennent ensuite les idéaltypes « propagandistes » dont l'objectif est de nous mettre à la place du personnage idéalisé pour ressentir ses émotions et ses sentiments. Commons cite l'exemple de l'« esprit capitaliste » de Weber ou de l'« esprit artisan » de Weber et Sombart. Il relève également le fort biais subjectiviste que suppose la construction d'un tel idéaltype (Commons, 1934, 730). Il s'agit d'un point faible du point de vue scientifique.

Commons met justement en avant un troisième idéaltype, l'idéaltype scientifique, contribution principale de Weber :

> La principale contribution de l'idéaltype wébérien est de fournir un principe de classification pour tout un ensemble d'idées déjà utilisées, et d'indiquer vaguement une relation entre parties et tout. Cette classification comprend des termes tels que capitalisme, syndicalisme, communisme, socialisme, business, « l'homme économique », la « loi de l'offre et de la demande », etc. Ces concepts prennent place en tant que cas spéciaux du concept universel de l'idéaltype qui est construit, non en tant qu'instruments scientifiques d'investigation, mais comme des images mentales variées fournissant une représentation de certaines relations des parties au tout qui seront plus tard l'objet d'étude de l'investigation (Commons, 1934, 732, notre traduction).

C'est cette forme d'idéaltype qui, selon Commons, s'apparente aux « formules ». Le reproche majeur que Commons formule à l'encontre de l'idéaltype scientifique est le fait que les modalités par lesquelles le type est censé s'adapter à la réalité examinée et évoluer pour rester pertinent, ne sont pas précisées. En conséquence, il existe une sorte de déconnexion entre le concept idéaltypique et la réalité historique. Le problème majeur réside dans l'absence de dimension temporelle (historique) (Commons, 1934, 733). Le passage de l'idéaltype à la formule se fait donc en incorporant la futurité : « Si, par conséquent, nous pouvons construire, non pas un idéaltype qui peut ou pas correspondre aux faits, mais une simple *formule* comme instrument d'investigation devant contenir tous les facteurs variables que tous les chercheurs pourraient inclure, mais dont l'importance relative peut être précisée dans chaque cas particulier, en fonction du temps et du lieu, – alors il peut être possible de combiner dans un seul insight évolutif la fructueuse méthode de recherche contenue dans les idéaltypes wébériens. Nous pensons que cela est possible à condition de partir d'une formule adéquate et complexe de transactions, dont la répétition, la concurrence et la variabilité attendues constituent un ensemble dynamique » (Commons, 1934, 733-734, notre traduction). En d'autres termes, la construction d'une formule repose sur des éléments dont on peut observer la répétition régulière dans le temps. C'est ce facteur de répétition qui va donc servir de critère de référence pour juger si un idéaltype est pertinent ou non[1]. On assiste donc à un basculement notable de Weber à Commons : chez le premier, c'était le critère axiologique de la signification qui servait à construire les idéaltypes pertinents. Chez le second, c'est celui, « pragmatique » (au moins aux yeux de Commons), de la régularité des phénomènes. Avec ce nouveau critère, Commons pense avoir résolu le principal problème de l'idéaltype wébérien, à savoir son adaptation à la réalité étudiée[2].

– L'historicisation de la théorie : évidences et critiques

En reprenant les trois propositions définissant l'idée d'historicisation de la théorie, il est assez aisé de montrer qu'une telle idée apparaît chez Commons. L'idée de spécificité historique est au cœur même du projet tant d'*Institutional Economics* que de *Legal Foundations of Capitalism*. Dans ce dernier, Commons étudie en effet spécifiquement l'apparition du système capitaliste et relève qu'elle est contingente avec la transformation de la définition juridique des notions de propriété et de liberté, ainsi qu'avec le passage de la valeur usage à la valeur d'échange. Cette idée se concrétise dans la typologie des stades d'évolution de l'économie américaine (Commons, 1924, chap. IX ; 1934, chap. X) où Commons explique que trois types successifs de capitalisme se sont succédés[3]. Il ressort clairement de cette typologie que les catégories analytiques

1 Hodgson (2001, chap. 12) souligne que, pour Commons, la démarche scientifique en sciences sociales repose nécessairement sur le présupposé qu'il existe des régularités dans les comportements se matérialisant au travers des habitudes et des coutumes. En l'absence de telle répétition, il est impossible de construire quelque théorie que ce soit.

2 Le quatrième idéaltype que distingue Commons est l'idéaltype éthique. On ne le développera pas ici puisqu'il désigne l'idée mentionnée dans la note de bas de page précédente, à savoir qu'il faut qu'il existe une certaine uniformité et régularité dans les intentions et les comportements des individus pour rendre possible la démarche scientifique.

3 Voir Hodgson (2001, chap. 12) pour une critique. Voir également le chapitre « Le capitalisme comme système historique contingent » de ce travail.

pertinentes ne sont pas les mêmes suivant l'époque étudiée : il en va ainsi des concepts d'abondance et de rareté (Commons, 1934, chap. II). Cela s'explique par le fait qu'à chaque stade différent correspond un ensemble d'institutions spécifique. Dans la mesure où la théorie, selon Commons, est une abstraction partant du concret, dans laquelle les catégories analytiques sont construites *en fonction* de la spécificité du contexte, il est inévitable que certaines soient à un moment donné plus pertinentes que d'autres. Cela ne signifie pas qu'il n'existe pas, chez Commons, de catégories analytiques universelles. Si la transaction de marchandage n'est apparue que tardivement, dès lors que le pouvoir politique a eu des obligations envers les citoyens (Commons, 1924, 87 et suiv.), la transaction en tant que « formule » est une catégorie analytique qui semble applicable à toutes les sociétés[1]. Il en va de même pour le concept d'institution et pour celui de futurité.

Cette prise en compte de la spécificité historique est évidemment liée à la manière dont Commons conceptualise le processus de théorisation. Sur ce plan, Commons réunit de manière inédite la philosophie néo-kantienne et le pragmatisme américain. Commons associe la conception génétique de construction de la théorie que l'on retrouve dans le pragmatisme avec le statut nominaliste qui est conféré à la théorie chez Weber et les philosophes néo-kantiens. Notons enfin, même si ce point sera davantage développé dans la Partie II, qu'en s'appuyant explicitement sur la théorie de l'action pragmatiste, Commons adopte une forme d'institutionnalisme méthodologique.

On peut néanmoins critiquer certains aspects de l'historicisation de la théorie à laquelle procède Commons. Contrairement à de nombreux auteurs, Commons a véritablement mis en pratique ses positions méthodologiques et épistémologiques en réalisant de multiples études empiriques lui ayant permis de construire progressivement son cadre théorique. Toutefois, au moins deux points méritent d'être soulignés : d'une part, comme l'indique Hodgson (2004), les références fréquentes à la philosophie pragmatiste que fait Commons dans *Institutional Economics* n'apparaissent quasiment pas ailleurs[2] et, surtout, disparaissent dans son

1 Commons s'en sert d'ailleurs pour distinguer le capitalisme du communisme et du fascisme dans le dernier chapitre d'*Institutional Economics*.

2 On peut relever une référence à John Dewey dans *Legal Foundations of Capitalism* (Commons, 1924, 347-349).

dernier ouvrage publié en 1950. On peut donc se poser des questions sur la manière dont Commons se réapproprie les apports pragmatistes, surtout que son interprétation des notions de coutume et d'habitude semble s'écarter de celle que l'on trouve chez Dewey (Hodgson, 2004). D'autre part, en dépit du fait que la critique de Commons sur le caractère statique de l'idéaltype wébérien soit fondée, il faut remarquer que la solution proposée n'est pas véritablement convaincante, car Commons ne précise jamais véritablement le processus par lequel l'actualisation des idéaltypes peut s'opérer. Si le critère axiologique est insuffisant chez Weber pour permettre de fonder l'objectivité de l'idéaltype et que la tentative de Commons en intégrant les apports du pragmatisme est intéressante, il semble néanmoins qu'elle échoue[1].

KARL POLANYI ET LA RELATIVISATION DE L'ÉCONOMIE FORMELLE

La question de l'historicisation de la théorie se trouve également traitée chez divers auteurs parfois rattachés (de plus ou moins près) à l'école historique allemande et à l'institutionnalisme américain, dans des écrits parfois postérieurs à la seconde guerre mondiale. On traitera ici des travaux d'un auteur majeur : Karl Polanyi (1886-1964). Ce choix n'est pas totalement arbitraire : Polanyi est en effet fréquemment considéré comme un institutionnaliste dont les travaux s'inscriraient dans le prolongement de ceux des institutionnalistes américains (Neale, 1990) et il apparaît qu'il se confronte directement dans ses travaux aux problèmes de la spécificité historique et de l'historicisation de la théorie.

Économiste d'origine hongroise, Karl Polanyi[2] est à l'origine d'une œuvre très ambitieuse se proposant de rendre compte de la place changeante de l'économie au sein des sociétés humaines à travers l'histoire. On

1 Hodgson (2001) défend le même point de vue même si, contrairement à ce qui est affirmé ici, il ajoute que Commons a mal perçu la dimension instrumentaliste de l'idéaltype wébérien.

2 Pour une étude minutieuse de l'œuvre de Polanyi en français, *cf.* Maucourant (2005). En anglais, voir notamment Stanfield (1986). Ainsi que nous l'avons fait pour tous les auteurs étudiés dans les chapitres « L'historicisation de la théorie et l'école historique allemande d'économie » et « L'historicisation de la théorie dans l'institutionnalisme américain et ses prolongements contemporains », nous reportons l'examen de l'économie institutionnelle

peut, grossièrement, distinguer deux moments dans l'œuvre polanyienne : des années 1920 jusqu'à la fin des années 1940, l'intérêt scientifique de Polanyi s'est essentiellement concentré sur les questions tournant autour de l'élaboration d'un socialisme de planification décentralisée et autour de l'étude de l'émergence et de la crise de la société de marché. À partir des années 1950, époque où Polanyi va émigrer d'Angleterre aux États-Unis, ses préoccupations théoriques et empiriques vont connaître un infléchissement notable. Polanyi va en effet tourner son attention essentiellement en direction des sociétés primitives et de leur économie. Cette évolution se concrétise au travers de la création d'un projet interdisciplinaire à l'université de Colombia qui débouchera sur la publication d'un ouvrage collectif en 1957, *Trade and Market in the Early Empires* (Polanyi et Arensberg, 1957, eds.). C'est durant cette période que Polanyi va développer l'essentiel de ses réflexions méthodologiques relatives à une analyse comparative des systèmes économiques. C'est à cette occasion que l'on peut repérer le développement de l'idée d'historicisation de la théorie.

UNE MÉTHODOLOGIE DE L'ANALYSE COMPARATIVE DES SYSTÈMES ÉCONOMIQUES

Les écrits méthodologiques de Polanyi s'articulent tous autour d'une idée centrale : mettre en avant le caractère historiquement relatif de la validité de la théorie économique marginaliste telle qu'elle s'est développée dans la première moitié du XXe siècle. En d'autres termes, Polanyi met clairement en avant le problème de la *spécificité historique* et le traite de front, plus que tous les autres historicistes et institutionnalistes que l'on a pu rencontrer jusqu'ici.

L'erreur économiciste

Polanyi (1977) relève que les économistes et, de manière plus générale, la représentation de l'économie dans les temps modernes, sont frappés d'un biais lorsqu'il s'agit de penser le rôle et le fonctionnement de l'économie. Ce biais est qualifié « d'erreur économiciste » (*economistic fallacy*) par Polanyi. En substance, cette erreur consiste à confondre l'aspect substantif de l'économie, que l'on retrouve dans toute société puisqu'il renvoie à la

---

stricto sensu de Polanyi à la Partie II de cet ouvrage. Il s'agit ici d'étudier la manière dont l'idée d'historicisation de la théorie se manifeste dans l'œuvre de Polanyi.

satisfaction des besoins physiques liés à la condition humaine, et l'aspect formel du mécanisme offre/demande/prix, qui renvoie à une institution moderne spécifique. Il s'agit d'une erreur de logique : « L'erreur logique était d'un type commun et inoffensif : un phénomène large, générique, a été d'une manière ou d'une autre conçu comme étant consubstantiel à une espèce avec laquelle il se trouvait familier. Dans de tels termes, l'erreur a été d'assimiler l'économie humaine en général avec sa forme marchande » (Polanyi, 1977, 5-6, notre traduction). En d'autres termes, l'erreur économiciste consiste dans l'amalgame fait entre une forme d'économie spécifique, l'économie des XIXe et XXe siècles s'organisant autour de marchés fonctionnant sur la base d'un mécanisme offre/demande/prix, et l'économie en tant qu'ensemble de relations par lesquelles les individus parviennent à satisfaire leurs besoins physiques et sociaux.

Économie formelle et économie substantive

La substance de l'erreur économiciste consiste dans la confusion entre les deux sens du terme économie : le sens formel et le sens substantif (Polanyi, 1957a ; 1977). Polanyi s'attache plus particulièrement dans son article « L'économie en tant que procès institutionnalisé » (Polanyi, 1957a) à contraster la signification de ces deux sens. Ainsi, le sens substantif « tire son origine de la dépendance de l'homme par rapport à la nature et à ses semblables pour assurer sa survie. Il renvoie à l'échange entre l'homme et son environnement naturel et social. Cet échange fournit à l'homme les moyens de satisfaire ses besoins matériels » (Polanyi, 1957a, 239). Entendue dans son sens substantif, l'économie se comprend comme l'ensemble des relations, entre l'homme et son environnement et les hommes entre eux, par lesquelles les individus parviennent à satisfaire leurs besoins. L'économie se comprend alors comme une « sphère », une fonction indispensable à la société pour qu'elle puisse se reproduire. Le sens formel est très différent et, on va le voir, se place à un niveau différent. Il « dérive du caractère logique de la relation entre fins et moyens, comme le montrent les expressions « processus économique » ou « processus qui économise les moyens ». Ce sens renvoie à une situation bien déterminée de choix, à savoir entre les usages alternatifs des différents moyens par suite de la rareté de ces moyens. Si les lois gouvernant le choix des moyens sont appelées logique de l'action rationnelle, nous pouvons désigner cette variante de la logique par un concept nouveau : l'économie formelle » (Polanyi, 1957a, 239).

Le contraste entre les deux sens est évident. Polanyi (Polanyi, 1977, chap. 2) estime que l'on trouve la distinction dans les travaux de Carl Menger[1]. Le sens formel présuppose l'universalité du concept de rareté, à partir duquel l'économie est comprise comme la relation entre des moyens rares et des fins prédéterminées. La relation entre ces moyens et ces fins se fait par l'action rationnelle : l'individu utilise rationnellement les moyens rares à sa disposition pour atteindre certaines fins. Dès lors, l'économie comprise ainsi peut s'appréhender au travers de certaines « lois », celles qu'identifie l'économie marginaliste. Il apparaît clairement que le sens formel renvoie à la définition de la science économique telle que la propose Lionel Robbins dans son ouvrage *An Essay of the nature and Significance of Economic Science*, publié en 1932[2]. Pour ce dernier, quatre conditions doivent être remplies pour qu'un phénomène relève de la science économique (Stanfield, 1986, 37) : a) il doit y avoir plusieurs fins ou objectifs envisageables ; b) les moyens pour atteindre ces fins doivent être limités ; c) ces moyens doivent avoir plusieurs applications possibles ; d) les fins doivent être d'importance variable. L'existence d'un contexte de rareté est donc ici essentielle. En effet, dans le sens formel, l'économie doit s'entendre comme l'action d'*économiser*, d'utiliser de manière optimale les moyens à disposition pour parvenir à ses fins.

Le sens substantif consiste quant à lui à appréhender l'économie d'un point de vue empirique, en tant que sphère d'activité que l'on

1 Plus précisément, selon Polanyi (1977), dans la seconde édition des *Principes* de l'économiste autrichien. Polanyi estime en effet que Menger était conscient que les concepts et mécanismes exposés dans la première édition de son ouvrage n'étaient valables que pour les sociétés industrialisées du XIXe siècle. En revanche, pour les sociétés non industrialisées, la participation à la production ne relevait pas uniquement de motivations pécuniaires. La seconde édition, publiée à titre *posthume* en 1923, voit Menger faire de nombreuses fois la distinction entre les économies de marché et les autres formes d'économies. Dans un nouveau chapitre, on y trouve notamment la distinction entre l'économie au sens de « *economizing* », et la « techno-économie ». Polanyi relève que cette seconde édition ne sera jamais traduite en anglais et en fait endosser l'essentiel de la responsabilité à Hayek.

2 De manière plus générale, la manière dont Polanyi conçoit l'économie est considérablement marquée par les débats qu'il a pu avoir dans les années 1930 avec les économistes de l'école autrichienne et notamment avec Ludwig von Mises sur les questions relatives à la planification socialiste. C'est davantage de ce courant de pensée, que du courant néoclassique *strictu sensu*, que Polanyi tire le sens formel de l'économie. Sur ce point, voir aussi Rotstein (2006).

retrouve dans toute société. L'économie est alors vue comme « un procès institutionnalisé d'interaction entre l'homme et son environnement qui se traduit par la fourniture continue des moyens matériels permettant la satisfaction des besoins » (Polanyi, 1957a, 242). De ce point de vue, l'économie est considérée comme un « procès institutionnalisé », ce qui implique deux dimensions (Polanyi, 1957a, 243-244) : (1) en tant que « procès », l'économie renvoie à l'idée de mouvement en tant que changement de lieux et changement de possesseurs. L'ensemble de ces mouvements (2) acquiert son unité au travers de la dimension institutionnelle de l'économie, laquelle institutionnalise certaines formes de relations au détriment d'autres. Au contraire du sens formel, le sens substantif ne présuppose aucun contexte de rareté ou d'optimisation dans l'usage de moyens. Le sens substantif renvoie au phénomène empiriquement universel selon lequel toutes les sociétés humaines ont toujours eu besoin d'organiser les moyens de leur subsistance en définissant leurs besoins et les modalités par lesquelles ils pouvaient être satisfaits.

Universalité de l'économie substantive, spécificité de l'économie formelle

Polanyi ne cherche pas à démontrer la supériorité d'un sens sur l'autre. À bien des égards, l'économiste hongrois considère que leur coexistence simultanée dans une même analyse n'est pas problématique en elle-même (Stanfield, 1986). En revanche, l'incapacité à faire la distinction devient problématique lorsque elle entraîne leur confusion, débouchant ainsi sur l'erreur économiciste. C'est à ce moment de son analyse que Polanyi introduit implicitement le problème de la *spécificité historique*. Polanyi ne fait pas grief aux économistes d'avoir recours au sens formel lorsqu'ils étudient les sociétés et économies modernes. Le fait qu'ils n'aient pas conscience de la distinction entre les deux sens n'est même pas nécessairement problématique (Polanyi, 1957a). En revanche, la confusion devient beaucoup plus grave dès lors que les économistes entreprennent d'étudier les sociétés pré-modernes, c'est-à-dire les sociétés précédant la révolution industrielle. L'erreur économiciste conduit alors en effet les économistes à appréhender l'ensemble des sociétés humaines à travers le prisme de l'économie formelle, interprétant toutes les économies au travers de la relation fins/moyens dans un contexte de rareté. Selon Polanyi, il s'agit là d'une erreur rédhibitoire, car elle conduit les économistes à ne pas voir la diversité des institutions à partir desquelles les hommes ont pu assurer leur subsistance. En d'autres termes, les concepts de l'économie formelle ne sont pas universellement valables sur le plan historique : ils correspondent à une configuration institutionnelle particulière, celle des économies de marché des XIXe et XXe siècles, et ne peuvent donc de ce fait saisir la manière dont s'organisaient les économies des sociétés passées.

L'économie formelle est donc *historiquement spécifique*. Cette méthode conduit à caractériser l'économie comme une série d'actions consistant à économiser les moyens. Les lois qui gouvernent ces actions sont universelles. Mais elles ne sont applicables à une économie particulière que dans la mesure où le procès économique est fonction d'actions sociales déterminées par rapport à des moyens rares, et est orienté vers les prix qui en résultent. Or, cette situation n'existe que dans un système marchand. Il s'agit là de la méthode de l'analyse économique (Polanyi, 1957a, 242) et elle n'est donc applicable que dans le cadre d'une économie de marché, là où les relations économiques sont *réellement* organisées par des institutions organisant la rencontre d'une offre et d'une demande *via* un système de prix régulant la rareté. Dans une économie de marché, le sens formel et le sens substantif sont en effet confondus (Hopkins, 1957, 261) : l'optimisation de moyens par rapport à des fins *via* l'affichage de prix est en effet *le* biais par lequel les sociétés modernes satisfont leurs besoins matériels. Mais cette conjonction des deux sens est une spécificité, pour ne pas dire une incongruité, historique. La règle générale est donc bien la spécificité de l'économie formelle.

Le statut de l'économie substantive est tout autre. Le sens substantif recouvre le sens formel en même temps qu'il déplace l'analyse sur un autre plan. Comme on l'a indiqué plus haut, du point de vue substantif, l'économie est appréhendée comme un *procès institutionnalisé*. Il s'agit de comprendre comment une société organise sa subsistance en satisfaisant les besoins matériels de ses membres. La première implication est de remettre en cause l'apparence logique de la connexion entre les notions d'économie, de rareté et de choix. Les concepts de rareté et de choix ne sont en effet nullement consubstantiels à l'économie. Le choix dans un contexte contraignant de rareté présuppose la réunion de deux éléments (Polanyi, 1957a, 241) : a) que les moyens puissent être exploités de plusieurs façons et b) que les fins soient ordonnées. Dans la mesure où rien n'indique que ces deux conditions soient nécessairement réunies, il en découle qu'il peut y avoir choix sans rareté, tout comme rareté sans choix (Polanyi, 1977, 26). Etant donné que le sens substantif ne présuppose pas la réunion de ces deux conditions, il est inévitable qu'il dispose d'une validité plus générale que le sens formel. Pour reformuler le propos : tandis que le sens formel est calqué sur une organisation institutionnelle particulière de l'économie, celle reposant sur le marché autorégulé créateur de prix, le sens substantif appréhende l'économie par sa fonction (permettre la reproduction de la société en satisfaisant les besoins matériels) et non par une forme institutionnelle qu'elle peut prendre à une période historique donnée.

Par conséquent, si les concepts de l'économie formelle ne sont applicables qu'à une période historique restreinte, correspondant à l'existence des institutions caractéristiques de l'économie de marché, ceux de l'économie substantive visent au contraire à comprendre *la place changeante qu'a occupée l'économie dans la société tout au long de l'histoire ainsi que la diversité des modalités par lesquelles elle s'est organisée.* L'économie substantive se place donc d'emblée dans une perspective historique : elle vise à théoriser l'évolution de l'organisation de l'économie au cours de l'histoire (idée de « théorisation de l'histoire »), et elle se développe à partir d'une réflexion sur l'historicité des théories.

La mentalité de marché

On peut se poser la question de l'origine de l'erreur économiciste. Les écrits méthodologiques de Polanyi et, plus largement, l'ensemble du projet interdisciplinaire mené à l'université de Columbia s'inscrivent dans un contexte voyant le développement rapide de l'anthropologie économique orthodoxe, développement symbolisé par l'ouvrage de Melville J. Herskovitz, *Economic Anthropology*, publié en 1952. Ces économistes anthropologues entreprennent de transposer les concepts de l'analyse économique à l'étude des économies primitives. Cette transposition conduit alors l'analyse à présupposer l'existence de marchés autorégulateurs créateurs de prix autour desquels les sociétés primitives s'organiseraient. Ce faisant, l'anthropologie économique reprend et prolonge les travaux de l'historien russe Michel Rostovtseff qui, dans son ouvrage *The Social and Economic History of the Roman Empire* (1926) défend le point de vue « moderniste » selon lequel il existait bien dans l'Empire romain des marchés au sens entendu par la théorie économique.

C'est cette forme d'économicisme et sa prétention à l'universalité de la théorie économique, que l'on retrouvera plus tard dans les premiers travaux de Douglass North et de la *New Economic History* (North, 1997 ; Maucourant, 1997), auxquelles s'attaque prioritairement Polanyi.

D'où provient cette illusion concernant la validité universelle de la théorie économique ? Polanyi apporte une réponse à divers endroits dans ses écrits, solution que l'on peut résumer par l'expression de « mentalité de marché » (Polanyi, 1947a ; 1947b). Pour Polanyi, il est un fait historique que l'économie de marché n'a pas toujours existé : « l'économie de marché est une structure institutionnelle qui, comme nous l'oublions tous trop facilement, n'a pas existé à d'autres époques que la nôtre – et, même à notre époque, elle n'a pas existé partout » (Polanyi, 1944, 65). Cependant, la thèse qu'il défend dans *La Grande transformation* (Polanyi, 1944) indique que la construction de la *société* de marché au XIXe siècle a reposé sur une utopie, celle de la croyance dans le marché autorégulateur. Cette croyance a conduit à la mise en place effective d'une société s'articulant autour de tels marchés créateurs de prix. La théorie économique moderne s'est construite parallèlement au développement de la société de marché, alimentant et se nourrissant de l'utopie du marché autorégulateur. Polanyi indique ainsi explicitement que nombre de catégories analytiques développées par les économistes classiques sont le produit des conditions économiques et sociales dans lesquelles elles ont été développées. On trouve ainsi l'idée dans *La Grande Transformation* que les fondements de la théorie économique classique ont été élaborés durant la période de Speenhamland, amorcée par une loi en 1795 empêchant de fait la création d'un marché du travail en Angleterre en instaurant une forme de revenu minimum pour les pauvres. Ce système a induit, jusqu'à son abolition en 1834, un plafonnement des salaires à un niveau proche de celui de subsistance. Ce phénomène, qui n'avait rien de naturel mais était au contraire le résultat d'un contexte institutionnel particulier, a conduit les économistes de l'époque, et notamment David Ricardo et Thomas Malthus, à développer la théorie des rendements décroissants et la loi de population pour pouvoir en rendre compte logiquement : « Il s'ensuit que ni Ricardo ni Malthus n'ont compris le fonctionnement du système capitaliste. Il a fallu un siècle, après la publication de *La Richesse des Nations*, pour qu'on s'aperçoive clairement que, dans un système de marché, les facteurs de production participent au produit et que, lorsque le produit augmente, leur part absolue est obligée de croître » (Polanyi, 1944, 170). Polanyi considère ainsi que les économistes classiques ont été trompés par le contexte institutionnel alors en vigueur à l'époque : la stagnation des salaires au niveau de subsistance n'est pas un fait « naturel », mais le produit d'un ensemble d'institutions. En ignorant ce dernier, les économistes classiques ont ainsi développé une théorie contribuant à naturaliser et à universaliser une situation pourtant largement spécifique sur le plan historique.

Le développement de la société de marché au XIXe siècle se traduit par la transformation en marchandises d'objets qui, intrinsèquement, n'en avaient pas les propriétés : la terre, le travail et la monnaie (Polanyi, 1944 ; 1977)[1]. Ces transformations ont considérablement influé sur l'imaginaire de l'homme occidental : « De telles pratiques utilitaristes ont fatalement modelé la compréhension que l'homme occidental a de lui et de sa société » (Polanyi, 1977, 11, notre traduction). La société du XIXe siècle a été organisée d'une telle manière que la faim et le gain se sont constitués comme les seuls motifs de la participation humaine à l'activité économique. L'idée que l'homme est gouverné uniquement par des motivations matérialistes, bien qu'artificielle, s'est diffusée et naturalisée : il s'agit d'une image construite, pour ses besoins, par la société de marché. Cette même société a alors créé l'illusion que toutes les institutions étaient déterminées par le système économique (Polanyi, 1947b) : « Le mécanisme de marché a dès lors créé l'illusion d'un déterminisme économique comme loi générale régissant toutes les sociétés humaines » (Polanyi, 1977, 12, notre traduction). Le fait que cette mentalité de marché (*marketing mind*) soit le produit d'un contexte historique spécifique et non une propension naturelle de la nature humaine a conduit certains économistes à commettre l'erreur économiciste en amalgamant l'économie substantive et l'économie formelle, et à projeter des catégories analytiques propres à la société de marché sur des sociétés dont les principes d'organisation de l'économie n'avaient rien en commun. L'anthropologie et l'histoire ont ainsi été envahies par l'avatar de la société de marché, le rationalisme économique (Polanyi, 1977, 13).

---

1 Polanyi utilise l'expression de « marchandises fictives ». *Cf.* chapitre « Une analyse en termes d'économie substantive ».

L'HISTORICISATION DE LA THÉORIE CHEZ POLANYI ET SES LIMITES

De tous les auteurs étudiés jusqu'à présent, Polanyi est probablement celui qui pousse le plus loin l'idée de la *spécificité historique* des théories et des concepts. De manière plus générale, il y a bien dans les écrits méthodologiques (et appliqués) de Polanyi une forme d'historicisation de la théorie. On constate toutefois que cette dernière est incomplète et même contestable sur plusieurs points, la faute à l'absence d'une théorie explicite de la formation des concepts.

De la spécificité historique à l'historicisation de la théorie

Il est possible de faire un rapprochement entre la critique de l'erreur économiciste par Polanyi et celle du naturalisme par Weber. On se souvient que Weber a fait le reproche à certains économistes marginalistes de faire une mauvaise interprétation de la théorie de l'utilité marginale. Interprétée de manière « réaliste », voire essentialiste, la théorie marginaliste a conduit les économistes à rechercher des lois économiques universelles sensées régir *réellement* les phénomènes économiques et sociaux. Weber s'est employé à montrer à quel point cette interprétation de la théorie était sans fondement : les concepts marginalistes sont des idéaltypes, des idéalisations d'une certaine réalité historique spécifique visant à mettre en avant ses caractéristiques saillantes. Non seulement, les concepts théoriques marginalistes ne décrivent pas fidèlement la réalité, mais ils tirent leur origine d'une réalité singulière ce qui, sans proscrire leur utilisation pour étudier d'autres contextes, en limite nécessairement la pertinence. La théorie économique ne doit pas viser à découvrir des lois économiques, mais plutôt à apporter un éclairage particulier sur des phénomènes historiquement identifiés, en fonction des centres d'intérêt (du *rapport aux valeurs*) du chercheur.

L'erreur économiciste soulignée par Polanyi présente des traits communs avec la critique wébérienne. La cible de Polanyi est la même que celle de Weber : comme on l'a souligné, Polanyi critique en effet essentiellement la conception de l'économie telle qu'elle est issue de la branche autrichienne du marginalisme, celle de Carl Menger. Par ailleurs, à l'instar de Weber, ce n'est pas tant la théorie économique *en elle-même* que Polanyi attaque que l'*interprétation* qui en est faite par les économistes. On peut même aller plus loin : de la même manière que certains commentateurs ont souligné l'adhésion plus ou moins explicite de Weber aux concepts marginalistes lorsqu'il était question de comprendre le fonctionnement du marché moderne[1], on peut relever de nombreuses occurrences dans les écrits de Polanyi où celui-ci semble reconnaître la pertinence de la théorie économique orthodoxe lorsqu'il s'agit d'étudier les économies de marché des XIXe et XXe siècles (Godelier, 1975)[2]. C'est la prétention à l'universalité de la théorie économique que Polanyi dénonce, et non la théorie en elle-même.

Même s'il n'aborde pas ce problème directement sous cet angle, c'est bien la question de la *spécificité historique* des concepts et des théories qu'aborde Polanyi. C'est avec le concept de rareté que Polanyi et ceux qui s'inscrivent dans sa continuité sont les plus explicites (Polanyi, 1977 ; Hopkins, 1957 ; Pearson, 1957). Le concept de rareté ne peut être supposé universellement valable pour étudier toutes les sociétés humaines sans procéder à une forme de naturalisme ou bien à une transposition du contexte institutionnel des économies modernes (où l'économie est bien organisée autour du principe de rareté) aux économies pré-modernes. La remise en cause de l'universalité du concept de rareté implique de reconnaître l'existence d'économies fonctionnant dans des contextes d'*abondance relative.* Le fait que la rareté ne soit pas universelle ne peut se comprendre que du point de vue de l'économie substantive en appréhendant l'économie comme un procès institutionnalisé. Ce procès participe en effet de la définition non seulement des moyens, mais également des fins poursuivies par les individus. La règle générale dans l'histoire des sociétés humaines est celle de l'économie *encastrée*[3] *(embedded)* dans la société : en d'autres termes, les fins poursuivies par les individus sont déterminées par des facteurs exogènes à la sphère économique. Ces fins peuvent relever de considérations religieuses, culturelles, politiques ou autres. Dans certains cas, les fins instituées peuvent être telles que les moyens à disposition des individus sont relativement abondants. Dans un tel contexte, la notion de choix

1 Par exemple, Peukert (2004).

2 « Pour Polanyi donc, la tâche était « non de rejeter l'analyse économique mais d'en fixer les limites institutionnelles et historiques… et d'en dépasser les limites au sein d'une théorie générale de l'organisation économique » (Godelier, 1975, 11). Notons toutefois que les propos de Polanyi et de ses collègues de Columbia sont assez ambigus sur ce point. *Cf. infra* pour une critique des implications de la position défendue par Polanyi sur cette question.

3 Sur le concept d'encastrement et ses difficultés d'interprétation, *cf.* chapitre « Une analyse en termes d'économie substantive ».

reste pertinente, mais elle ne s'exprime plus au travers d'une optimisation dans une relation fin/moyens et se manifeste encore moins au travers de la détermination d'un prix par un mécanisme de marché.

Le concept de rareté n'est pas le seul dont Polanyi remet en cause l'universalité. L'économiste hongrois, de manière moins convaincante, relativise également l'universalisme de l'*homoeconomicus*. On pourrait croire ici que Polanyi rejoint la critique wébérienne. En fait, la position de Polanyi est beaucoup plus radicale (Caillé et Laville, 2008). Selon lui (Polanyi, 1977), la poursuite du gain comme principal mobile à l'action humaine n'est que très récente sur le plan historique : elle ne commence à occuper une place prépondérante dans l'institutionnalisation de l'économie et même de la société qu'avec le développement de l'économie de marché. Avec l'instauration de l'économie de marché, les gains des individus ne reposent alors plus sur des considérations de statut[1], mais sur la formation de prix librement négociés. Il devient alors indispensable pour eux d'adopter un comportement tourné *vers* la recherche du gain. Il ne s'agit pas d'un choix, mais bien d'une obligation instituée par le marché. Ce caractère obligatoire est encore plus évident pour les travailleurs : avec l'institutionnalisation du marché du travail, c'est la faim, et non le gain, qui va dorénavant contraindre les individus à s'engager dans une relation de dépendance vis-à-vis d'un employeur. La poursuite rationnelle du gain (ou la peur de la faim) n'est donc pas une donnée naturelle du comportement humain : elle est *instituée* par l'économie qui, dès lors, ne va plus être encastrée dans la société, mais va au contraire en gouverner l'organisation[2]. Polanyi n'indique pas que la nature humaine est fluctuante à travers le temps mais plutôt que les motifs présidant

1 Sur ce point, Polanyi (1957b ; 1977, chap. 4) reprend l'opposition classique de Henry Sumner Maine entre statut et contrat et que l'on retrouve également dans l'œuvre de Ferdinand Tonnïes. Selon Maine, la plupart des institutions des sociétés modernes sont fondées sur le contrat, tandis que les anciennes sociétés s'appuient sur le statut. Pour comprendre la différence entre Polanyi et Weber sur ce point, il faut se rappeler que Weber (1922) se réapproprie la distinction de Tonnïes entre communauté et société *via* les concepts de « communalisation » et de « sociation ». Cependant, contrairement à Maine et Tonnïes (et donc Polanyi), Weber ne considère pas que ces deux formes d'institutionnalisation des relations sociales se succèdent dans le temps. Au contraire, elles coexistent en permanence, leur importance relative étant variable au cours de l'histoire.

2 C'est le moment du *désencastrement* de l'économie et du réencastrement de la société dans celle-ci : « C'est, en fin de compte, la raison pour laquelle la maîtrise du système économique par le marché a des effets irrésistibles sur l'organisation toute entière de la société : elle signifie tout bonnement que la société est gérée en tant qu'auxiliaire du marché. *Au*

aux activités se sont, en règle générale au cours de l'histoire, toujours situés en dehors de la sphère économique (Polanyi, 1944, 75). Polanyi conceptualisera la diversité des motivations humaines par le biais des formes d'intégration dont on rendra compte dans le prochain chapitre[1].

De manière plus générale, Polanyi développe une critique de ce qu'il nomme les « équivalents fonctionnels », issus de la volonté des économistes de rechercher dans les économies primitives des institutions équivalentes à celles existantes dans les économies de marché. Ces équivalents fonctionnels sont la projection des catégories conceptuelles de l'analyse économique aux institutions des économies primitives. Les deux principaux équivalents sur lesquels se focalise Polanyi sont la monnaie et le marché. Polanyi (Polanyi et Arensberg, 1957, eds. ; Polanyi, 1977) s'emploie à montrer que tant le marché que la monnaie, s'ils existaient dans les sociétés primitives, n'occupaient pas les mêmes fonctions que dans les économies modernes. Le marché à prix librement négociés, dont Polanyi situe l'apparition à l'époque d'Aristote (Polanyi, 1957b), n'occupe une place que marginale dans le fonctionnement des économies jusqu'au XVIIIe siècle. La plupart des échanges marchands se déroulaient alors, au sein des sociétés elles-mêmes, par le biais de marchés dont les prix étaient déterminés administrativement. Entre les sociétés, c'est l'institution du commerce qui régulait les échanges, laquelle ne se fondait pas non plus sur un mécanisme de prix librement négociés.

---

lieu que l'économie soit encastrée dans les relations sociales, ce sont les relations sociales qui sont encastrées dans le système économique » (Polanyi, 1944, 88, nous soulignons).

1 La position de Polanyi se démarque donc de celle de Weber dans la mesure où ce dernier affirme explicitement à plusieurs endroits (Weber, 1922 ; 1923 ; voir aussi Swedberg, 1998) que la poursuite du gain personnel par les individus est une constante dans l'histoire des sociétés humaines. La distinction que fait Weber (1922) entre rationalité formelle et rationalité matérielle correspond toutefois à celle de Polanyi entre motifs économiques et motifs non-économiques. La différence est que Polanyi ne fait pas le lien entre recherche de gain et motifs non-économiques, tandis que pour Weber l'exercice de la rationalité matérielle relève bien d'une telle recherche. Soulignons également que la critique de Polanyi de l'*homoeconomicus* est beaucoup moins convaincante que celle de Weber. En effet, en assimilant la rationalité de la théorie économique avec la poursuite du gain matériel, Polanyi semble ne pas voir que, d'un point de vue d'économie formelle, les fins poursuivies peuvent être d'ordre très divers et pas seulement « économiques ». Démontrer que la poursuite du gain pécuniaire est une exception historique ne suffit pas à réfuter la pertinence de l'économie formelle pour étudier la poursuite de fins de nature différente, dans la mesure où celle-ci est *logiquement* applicable à n'importe quel type de fins. Que Polanyi n'ait pas pleinement saisi ce point est d'autant plus étonnant que celui-ci est clairement mis en avant dans les travaux de Ludwig von Mises (1949).

Quant à la monnaie, Polanyi souligne qu'elle a au cours de l'histoire occupé de multiples fonctions : moyen de paiement, étalon de valeur, stockage de richesse, moyen d'échange. Ce n'est que tardivement que l'ensemble de ces fonctions a été *simultanément* rempli par la monnaie (Polanyi, 1977, chap. 9), la fonction d'échange étant restée pendant longtemps au second plan (Polanyi, 1977, 99).

La critique des équivalents fonctionnels revient à souligner que les catégories analytiques de la théorie économique sont historiquement spécifiques d'un point de vue substantif. Les concepts de monnaie ou de marché n'ont *substantivement* pas le même contenu et la même signification à travers le temps. La théorie économique est donc historiquement spécifique à un contexte institutionnel bien particulier. Cependant, la démonstration polanyienne n'est possible que parce que, si Polanyi restreint la validité temporelle de l'économie formelle, il est en revanche considéré que *les catégories de l'économie substantive sont bien universelles.* C'est en ce sens que l'économie substantive englobe l'économie formelle, mais se déplace aussi sur un autre plan. Elle englobe l'économie formelle puisqu'elle bénéficie d'un statut d'universalité. Mais elle ne bénéficie de ce statut que dans la mesure où les catégories analytiques de l'économie substantive décentrent le *focus* théorique : avec l'économie substantive, ce n'est plus le fonctionnement d'une forme particulière d'économie qui est soumis à l'analyse, mais le processus par lequel les modalités permettant à la société de se perpétuer évoluent et se transforment dans le temps. Si les catégories de l'économie substantive (les formes d'intégration et la notion d'encastrement essentiellement) ne sont pas bornées par la spécificité historique, c'est parce qu'elles se situent au niveau d'une *analyse comparative et historique des systèmes économiques.*

Les limites et les ambiguïtés de l'historicisation de la théorie chez Polanyi

La distinction entre économie substantive et économie formelle de Polanyi s'inscrit donc clairement dans le cadre d'une historicisation de la théorie. Le problème de la spécificité historique est traité directement de front en mettant en avant la relativité des concepts de l'économie formelle. La critique du rationalisme de l'*homoeconomicus* par le biais des formes d'intégration (la réciprocité, la redistribution et l'échange) souligne que les motifs présidant à l'action des individus sont variables dans le temps. Ce faisant, Polanyi développe bien une forme d'institutionnalisme méthodologique (Maucourant, 2005). Enfin, en s'interrogeant sur l'origine de l'erreur économiciste, on s'aperçoit que Polanyi explique cette dernière par la prégnance de la mentalité de marché conduisant les économistes à créer des concepts spécifiques au contexte institutionnel de l'économie de marché pour ensuite les projeter, de manière erronée, sur les économies du passé.

On peut toutefois montrer que l'historicisation de la théorie est incomplète chez Polanyi et que cette incomplétude est source d'ambiguïté. Il est indéniable que Polanyi, probablement davantage que tout autre économiste institutionnaliste, souligne le caractère historiquement spécifique des théories. Par ailleurs, le fait que les concepts de l'économie substantive se voient accorder un statut différent, puisque leur validité n'est pas historiquement bornée, n'a rien de contradictoire avec l'idée de spécificité historique dès lors que l'on interprète à la fois correctement la distinction entre le sens substantif et le sens formel ainsi que l'idée de spécificité historique. La reconnaissance du problème de la spécificité historique n'amène pas nécessairement à tomber dans le relativisme total. Au contraire, cet écueil doit nécessairement être évité. Geoffrey Hodgson (2001, 326-7) distingue ainsi cinq types de concepts allant du plus général et universel au plus spécifique. Le relativisme complet est une contradiction logique : affirmer que toutes les théories sont historiquement spécifiques revient à émettre une théorie qui se veut générale et universelle. Polanyi échappe au piège relativiste en soulignant le caractère historiquement spécifique de l'économie formelle et de ses concepts *via* les concepts de l'économie substantive bénéficiant d'une plus grande généralité. Cette solution n'est compréhensible que si l'on perçoit que l'économie substantive et l'économie formelle n'ont pas le même statut épistémologique et ne se positionnent pas au même niveau explicatif. Ce point n'apparaît pas toujours explicitement dans les écrits de Polanyi[1] et une lecture insuffisamment attentive peut donner l'impression de contradictions apparentes.

1 La manière dont Polanyi (1957a, 1977) procède pour exposer la signification de ces deux sens est même susceptible d'alimenter la confusion. Dans les textes où il aborde ce point, Polanyi confronte en effet systématiquement les sens formels et substantifs comme s'ils étaient deux *alternatives* analytiques. Ce n'est qu'indirectement que l'on comprend que Polanyi n'envisage pas les deux sens dans cette perspective.

D'un point de vue institutionnaliste, l'un des points les plus surprenants dans la position de Polanyi sont les passages répétés où celui-ci considère que l'économie au sens formel, autrement dit l'analyse économique standard, est adaptée pour étudier les économies de marché des XIXe et XXe siècles[1]. Le propos est surprenant pour un auteur s'inscrivant dans une perspective institutionnaliste dans la mesure où il revient à considérer qu'une approche authentiquement « a-institutionnelle » peut s'avérer pertinente pour étudier le fonctionnement d'un type spécifique de système économique, celui de l'économie de marché. On peut contester cette idée sur un premier front : l'essence même de l'approche institutionnaliste est de souligner que toutes les activités économiques sont, *par définition*, encadrées par des éléments institutionnels (règles, normes, coutumes). L'économie elle-même est faite d'éléments institutionnels : le marché, la monnaie ou l'entreprise sont des institutions. Cette tendance de Polanyi à donner une représentation « sous-socialisée » des activités économiques modernes est notamment critiquée par Mark Granovetter (1985) et Bernard Barber (1995). Cette lecture est renforcée par l'utilisation ambiguë du concept d'encastrement (*cf.* chapitre « Une analyse en termes d'économie substantive ») par Polanyi. Le passage suivant, déjà cité, en est illustratif : « C'est, en fin de compte, la raison pour laquelle la maîtrise, du système économique par le marché a des effets irrésistibles sur l'organisation toute entière de la société : elle signifie tout bonnement que la société est gérée en tant qu'auxiliaire du marché. *Au lieu que l'économie soit encastrée dans les relations sociales, ce sont les relations sociales qui sont encastrées dans le système économique* » (Polanyi, 1944, 88, nous soulignons). Cette citation donne clairement l'impression que l'économie de marché moderne n'est plus insérée dans des institutions sociales, cette situation rendant alors possible l'application des concepts de l'économie formelle.

Cette interprétation de l'appréciation de Polanyi de l'économie de marché est toutefois contestée par d'autres commentateurs[2] qui estiment

1 Cette idée apparaît explicitement à de nombreux endroits : Polanyi (1944, 65 ; 1957a, 242 ; 1957b ; 1977,12 et 20). Voir aussi Polanyi, Arensberg et Pearson (1957, 235-6, nous soulignons) : « Cette conception de l'économie comme sièges de phénomènes tels que la répartition (des biens et salaires), l'épargne, l'obtention de surplus par le marché, la formation des prix, provient du milieu occidental du XVIIIe siècle et *est certainement judicieuse dans le cas des agencements institutionnels d'un système de marché, dès lors que les conditions réelles satisfont en gros les hypothèses fixées par le postulat d'économie* ».

2 Voir notamment Le Velly (2002 ; 2007), Maucourant (2005), Cangiani et Maucourant (2008), Block (2003) et Plociniczack (2005). Notons toutefois que la fille de Karl Polanyi,

que, pour Polanyi, il ne peut y avoir de relations économiques non insérées dans les structures sociales. Le Velly (2007) estime notamment que le concept d'encastrement a deux sens chez Polanyi : le sens que lui donne la sociologie économique et l'économie institutionnaliste (« encastrement-étayage ») et un sens se situant à un niveau d'abstraction supérieur désignant le fait que la sphère économique est subordonnée aux autres sphères de la société (« encastrement-insertion »). C'est seulement dans ce second sens que l'idée de désencastrement apparaîtrait chez Polanyi. À partir du moment où le désencastrement, dans ce sens là, serait effectif, alors il semble selon les mots de Polanyi que l'utilisation de l'analyse économique standard devienne fondée car les lois du marché qu'elle décrit sont effectives.

Peu importe l'interprétation privilégiée, on perçoit à ce point de l'analyse de Polanyi une lacune liée au fait que la boucle de l'historicisation de la théorie n'est pas fermée. L'argument selon lequel l'économie formelle est applicable aux économies de marché modernes parce que ces dernières sont désencastrées est critiquable non pas tant sur le fond (suivant l'interprétation que l'on adopte), mais pour la conception du statut épistémologique des théories qu'elle sous-tend. Selon Polanyi, l'économie formelle est applicable aux économies modernes, car il y a *un parallélisme effectif entre les hypothèses de l'économie formelle et la réalité institutionnelle des économies de marché.* La conception du statut épistémologique dont témoigne cette thèse est celle d'un réalisme empirique selon lequel la validité d'une théorie dépend de la proximité de ses hypothèses avec la réalité empirique étudiée et que par conséquent les concepts théoriques permettent d'accéder directement à cette réalité. De fait, il ressort de cette conception que les concepts analytiques sont plus ou moins une *copie* de la réalité étudiée. Tant que les concepts utilisés sont la reproduction fidèle de la réalité, ils sont valables, mais leur transposition à une autre réalité empirique est impossible. Cette conception de la théorie se place clairement aux antipodes de celle développée notamment par Max Weber et John R. Commons. Il n'est pas évident de savoir si Polanyi l'adopte consciemment dans la mesure où cette question n'est traitée à aucun endroit dans ses écrits. Il manque chez Polanyi une théorie explicite de la formation des concepts. On est

Kari Polanyi Levitt (2005) estime quant à elle que l'économie désencastrée est une réalité dans l'œuvre de Polanyi.

donc contraint de se contenter de l'interprétation qui peut être faite de certains passages, dont la plupart ont déjà été cités dans cette section.

On terminera en notant que le réalisme empirique sous-tendant la notion d'économie formelle de Polanyi et la justification de sa validité n'est pas seulement problématique en soi. Il l'est dans la mesure où, poussé à l'extrême, il conduit soit vers une forme d'essentialisme telle que l'on peut la trouver chez Menger, soit à un relativisme complet. Polanyi évite ces deux écueils mais au prix d'une contradiction interne difficile à résoudre : le statut *épistémologique* (et non seulement analytique) de l'économie substantive n'est pas le même que celui de l'économie formelle. En d'autres termes, la conception de la théorie chez Polanyi est fluctuante et aucun élément ne permet de justifier rationnellement cette fluctuation. La plus grande généralité de l'économie substantive ne vient pas du fait qu'elle soit moins réaliste, mais réside plutôt dans sa dimension d'*outil* pour interpréter les phénomènes économiques *d'un certain point de vue.* Ainsi, l'économie formelle est valable (sous certaines conditions historiques) parce que ses concepts correspondent à une réalité historique ; l'économie substantive est valable (universellement) parce que ses concepts permettent d'étudier les phénomènes économiques sous un certain rapport aux valeurs, celui de la place et de la forme prise par les systèmes économiques dans l'histoire. Dans ce dernier cas, il ressort une conception de la théorie très proche de celle de Weber, mais difficilement réconciliable avec le statut de l'économie formelle.

CONCLUSION

Ce chapitre avait pour objectif de présenter les éléments d'historicisation de la théorie se trouvant dans les travaux des principaux auteurs institutionnalistes. On s'est concentré ici sur les analyses des trois auteurs les plus représentatifs de cette tradition : Thorstein Veblen, John R. Commons et Karl Polanyi.

Veblen et Commons ont été les principaux représentants du courant institutionnaliste américain. Tous deux ont implicitement développé l'idée d'historicisation de la théorie, bien que par des biais différents.

Chez Veblen, l'historicisation de la théorie apparaît essentiellement au travers de sa théorie des préconceptions économiques et de sa critique de l'économie classique et marginaliste. Veblen y développe une théorie de la connaissance auto-référentielle où les concepts scientifiques et théories sont soumis au même processus d'évolution et de sélection que les phénomènes qu'ils étudient. Chez Commons, l'historicisation de la théorie apparaît de manière plus directe au travers d'une combinaison des apports des philosophies néo-kantienne et pragmatiste. Du pragmatisme, Commons reprend l'idée que les théories sont en perpétuelle construction au travers de leurs interactions avec le matériau empirique. Dans une perspective pragmatiste, Commons considère que les théories et les concepts sont des créations de l'esprit ayant pour objectif d'apporter des solutions à des problèmes spécifiques. Du néo-kantisme, il retient l'idée que les théories ne sont jamais des copies de la réalité, mais des représentations construites de cette dernière.

Bien que n'appartenant pas au courant institutionnaliste américain, Karl Polanyi s'inscrit pourtant directement dans son prolongement direct. Notre discussion de ses analyses a visé à montrer que la distinction polanyienne entre économie susbstantive et économie formelle relève pour partie de l'idée d'historicisation de la théorie. En dépit d'un certain nombre d'ambiguïtés, l'approche de Polanyi a le mérite d'être celle qui se confronte de manière la plus directe aux problèmes de la spécificité historique et de l'historicisation de la théorie.

CONCLUSION

Cette partie a cherché à établir l'existence de principes fondant l'historicisation de la théorie chez plusieurs auteurs relevant de l'institutionnalisme historique. La poursuite de cet objectif a nécessité au préalable un détour philosophique et épistémologique du côté de la philosophie néo-kantienne et du pragmatisme américain. De ce détour, il en est ressorti que le néokantisme a apporté une réflexion essentielle sur les différences séparant les sciences de la nature et les sciences de la culture. Cette différence a trait à la dimension historique des sciences de la culture qui les fait s'orienter vers l'explication du particulier et du spécifique, et non vers la définition de lois générales. Le néo-kantisme a également fondé une épistémologie instrumentalisme et nominaliste, où les concepts théoriques ne sont jamais des copies de la réalité, mais le reflet d'un certain point de vue à partir duquel l'esprit humain va extraire de l'infinité du matériau historique les éléments jugés pertinents et importants. Même si la philosophie pragmatiste américaine s'écarte à bien des égards des présupposés néo-kantiens, elle conduit également à souligner l'historicisation de la théorie. L'aspect le plus intéressant du pragmatisme est son isomorphisme entre une théorie de la connaissance et une théorie de l'action. La théorie de la connaissance souligne la dimension provisoire de la vérité et de manière plus générale la relativité de toute forme de connaissance. La théorie de l'action indique que l'action humaine dans son ensemble s'appuie sur des habitudes et des coutumes, qu'elle est toujours historiquement située.

Le chapitre « L'historicisation de la théorie et l'école historique allemande d'économie » a accordé une place importante aux écrits de Gustav Schmoller et Max Weber. L'idée centrale qui a été présentée est qu'au travers de son conflit méthodologique avec Menger, Schmoller a développé une conception épistémologique très largement néo-kantienne selon laquelle l'objectif des sciences sociales, et notamment de l'économie, est de parvenir à saisir la spécificité des phénomènes étudiés. On trouve ainsi chez Schmoller les prémices d'une épistémologie instrumentaliste et nominaliste que Max Weber va par la suite faire totalement aboutir. Il ressort de notre étude que les réflexions gnoséologiques de Weber ont amené ce dernier à développer une position profondément relativiste, transposant d'une certaine manière le « polythéisme des valeurs » du niveau éthique au niveau épistémologique. Ce relativisme ne saurait être complet, mais ne peut, quoiqu'il en soit, être rejeté que sur la base d'une conception positiviste de la science incompatible aussi bien avec la perspective institutionnaliste qu'avec notre propre démarche méthodologique. L'épistémologie wébérienne et les développements des autres membres de la troisième génération de l'école historique allemande que nous avons rapidement abordés, constituent une émanation caractéristique de l'idée d'historicisation de la théorie, selon laquelle les constructions théoriques sont toujours dépendantes d'un contexte historique, tant dans leur élaboration que par rapport à leur objet d'étude. Le chapitre « L'historicisation de la théorie dans l'institutionnalisme américain et ses prolongements contemporains » a, quant à lui, caractérisé l'historicisation de la théorie dans le cadre de l'institutionnalisme américain et chez Polanyi. Les principaux résultats qui en ressortent sont les suivants : Veblen, au travers de sa théorie des préconceptions, a souligné le caractère relatif et historiquement situé de la connaissance ; Commons, dans le cadre de ses considérations épistémologiques, a très largement contribué à associer les apports du néokantisme et du pragmatisme ; enfin, la distinction entre économie formelle et économie substantive de Polanyi constitue l'un des traitements les plus complets et directs du problème de la spécificité historique, au-delà des difficultés qu'il soulève par ailleurs.

SECONDE PARTIE

L'INSTITUTIONNALISME HISTORIQUE ET LA THÉORISATION DE L'HISTOIRE

Cette seconde partie est consacrée au second ensemble de principes constitutif de l'institutionnalisme historique : la mise en œuvre d'une analyse évolutionnaire de la dynamique des systèmes économiques et de leurs institutions, que nous résumons par l'expression « théorisation de l'histoire ». Nous posons l'hypothèse que la théorisation de l'histoire au sein de l'institutionnalisme historique se caractérise par l'adoption de trois principes épistémologiques ou substantifs :

- un principe d'économie substantive selon lequel la fonction de l'économie en tant que domaine d'une société est de permettre la satisfaction des besoins matériels des individus. Dans cette perspective, il est erroné de réduire l'économie à un principe d'optimisation dans le cadre d'une relation moyens/fins. Il faut au contraire prendre en compte le rôle des institutions à la fois dans la définition des besoins et dans l'organisation des interactions économiques.
- une analyse évolutionnaire des institutions : la dynamique des institutions dans le temps historique est appréhendée à l'aide d'une analyse évolutionnaire, selon laquelle il existe certains mécanismes récurrents guidant l'évolution des institutions.
- le capitalisme est analysé comme un système historique spécifique : le capitalisme n'est pas considéré comme un système économique nécessaire ou naturel, mais au contraire comme un ensemble historiquement spécifique d'institutions dont l'émergence et le fonctionnement doivent être compris, notamment à partir de ses fondements institutionnels.

Chacun de ces principes sera illustré dans trois chapitres en partant d'une étude des travaux de plusieurs auteurs institutionnalistes. Dans le chapitre « Une analyse en termes d'économie substantive », nous montrerons dans quelle mesure les analyses de Schmoller, Weber, Commons et Polanyi reposent sur un principe d'économie substantive tel que nous l'avons défini. Dans le chapitre « La dimension évolutionnaire de l'institutionnalisme historique », on s'attachera, essentiellement à partir des travaux de Veblen, à caractériser la dimension évolutionnaire de l'institutionnalisme historique. Enfin, le chapitre « Le capitalisme comme système historique contingent » visera à démontrer que le capitalisme est invariablement conçu par Weber, Veblen, Commons et Polanyi comme un système historique spécifique et que ces auteurs cherchent à en comprendre l'émergence à partir de ses fondements institutionnels. Cette partie procède à partir d'un découpage analytique délicat de trois principes intimement liés. Par conséquent, la décomposition des travaux des différents auteurs étudiés ne peut être parfaite, ce qui indique que les éléments développés dans les différents chapitres pourront parfois se chevaucher. Bien entendu, la séparation théorisation de l'histoire/historicisation de la théorie est elle-même le résultat d'un découpage analytique. Cela signifie que l'on sera souvent amené à s'appuyer sur les éléments développés dans la première partie, ou à tout le moins à les rappeler.

UNE ANALYSE EN TERMES D'ÉCONOMIE SUBSTANTIVE

Rationalité et institution dans l'institutionnalisme historique

Dans les trois prochains chapitres, nous allons déterminer dans quelle mesure les analyses d'un ensemble d'auteurs jugé représentatif de l'institutionnalisme historique se rejoignent autour de quelques principes épistémologiques ou substantifs identifiés comme appartenant au noyau dur de ce programme de recherche. Le présent chapitre a pour objectif de montrer qu'un certain nombre d'auteurs et de courants de pensée, entre la seconde moitié du XIXe siècle et l'époque actuelle, ont développé une approche en termes d'économie substantive. Ce dernier terme peut prêter à confusion, aussi est-il nécessaire de s'y arrêter avant d'aller plus loin.

Le concept d'économie substantive a déjà été abordé dans le chapitre précédent lors de l'étude de l'épistémologie polanyienne. Nous reviendrons plus loin dans ce chapitre de sur l'économie substantive au sens étroitement polanyien. Mais on entend ici le concept d'économie substantive dans un sens plus générique composé de deux sous-ensembles : les réflexions autour de la rationalité des comportements individuels et le rôle joué par les institutions dans la régulation des interactions économiques. Ainsi, les analyses rentrant dans le cadre de l'institutionnalisme historique s'accordent avec l'idée qu' « il existe toujours un arrière-plan institutionnel à l'économie, qui ne peut pas se désencastrer, et cet arrière-plan est mouvant, y compris sous l'effet des processus et des actions économiques » (Postel, 2007, 81). On peut en première approximation formuler un *principe d'économie substantive* commun à toutes les analyses relevant de l'institutionnalisme historique : il est présupposé que toutes les interactions économiques prennent place au sein d'un cadre institutionnel constitué d'une variété de règles, de normes et d'organisations ; ce cadre institutionnel a pour effet à la fois de borner, mais aussi de rendre possible un ensemble d'actions de la part d'individus à la rationalité limitée ou procédurale et guidés par des motivations plurielles. L'économie, en tant que sphère de la société, se définit alors comme l'ensemble institutionnel visant à permettre aux individus la satisfaction de leurs besoins, eux-mêmes définis par les institutions en présence. En d'autres termes, et conformément à ce que Polanyi écrit dans des termes différents, une analyse en termes d'économie substantive s'oppose à toute approche purement formaliste, ignorant le rôle des institutions et faisant l'hypothèse d'individus parfaitement rationnels et maximisateurs.

Ce chapitre adopte une démarche chronologique, bien que chaque auteur ou courant sera systématiquement étudié selon deux angles récurrents : celui de la rationalité et celui des institutions. Dans une première section, on s'intéressera au rôle des institutions dans l'économie selon Schmoller. Une deuxième section portera sur la place des institutions dans la sociologie économique de Weber. La troisième section discutera l'économie institutionnelle de John R. Commons. Enfin, dans une quatrième section, on reviendra sur l'économie substantive de Karl Polanyi et notamment son concept d'encastrement.

L'HISTORICISME ÉTHIQUE ET L'ÉCONOMIE INSTITUTIONNELLE DE GUSTAV SCHMOLLER

Nous avons présenté dans le chapitre « L'historicisation de la théorie et l'école historique allemande d'économie » les principales caractéristiques épistémologiques et méthodologiques des analyses de Gustav Schmoller. Le nom de Schmoller est essentiellement connu dans l'histoire de la pensée économique pour sa participation à la Querelle des méthodes. Toutefois, l'économiste allemand est aussi l'auteur d'une substantielle contribution empirique et théorique relativement négligée.

Le lecteur des *Principes* de Schmoller ne peut qu'être frappé par la modernité institutionnaliste de son auteur. Ainsi que Veblen (1901a) l'a bien remarqué, Schmoller est probablement l'un des tous premiers économistes à développer une analyse authentiquement institutionnaliste et évolutionnaire, en soulignant de manière répétée l'importance des normes, des coutumes et du droit dans les phénomènes économiques. Comme Veblen peu de temps après lui, le point de départ de Schmoller est une critique du principe de rationalité sous-tendant les analyses des économistes classiques. Aux côtés de son insistance sur le rôle des institutions et de leur dynamique, Schmoller souligne également l'importance des valeurs pour comprendre les phénomènes économiques.

LA PRISE EN COMPTE DE LA PLURALITÉ DES MOTIVATIONS HUMAINES

La deuxième génération de l'Ecole historique est fréquemment associée au qualificatif d'« éthique ». Ce terme ambigu, à l'origine de nombreuses mauvaises interprétations, est plus particulièrement associé aux travaux de Schmoller. Il est important de remarquer que l'économie éthique se déploie chez Schmoller dans une double direction, positive et normative.

Sur le plan positif, la démarche de l'économie éthique doit se concevoir, de manière générale, comme une théorie s'intéressant aux corrélations entre l'ordre culturel et ses interprétations au sein d'une société et le système économique (Koslowski, 1995a). Plus spécifiquement, il s'agit d'évaluer l'influence des facteurs moraux et éthiques (traditions, coutumes, normes, valeurs) dans la détermination des comportements économiques qui prennent notamment place sur le marché. L'analyse éthico-économique s'intéresse ainsi à l'influence de la structure culturelle, faite des normes morales et éthiques, sur les comportements économiques et, de manière plus générale, sur l'évolution de l' « infrastructure économique ». L'économie est ainsi explicitement conçue comme une résultante du système moral et culturel de la société : « Les systèmes économiques ne sont que des repousses, des rejetons des systèmes moraux et en dépendent ; les systèmes moraux et politiques agissent profondément sur toute vie pratique, donc aussi sur toute vie économique aux époques de haute culture » (Schmoller, 1905-08, I, 168).

Ce volet positif de l'analyse éthique de l'économie se retrouve intégralement dans les travaux de Schmoller. Il met en effet en avant, plus particulièrement dans son article de 1881 sur l'idée de justice, l'importance des facteurs psychologiques et éthiques et leur influence sur les comportements. Ce souci de comprendre l'influence des motivations « éthiques » dans les conduites économiques est illustré par Schmoller avec l'exemple de l'élasticité de la demande de sucre[1] : on a

1 Sur ce point, voir Koslowski (1995) et Schmoller (1905-08, III, 341-342 ; 1902, 55).

pu constater qu'une baisse uniforme du prix du sucre en Allemagne et en Angleterre n'entraînait pas la même hausse de la demande de sucre dans ces deux pays. Selon Schmoller, cette différence n'est pas explicable dans des termes économiques, et ce sont les facteurs culturels qui peuvent permettre d'éclairer ce phénomène.

L'objectif de Schmoller est donc de saisir l'influence *causale* des facteurs éthiques sur les comportements économiques et plus largement sur la sphère économique dans son ensemble. Il précise à cette fin le statut de la « causalité psychologique » à laquelle il confère la même valeur qu'à la causalité mécanique (Schmoller, 1905-08, I, 259). Selon Schmoller, les facteurs éthiques s'expriment notamment au travers des préférences des agents et se matérialisent dans les institutions sociales telles que la coutume et la loi : ce sont donc ces institutions, qui encadrent les activités économiques, qui sont déterminantes. Le souci de l'approche historiciste et éthique doit, dès lors, être de s'intéresser à la dynamique d'évolution des institutions, puisque ce sont elles qui donnent la « clé » pour comprendre les phénomènes économiques. En tant que principe moral, l'idée de justice, dont Schmoller procède à l'analyse dans son article de 1881 sur la justice sociale (Schmoller, 1881), rentre à ce titre pleinement dans le cadre de cette démarche éthique.

En parallèle, l'économie éthique de Schmoller s'est également déployée sur le plan normatif, en liaison notamment avec la position institutionnellement centrale occupée par Schmoller jusqu'à sa mort. De manière générale, l'économie éthique normative est une théorie de *ce qui doit être* concernant les normes des comportements et des institutions économiques. Schmoller défendait une science sociale non seulement théorique et réaliste, mais comme devant surtout servir de support à la réforme sociale (Bruch, 2004). C'est dans cette optique qu'il confère dans ses travaux un rôle central à l'État, non en tant que planificateur de l'économie à la manière dont le concevaient les socialistes, mais plus comme instigateur de la modernisation des institutions, modernisation devant contribuer au progrès social. Comme cela apparaît à la fois clairement dans le texte de 1881 et dans les *Principes*, Schmoller croit en une convergence des valeurs morales au sein de la communauté nationale, et il revient à l'État et à la science de contribuer à cette convergence, conçue comme la source du progrès social. Dans ce mouvement de convergence, l'idée de justice partagée par l'ensemble de la communauté joue un rôle primordial (*cf. infra*).

La dimension éthique de l'économie politique de Schmoller s'inscrit ainsi dans le cadre d'une remise en cause du rationalisme de l'économie classique britannique. Il s'agit d'abord d'une contestation du postulat d'un individualisme égoïste qui sous-tend la théorie classique (Shmoller 1902, 55). Comme on a pu déjà le souligner dans le chapitre « L'historicisation de la théorie et l'école historique allemande d'économie », Schmoller conteste la méthode d'isolement, telle qu'elle est notamment justifiée dans les écrits de John Stuart Mill et réarrangée par Carl Menger, consistant à ne prendre en compte qu'une seule dimension du comportement humain pour en déduire des « lois économiques ». De manière plus générale, Schmoller rejette le fondement naturaliste de l'économie classique qui assimile certains comportements à des caractéristiques de la nature humaine, là où ils ne sont que les manifestations d'un contexte institutionnel spécifique (Schmoller, 1905-08, I, 224). Le cœur de l'aspect éthique de l'historicisme de Schmoller se situe là : la recherche égoïste du bien-être personnel n'est que l'une des multiples facettes du comportement humain. Ce dernier est en fait le produit d'un grand nombre de motivations, parfois contradictoires, se matérialisant au travers des institutions prévalant à une époque donnée dans une société.

DE L'IMPORTANCE DES INSTITUTIONS

Dans cette perspective, Schmoller accorde une importance primordiale au concept d'institution, lequel revient à de multiples reprises dans ses écrits. À notre connaissance, Schmoller n'est ni plus ni moins que le premier auteur dans l'histoire de la pensée économique à faire un usage systématique de ce concept, dans un sens proche de celui utilisé par les économistes contemporains. Schmoller en donne la définition suivante :

> Par *institution* politique, juridique, économique, nous comprenons un arrangement pris sur un point particulier de la vie en communauté, servant à des buts donnés, arrivé à une existence et à un développement propres, qui sert de cadre, de moule à l'action des générations successives pour des centaines ou des milliers d'années : la propriété, l'esclavage, le servage, le mariage, la tutelle, le marché, la monnaie, la liberté industrielle, voilà des exemples d'institutions. Il s'agit pour chaque institution, d'un ensemble d'habitudes et de règles de la morale, de la coutume et du droit, qui ont un centre ou un but en commun, qui se tiennent entre elles, qui constituent un système, qui ont reçu un développement pratique et théorique commun, qui, solidement

> enracinées dans la vie de la communauté, sont comme une forme typique ne cessant d'attirer dans son cercle d'action les forces vivantes (1905-08, I, 149-150).

La définition de Schmoller est étonnement moderne et ressemble très fortement à l'acception retenue par les autres économistes institutionnalistes. Plusieurs éléments intéressants peuvent être relevés. Tout d'abord, les institutions sont le produit d'un « arrangement » : elles sont le fait d'un accord, tacite ou explicite, validé par un certain nombre d'individus. Cet accord concerne un point spécifique de la vie économique et acquiert une « existence et un développement propres ». En d'autres termes, il y a une autonomisation des règles par rapport aux individus : les règles sont le produit d'accords passés entre individus, mais elles disposent ensuite d'une autonomie en s'imposant à leurs créateurs. Ces institutions servent de « moule à l'action », elles orientent les comportements individuels dans le temps. Chaque institution est un *système* d'habitudes et de règles, que ces dernières soient morales, coutumières ou juridiques. Dans les termes de Schmoller, on comprend finalement qu'une institution a pour propriété d'engendrer des actions et des comportements qui la renforcent. Elle a une propension auto-renforçante. Il est intéressant de noter les exemples d'institutions que donne Schmoller : on y trouve notamment la propriété, le marché et la monnaie, des éléments majeurs de l'économie de marché. Chaque institution est associée à un « organe social » (Schmoller, 1905-08, I, 150). Les organes sont l'émanation des institutions, leur personnalisation. L'emploi de ce terme n'est évidemment pas anodin en ce qu'il traduit la présence chez Schmoller d'une certaine forme d'organicisme[1].

Le raisonnement de Schmoller se place au niveau de l'économie nationale qui est considérée comme un ensemble réel et durable (Schmoller, 1905-08, I, 16). L'économie nationale est en fait le produit d'un ensemble institutionnel : « Ce n'est que là où des hommes de même race, de même langue, liés par les mêmes sentiments et les mêmes idées, par les mœurs et le droit, ont en même temps des institutions économiques nationales uniques, et sont attachés l'un à l'autre par un système uni de vivantes relations d'échange, ce n'est que là que nous parlons d'une économie nationale » (Schmoller, 1905-08, I, 17). En d'autres termes, une économie nationale est identifiée par une certaine configuration institutionnelle, c'est-à-dire un ensemble cohérent d'institutions liées entre elles et faisant

---

1 Voir par exemple Schmoller (1905-08, III, 5).

système. On a là les premiers éléments d'une démarche relevant du principe substantiviste tel que nous l'avons défini plus haut : chaque économie est en partie spécifique, du fait qu'elle repose sur des institutions différentes. Partant de ce constat, il n'y a qu'un pas, franchi allègrement par les historicistes et Schmoller, pour conclure que chaque économie nationale doit être étudiée avec les outils appropriés, en se gardant de toute tentative d'universalisation. Schmoller rejette ainsi l'idée « d'une organisation économique normale, constante et indépendante du temps et de l'espace » (Schmoller, 1902, 57). Il rejette également l'idée que les variations entre les différentes organisations économiques soient uniquement dues aux faits extérieurs naturels et techniques (Schmoller, 1902, 63). Au final, en prenant le cas du libre-échange, Schmoller conteste radicalement l'idée qu'il existerait une quelconque organisation naturelle des échanges et des relations économiques :

> Je ne vois nulle part cette liberté absolue de l'industrie, pas même dans le pays où l'industrie est absolument libre, où les douanes sont purement fiscales, et je ne crois pas non plus que le libre échange soit partout normal, qu'il ait partout forcément des conséquences heureuses ; je vois partout les forces individuelles, bonnes ou mauvaises, se mouvoir dans les limites du droit et de la coutume dont dépend essentiellement la répartition de la richesse et des revenus, et ces limites ne sont pas les mêmes partout et ne peuvent pas être changées arbitrairement ; elles dépendent bien de certains faits naturels immuables, mais elles résultent surtout du développement intellectuel et moral, et sont par conséquent soumises à la loi du progrès. (...) le libre échange absolu est tout aussi utopique que le rêve d'une société sans gouvernement. Tant que l'État subsistera, il n'y aura pas de libre échange absolu (Schmoller, 1902, 42).

La dimension institutionnaliste et substantiviste de ce passage est frappante : aucune économie n'est organisée sur la base d'institutions naturelles ; toute économie est le produit de contingences techniques et institutionnelles qui la rend spécifique par rapport à toutes les autres. Le seul point commun à toutes les économies est la fonction qu'elles remplissent : permettre la production et la circulation de richesses. Mais les modalités d'organisation diffèrent considérablement dans le temps et l'espace.

DROIT ET COUTUME COMME SOCLE INSTITUTIONNEL DE L'ÉCONOMIE

Parmi les formes institutionnelles constituant les économies, Schmoller insiste particulièrement sur l'importance du droit et de la coutume. Le droit et la coutume sont ainsi les principaux biais par lesquels les institutions agissent sur les comportements. La coutume, notamment, est inhérente à toute société humaine (Schmoller, 1905-08, I, 120). L'essence de la coutume est la répétition et prend la forme de l'usage. Elle est le produit d'un lent processus évolutionnaire au cours duquel des habitudes de pensée et d'action se sédimentent, se solidifient, jusqu'à acquérir une force obligatoire et un caractère naturel en apparence. Cela est particulièrement vrai pour les activités économiques : « La coutume est l'ordre fondamental de la vie extérieure de la société humaine ; elle s'étend à toute la vie extérieure, mais avant tout à la vie économique. (...) Toute recherche des besoins du marché se ramène par suite à la recherche des usages et des habitudes de consommation. Le développement de l'économie domestique est dominé par la coutume. Toute division du travail suppose, pour être utile, des usages déterminés. (...) Tout le commerce, toutes les transactions du marché, la monnaie, le crédit sont un résultat du lent développement des mœurs » (Schmoller, 1905-08, I, 124-125).

Toutefois, dans les sociétés modernes, la coutume est, sinon supplantée, à tout le moins complétée par l'autre forme institutionnelle qu'est le droit. La séparation entre coutumes/usages et droit va se renforcer à partir du moment où le droit va commencer à être codifié. Schmoller y voit un grand progrès dans l'histoire des sociétés humaines (Schmoller, 1905-08, I, 140) et, anticipant les analyses wébériennes, il fait du développement du droit codifié la manifestation d'un processus de rationalisation. Le droit nécessite en effet d'être développé de manière rationnelle, logique, ordonnée, dans un langage précis ; il doit être traité de manière scientifique. Il doit y avoir une séparation entre la création du droit (pouvoir législatif) et son application par le juge (Schmoller, 1905-08, I, 132). Le développement du droit a globalement fait reculer l'importance de la coutume dans l'encadrement des comportements humains, sans toutefois pour autant la rendre inopérante (Schmoller, 1902, 52-53). Ces citations indiquent clairement de la part de Schmoller le rejet d'une quelconque forme de naturalisme et de formalisme. L'organisation économique des sociétés humaines ne repose pas sur des besoins naturels. Au contraire, ces besoins sont définis par ce que l'on pourrait qualifier, en des termes polanyiens, un *procès institutionnalisé.* Autrement dit, ce sont les habitudes, les coutumes et les règles de droit qui définissent en large partie les besoins humains et qui spécifient les moyens à disposition des individus pour parvenir à leur satisfaction. Schmoller dénonce ainsi « la théorie erronée d'une société naturelle et d'une économie politique naturelle, telle qu'elle est apparue dans la seconde moitié du XVIIIe siècle, reposant sur la méconnaissance ou l'ignorance de ce fait que tous nos actes subissent l'influence de la morale, des mœurs et du droit » (Schmoller, 1905-08, I, 142). De ce point de vue, l'état de nature n'est qu'une fiction sans aucune réalité historique. Là où le droit n'est pas présent pour réguler les activités économiques, ce sont la coutume et la morale qui présideront et donneront nécessairement un caractère particulier à l'économie nationale (Schmoller, 1902, 68). Il est donc vain de postuler la naturalité ou l'universalité d'une certaine forme d'organisation économique. Par conséquent, il est indispensable de prendre en compte le rôle des institutions pour comprendre le fonctionnement des économies.

LES INSTITUTIONS CHEZ SCHMOLLER

Fort logiquement, Schmoller accorde beaucoup d'attention dans ses travaux au fonctionnement d'un certain nombre d'institutions et des organes sociaux qui les accompagnent : la famille et le mariage, l'État et la commune, la propriété privée, l'entreprise ou encore le marché (voir notamment Schmoller 1905-08, II et III). Il est impossible pour des raisons d'espace d'aborder dans le détail la grande variété des analyses de Schmoller sur ces différentes institutions. On peut toutefois évoquer certains points particulièrement pertinents d'un point de vue d'économie substantive. Ainsi, concernant le marché, Schmoller rejette de manière évidente toute conceptualisation de type naturaliste : en tant qu'institution, le marché est lui-même le produit d'un ensemble de règles et de normes qui peuvent varier dans le temps et dans l'espace (Schmoller, 1905-08, III, 38).

Le concept de marché ne s'arrête pas, selon Schmoller, à l'ensemble des échanges résultant de la rencontre d'une offre et d'une demande. En tant qu'institution, le marché demande à être caractérisé par des règles et des coutumes présidant aux relations d'échange et pouvant affecter leur déroulement. Par conséquent, un marché n'apparaît jamais *ex nihilo* ; il s'agit d'une construction sociale[1]. Plus précisément, le développement de

1 Notons que le terme de « construction sociale » n'indique pas que le marché soit nécessairement une création volontaire et consciente de quelques individus. Au contraire, Schmoller reconnaît l'existence d'institutions organiques au sens de Menger, notamment au sujet du commerce : « Nous avons vu de nos jours une transformation extraordinaire et une

relations d'échanges impersonnelles entre un grand nombre d'individus n'est possible qu'à certaines conditions relatives à l'organisation de la société en État et à la mise en place de certaines institutions sociales (Schmoller, 1905-08, III, 43)[1]. Il n'y a pas chez Schmoller d'opposition entre marché et État, ou entre institutions et marché. Le marché ne peut être pensé sans l'État ou sans l'existence d'un ensemble de règles coutumières.

L'une des conditions d'existence du marché est notamment la définition de droits de propriété. Ce point, qui a été largement redécouvert par l'analyse économique à partir des années 1970, est abondamment traité par Schmoller. Selon Schmoller (1905-08, II, 362), « le droit de propriété est l'ensemble de toutes les règles juridiques qui fixent, pour les individus et les organes sociaux, le droit respectif qu'ils ont d'utiliser, ou les défenses qui leur sont faites de ne pas utiliser les objets matériels du monde extérieur ». Le droit de propriété a une double fonction : dans sa fonction extérieure, c'est une limite fixée pour empêcher la lutte. Dans sa fonction intérieure, il est l'ordre de la société. La propriété semble être, pour Schmoller, l'un des rares éléments universels caractérisant l'ensemble des sociétés humaines, puisqu'il indique que la propriété a du toujours exister sous une forme ou une autre. Ici encore, Schmoller souligne également la complémentarité entre la propriété privée et l'État et la propriété collective. La première, Schmoller la juge non seulement inévitable, mais même bénéfique, sans pour autant en ignorer les effets pervers (Schmoller, 1905-08, 407-412). Cependant, la propriété privée reste nécessairement subordonnée à une forme ou une autre de propriété collective, symbolisée dans les économies modernes par l'État (Schmoller, 1905-08, II, 413). Schmoller semble faire de la propriété et des formes diverses qu'elle a pu prendre au cours de l'histoire à la fois une émanation des rapports sociaux, des coutumes et des rapports de force, mais en même temps un moyen de régulation des activités économiques (Schmoller, 1905-08, II, 413).

---

extension marquée du commerce. Cette transformation n'a pas été conçue et exécutée méthodiquement, elle est le résultat du libre jeu des forces économiques. Le but de tous les commerçants et de tous leurs intermédiaires est de gagner, et non de servir la société aussi bien que possible » (Schmoller, 1905-08, III, 94-95).

1 On peut également relever le renversement ironique qu'opère Schmoller en faisant remarquer que le marché, considéré comme l'institution par excellence de la liberté individuelle, serait initialement apparu sous la contrainte en forçant les individus à se rendre sur place, lors des marchés et des foires. Voir notamment Schmoller (1905-08, III, 42).

L'importance des institutions chez Schmoller apparaît encore plus évidente lorsque celui-ci aborde le phénomène de la division du travail. Ici aussi, Schmoller confère une certaine universalité à ce phénomène (Schmoller, 1905-08, II, 258). Universelle dans sa substance, à savoir permettre l'adaptation de la force de travail humaine à certaines tâches et activités spéciales (Schmoller, 1905-08, II, 255), la division du travail va toutefois prendre des formes diverses et être d'une ampleur variable à travers le temps et l'espace. Schmoller postule un accroissement de l'intensité de la division du travail à travers l'histoire. Au fur et à mesure que cette dernière s'intensifie, le rôle des institutions, d'abord au travers de la coutume, puis au travers du droit, va devenir de plus en plus primordial. La division du travail est elle-même guidée par le procès institutionnalisé que Schmoller met en avant en filigrane dans ses écrits. La division du travail engendre une complexification des relations sociales, une divergence croissante des intérêts tout en les rendant de plus en plus interdépendants. Les institutions deviennent alors indispensables pour permettre la définition d'arrangements permettant d'aller toujours plus loin dans l'approfondissement de ce processus.

L'ensemble des éléments présentés ci-dessus permet de comprendre que, outre une approche en termes d'économie substantive, Schmoller semble mettre en œuvre une démarche relevant de l'institutionnalisme méthodologique. En d'autres termes, il apparaît clairement que, du fait même que Schmoller considère que l'étude des systèmes économiques passe par l'analyse de leurs institutions, il est impossible de pratiquer une forme ou une autre de réductionnisme méthodologique. Partir des individus est inapproprié car cela revient à négliger l'impact des institutions en tant que facteur limitatif et permissif de l'action individuelle. Partir des structures sociales, telles que les classes sociales, n'est pas plus satisfaisant car cela revient à ignorer la pluralité des motivations humaines et la complexité des facteurs causaux sous-jacents à l'ensemble des comportements. Ainsi, Schmoller condamne la prétention tant méthodologique que normative du libéralisme à ignorer le caractère indispensable et fondamental des institutions : « Le libéralisme individualiste confond ces deux choses : rejeter les institutions surannées et ne vouloir d'aucune institution durable » (Schmoller, 1905-08, I, 155)[1].

1 Sur le même thème, il est intéressant de remarquer que Schmoller rejette la distinction de Maine entre statut et contrat, distinction sur laquelle s'appuie notamment Polanyi (*cf.*

De manière plus générale, c'est la sempiternelle opposition entre individualisme et holisme méthodologiques qui est rejetée par Schmoller :

> Nous accordons aujourd'hui que, pour comprendre la vie morale des peuples, il nous faut bien toujours partir de la recherche de la vie de l'âme ordinaire, individuelle, comme nous le faisons dans la partie de notre livre qui suit ; mais nous affirmons en même temps que l'individu isolé n'est qu'un lumignon ou une lampe, dans lequel la famille et l'entourage, la nation et l'Eglise, la culture et la science versent l'huile, par laquelle est déterminée totalement ou en partie la force de rayonnement. (...) Nous disons aujourd'hui (...) que l'homme est dominé et conditionné par son milieu, c'est-à-dire par les hommes qui l'entourent et les conditions de l'existence, parmi lesquelles les plus importantes sont les éléments spirituels (Schmoller, 1905-08, I, 41-42).

Certains commentateurs[1] voient même dans les écrits de Schmoller les traces d'une utilisation de la théorie des systèmes : les phénomènes seraient conçus par Schmoller comme les résultats d'une boucle systémique où action et institution sont chacune les effets émergents de l'autre. Sans forcément pousser l'interprétation jusqu'à ce point, il apparaît en revanche évident que Schmoller se refuse à réduire les phénomènes économiques à un seul élément causal.

LA SOCIOLOGIE ÉCONOMIQUE DE MAX WEBER

Principal représentant de la troisième génération de l'école historique allemande, Max Weber est considéré comme l'un des initiateurs de la sociologie économique avec son ouvrage *Économie et société* (Weber, 1922, I) et ses travaux sur l'éthique économique des différentes

chapitre « L'historicisation de la théorie dans l'institutionnalisme américain et ses prolongements contemporains » et *infra*). L'argument invoqué par Schmoller est que le contrat ne vient pas se substituer aux institutions. Dans l'absolu, le contrat est lui-même une institution produite au sein d'un cadre institutionnel préexistant. Le développement du contrat ne fait qu'entraîner l'apparition de nouvelles formes d'institutions, mais est loin de les rendre obsolètes. À noter qu'ici encore, Schmoller anticipe en partie les analyses de Max Weber sur la question.

1 Voir notamment Labrousse (2002) et, à un degré moindre, Dopfer (1988 ; 1993).

religions mondiales (Weber, 1904-05 ; 1996)[1]. Weber y développe une analyse de type substantiviste au sein de laquelle sont étudiées les interrelations entre la sphère économique et les facteurs culturels, religieux, juridiques et politiques. Weber conçoit en effet l'économie comme une science de l'Homme et de ses besoins (Tribe, 2007) dans laquelle il s'agit d'étudier la manière dont le comportement rationnel se développe et est contraint par divers facteurs institutionnels orientant les finalités des actions économiques. La question de la rationalité, sous la forme d'une typologie des actions sociales, et des institutions est ainsi centrale dans la sociologie économique wébérienne. Weber la met en application dans diverses analyses appliquées, par exemple concernant le rôle du droit et encore plus de la religion dans les phénomènes économiques. On peut alors parvenir à caractériser un réel substantivisme wébérien.

ACTION SOCIALE ET RATIONALITÉ CHEZ WEBER

Weber précise dans son article « L'objectivité de la connaissance dans les sciences et les politiques sociales » (Weber, 1904) l'essence de l'analyse des phénomènes socio-économiques : ils consistent « dans le fait que notre existence physique ainsi que la satisfaction de nos besoins les plus idéaux se heurtent partout à la limitation quantitative et à l'insuffisance qualitative des moyens extérieurs qui leur sont indispensables, en même temps que leur satisfaction réclame une prévoyance organisée, le travail, la lutte contre la nature et la socialisation avec d'autres hommes » (Weber, 1904, 139). En d'autres termes, Weber considère que l'étude des phénomènes socio-économiques porte sur la compréhension de la manière dont les individus parviennent à satisfaire leurs besoins, qu'ils soient d'ordre matériel ou idéel, dans un contexte de rareté *via* la mise en place d'arrangements institutionnels organisant les relations entre les hommes et la nature, et entre les hommes entre eux. Comme on le verra plus loin dans ce chapitre, il s'agit d'une définition

1 Sur la sociologie économique de Weber, voir le travail de référence de Richard Swedberg (1998), sur lequel on s'appuie dans cette section. Sur ce même sujet, on peut également consulter Vandenberghe (1997), Steiner (1999) Tribe (2007), Triglia (2002), Kalberg (2003), Gislain et Steiner (1995), Demeulenaere (2003) et Colliot-Thélène (1990 ; 2006). La sociologie économique wébérienne est également abordée dans Burger (1975), Hennis (1996) et Raynaud (1996), même si elle n'est pas le thème central de ces travaux.

de l'économie en tout point semblable à la définition substantiviste développée par Karl Polanyi[1].

L'objet de la sociologie économique selon Weber

Selon Weber (1904, 140-141), trois types de problèmes sont d'ordre économique et social, suivant le rapport aux valeurs spécifiés précédemment :

1. les complexes de normes et les institutions dont l'aspect économique est primordial (ex : banque, bourse) : les « institutions économiques » ;
2. les phénomènes « économiquement importants » (ex : phénomènes de la vie religieuse) : ce sont des événements qui ne nous intéressent pas en premier lieu sous l'angle de leur importance économique mais qui, sous certaines conditions, peuvent acquérir une signification économique de part leurs effets sur les variables économiques ;
3. les phénomènes dont les effets économiques n'offrent aucun intérêt mais qui, dans certains de leurs aspects importants, sont plus ou moins influencés par des motifs économiques : les phénomènes conditionnés par l'économie.

La sociologie économique est donc amenée à s'intéresser aux institutions relevant de phénomènes purement économiques, à des phénomènes de nature non économique, mais qui ont un effet causal sur les événements économiques et, enfin, des phénomènes qui n'ont rien d'économiques mais sont, au moins en partie, causés par des mécanismes économiques. Le champ d'étude de la sociologie économique wébérienne est donc vaste et résiste à toute séparation étanche des sciences sociales, mais possède également des contours relativement flous. Ainsi, la sociologie économique se définit par un rapport aux valeurs très général, qui est celui de la « lutte matérielle pour l'existence » dans un contexte de rareté[2] (Weber, 1904, 142).

1 Conformément à son orientation épistémologique et à son insistance sur le rapport aux valeurs, Weber (1904) souligne qu'un phénomène n'est pas « social et économique » en lui-même, ce n'est pas un attribut qui lui est objectivement inhérent. C'est l'intérêt de notre connaissance qui va conférer à un phénomène ce statut. Cela signifie qu'un phénomène sera considéré comme socio-économique lorsque l'on s'intéressera à lui en tant que produit d'une tentative par les individus de satisfaire à leurs besoins.

2 Weber associe clairement dans son article de 1904 les phénomènes socio-économiques à l'existence d'un contexte de rareté. Même si l'insistance sur la rareté s'atténue fortement

Action sociale et action économiquement orientée

Dans *Économie et société*, Weber (1922, I, 28) propose de définir la sociologie de la manière suivante : « Nous appelons sociologie (...) une science qui se propose de comprendre par interprétation l'activité sociale et par là d'expliquer causalement son déroulement et ses effets ». La sociologie dont parle Weber désigne en fait une science sociale plus générale, qu'il nomme à certains endroits « économie sociale » (Swedberg, 1998). Initialement, le texte d'*Économie et société*[1] a été en effet conçu comme faisant partie d'un projet collectif plus large et ayant débouché sur la publication de l'ouvrage *Grundriss der Sozialökonomie* entre 1914 et 1930. Plus de 50 économistes[2] ont participé à la première édition longue de 5000 pages (Swedberg, 1998). Trois thèmes centraux formaient le cœur des *Grundriss* : 1) comment analyser les phénomènes économiques, 2) la nature du capitalisme moderne, 3) les différentes branches de l'économie capitaliste moderne. *Économie et société* rentre clairement dans le cadre du premier thème et vise, de ce point de vue, à préciser les contours d'une analyse socioéconomique permettant d'expliquer les phénomènes économiques.

La sociologie économique wébérienne part donc de l'étude de l'activité sociale. Par « activité », Weber entend « un comportement humain (peu importe qu'il s'agisse d'un acte extérieur ou intime, d'une omission ou d'une tolérance), quand et pour autant que l'agent ou les agents lui communiquent un *sens* subjectif » (Weber, 1922, I, 28). Une activité est donc tout acte auquel les agents attribuent un sens, c'est-à-dire une signification. L'activité devient sociale dès lors que, « d'après son sens visé par l'agent ou les agents, [elle] se rapporte au comportement d'*autrui*, par rapport auquel s'oriente son déroulement » (Weber, 1922, I, 28). Le propre de l'activité sociale est donc d'être orientée en fonction du comportement d'autrui. En d'autres termes, l'activité sociale est une *interaction sociale* au sein de laquelle les acteurs confèrent une

---

dans *Économie et société*, elle reste problématique d'un point de vue institutionnaliste, comme le relève Hodgson (2001). La discussion sur l'économie substantive de Karl Polanyi au chapitre précédent a soulevé les problèmes posés par une analyse présupposant un contexte de rareté universel.

1 Plus exactement, les quatre premiers chapitres de l'édition française : « Les concepts fondamentaux de la sociologie », « Les catégories sociologiques fondamentales de l'économique », les « types de domination » et « Ordres et classes ».

2 Parmi lesquels on peut notamment trouver, outre Weber, Friedrich von Wieser et Joseph Schumpeter. Voir Swedberg (1998, chap. 6).

signification à leurs actes. La sociologie au sens large va s'intéresser à toutes les formes d'activités sociales. Des éléments énoncés plus haut, on peut en déduire que la sociologie *économique* wébérienne va s'intéresser à l'activité sociale lorsque celle-ci est *économiquement orientée.* Une activité économique est ainsi définie comme « l'exercice *pacifique* d'un droit de disposition d'orientation *essentiellement* économique » (Weber, 1922, I, 101). Cette activité est dite « activité économique rationnelle en finalité », si elle est « planifiée » (Weber, 1922, I, 101). Selon Weber, une action est orientée économiquement dès lors qu'elle porte sur la satisfaction d'un désir d'utilité. De ce point de vue, Weber distingue soigneusement l'orientation économique de l'orientation technique d'une activité : « L'orientation de l'économie s'opère essentiellement en fonction du *but* d'utilisation, l'orientation de la technique en fonction du *moyen* à mettre en œuvre (le but étant donné) » (Weber, 1922, I, 106). Cette distinction est très proche de celle formulée par Carl Menger dans la seconde édition de ses *Principes* et sur laquelle Karl Polanyi (1977) indique s'être appuyé pour formuler sa propre opposition entre économie formelle et économie substantive. Dans le cadre de l'orientation de la technique (qui correspond à l'économie formelle de Polanyi et à l'*economizing* de Menger), il s'agit de choisir les moyens les plus adaptés pour atteindre une fin considérée comme donnée. En revanche, l'orientation de l'économie est déterminée par le choix de certaines fins au détriment d'autres. Par conséquent, du point de vue de Weber, l'économie ne semble se définir ni par un but spécifique (l'enrichissement ou la survie), ni par une optimisation des moyens utilisés (aspect qui relève de l'orientation de la technique), mais plutôt par sa fonction globale au sein de la société, à savoir la satisfaction des besoins humains.

La typologie des actions sociales et les différentes orientations économiques de l'activité

L'un des aspects les plus connus et discutés de la sociologie économique wébérienne est la typologie des actions sociales que Weber élabore dans le premier chapitre *d'Économie et société.* On ne reprendra pas notre discussion sur l'idéaltype wébérien développée dans le chapitre « L'historicisation de la théorie et l'école historique allemande d'économie », toutefois cette typologie des actions sociales ne peut être correctement appréhendée qu'à la condition de la comprendre comme une construction idéaltypique. Weber considère que l'activité sociale peut être orientée de quatre façons. Il distingue ainsi (Weber, 1922, I, 55 et suiv.) l'action traditionnelle, l'action affectuelle, l'action rationnelle en valeur et l'action rationnelle en finalité :

- l'action traditionnelle est déterminée par la coutume et est, selon Weber, à la limite de l'activité significativement orientée (Weber, 1922, I, 55) ;
- l'action affectuelle est déterminée par des émotions, des sentiments et des passions. Le comportement strictement affectuel se situe lui aussi à la limite de l'activité significativement orientée ;
- l'action rationnelle en valeur[1] est orientée « par la croyance en la valeur *intrinsèque* inconditionnelle – d'ordre éthique, esthétique, religieux ou autre – d'un comportement déterminé qui vaut pour lui-même et indépendamment de son résultat » (Weber, 1922, I, 55). À la différence de l'action affectuelle, l'action rationnelle en valeur est le résultat d'une élaboration consciente des objectifs de l'action et s'oriente de manière « méthodique », selon les termes de Weber, dans leurs directions ;
- l'action rationnelle en finalité (*zweckrational*) est orientée « par des expectations du comportement des objets du monde extérieur ou de celui d'autres hommes, en exploitant ces expectations comme « conditions » ou comme « moyens » pour parvenir rationnellement aux *fins* propres, mûrement réfléchies, qu'on veut atteindre » (Weber, 1922, I, 55). Agir rationnellement en finalité consiste, selon Weber, à prendre en compte fins et moyens et à confronter rationnellement les moyens entre eux, les moyens par rapport aux fins, et finalement les différentes fins entre elles.

Weber est explicite quant au fait qu'il est exceptionnel sur le plan empirique qu'une action s'oriente exclusivement selon l'une de ces sortes d'activités, pas plus que cette typologie ne constitue une classification exhaustive de toutes les orientations possibles de l'activité. Il faut

1 Le terme allemand d'origine est *wertrational*. Certains auteurs utilisent l'expression rationalité axiologique. Voir *infra* ainsi que Boudon (1997) et Demeulenaere (2003).

interpréter cette dernière comme un ensemble d'idéaltypes : ces orientations ne sont « que de purs types, construits pour servir les fins de la recherche sociologique, desquelles l'activité réelle se rapproche plus ou moins, et – plus souvent encore – elle les combine » (Weber, 1922, I, 57).

Les actions affectuelles et traditionnelles sont largement ignorées par Weber dans ses analyses appliquées. Cela s'explique par le fait que, comme l'auteur allemand le relève, elles sont à la frontière des actions ayant une signification pour les acteurs eux-mêmes et ne sont donc que partiellement l'objet de l'économie et de la sociologie. Par ailleurs, ce sont ces actions qui sont les plus éloignées du référent rationaliste de la sociologie wébérienne, à savoir l'action rationnelle en finalité. En effet, comme on l'a déjà souligné dans le chapitre « L'historicisation de la théorie et l'école historique allemande d'économie », Weber indique à de nombreuses reprises dans ses écrits méthodologiques le statut privilégié de l'idéaltype de l'action rationnelle en finalité. Weber expose ainsi l'idée que la meilleure manière d'interpréter une activité irrationnelle est de considérer cette dernière comme une « déviation » d'un déroulement de cette même activité sur la base de la pure rationalité en finalité. Ainsi, « [p]our expliquer une « panique à la Bourse » par exemple, on établira d'abord de façon appropriée comment l'activité se *serait* déroulée *sans* l'influence d'affections irrationnelles et l'on enregistrera ensuite ces éléments irrationnels comme des "perturbations" » (Weber, 1922, I, 31). Ce statut privilégié se justifie par le fait que l'activité rationnelle en finalité est celle qui est la plus directement compréhensible et significative. En d'autres termes, il s'agit de l'idéaltype le plus utile sur le plan heuristique, car c'est celui permettant d'appréhender le spectre le plus large d'actions. Pour autant, cela ne revient pas à présupposer que les actions sociales correspondent à cette forme de rationalité. Weber reconnaît le caractère limité de cette dernière, mais en souligne en même temps sa fécondité analytique en prenant l'exemple de l'économie politique (Weber, 1913, 329). C'est de ce point de vue, et uniquement de celui-là, que Weber (1922, I, 32) admet que l'on peut qualifier la sociologie de « rationaliste ».

Les actions affectuelles et traditionnelles étant plus ou moins évacuées de fait du champs de la sociologie économique, et le statut privilégié de l'idéaltype de l'action rationnelle en finalité précisé, se pose la question de la place de l'action rationnelle en valeur dans la sociologie économique wébérienne. Cette dernière forme d'activité sociale est essentielle d'un point de vue wébérien. D'une part, son absence pourrait laisser penser que la sociologie économique de Weber serait assimilable à une variante primitive de la théorie du choix rationnel. D'autre part, la rationalité par rapport aux valeurs s'avère finalement centrale dans les travaux de Weber puisque c'est par l'intermédiaire de cet idéaltype que Weber va souligner le rôle fondamental joué par les intérêts idéels, aux côtés des intérêts matériels, dans le développement (ou le non développement) des institutions économiques du capitalisme. Toute la sociologie économique de Weber est donc traversée par la tension entre action rationnelle en valeur et action rationnelle en finalité (l'activité traditionnelle n'est également pas totalement ignorée par Weber lorsqu'il traite des questions économiques). Cette tension est exacerbée par le fait que, comme on l'a déjà souligné et comme Weber l'indique explicitement, les frontières entre les différents types d'activité sociale sont très floues. Ainsi, il est possible qu'une même activité soit rationnelle en finalité *au niveau des moyens*, mais rationnelle en valeur dans le choix des finalités (Weber, 1922, I, 57). Toutefois, bien qu'infime et floue, la différence entre ces deux types d'activités est repérable au fait « que la rationalité en valeur reste affectée d'une *irrationalité* et cela d'autant plus que l'on donne une signification plus absolue à la valeur d'après laquelle on oriente l'activité » (Weber, 1922, I, 57). Le clivage fondamental réside dans le fait que, dans le cadre d'une activité rationnelle en valeur, les conséquences *pratiques* de l'activité passent en arrière plan au profit de considérations sur la valeur propre, intrinsèque, de l'acte : la norme est respectée pour elle-même, pour ce qu'elle représente, non parce qu'elle procure un bien être matériel à l'individu.

Dans le chapitre 2 d'*Économie et société*, Weber s'intéresse plus spécifiquement à la question de la rationalité des activités économiques. Il y formule plusieurs oppositions qui occupent une place centrale dans sa sociologie économique. Selon Weber, les activités à orientation économique peuvent relever, soit de la tradition, soit de la rationalité en finalité. Toutefois, « [m]ême une activité fortement rationalisée se signale en général par un attachement relatif aux traditions » (Weber, 1922, I, 110). L'activité économique est ainsi interprétée par Weber comme le résultat d'une tension permanente entre des motifs extra-économiques inspirés par les traditions et le besoin croissant d'une gestion rationnelle et rigoureuse des ressources à disposition (Weber, 1922, I, 110). Une activité à orientation économique « vise dans son intention à aller au-devant d'un désir d'"utilité" » (Weber, 1922, I, 101). Elle peut, selon Weber, être guidée par deux types de motivations (Demeulenaere, 2003) :

1. la couverture des besoins personnels donnés dont les moyens sont en quantité limitée par rapport aux besoins ;
2. la réalisation de profits.

Par conséquent, il en découle que la couverture des besoins à partir de moyens en quantité limitée peut s'opérer via le recours d'une activité économique rationnelle en finalité ou bien reposant plus largement sur la tradition. Il en va de même pour la réalisation du profit : en effet, même si en pratique Weber insiste essentiellement sur la rationalisation de la gestion des affaires économiques, notamment au travers de l'émergence du calcul monétaire, de la comptabilité et du développement de l'entreprise, l'économiste allemand relève également qu'au sein de certaines formes de capitalisme, la poursuite du profit se réalise au moyen de divers artifices extra-économiques élaborés par des groupements politiques[1].

Weber approfondit ce point en distinguant la rationalité *formelle* de la rationalité *matérielle* (Weber, 1922, I, 130-132). Selon Weber, la rationalité formelle d'une activité économique est « son taux de calculations techniquement possibles et effectivement appliquées ». À l'inverse, la rationalité matérielle de cette même activité correspond à « l'importance prêtée à une activité sociale d'orientation économique visant à l'approvisionnement de certains groupes d'individus donnés (quelle que soit par ailleurs leur étendue), en s'inspirant de *postulats appréciatifs* (quels qu'ils soient) ayant servi, servant, ou pouvant servir à en dégager la valeur » (Weber, 1922, I, 130). Dans le cadre de la rationalité formelle, il est possible d'exprimer l'activité de manière chiffrée ou comptable et il en résulte qu'elle est orientée par des considérations numéraires, c'est-à-dire strictement économiques. D'un point de vue de rationalité matérielle, on va considérer que l'activité économique va être orientée par diverses exigences non économiques dont Weber précise

1 Nous revenons sur ce point dans le chapitre « Le capitalisme comme système historique contingent ». Sur ce sujet, voir aussi le chapitre 2 de Swedberg (1998) et plus particulièrement le paragraphe 31 du chapitre 2 d'*Économie et société* (Weber, 1922, I, 232 et suiv.) où Weber fait une longue typologie des différentes orientations « capitalistes » du profit.

qu'elles peuvent être plurielles : éthiques, politiques, utilitaires, hédonistiques, de classe, etc. Pour Weber, une tension entre ces deux formes de rationalité traverse l'ensemble des champs de la société : économique, politique et juridique (Colliot-Thélène, 2006). La rationalité formelle exprime le calcul et la prévisibilité, tandis que la rationalité matérielle souligne la multiplicité des critères pouvant régir l'orientation de l'activité économique. On semble retrouver l'opposition entre rationalité en finalité et rationalité en valeur qui, si elle n'est pas sans poser problème, indique une nouvelle fois que la sociologie économique wébérienne est dotée d'une indéniable dimension substantiviste : par-delà la fonction des activités économiques (qui est universelle), les fins les orientant ne sont pas considérées comme données mais sont au contraire le résultat de l'influence de la structure institutionnelle.

LES INSTITUTIONS DANS LA SOCIOLOGIE ÉCONOMIQUE WÉBÉRIENNE

Il apparaît clairement dans les travaux tant théoriques qu'appliqués de Weber que l'on ne peut appréhender l'action des individus en faisant abstraction des structures sociales dans lesquelles elle s'insère. Ainsi, même si le concept d'institution est très peu utilisé par Weber, dans le sens tel qu'il est entendu dans la tradition institutionnaliste (dans le sens où l'entend par exemple Schmoller), il procède à l'analyse de formes complexes d'actions économiques et sociales que l'on peut qualifier d'institutions (Swedberg, 1998).

Communalisation et sociation

Le premier aspect de la dimension institutionnelle de la sociologie économique wébérienne réside dans l'opposition entre communalisation et sociation (Weber, 1922, I, 78-82). Cette dichotomie trouve son origine dans l'opposition entre statut et contrat de Henri Maine et qui est reprise par Polanyi (*cf.* chapitre « L'historicisation de la théorie dans l'institutionnalisme américain et ses prolongements contemporains ») et surtout dans celle entre communauté et société du sociologue allemand Ferdinand Tönnies. La communalisation et la sociation désignent en fait deux formes typiques sous lesquelles peuvent se développer les relations sociales. Par communalisation, Weber désigne une relation sociale pour laquelle « la disposition de l'activité sociale se fonde – dans le cas particulier, en moyenne ou dans le type pur – sur le sentiment *subjectif* (traditionnel ou affectif) des participants d'*appartenir à une même communauté* » (Weber, 1922, I, 78). En d'autres termes, au sein d'une relation sociale de type communalisation, l'activité de chaque individu s'oriente suivant un sentiment d'appartenance à une communauté. La communalisation est le théâtre des activités affectuelles et traditionnelles. À l'inverse, la sociation est une relation sociale pour laquelle « la disposition de l'activité sociale se fonde sur un *compromis* d'intérêts motivé rationnellement (en valeur ou en finalité) ou sur une *coordination* d'intérêts motivée de la même manière » (Weber, 1922, I, 78). Dans le cadre de la sociation, l'activité sociale est orientée par la recherche d'un compromis entre intérêts à la fois rationnels et conflictuels, ou bien par la recherche rationnelle de la coordination dans les cas où les intérêts des différents participants ne sont pas contradictoires. Weber cite l'échange, l'association à but déterminé et l'association à base de convictions comme les types les plus purs de sociation. Ici, ce sont les formes rationnelles (en valeur et en finalité) de l'activité sociale qui dominent.

S'il existe une incontestable proximité avec l'opposition de Tönnies entre communauté et société, Weber indique explicitement que sa dichotomie n'est pas de la même nature que celle de son compatriote sociologue. Outre sa connotation normative, la distinction faite par Tönnies a une dimension évolutionniste[1] car elle décrit le passage des sociétés occidentales d'une forme de régulation sociale fondée sur les liens communautaires à une forme basée sur l'échange impersonnel. L'idée qu'il existe deux types purs de relations sociales, les unes ancrées sur le sentiment d'appartenance à une communauté, les autres sur la conciliation d'intérêts plus ou moins contradictoires, n'est évidemment pas étrangère à la sociologie économique de Weber. Toutefois, ce dernier insiste sur le fait que communalisation et sociation ne sont nullement exclusives l'une de l'autre. Encore une fois, c'est le caractère idealtypique des catégories analytiques wébériennes qui permet cela. Ainsi, la très grande majorité des relations sociales relèvent en partie de la sociation, en partie de la communalisation (Weber, 1922, I, 79). Par conséquent, la plupart des relations sociales sont le fruit d'un mélange de différentes formes d'activités sociales telles que Weber les distingue dans

1 On entend ici le terme « évolutionniste » dans le sens déterministe et finaliste, non dans le sens utilisé par Veblen et d'autres auteurs institutionnalistes.

sa typologie. En revanche, il semble que Weber se refuse à repérer une tendance à l'extension du champ de la sociation au détriment de celui de la communalisation[1]. Par ailleurs, ce serait une erreur d'interpréter la sociation comme une forme de relations sociales plus faiblement institutionnalisée que celle relevant de la communalisation. C'est la nature de l'institutionnalisation qui change, non son intensité.

La variété des formes institutionnelles dans la sociologie économique de Weber

Dans *Économie et société*, Weber procède en effet à l'analyse d'une série de formes institutionnelles autour desquelles se structurent les relations sociales et, donc, les actions des individus. Notamment, parmi les formes institutionnelles génériques, Weber (1922, I, 61-64) distingue l'usage, la coutume et l'intérêt. Selon Weber, la sociologie (par opposition à l'histoire) a pour objet d'étude principal les régularités sociales, « c'est-à-dire des développements de l'activité qui se répètent ou (éventuellement : en même temps) ont cours chez de nombreux individus en un *sens* visé typiquement similaire durant une même activité » (Weber, 1922, I, 61). L'usage, la coutume et l'intérêt constituent trois des principales formes de régularités. D'après Weber, la notion d'usage désigne « une régularité dont la chance de persister au sein d'un groupe d'hommes est donnée par une pratique » (Weber, 1922, I, 61). L'usage se transforme en coutume lorsque la pratique repose sur une routine ancienne. La coutume n'a rien « d'obligatoirement valable » (Weber, 1922, I, 62), dans le sens où il n'y a aucun mécanisme exogène garantissant que l'agent va la suivre. Le seul élément qu'engendre la coutume, c'est que l'on peut s'attendre « à ce que les autres membres qui appartiennent au groupe la respectent vraisemblablement » (Weber, 1922, I, 62). Une coutume devient en revanche une convention ou une règle de droit à partir du moment où le non respect de la règle engendre une sanction explicite de la part de la communauté. Dans le cadre d'une convention, cette sanction prend

1 Ainsi que l'indique Philippe Raynaud (1996), c'est le caractère idéaltypique des catégories wébériennes « qui interdit évidemment de faire du passage de la "communauté" à la "société" une loi universelle de développement des groupements humains » (Raynaud, 1996, 132). On retrouve ici l'importance du nominalisme wébérien qui lui-même découle du postulat de l'existence d'un *hiatus irrationalis* entre les concepts et la réalité, comme nous l'avons exposé dans les deux premiers chapitres.

la forme d'un « boycott social » plus ou moins informel, tandis que dans le cas d'une règle de droit, la sanction appliquée est juridiquement prévue. L'intérêt est une troisième forme de régularités institutionnalisées. Une régularité découle de l'intérêt « lorsque et tant que la chance de sa persistance empirique est conditionnée *purement* et *simplement* par une orientation purement rationnelle en finalité de l'activité des divers individus d'après des *expectations* similaires » (Weber, 1922, I, 62). Par conséquent, l'intérêt s'apparente à une forme d'institution organique résultant de l'agrégation de comportements rationnels convergents vers des anticipations similaires. Weber considère notamment que la régularité des prix dans un marché libre relève de la régulation par l'intérêt. Il souligne également le caractère relativement stable d'une telle forme de coordination (Weber, 1922, I, 63). L'importance accordée par Weber dans ses travaux à ce type de régulation des activités sociales est loin d'être négligeable et se retrouve en partie dans sa caractérisation de certaines institutions.

Les principales institutions dans la sociologie économique wébérienne

Dans ses écrits, Weber accorde une attention soutenue à plusieurs institutions jouant un rôle prépondérant dans l'encadrement des interactions économiques. Suivant Swedberg (1998), on peut notamment relever la propriété, l'organisation économique, la monnaie et le marché. Concernant la propriété, Weber mobilise les concepts d'appropriation et surtout de relations sociales fermées (Weber, 1922, I, 82-86) : « Lorsque les acteurs, dans le cadre d'une relation fermée, parviennent à s'approprier certaines opportunités économiques, ils acquièrent un "droit" ; et lorsque ces droits peuvent être hérités, il s'agit de "propriété" au sens de Weber » (Swedberg, 1998, 39, notre traduction). Une relation sociale est ouverte sur l'extérieur lorsque, d'après les règlements en vigueur, il est autorisé à quiconque en mesure de le faire, de participer à l'activité orientée réciproquement selon le contenu significatif qui la constitue. La relation sociale est fermée lorsque une telle participation est exclue ou limitée, ou liée à des conditions. La fermeture ou l'ouverture d'une relation sociale peut être déterminée de manière traditionnelle, affectuelle, ou bien rationnelle en finalité comme en valeur. Selon Weber, une relation sociale fermée confère des droits aux individus y participant selon plusieurs modalités :

« Une relation sociale close peut garantir des chances monopolisées à ses membres, (a) librement, (b) par *régulation* et limitation de leur quantité et de leur nature, (c) par *appropriation* durable et relativement ou entièrement inaliénable au profit d'individus ou de groupes (*fermeture* vers l'intérieur). Les chances appropriées, nous les appelons des "droits" » (Weber, 1922, I, 82). Les *droits* de propriété résultent donc *de facto* de la fermeture de relations sociales au profit de certains individus, fermeture garantissant un monopole d'exploitation et de jouissance des éléments contenus dans la relation. À ce point, il est intéressant de noter que Weber souligne, d'une part, l'universalité de l'existence de relations sociales fermées et donc d'une forme ou d'une autre de propriété, tout en mettant en avant la pluralité des motifs pouvant la sous-tendre.

La monnaie et le marché sont les deux autres institutions économiques principales auxquelles Weber consacre plusieurs pages. Concernant la monnaie, Weber ne s'intéresse pas tant à sa fonction purement économique et à sa nature qu'à sa dimension sociologique en tant que vecteur de rationalisation. Ainsi, Weber estime que la monnaie est le moyen de compte économique le plus rationnel pour diriger une activité économique. Le calcul monétaire est caractéristique d'une économie d'approvisionnement rationnelle en finalité. En d'autres termes, la monnaie est à la fois la manifestation institutionnelle de l'importance de la rationalité en finalité au sein d'une société, ainsi que son vecteur.

Selon Weber[1], un marché apparaît dès qu'il existe une concurrence entre plusieurs individus dans la relation d'échange : « On doit parler de marché dès que, ne serait-ce que d'un côté, une majorité de candidats à l'échange entrent en concurrence pour des chances d'échange. (...) La forme la plus conséquente de la formation du marché est la seule qui permette le plein épanouissement du phénomène spécifique du marché : le marchandage. (...) Sur le plan sociologique, le marché représente une simultanéité et une succession de sociations rationnelles dont chacune est à ce point éphémère qu'elle s'éteint avec l'échange des biens qui en font l'objet » (Weber, 1922, II, 410). Ce passage peut donner l'impression que

1 L'essentiel des discussions de Weber concernant le marché est concentré dans le chapitre 6 du deuxième tome de l'édition française d'*Économie et société* (Weber, 1922, II, 410-416). Il faut noter que ce chapitre reprend en fait un texte inachevé de Weber. On notera par ailleurs que Weber fait des *processus* de marché une question relevant de l'économie sociale au sens large et non de la sociologie économique et que, par conséquent, il ne l'aborde pas dans sa discussion.

Weber conçoit le marché comme un simple agrégat de relations d'échange et non comme une institution. Néanmoins, il faut dans un premier temps noter que Weber parle de « communauté de marché ». Par ailleurs, les échanges sur le marché ont à la fois une dimension de sociation et une dimension de communalisation : si l'échange proprement dit ne constitue une sociation qu'entre les partenaires, le marchandage préparatoire est lui une réelle activité communautaire puisqu'il implique que les deux échangistes orientent leurs offres en fonction de celles d'autres concurrents. La monnaie est un élément majeur à la dimension institutionnelle du marché selon Weber. À partir du moment où l'échange utilise la monnaie, il est une activité communautaire (Weber, 1922, II, 411). La monnaie est, selon Weber, « communalisante » (Weber, 1922, II, 411). Le marché est donc institutionnalisé par l'usage de la monnaie, mais aussi par diverses règles faisant varier ses degrés de fermeture et d'ouverture. Weber insiste notamment sur le fait que les marchés concrets ne peuvent en général se développer que dans un cadre pacifique, où la stabilité et la paix sont assurées. De plus, si les processus de marché sont très largement orientés par des intérêts déterminés par une rationalité en finalité, ils voient leur extension limitée, soit par des tabous sacrés, soit par des sociations monopolistes dérivant des ordres politiques et rendant impossible tout échange avec l'extérieur. De manière générale, Weber dépeint ainsi la dynamique des processus de marché : avec l'apparition de l'économie monétaire, la sociation par le marché tend à s'étendre au dépend des formes de communalisation sacrées ou politiques. Le marché libre s'étend jusqu'à ce que, à un moment, certains capitalistes parviennent, soit par le biais du pouvoir politique, soit du fait de la puissance du capital, à s'imposer et à obtenir un monopole, fermant ainsi le marché. Comme Weber le souligne, le marché est le lieu par excellence des relations sociales impersonnelles, mais son extension est sans cesse conditionnée par des règles et des normes, parfois traditionnelles, parfois rationnelles en valeur, et surtout par des fermetures aux échanges engendrées par la formation de monopoles capitalistes cherchant à profiter d'une situation de rente.

Enfin, la dimension institutionnaliste et substantiviste de la sociologie économique de Weber apparaît aussi dans sa discussion des rapports entre l'« ordre économique » et l'organisation sociale (Weber, 1922, II, 11-49) ainsi que dans sa célèbre étude des formes de domination (Weber, 1922, I, 285-390). Il est impossible ici de détailler de manière exhaustive tous les éléments développés par Weber, mais on peut relever les plus significatifs. Weber accorde notamment une importance particulière à la relation entre l'ordre juridique et l'économie. Le droit agit en effet sur l'ordre économique[1] en établissant des prescriptions orientant les activités économiques[2]. L'un des éléments majeurs de l'ordre juridique est évidemment l'État, dont l'anticipation de la contrainte juridique et physique est la principale raison qui pousse les individus à respecter les règles de droit. Cependant, Weber se refuse à réduire l'ordre juridique à l'État (Weber, 1922, II, 19). Cette reconnaissance de l'importance des règles légales implique que, dans un cadre wébérien, les activités économiques ne peuvent s'appréhender indépendamment du contexte juridique dans lequel elles s'insèrent. D'où l'insistance que placera Weber sur l'importance du droit et de la rationalisation juridique dans l'émergence du capitalisme moderne en Occident (*cf. infra*). Toutefois, Weber n'ignore pas que le droit peut également s'appréhender comme un « phénomène conditionné par l'économie » (Weber, 1922, II, 45). En d'autres termes, le droit est également en partie le produit de l'infrastructure économique. Cette conception du droit à la fois comme facteur structurant des activités économiques, mais aussi comme produit de celles-ci est représentative de l'approche wébérienne des institutions et s'accorde parfaitement avec un cadre d'analyse institutionnaliste.

LA DIMENSION SUBSTANTIVISTE DE LA SOCIOLOGIE ÉCONOMIQUE WÉBÉRIENNE

La sociologie économique de Weber combine ainsi une analyse du rôle des institutions avec une prise en compte de la pluralité des formes

1 Weber (1922, II, 12) définit ainsi l'ordre économique : « une certaine répartition du pouvoir effectif de disposition sur les biens et services économiques ; cette répartition résulte, avec le *consentement général*, des transactions qui ont lieu entre les intérêts divergents, et de la manière dont, en vertu de ce pouvoir de disposition consenti, ces biens et services sont effectivement utilisés ».

2 Weber (1913 ; 1922, II ; 1986) insiste à de nombreuses reprises sur la distinction entre la *dogmatique* juridique et l'*ordre* juridique. La dogmatique juridique, que l'on pourrait également appeler la science du droit, adopte un point de vue normatif sur les règles de droit. Son objectif est d'évaluer la cohérence d'un corpus juridique, sa validité et son efficacité, et de proposer une interprétation des normes. Toutefois, d'un point de vue de sociologie du droit, on ne s'intéresse pas à la question de la pertinence de la règle ou de la cohérence du corpus juridique. Le problème étudié est celui de l'influence effective de la norme sur le comportement.

de motivations et de rationalités orientant l'action des individus. Cela suffit-il à faire de celle-ci une analyse de type substantiviste ? Une telle analyse consiste à comprendre comment la société organise la subsistance de ses membres sans présupposer que les relations économiques se réduisent à une forme particulière de rationalité. En d'autres termes, il s'agit d'une part d'étudier la manière dont les institutions orientent les comportements des individus tout en spécifiant les mécanismes par lesquels les individus sont amenés à respecter et à transformer les règles et normes prévalentes ; il s'agit d'autre part de caractériser les différentes formes que peut prendre l'organisation économique (c'est-à-dire l'ensemble des institutions affectant les activités économiques) et la manière dont certaines institutions peuvent favoriser ou, au contraire, restreindre le développement de certaines activités spécifiques.

Un « institutionnalisme méthodologique »

Il est courant dans la littérature secondaire de voir dans les travaux de Weber la mise en œuvre d'une forme d'individualisme méthodologique. Les partisans de cette interprétation invoquent souvent une lettre écrite en 1920 par Weber à l'économiste marginaliste Robert Liefmann :

> si, au bout du compte, je suis moi-même devenu maintenant sociologue (selon l'intitulé de mon arrêté de nomination !), c'est essentiellement pour mettre un terme à la pratique qui hante encore les lieux et qui consiste à travailler avec des concepts de collectifs. En d'autres [termes], la sociologie, elle aussi, ne peut se pratiquer qu'en partant de l'action d'un, de plusieurs ou d'un grand nombre d'individus, par conséquent de manière strictement « individualiste » quant à la méthode. Sur l'« État », par exemple, vous [R. Liefmann] énoncez encore des vues qui sont totalement surannées. L'État n'est rien d'autre, au sens de la sociologie, que la chance que se produise une action spécifique sous des modes déterminés, une action de la part de personnes individuelles déterminées. Ce n'est rien d'autre. C'est ce que j'écris et ce que j'enseigne depuis des années. L'élément « subjectif » dans cette affaire consiste en ce que cette action s'oriente d'après des représentations déterminées[1].

Ce passage semble attester clairement l'importance du point de vue à la fois individualiste et subjectiviste que Weber considère comme

---

1 La traduction est celle qui est reproduite dans la *Revue Française de Sociologie*, vol. 46, n° 4, 2005, p. 923-928.

approprié pour la sociologie et plus largement pour l'économie sociale. Ce point de vue semble également – en partie – confirmé par les écrits épistémologiques et méthodologiques de Weber, et notamment son point de vue sur l'hypothèse marginaliste de la rationalité. Enfin, la manière dont Weber se focalise sur l'activité sociale et dont il appréhende le fonctionnement du marché comme un ensemble de relations d'échange (inter-)individuelles semble aller ici encore dans le sens d'une lecture individualiste des travaux wébériens. Il faut toutefois relativiser cette impression en prenant notamment en compte les travaux *appliqués* de Weber et constater la méthode effective qui y est déployée.

Davantage que l'individualisme méthodologique, l'individualisme ontologique de Weber apparaît incontestable (Vandenberghe, 1997). Il est en effet plus précis de caractériser l'extrait de la lettre écrite par Weber à Robert Liefmann cité plus haut comme l'affirmation par l'auteur allemand d'un refus d'accorder aux structures sociales une réalité ontologique indépendante des individus formant les représentations dans lesquelles elles se matérialisent. Ainsi, d'après Weber, l'État en tant que structure sociale n'existe qu'au travers des actions mises en œuvre par les individus suivant les représentations qu'ils forment, notamment sur les menaces de sanction en cas de non respect de règlements établis par le pouvoir étatique. En tout état de cause, et comme on l'a noté lors de notre discussion sur les formes de domination et les relations entre l'ordre juridique et l'organisation économique, l'effet des structures sur les comportements n'est jamais automatique et est toujours subordonné à la reconnaissance d'une forme de légitimité. Toutefois, comme le note Vandenberghe (1997), dans sa sociologie appliquée, Weber n'est pas loin d'adopter un point de vue réaliste et de reconnaître l'autonomie des structures sociales. Cette ambiguïté est encore plus prononcée sur le strict plan méthodologique.

Sur un plan théorique, et bien que la structure même d'*Économie et société* indique qu'il faille partir de l'activité sociale (et donc de l'action des individus), il apparaît clairement que l'orientation de l'action individuelle ne peut être étudiée, dans le schéma de la sociologie économique wébérienne, qu'en prenant en compte l'effet induit par les institutions sur les représentations des individus. C'est la raison pour laquelle la sociologie compréhensive wébérienne n'est pas individualiste : la compréhension du sens des actions individuelles nécessite d'avoir au préalable pris connaissance des structures sociales orientant les motivations. En d'autres termes, sur un plan strictement méthodologique, Weber développe ce qui est aujourd'hui parfois nommé un *individualisme institutionnel* : l'autonomie de l'individu est reconnue ainsi que la nécessité de partir de ses actions, croyances et motivations, mais l'analyse de ces dernières passe inévitablement par une prise en compte des institutions et des structures sociales contribuant à les déterminer. Weber va toutefois encore plus loin dans ses travaux appliqués. La sociologie des religions wébériennes (Weber, 1904-5 ; 1922, II, 145-409 ; 1996) adopte en effet une méthodologie accordant une place proéminente aux structures sociales. La sociologie des religions de Weber est en fait une analyse de l'éthique économique sous-jacente aux principales religions mondiales. Comme l'indique Weber lui-même dans son ouvrage *L'éthique des religions mondiales* dont les textes ont été rédigés entre 1915 et 1920, l'objet de son étude sur les religions a été de révéler les *incitations* économiques fournies par les différents dogmes religieux (Weber, 1996, 332). En d'autres termes, la religion est abordée par Weber comme un « phénomène économiquement important », au même titre, par exemple, que le droit. Le point remarquable est que, dans ses diverses études, Weber considère les structures sociales issues de la religion comme données et, en pratique, *part des structures pour expliquer le comportement des individus*. En d'autres termes, Weber ne cherche pas à connaître l'origine des dogmes religieux et les structures sociales auxquelles ces dogmes donnent naissance, comme une démarche méthodologique authentiquement individualiste devrait l'amener à faire, mais il commence son analyse par une caractérisation sous forme d'idéaltype de la religion et de son éthique économique pour ensuite en étudier les incidences sur les activités sociales à orientation économique.

Par exemple, dans sa célèbre étude sur *L'éthique protestante et l'esprit du capitalisme* (Weber, 1904-5), Weber adopte la démarche suivante[1] : il s'agit d'abord de réduire la complexité de la réalité en formant, suivant un certain rapport aux valeurs, des idéaltypes mettant en avant la facette de cette réalité qui intéresse le chercheur. Cette construction s'opère en sélectionnant une série de maximes jugées représentatives et permettant, en l'espèce, de caractériser l'esprit capitaliste et l'éthique

1 Weber lui-même la restitue de la sorte dans son texte « Réponse finale aux critiques », publié en 1910 (Weber, 1996, 131-163).

protestante. Il s'agit ensuite de repérer les « affinités électives » entre ces deux éléments, notamment au travers de l'idée de « profession-vocation » et de montrer comment certains dogmes calvinistes ont conduit les individus à adopter une éthique de vie ayant favorisé le développement de pratiques capitalistes. La problématique suivante a ainsi émergé : « quel rapport le protestantisme dans ses différentes nuances a-t-il entretenu avec le développement de l'idée de profession-vocation dans la signification particulière qu'elle a revêtue pour le développement des qualités *éthiques* de l'individu qui influencent l'aptitude de celui-ci au capitalisme » (Weber, 1996, 140). Et Weber d'expliquer ainsi l'apparition des pratiques capitalistes : « Ce qui s'est opéré en fait, c'est la jonction entre un ensemble de contenus psychiques, possédant des racines éthico-religieuses tout à fait spécifiques, et des *possibilités* de développement capitaliste. En revanche, il est indéniable que ce style de vie qui a été cultivé et avec une telle énergie dans les communautés ascétiques a "déteint", dans les territoires où diverses confessions se mêlaient, sur le style de vie des *autres* dénominations *concurrentes*, en dépit par ailleurs de la vigueur des oppositions » (Weber, 1996, 149).

La démarche de Weber ne relève évidemment pas du holisme méthodologique dans la mesure où elle s'interroge sur les éléments relevant de la subjectivité des individus et les amenant à se conformer ou non aux règles et normes émanant des structures sociales. Toutefois, il est incontestable que dans ses analyses appliquées, Weber *part d'une certaine structure institutionnelle faite de normes et de règles, sans chercher à expliquer son existence par les actions individuelles, pour en comprendre les effets sur les activités entreprises par les individus*. En d'autres termes, Weber pratique une forme d'institutionnalisme méthodologique : ce sont les institutions qui servent de point de départ à l'analyse, mais ces dernières ne sont pas pour autant réifiées dans la mesure où il est considéré que les actions individuelles peuvent elles-mêmes engendrer ensuite une modification de la structure sociale.

Une analyse du support institutionnel de l'économie

Les travaux appliqués de Weber développent une histoire économique s'apparentant à une histoire de l'inefficience économique (Nau, 2005). Comme on vient de le souligner, c'est bien la structure institutionnelle que Weber met au centre de son analyse car c'est elle qui fournit les incitations aux individus pour adopter tel ou tel type de comportement, plus ou moins « efficace » sur le plan économique. Ce point est renforcé par le fait que la sociologie économique wébérienne insiste particulièrement sur l'importance des *intérêts* dans la conduite humaine (par exemple, Weber, 1996, 349-350). Weber ne réduit pas les intérêts aux seuls intérêts matériels, mais y associe également les intérêts « idéels », à savoir ceux fondés sur des représentations d'ordre symbolique ou religieux. En tout état de cause, c'est par leur caractère incitatif, au sens large, que les institutions amènent les individus à adopter certaines pratiques économiques au détriment d'autres.

La religion, au même titre que le droit ou d'autres sphères de la société, est ainsi largement appréhendée par Weber au travers des incitations qu'elle fournit aux individus concernant leurs activités économiques. Il insiste notamment sur l'importance des formes de salut, par lesquelles les différentes religions définissent pour un individu l'attitude à adopter envers le monde des affaires (Weber, 1922, II, 293). Dans certains cas, comme pour le confucianisme notamment (Weber, 1996, 329-486), la religion a agi comme un frein au développement du rationalisme économique, notamment lorsqu'elle est ancrée dans une « éthique de la conviction » alimentant une tension entre ses dogmes et les réalités du monde[1]. Inversement, la religion a pu agir comme un facteur permissif au mouvement de rationalisation, comme Weber tente de le montrer dans le cas de la religion protestante (Weber, 1922, II, 238).

La sociologie économique de Weber est-elle substantiviste ?

Au-delà de la question de savoir si, sur un plan strictement théorique, Weber acceptait les principes de l'économie marginaliste, il apparaît que la sociologie économique de l'auteur allemand se développe dans une perspective très éloignée de la théorie économique pure de l'époque. Par ailleurs, il est impossible de réduire la sociologie wébérienne à une

1 « Plus la religion de salut est systématisée et intériorisée dans le sens d'une « éthique de la conviction », plus la tension qu'elle entretient avec les réalités du monde est profonde » (Weber, 1922, II, 347). Notons que l'action de la religion ne porte pas uniquement sur l'économie, mais affecte aussi la sphère juridique : « La domination du droit stéréotypé par la religion constitue l'un des obstacles les plus importants à la rationalisation du droit et de l'économie » (Weber, 1922, II, 347-348).

application d'une forme étroite de rationalité, et encore moins à une variante de la théorie du choix rationnel. En dépit de son insistance dans ses écrits méthodologiques et théoriques sur la place privilégiée de l'idéaltype de l'action rationnelle en finalité, c'est bien l'action rationnelle en valeur qui semble être prépondérante, notamment lorsque Weber étudie l'éthique économique des principales religions mondiales. La rationalité en finalité joue toujours un rôle dans les analyses wébériennes, car elle sert « d'étalon de mesure » du degré de rationalité des comportements et des groupements. Mais le processus de rationalisation s'appréhende chez Weber comme une prise de recul croissante des individus vis-à-vis de leurs valeurs (et non de leur « rationalisation ») et donc comme un passage progressif d'une rationalité en valeur à une rationalité en finalité. Les deux idéaltypes sont donc indispensables dans l'analyse wébérienne.

La dimension institutionnelle de la sociologie économique wébérienne atteste aussi que cette dernière ne se réduit pas à une approche de type formaliste. On peut toutefois noter, à l'instar de Nau (2005), que les institutions tendent à être appréhendées essentiellement chez Weber comme des contraintes à l'action rationnelle, d'une manière similaire par exemple à l'analyse développée par Douglass North (1990 ; 2005). Cela n'est possible que parce que l'analyse du processus de rationalisation est porteuse d'une forme de déterminisme dont il sera question dans le chapitre « Le capitalisme comme système historique contingent ». En ce sens, l'analyse wébérienne s'écarte sensiblement de l'authentique point de vue évolutionnaire car elle présuppose une certaine tendance dans l'évolution (appréhender les institutions comme « contraintes » nécessite logiquement d'avoir au préalable défini le sentier naturel d'évolution qui est obstrué par ces contraintes). Elle s'écarte également du substantivisme polanyien dans la mesure où l'évolution des systèmes économiques n'est pas étudiée du point de vue du rôle de l'économie (satisfaire les besoins humains), bien que Weber reconnaisse ce rôle, mais mise en perspective dans le processus général de rationalisation.

ÉCONOMIE SUBSTANTIVE ET INSTITUTIONNALISME AMÉRICAIN

L'économie institutionnelle de John R. Commons

La même dimension substantiviste peut également être repérée dans les travaux des économistes institutionnalistes américains. On se concentrera ici sur l'économie institutionnelle de John Roger Commons, dont les fondements épistémologiques ont été présentés au chapitre « L'historicisation de la théorie dans l'institutionnalisme américain et ses prolongements contemporains », l'étude de la théorie évolutionnaire du comportement économique de Veblen étant reportée au chapitre « La dimension évolutionnaire de l'institutionnalisme historique ». L'économie institutionnelle de Commons présente quelques similitudes frappantes avec la sociologie économique wébérienne, notamment dans la manière d'appréhender les interrelations entre l'économie, le droit et l'éthique. Cette proximité n'est pas totalement surprenante dans la mesure où il apparaît clairement que Commons a lu de nombreux philosophes et économistes allemands[1]. On étudiera d'abord la manière dont Commons définit l'économie et conceptualise la rationalité humaine. On précisera alors la place des institutions dans l'analyse de Commons et évaluera la dimension substantiviste de son économie institutionnelle.

UNE THÉORIE DU COMPORTEMENT ÉCONOMIQUE

Commons opère un décentrage de l'objet d'analyse de l'économie politique (Théret, 2002). Ce décentrage part d'une redéfinition de l'approche du comportement économique ancrée sur l'idée de « sécurité des anticipations ». Il aboutit sur une théorie des transactions.

Une redéfinition de l'objet de l'économie politique

John R. Commons contraste son économie institutionnelle avec l'analyse économique standard[2] sous deux angles. D'une part, Commons

1 Dans son ouvrage *Institutional Economics* (Commons, 1934), Commons mentionne ainsi notamment les noms de Rickert, Weber, Schmoller et Sombart.

2 Commons désigne l'économie marginaliste/néoclassique de son époque de plusieurs manières, souvent par les expressions « économie individualiste » ou « économie psychologique ».

constate que l'objet d'analyse de l'économie politique a toujours été l'action individuelle. Or, selon l'économiste américain, c'est d'abord l'action collective dans le contrôle de l'action individuelle qu'il importe de prendre en considération : selon Commons (1931, 652), l'économie institutionnelle doit s'intéresser aux relations entre les hommes et non, comme la théorie néoclassique, aux relations entre les hommes et la nature au travers des marchandises produites par le travail. D'autre part, Commons reproche aux économistes d'avoir fait la confusion entre deux éléments pourtant bien distincts : la richesse matérielle et les droits sur cette richesse. Tandis que l'économie a depuis toujours porté son attention sur l'échange physique des choses, Commons met en avant que ce sont d'abord les échanges des *droits* qui doivent être soumis à l'analyse. Il distingue ainsi le transfert du contrôle légal du transfert du contrôle physique et, à côté de l'échange physique, repère une autre forme d'échange : le *transfert de droits sur des choses*, plus précisément *le transfert actuel du contrôle légal futur de ces choses*. Ces deux éléments constituent les points de départ de l'économie institutionnelle de Commons puisqu'ils permettent de déduire ces deux catégories analytiques fondamentales, déjà évoquées précédemment : les transactions et les institutions.

Comme indiqué dans le chapitre précédent, Commons définit les transactions comme « l'aliénation et l'acquisition, entre individus, de droits de propriété et de liberté créés par la société, et qui doivent être négociés entre les parties concernées avant que le travail puisse produire, que les consommateurs puissent consommer, ou que les marchandises puissent être physiquement échangées » (Commons, 1931, 652, notre traduction). La notion de transaction, dans sa forme générique, met l'accent sur la distinction entre propriété de *droits* sur un objet et propriété *matérielle* de ce même objet. La confusion de ces deux éléments est selon Commons la première grande erreur des économistes, classiques comme marginalistes. Ainsi, de Ricardo à Menger, l'économie se serait développée exclusivement dans la perspective de la relation entre l'homme et la nature (Commons, 1934, 56). La confusion entre

---

Rappelons, comme il a été indiqué dans le chapitre « L'historicisation de la théorie dans l'institutionnalisme américain et ses prolongements contemporains », que l'attitude de Commons à l'égard de l'économie standard est très différente de celle adoptée par son prédécesseur institutionnaliste Thorstein Veblen. Contrairement à ce dernier, Commons n'entend nullement rejeter les apports de l'économie marginaliste. Il ambitionne essentiellement de déplacer le centre d'intérêt de l'analyse économique.

le transfert matériel d'un objet et le transfert des droits sur cet objet a deux implications, qui du reste sont étroitement liées. Elle conduit d'une part à ignorer l'importance du cadre institutionnel dans lequel se déroulent les échanges marchands ; elle amène d'autre part à oublier que l'échange de droits précède toujours l'échange matériel et que ces droits n'apparaissent pas de manière *ex nihilo*. Commons dépassera cette aporie par le biais du concept de transaction (*cf. infra*).

La seconde orientation majeure de l'économie institutionnelle de Commons est donc l'étude de l'action collective, comme cela transparaît dans la définition que l'économiste américain donne de la notion d'institution : « l'action collective dans le contrôle, la libération et l'expansion de l'action individuelle » (Commons, 1934, 73, notre traduction). Il s'agit pour Commons de comprendre comment les actions individuelles sont encadrées et affectées par des règles collectives établissant des droits, des devoirs, des autorisations et des interdictions. La question fondamentale qui est sous-jacente à l'économie institutionnelle de Commons est celle de l'*ordre* (Bazzoli, 1999) : le fait que l'économie soit – en partie – une relation entre individus implique en effet l'existence d'une tension permanente entre le conflit et la coopération. Les règles établies par l'action collective (les « *working rules* », selon l'expression de Commons) ont précisément pour fonction de pacifier le conflit et de permettre la coopération. Toute la problématique de l'économie institutionnelle découle du fait que ces règles ne sont pas *ex nihilo*, mais sont au contraire le produit *conscient* des individus au travers de l'action collective.

La rationalité selon Commons : le concept de « futurité »

L'ensemble de l'économie institutionnelle de Commons repose sur une théorie du comportement humain qui se place en nette rupture avec la psychologie individualiste sous-jacente à l'économie marginaliste. Si Commons est moins lyrique que Veblen (1898a) sur cette question, sa position est tout aussi radicale : l'économie politique et les analyses de ses inspirateurs (notamment Locke et Bentham, selon Commons) sont fondées sur une psychologie individualiste où l'individu est appréhendé comme un atome isolé, dépourvu de toute capacité d'anticipation. Commons bâtit sa théorie du comportement, qu'il nomme « psychologie négociationnelle », sur la seule psychologie qu'il considère comme sociale, celle du philosophe pragmatiste John Dewey (Commons, 1934, 91). En effet, si sur le plan de la théorie de la connaissance, l'économiste américain s'appuie principalement sur les apports de Charles Sanders Peirce, concernant la théorie de l'action, c'est dans l'œuvre de John Dewey que Commons va trouver les éléments lui permettant de développer son approche.

Commons considère que l'économie est une science de l'action (« *volitional science* »). L'objet d'étude de l'économie est en effet l'individu, en tant qu'agent doté de la faculté de former des anticipations concernant le futur et de faire des choix en accord avec ses valeurs et préférences, suivant une certaine forme de subjectivité. De ce point de vue, Commons se sépare donc de toutes les représentations mécanistes de l'économie. Toutefois, l'économiste américain s'écarte également de l'école qu'il qualifie de « psychologique », à savoir l'économie marginaliste. Certes, cette approche prend en compte la subjectivité individuelle et la capacité des individus à faire des choix, mais elle le fait dans une perspective totalement individualiste. Le point de départ de la théorie de l'action de Commons est en fait le même que celui de sa théorie de la connaissance : une critique des philosophies lockéenne et humienne et un dépassement de leurs apories par les apports de la philosophie pragmatiste. Deux aspects de la théorie de la connaissance pragmatiste sont particulièrement importants pour la théorie de l'action de Commons : d'une part, l'esprit humain est actif, dans le sens où il construit et interprète l'information qu'il reçoit dans le but de trouver des solutions aux problèmes auxquels est confronté quotidiennement l'individu ; d'autre part, l'action a une dimension éminemment collective dans le sens où elle repose sur des habitudes, des coutumes et des institutions issues de l'action collective engendrée par l'ensemble des membres de la société. Ces éléments sont formalisés au travers de ce que Commons nomme la « psychologie négociationnelle » (ou « psychologie transactionnelle ») (Commons, 1934, 92). La psychologie transactionnelle rend ainsi compte du fait que l'individu agit selon divers critères plus ou moins prépondérants en fonction des circonstances : la rareté, l'efficience, les règles collectives (*working rules*), les facteurs limitatifs (c'est-à-dire, rares) et la futurité (*futurity*). Ce dernier élément est prépondérant dans l'économie institutionnelle de Commons.

Sur un plan générique, la futurité traduit l'idée que les actions présentes des individus sont toujours orientées vers le futur : « on peut considérer que l'homme vit dans le futur mais agit dans le présent » (Commons,

1934, 84 notre traduction). De manière plus spécifique, la futurité exprime le fait que le préalable à toute action pour un individu est la *sécurité des anticipations* : « Sans la sécurité des anticipations, il n'y aurait pas ou peu de valeurs présentes, d'initiatives présentes, de transactions présentes et d'emplois présents. La valeur est la *valeur présente* d'un revenu net futur » (Commons, 1950, 104, notre traduction). Même s'il ne la développe pas explicitement, Commons part de l'idée que les individus évoluent dans un contexte d'incertitude radicale qui, combiné aux limites cognitives de l'esprit humain, leur interdit la possibilité de pouvoir calculer l'ensemble des états futurs possibles. Commons rejette donc totalement l'hypothèse de rationalité substantielle, calculatrice et maximisatrice et adopte une conception proche de la rationalité limitée de Herbert Simon (Forest et Mehier, 2001). Le présent est évalué en fonction des anticipations que l'individu forme sur le futur, sachant que ce dernier est par nature incertain. Il y a ainsi l'idée chez Commons que l'action présuppose un certain *ordre* prenant la forme d'une prévisibilité des règles et des comportements. De cette dimension « volitionnelle », la psychologie transactionnelle de Commons passe ensuite à une dimension sociale : afin de satisfaire son besoin de sécurité des anticipations, l'individu s'appuie sur les habitudes et les institutions. L'individu est un « esprit institutionnalisé » :

> Par conséquent, l'homme est plus qu'un organisme – il est un être institutionnalisé et c'est cette institutionnalisation évolutive qui donne cette double dimension remarquable à l'activité économique, la Futurité. La futurité est institutionnelle – l'enfant isolé et l'homme, comme l'animal, ne sauraient rien sans elle. Cette extension institutionnelle du cerveau de l'organisme dans le temps futur est inséparable dans son extension dans l'espace. C'est cette double extension institutionnalisée de l'activité cérébrale qui rend possible le développement sophistiqué de l'action collective dans l'industrie et le gouvernement dirigeant le monde et les générations à naître (Commons, 1934, 639, notre traduction).

L'esprit humain s'appuie sur des « hypothèses habituelles » (*habitual assumptions*) que les individus ont formé progressivement en fonction de leurs expériences (Commons, 1934, 697). Ces habitudes sont à l'action individuelle ce que les coutumes sont à l'action collective (Commons, 1934, 155). Habitudes et coutumes sont les sources de la relative prévisibilité et régularité du fonctionnement de l'économie et constituent, de ce fait, les vrais objets d'études de l'économie institutionnelle (Commons,

1934, 698). De ce point de vue, la perspective de l'économie institutionnelle est incontestablement de type substantiviste, car elle conduit à s'intéresser aux institutions, entendues au sens le plus large du terme, stabilisant les anticipations des acteurs et non à une activité répondant à une forme particulière de rationalité.

Une théorie des transactions

La psychologie négociationnelle sert d'entrée à Commons pour étudier ce qui constitue, selon lui, l'unité de l'activité économique, les transactions. Comme on l'a indiqué précédemment, l'économie institutionnelle s'intéresse aux relations entre les individus. Le concept de transaction désigne l'ensemble de ces relations interpersonnelles[1].

– Une typologie des transactions

Au-delà de la définition générique donnée plus haut, Commons distingue trois formes différentes de transactions :

- les transactions de « marchandage » (*bargaining transactions*) « désignent l'activité de circulation des richesses au moyen de la négociation du transfert des droits de propriété sur les marchés entre des individus juridiquement égaux » (Bazzoli, 2000c, 50). Ces transactions correspondent aux situations d'échange standard se déroulant sur un marché, dans lesquelles les individus sont placés sur un pied d'égalité au niveau juridique et négocient le transfert de droits de propriété sur des choses physiques. Elles prennent donc place *au sein* du marché et impliquent, au minimum, cinq parties : l'acheteur et le vendeur, l'ensemble des autres acheteurs et vendeurs potentiels dont l'intervention potentielle oriente les comportements des parties à la transaction, et l'autorité chargée de veiller au respect des règles et, le cas échéant, de les mettre en application. Ces transactions sont fondées sur des relations de conflit et de compétition qui sont induites pour un contexte de rareté relative ;

1 Voir Dugger (1996) et Ramstad (1996) pour une comparaison du concept de transaction tel qu'il est utilisé respectivement chez Commons et chez Williamson (1975 ; 1985).

- les transactions de direction (*managerial transactions*) désignent les relations dont l'objet est la création de richesses par le biais d'une activité productive (Commons, 1934, 64). Elles s'appuient sur des relations de dépendance et de coopération. Elles portent sur des situations où des individus évoluant dans une même activité ont un problème commun à résoudre. Mais ici, un rapport d'autorité s'installe en raison d'une asymétrie hiérarchique : il s'agit pour l'essentiel de la relation salariale par laquelle un individu accepte de se soumettre à l'autorité d'un autre dans l'optique future de produire. Cette relation est axée autour du principe d'efficience ;
- les transactions de répartition (*rationing transactions*) « sont les négociations par lesquelles un accord peut être atteint entre plusieurs participants ayant l'autorité pour partager les bénéfices et les charges d'une action collective entre ses différents membres » (Commons, 1934, 68, notre traduction). On retrouve dans ces transactions une asymétrie juridique entre les participants, mais ici le supérieur est une entité collective dépositaire d'une forme de souveraineté alors que les inférieurs sont des individus. C'est au travers de ces relations que se négocient les règles et l'ordre collectif chargés d'encadrer et de réguler les actions individuelles. C'est ici que le principe de *futurité* prend tout son sens : les individus négocient l'instauration de règles sur des activités futures afin de pouvoir sécuriser leurs anticipations sur l'évolution future des événements. Tandis que les deux premières transactions rentraient dans le cadre d'une lutte pour la richesse, les transactions de répartition expriment au contraire une lutte pour le pouvoir.

Selon Commons, ces trois transactions épuisent toutes les activités analysées par la science économique : « les transactions de marchandage *transfèrent la propriété* de la richesse par des accords volontaires entre des parties juridiquement égales. Les transactions de direction *créent la richesse* par les instructions données par des supérieurs légaux. Les transactions de répartition répartissent les charges et les bénéfices résultant de la création de la richesse sous l'*autorité* de supérieurs légaux » (Commons, 1934, 68, notre traduction). Le tableau 1 résume cette typologie :

Caractéristiques/ Transactions	Marchandage	Direction	Répartition
Principe	Rareté	Efficience	Futurité
Type de relations	Conflit/compétition	Dépendance/ coopération	Ordre
Valeur	Utilité/échange	Travail	Anticipations raisonnables
Rapports juridiques	Egalité	Asymétrie	Asymétrie
Nombre de participants	5	2	2
Logique à l'oeuvre	Lutte pour la richesse	Lutte pour la richesse	Lutte pour le pouvoir

TABLEAU 1 – La typologie des transactions selon Commons

– Transactions et les différentes formes d'action

Le concept de transaction, combiné à la psychologie transactionnelle, permet à Commons de formaliser la manière dont un individu peut agir lors d'interactions économiques. Au-delà des particularités liées à chaque type de transaction (type de relations prévalant et valeur guidant les comportements), Commons considère que toute transaction implique une action ayant une triple dimension : la performance, le réfrènement et l'évitement (Commons, 1924, 77-78 ; 1934, 88). La performance est « l'exercice par un individu de son pouvoir sur la nature ou sur les autres individus, en acquérant ou en délivrant une certaine quantité de biens ou de monnaie » (Commons, 1934, 88, notre traduction). Comme son nom l'indique, le réfrènement consiste pour un individu à ne pas faire usage de la totalité du pouvoir économique, moral ou physique en sa possession. Enfin, l'évitement est « l'exercice du pouvoir dans une direction plutôt que dans l'autre immédiatement accessible » (Commons, 1934, 88, notre traduction).

En parallèle, Commons distingue deux types de transactions en fonction du « régime cognitif » adopté par les individus y participant : les transactions stratégiques et les transactions routinières (Commons, 1934, 89 et suiv., 628 et suiv.). Cette opposition désigne la propension qu'a l'esprit humain à s'appuyer sur des routines cognitives et comportementales afin de pouvoir se focaliser sur la résolution de problèmes nouveaux ou particulièrement complexes (Commons, 1934, 89). La notion de transaction routinière met en valeur le fait que l'action volontaire repose souvent sur une routinisation des processus cognitifs, c'est-à-dire que les individus s'appuient sur leurs habitudes pour réaliser la transaction. Dans ce cadre, l'essentiel de l'action est inconsciente, car elle s'appuie sur des expériences passées « pour lesquelles il existe des règles qui constituent une mémoire des pratiques efficientes et fournissent une sécurité aux anticipations » (COREI, 1995, 35). Si ces transactions ne nécessitent pas une délibération consciente, on comprend que c'est parce qu'elles traitent de facteurs complémentaires qui, par définition, ne nécessitent aucun comportement stratégique pour pouvoir être mis en œuvre. Ce type de comportement routinier, loin d'être antinomique avec les notions de raison ou de rationalité, s'avère être en fait indispensable à l'exercice et à l'utilisation par l'esprit humain de l'ensemble de ses capacités de délibération (Commons, 1934, 701). À l'inverse, les transactions stratégiques traitent de facteurs limitatifs qui, soit en raison de leur nouveauté, soit en raison de leur rareté (et parfois des deux), nécessitent de la part des individus une délibération consciente et stratégique maximale. C'est dans ce cadre que la raison humaine s'exprime le plus complètement, mais cela n'est possible que parce qu'elle peut s'appuyer sur des habitudes qui lui permettent d'ignorer l'immense majorité des facteurs appuyant l'action. Ces transactions stratégiques sont donc l'expression de la faculté de la volonté humaine à se concentrer sur quelques facteurs spécifiques pour aboutir au résultat recherché (Ramstad, 1996, 417).

La psychologie transactionnelle de Commons débouche ainsi sur une théorie de l'action à la fois relativement formalisée tout en soulignant la pluralité des logiques d'action. Elle est formalisée dans le sens où elle indique que toute transaction consiste pour un individu à faire des choix fondés sur des anticipations quant au comportement d'autrui et s'appuyant sur des règles (*working rules*) indiquant ce qui est autorisé, obligatoire ou prohibé (Commons, 1924, 6). En parallèle, la diversité des transactions indique que l'on ne peut réduire l'activité économique à une seule et même forme d'action : celle consistant à optimiser l'usage de moyens rares à des fins données. Toutefois, ce n'est qu'une fois que cette théorie de l'action est combinée avec une théorie des institutions que l'économie institutionnelle de Commons acquiert sa dimension substantiviste.

UNE THÉORIE DES INSTITUTIONS

Commons développe une théorie des institutions qui est le pendant de sa théorie de l'action. Comme on l'a indiqué plus haut, Commons définit une institution comme le contrôle et l'expansion de l'action individuelle par l'action collective. Derrière cette définition très large, l'économiste américain distingue deux formes institutionnelles typiques : la coutume et le *going concern*. Cette théorie des institutions lui permet d'aboutir à une typologie des systèmes économiques.

Un continuum des formes institutionnelles : de la coutume au going concern

Dans l'économie institutionnelle de Commons, les institutions constituent les « règles du jeu » permettant aux individus de sécuriser leurs anticipations quant aux actions que les autres individus entreprendront. Les institutions *contrôlent* l'action individuelle, car elles mettent en œuvre des règles que les individus ne peuvent outrepasser sous peine de sanctions. Mais elles *libèrent* et *étendent* également cette même action individuelle en assurant une relative sécurité des anticipations aux individus (COREI, 1995, 35). Les institutions sont le produit de la répétition attendue des transactions.

Commons approfondit cette définition en considérant que les institutions correspondent à un *continuum* allant de la coutume au *going concern*[1]. La coutume est considérée par Commons comme la forme universelle d'institution. Il s'agit d'institutions informelles qui sont le produit de la répétition de pratiques et qui conditionnent les habitudes individuelles via l'apprentissage. Commons insiste sur le fait que la coutume est souvent très contraignante, parfois plus que la loi. Au pôle opposé de ce continuum, se situent les « collectifs dynamiques organisés » (*going concerns*) que Commons considère être les unités modernes de l'action collective exerçant une régulation structurelle des interactions individuelles et qui

1 Terme qu'il est difficile de traduire en français. Nous suivrons la traduction de B. Théret (2002) en traduisant « going concern » par « collectif dynamique organisé ».

viennent compléter la coutume et son imprécision. Il s'agit d'institutions organisées telles que l'État, l'entreprise, le syndicat, une association ou encore la société dans son ensemble. Comme le remarque Commons, en pratique, toute institution comporte à la fois des éléments formels et informels. Il ne s'agit pas d'une différence de nature, mais de degré. Les institutions, notamment les collectifs dynamiques organisés, sont constituées de deux éléments : les transactions et la *willingness*, c'est-à-dire la volonté humaine. Chaque institution est composée des trois types de transactions, mais dans des proportions variables. Ces proportions déterminent la nature des institutions et leur place dans la régulation de la société. L'autre élément constitutif des institutions et notamment des *going concern* est la volonté humaine qui s'exerce au travers des transactions. C'est dans ce sens que Commons développe la psychologie négociationnelle des transactions abordée précédemment.

La fonction des institutions dans une économie est essentielle car ce sont elles qui développent les « *working rules* » à partir desquelles les individus vont pouvoir sécuriser leurs anticipations. C'est donc à partir de l'étude de ces dernières qu'il devient possible de comprendre les différentes formes que peut prendre une économie.

Une typologie des systèmes économiques

L'économie institutionnelle de Commons développe une architecture analytique extrêmement complexe[1] qui permet de distinguer différentes « configurations institutionnelles » et, *in fine*, différents systèmes économiques.

– Pouvoirs, transactions et systèmes économiques

L'ensemble des catégories analytiques de l'économie institutionnelle de Commons s'organise selon une succession de triptyques[2]. On a déjà indiqué les trois types de transactions distingués par Commons : les transactions de marchandage qui impliquent au moins cinq parties (au

1 Voir notamment Théret (2002) qui tente une clarification de cette architecture. Voir également Kaufman (2003) qui propose une intéressante reconstruction appliquée à l'étude de la firme.

2 Laure Bazzoli (1999) remarque que la profusion de triptyques est également caractéristique de la philosophie pragmatiste développée par C.S. Peirce.

moins quatre participants à l'échange auxquels s'ajoute une entité chargée de faire appliquer les règles encadrant la transaction) et qui visent à transférer la propriété de droits sur un objet ; les transactions de direction qui reposent sur une relation hiérarchique et sur lesquelles repose la coordination administrative ; et enfin les transactions de répartition par lesquelles sont négociées les règles devant répartir les droits et les obligations de chacun des participants à l'échange. Comme mentionné précédemment, chacune de ces transactions repose sur une forme particulière de relations sociales. Les transactions de marchandage sont fondées sur la coercition et la persuasion économiques ; les transactions de direction s'appuient sur une forme de soumission morale ; enfin, les transactions de répartition sont, *in fine*, appuyées par la force physique.

Ainsi, les transactions sont fondées sur plusieurs types de pouvoir dont Commons considère qu'ils traversent toute économie : le pouvoir économique, le pouvoir moral et le pouvoir physique (Commons, 1924, chap. III ; 1934, chap. X). Pouvoir économique et pouvoir physique sont symétriques : « Dans un cas, la concurrence est physiquement restreinte ; dans l'autre, elle l'est économiquement. Dans un cas, le monopoleur est favorisé et protégé par le pouvoir souverain contre toutes les actions des concurrents ; dans l'autre, le propriétaire est favorisé de par sa situation économique tandis que le pouvoir souverain traite de manière égalitaire ses propriétés et libertés et celles de ses concurrents » (Commons, 1924, 52, notre traduction). Dans les deux cas, de manière ultime, les deux types de pouvoir reposent sur la force physique de la souveraineté qui protège le monopole ou la situation. Mais, dans le cas du pouvoir physique, la protection consiste en une prohibition directe de la concurrence, tandis que dans le cas du pouvoir économique la protection de la souveraineté concerne uniquement la propriété. Chaque type de pouvoir s'exprime aux travers de différentes formes de sanctions : des sanctions économiques, des sanctions morales ou éthiques (pouvant par exemple prendre la forme d'un « boycott social ») et des sanctions légales.

Les différentes sanctions sont elles-mêmes émises par divers *going concerns*. Commons distingue ainsi les organisations économiques (essentiellement l'entreprise), les organisations morales (les syndicats, l'Église) et les organisations politiques (l'État, les tribunaux)[1]. L'économie institutionnelle

---

1 Voir Théret (2002 ; 2003) pour une analyse des différentes formes d'organisations présentes dans l'économie institutionnelle de Commons. Voir aussi Bazzoli et Dutraive (2002).

de Commons conceptualise ainsi toute économie comme étant structurée autour de plusieurs niveaux de règles (Théret, 2003). Les règles de premier rang sont celles qui régissent les transactions entre individus personnes physiques. Des règles de troisième rang visent à régir les relations entre les collectifs dynamiques organisés entre eux (par exemple, les règles régissant les relations entre les entreprises et les syndicats). Enfin, des règles de deuxième rang régulent les relations (les transactions) prenant place au sein même des collectifs dynamiques organisés. On aboutit ainsi à un schéma général prenant la forme d'une succession d'emboîtements : il existe dans toute économie trois types d'organisations institutionnalisées. Ces organisations ont des relations entre elles qui sont régies par des règles elles-mêmes émises par les collectifs dynamiques organisés souverains, à savoir l'État et les tribunaux. En interne, chaque collectif régule les transactions (de marchandage et de direction) qui s'y déroulent au moyen d'un « organe politique » émettant des transactions de répartition. Le type d'organisation institutionnalisée est déterminé par la nature des sanctions et donc du pouvoir qu'il exerce sur les autres agents de l'économie.

– Capitalisme, fascisme et communisme

Il existe un quatrième niveau de règles dans l'économie institutionnelle de Commons, niveau qui permet de distinguer différents types de systèmes économiques. Dans le dernier chapitre d'*Institutional Economics*, Commons distingue et étudie trois types de systèmes économiques : le communisme, le fascisme et le capitalisme. Chaque système économique se différencie des autres à trois niveaux qui sont en fait réductibles à un seul : le type de transactions qui y est dominant.

Le niveau le plus abstrait de différenciation est celui des « philosophies sociales », c'est-à-dire la conception de la nature humaine sous-jacente au système et les objectifs ultimes vers lesquels il tend. Le second niveau est celui du rapport de force entre les différents *going concerns*. Enfin, le niveau le plus concret duquel découlent les deux précédents est donc celui des formes de transactions dominantes. Ainsi, Commons considère qu'une économie communiste est dominée par les transactions de répartition et les collectifs dynamiques organisés de type politique. Cette domination traduit le fait qu'un système communiste est d'abord basé sur une forme de planification économique déterminée de manière centralisée par le pouvoir politique.

En conséquence, les transactions de marchandage, même si elles existent, sont largement orientées par le pouvoir politique et les menaces de sanction physique. Les organisations politiques comme l'État occupent alors une place proéminente. Le système économique fasciste est quant à lui fondé sur les transactions de direction. Cette domination traduit l'importance des *going concerns* moraux et le fait que le système économique est avant tout orienté par des règles éthiques et morales. Enfin, le système capitaliste se caractérise par la prépondérance des transactions de marchandage et la place centrale occupée par l'entreprise privée. Les transactions de direction (au sein des organisations) et surtout de répartition (essentiellement au travers de l'action des tribunaux et de leur jurisprudence) ne sont pas absentes pour autant. Ces dernières sont même un cadre constitutif indispensable au développement des relations marchandes. Néanmoins, elles en viennent presque à prendre un caractère secondaire tant le pouvoir économique de certains *going concerns* est développé[1].

LA DIMENSION SUBSTANTIVISTE DE L'ÉCONOMIE INSTITUTIONNELLE DE COMMONS

Il s'agit ici de rapidement évaluer la dimension substantiviste de l'économie institutionnelle de Commons. Compte tenu de ce qui vient d'être dit et de la définition de l'approche substantiviste, il apparaît clairement que l'approche de Commons satisfait aux exigences de ce critère : d'une part, son économie institutionnelle repose sur une forme d'institutionnalisme méthodologique (Bazzoli, 1999), d'autre part elle ne réduit pas l'économie à un ensemble de relations d'échange visant à optimiser l'usage de moyens rares.

L'institutionnalisme méthodologique de Commons

La psychologie transactionnelle de Commons atteste que ce dernier développe une théorie de l'action articulant étroitement dimension individuelle et dimension collective (Atkinson et Reed, 1992). À plusieurs

1 Dans ce même chapitre, Commons précise par ailleurs que le capitalisme américain est dominé par les banques, l'économiste américain utilisant le terme de « capitalisme banquier ». Commons dénonce le pouvoir économique excessif détenu par ces institutions et parle même de « dictature des banques ». Cette manière de mettre au même plan pouvoir économique et pouvoir physique est incontestablement un point essentiel dans l'économie institutionnelle de Commons.

endroits, Commons indique d'ailleurs explicitement que son approche ne peut être réduite à une optique purement individualiste ou purement collectiviste. Ainsi, dans *Legal Foundations of Capitalism*, Commons (1924, 125), à l'instar de Weber, indique que l'on ne peut appréhender l'État comme une entité abstraite et que ce dernier est le résultat des actions des agents qui le composent. Ailleurs, il rejette ce qu'il nomme « l'erreur individualiste » et « l'erreur collectiviste » (Commons, 1934, 268).

L'influence de la philosophie pragmatiste est ici évidente : l'action n'est jamais individuelle, mais toujours sociale. Pour pouvoir agir, l'individu doit s'appuyer sur des habitudes et des coutumes qui se matérialisent dans des institutions. Par conséquent, l'action des individus et leur comportement économique ne peuvent jamais s'appréhender en faisant abstraction du contexte institutionnel dans lequel ils s'insèrent. Les institutions sont donc le point de départ indispensable à toute analyse institutionnaliste. En d'autres termes, si, comme l'indique Commons, les transactions sont l'unité de l'*activité* économique, les institutions constituent quant à elles l'unité de l'*analyse* économique. Ce faisant, l'économie institutionnelle de Commons s'écarte de toute conception atomistique de l'individu, héritée de la philosophie cartésienne (Mirowski, 1987) et qui indirectement a donné naissance à une conception purement formaliste de l'économie, où les interactions économiques s'étudient uniquement au travers du prisme d'une relation fins/moyens mise en œuvre par des comportements optimisateurs.

Le dépassement d'une vision formaliste de l'économie

En distinguant trois types de systèmes économiques, Commons anticipe l'analyse substantiviste des systèmes économiques de Polanyi (*cf. infra*) et, d'une certaine façon, les analyses en termes de diversité de capitalisme développées dans le cadre de l'école de la régulation (Boyer, 2004a ; Amable 2005). Il est intéressant de noter que l'analyse de Commons combine la dimension diachronique de la première et la dimension synchronique de la seconde. La dimension diachronique ressortira plus clairement lorsque l'on étudiera dans le chapitre « Le capitalisme comme système historique contingent » l'analyse de l'émergence du capitalisme que mène Commons dans *Legal Foundations of Capitalism*. La dimension synchronique apparaît, elle, clairement par la représentation idéaltypique du capitalisme, du fascisme et du communisme qui ressort de l'analyse de Commons. Au final, en réunissant « l'économie, le droit et l'éthique », l'économie institutionnelle souligne la nécessité de prendre en compte l'importance des dimensions juridiques et éthiques sous-jacentes à tous les phénomènes économiques et rejette la possibilité de les appréhender de manière désincarnée.

Il faut noter que les études de Commons se focalisent sur le monde anglo-saxon (lorsque ce dernier étudie l'émergence du capitalisme) et même sur le capitalisme américain (notamment dans ses massifs travaux historiques). Elles ignorent de ce fait les économies d'Europe continentale et, *a fortiori*, toutes les économies précédant la fin du féodalisme. De ce point de vue, on ne peut pas mettre sur le même plan la contribution de Commons et celle, par exemple, de Polanyi. La dimension historique dans l'économie institutionnelle de Commons existe (Biddle et Samuels, 1997), mais elle n'occupe pas la même place que dans d'autres approches institutionnalistes. Toutefois, l'insistance sur le rôle des institutions et la pluralité des formes de transactions indiquent bien que l'activité économique ne peut pas s'appréhender au travers d'une logique d'action universelle ou d'une relation entre fins et moyens, mais uniquement en comprenant le contexte institutionnel et la manière dont il s'est formé. Cela est vrai quand bien même Commons (comme Weber) semble présupposer l'universalité d'un contexte de rareté. En tout état de cause, ce n'est pas uniquement la rareté qui préside au développement des relations économiques (elle est un facteur parmi d'autres) mais essentiellement les types de pouvoir, de transactions et d'institutions en exergue. Le marché lui-même apparaît chez Commons comme une institution[1]. En effet, il se dessine dans la typologie de Commons une hiérarchie implicite qui voit les transactions de régulation, émanations des autorités publiques (État et justice notamment), instituer au moins pour partie le cadre dans lequel se déroulent les transactions de marchandage et de direction, ces dernières ayant elles-mêmes une incidence non négligeable sur les processus de marché. Ainsi, à travers la grille de lecture de l'économie institutionnelle de Commons, le marché est appréhendé comme étant encastré dans un réseau institutionnel bien plus large, orientant pour une bonne partie son fonctionnement.

---

1 On relèvera que Commons n'utilise qu'exceptionnellement le terme de « marché » (une seule fois par exemple dans *Legal Foundations of Capitalism*), ce qui peut parfois amener à se demander où situer le marché dans l'économie institutionnelle de Commons.

Par ailleurs, en insistant sur l'importance des droits de propriété en tant que préalable à la réalisation de tout échange, notamment sur le marché, l'économie institutionnelle tend à rappeler le caractère social, et donc non naturel, de la notion même de propriété. En effet, la théorie standard s'appuie implicitement sur une conception naturaliste de la propriété et des droits qui lui sont sous-jacents. Or, de même que le marché ne peut être appréhendé comme un simple ordre spontané émergeant automatiquement des relations humaines, les droits de propriété – sans lesquels aucun marché ne peut apparaître – demandent à être institués, c'est-à-dire à être socialement créés. Cette institutionnalisation de la propriété, notamment privée, est par nature un acte collectif qui est formalisé par la réalisation de transactions de régulation entre *plusieurs* parties. Ainsi, « les droits de propriété sont des protections *collectives* des occupations économiques des individus. La *propriété* individuelle peut exister ; les *droits* de propriété individuels sont impossibles. Aucun individu ne peut protéger ses droits de propriété contre tous en agissant seul. Il ne peut que compter sur l'action collective » (Dugger, 1980, cité par Bazzoli, 1999, 93). L'économie institutionnelle de Commons tend donc à montrer que les sociétés humaines sont « par nature » construites et que toutes ses institutions, à commencer par celles propres au capitalisme (le marché et la propriété privée notamment) sont un construit pragmatique et artificiel résultant d'un accord entre les individus. Si Commons ne formule pas une définition précise et explicite du marché dans ses écrits, les outils conceptuels offerts par son cadre analytique semblent permettre néanmoins de voir le marché comme une institution. On peut ainsi appréhender le marché, chez Commons, comme *une modalité institutionnelle par laquelle les agents réalisent des transactions de marchandage permettant l'échange physique de biens et de services et qui est instituée par un ensemble de règles constitutives, règles émises par l'intermédiaire de transactions de régulation définissant notamment les droits de propriété, un moyen d'échange et des règles de conduites mises en application par des autorités souveraines.*

L'ÉCONOMIE SUBSTANTIVE DE KARL POLANYI : ENCASTREMENT ET MARCHANDISATION

Comme son nom l'indique, l'économie substantive de Polanyi se développe dans une perspective substantiviste. Polanyi y développe une série de catégories analytiques : les formes d'intégrations, le concept de marchandises fictives et l'idée d'encastrement/désencastrement. L'économiste hongrois fait usage de ces catégories pour étudier les économies primitives et surtout développer sa thèse de la « grande transformation ». On peut ensuite procéder à une évaluation plus précise de l'économie substantive de Polanyi.

LES CATÉGORIES ANALYTIQUES DE L'ÉCONOMIE SUBSTANTIVE DE POLANYI

Comme on l'a indiqué dans le chapitre précédent, Polanyi oppose le sens substantif de l'économie au sens formel. L'économie, au sens formel, renvoie au caractère logique de la relation fins/moyens, tandis que la définition substantive indique que l'homme survit à travers l'institutionnalisation des interactions entre lui et son environnement (Polanyi, 1957a, 239). Si les moyens à disposition des individus sont toujours matériels, leurs besoins ne se réduisent pas à l'aspect matériel. Le sens substantif « tire son origine de la dépendance de l'homme par rapport à la nature et à ses semblables pour assurer sa survie. Il renvoie à l'échange entre l'homme et son environnement naturel et social. Cet échange fournit à l'homme les moyens de satisfaire ses besoins matériels » (Polanyi, 1957a, 239). Au-delà des difficultés d'ordre épistémologique et méthodologique que nous avons soulevées dans le précédent chapitre, l'approche substantiviste permet d'appréhender les différentes configurations institutionnelles à partir desquelles les sociétés ont pu organiser leur subsistance. Cette démarche est rendue possible par le fait qu'il n'existe qu'un nombre réduit de configurations possibles et dont Polanyi va parvenir à rendre compte à l'aide d'un ensemble de catégories analytiques, plus particulièrement les formes d'intégration, le concept de marchandises fictives et le couple encastrement/désencastrement.

Les formes d'intégration

Polanyi rejette l'idée que la coordination par le marché soit le mode universel par lequel auraient toujours été régulées les interactions sociales. L'économiste hongrois repère l'existence de trois « formes d'intégration » qu'il définit comme des régularités de mouvements des biens et personnes dans l'économie, que ces mouvements consistent en des changement dans la location ou dans l'appropriation, ou les deux (Polanyi, 1977, 35). En d'autres termes, une forme d'intégration est un *pattern* empirique concernant la manière dont circulent biens et individus dans une société, dans l'optique de satisfaire aux besoins sociaux. De ce point de vue, le marché, ou échange marchand, n'est que l'une des formes d'intégration ayant émergé dans l'histoire des sociétés humaines. D'après Polanyi, il s'agit même d'une forme finalement relativement peu importante d'un point de vue historique par rapport aux deux autres[1], lesquelles auraient été prépondérantes avant l'avènement de la société de marché au XIXe siècle : la réciprocité et la redistribution. Chaque forme d'intégration est supportée par des structures institutionnelles, c'est-à-dire un ensemble de règles organisant le mouvement des biens et des individus suivant la logique de la forme d'intégration correspondante : la symétrie, la centralité et le marché.

– Réciprocité et symétrie

La réciprocité sous-entend des mouvements symétriques entre différents groupes ou individus. Comme pour la redistribution, il s'agit d'un *pattern* que Polanyi repère dans les travaux anthropologiques de Bronislaw Malinowski et avant lui de Richard Thurnwald, notamment sur les tribus mélanésiennes. En tant que forme d'intégration, la réciprocité est proche du paradigme du don/contre-don identifié par le sociologue français Marcel Mauss. Elle est fondée sur l'obligation de rendre. La

1 À strictement parler, il semble que Polanyi distingue *quatre* formes d'intégration, aux côtés de l'échange, de la réciprocité et de la redistribution. En effet, dans *La grande transformation*, Polanyi (1944, 83-84) distingue un quatrième principe, celui de l'administration domestique, consistant à produire pour son propre usage. Toutefois, Polanyi ne réintroduit pas cette forme d'intégration dans ses écrits subséquents, notamment dans son essai « *Forms of Integration and Supporting Structures* » (Polanyi, 1977, 35-43). Stanfield (1986) souligne également cette ambiguïté et considère qu'il n'est pas possible de mettre l'administration domestique sur le même plan que les autres formes d'intégration.

réciprocité est donc assise sur des structures institutionnelles de type symétrique (Polanyi, 1944, 78 ; 1977, chap. 3) pouvant s'organiser soit de manière binaire (A donne à B, B rendant plus tard à A), soit de manière circulaire (A donne à B, qui lui-même donne à C, lequel donne à son tour à A). Selon Polanyi, elle est un « trait fréquent de l'organisation sociale chez les peuples sans écriture » (Polanyi, 1944, 78). Les sociétés structurées par le principe de réciprocité sont amenées à limiter fortement l'accumulation privée, du fait de l'importance accordée à la générosité comme fondement du prestige (Maucourant, 2005).

– Redistribution et centralité

La redistribution « prévaut dans un groupe dans la mesure où les biens sont rassemblés par une seule "main" en vertu de la coutume, de la loi ou de la décision centrale *ad hoc* » (Polanyi, 1957a, 247) pour ensuite être alloués selon des critères définis. Elle désigne donc des mouvements d'appropriation en direction d'un centre, puis de celui-ci vers l'extérieur (Polanyi, 1957a). On comprend aisément que ce type de relations soit structuré par des institutions organisant une forme de centralité. Polanyi fait référence à l'Egypte ancienne pour illustrer ce principe de redistribution, couplé à la structure fondamentale de la centralité. Cela lui permet de souligner que si la redistribution est un processus de contrôle par un centre, l'affectation des flux économiques peut néanmoins être réalisée par des procédures décentralisées (Maucourant, 2005, 78).

– Échange et marché

L'échange « se réfère à des mouvements de va et vient tels que les changements de "mains" dans un système marchand » (Polanyi, 1957a, 245). Toutefois, Polanyi précise que les prix n'émergent jamais spontanément des relations d'échange entre individus. L'échange suppose en effet d'être supporté par une forme de marché (Polanyi, 1977, 42) créateur de prix. Il faut alors distinguer deux cas de figure que Polanyi fait apparaître dans ses travaux (Maucourant, 2005, 65) :

– cas où les prix sont fixés : il s'agit de l'*échange décisionnel* : « Polanyi suppose alors qu'un segment de l'économie régi par ce type d'échange, où les prix sont contraints par la coutume ou le politique, ne peut être *intégratif*, c'est-à-dire avoir un minimum de cohérence. Il faut poser une condition pour que les pratiques de l'échange marchand aient des capacités de régulation qui leur soient propres : les prix (ou *taux de l'échange*) doivent être négociés » (Maucourant, 2005, 65) ;

- cas où les prix sont négociés : l'échange est alors dit « intégratif » : « Le cas de la négociation généralisée des prix et des conditions de l'échange est évidemment une composante essentielle du grand marché » (Maucourant, 2005, 65). Toutefois, même ici, le marché n'est pas autonome car il manque au moins deux conditions au grand marché pour que les mécanismes marchands puissent être totalement autonomes : d'une part un droit rationnel, d'autre part un mode de formation des prix qui se constitue en système lié à l'organisation même de la production (Maucourant, 2005).

Polanyi insiste sur le fait que ces formes d'intégration et les agencements institutionnels qui leur correspondent ne sont pas de simples agrégats de comportements personnels. Pour que la réciprocité existe, il faut au préalable qu'il existe des structures symétriquement ordonnées, comme un système symétrique de groupe de parenté (cela veut dire que des comportements personnels de réciprocité ne peuvent donner naissance à ce genre de parenté). Il en va de même pour le marché dont la seule agrégation de multiples échanges n'est pas suffisante pour lui donner naissance. En d'autres termes, il y a une *antériorité des structures sur les comportements*.

Polanyi fait le rapprochement entre ce modèle des formes d'intégration et la notion de « système économique ». En effet, à tout moment, on peut trouver trace *simultanément* de ces trois formes d'intégration dans une société donnée. De ce point de vue, elles ne peuvent s'interpréter comme des stades de développement (Polanyi, 1957a ; 1977 ; Godelier, 1975). En revanche, la prépondérance de l'une par rapport aux autres et la manière dont elles s'articulent entre elles contribuent à définir le type de système économique préexistant. L'efficacité d'un système économique – c'est-à-dire sa capacité à permettre aux individus de satisfaire à leurs besoins dans le cadre de leurs relations avec la nature et entre eux – dépend en effet de sa propension à relier de manière complémentaire l'échange, la réciprocité et la redistribution. Par exemple, « [d]ans le cas athénien, Polanyi met en évidence l'importance des échanges marchands mais surtout l'articulation entre la redistribution et l'échange comme une condition de la démocratie antique. La redistribution des richesses par la Cité est une condition d'un exercice authentique de la liberté : celle-ci ne peut se concevoir sans que tout citoyen soit assuré d'un minimum économique, sans quoi les plus riches achèteraient une véritable clientèle » (Maucourant, 2005, 66). Les formes d'intégration sont donc un outil, empiriquement construit, de l'analyse comparative des systèmes économiques (Stanfield, 1986) puisqu'elles permettent de mettre en valeur les formes d'organisation (d'institutionnalisation) dominantes de l'économie d'une société donnée.

Les marchandises fictives

Le concept de marchandises fictives (*fictitious commodities*) est essentiel dans le schéma de l'économie substantive polanyienne puisque c'est par son biais que Polanyi parvient à rendre compte du processus d'encastrement/désencastrement. Il est au cœur de l'argument polanyien sur le développement de la société de marché : selon Polanyi (1944), si le marché est une institution dont on peut trouver trace dès la Grèce antique, la société de marché, celle où l'échange à prix négocié devient la forme d'intégration dominante et où l'ensemble des activités humaines est subordonné au libre mouvement des prix, n'apparaît que très tardivement, vers le XIXe siècle. Le point de bascule se situe au niveau de l'émergence de marchandises fictives : le travail, la terre et la monnaie.

– Les marchandises fictives : travail, terre, monnaie

Selon Polanyi, les marchandises sont des « objets produits pour la vente sur le marché », les marchés étant « définis comme des contacts effectifs entre acheteurs et vendeurs » (Polanyi, 1944, 107). Est donc une marchandise tout objet dont la production est engendrée dans l'optique d'être cédée à un acheteur pour un prix librement négocié. Cela indique qu'aucun objet n'est par nature une marchandise. En effet, pour qu'un objet soit une marchandise, il faut qu'au préalable il existe le support institutionnel permettant les échanges librement négociés, à savoir un marché. Tant que celui-ci n'a pas été institutionnalisé[1], il n'existe par définition aucune marchandise. La thèse de Polanyi est la suivante : tant que le travail, la terre et la monnaie n'ont pas été soumis aux contraintes de l'échange marchand, l'économie était *encastrée* (*cf. infra*) dans la société. En d'autres termes, la réciprocité et la redistribution étaient les formes d'intégration dominantes car l'organisation de la société n'était pas dépendante du marché. Du jour où le travail, la terre et la monnaie ont été convertis en marchandises, il s'est produit un renversement dans le mode d'organisation des sociétés humaines : soudainement, la vie humaine dans toutes ses dimensions, jusque dans ses besoins les plus primaires (se nourrir et se loger), est devenue vulnérable aux contraintes marchandes.

Selon Polanyi, il apparaît ainsi au cours du XIXe siècle un marché de la terre, un marché du travail et un marché de la monnaie. En utilisant les concepts issus de l'économie institutionnelle de J. R. Commons, on peut considérer que cette apparition est le résultat d'un ensemble de transactions de répartition qui a *autorisé* la mise en œuvre de transactions de marchandage pour ces objets. Concernant le travail, Polanyi consacre notamment de nombreuses pages dans *La Grande Transformation* à l'abrogation en 1834 de la loi de Speenhamland. Datant de 1795, cette loi va empêcher jusqu'à son abrogation la constitution d'un marché du travail en Angleterre en instaurant une forme de complément de salaire indépendant des gains (Maucourant, 2005). Une fois cette contrainte institutionnelle supprimée[2], un marché du travail a pu se constituer, la formation du salaire correspondant à la formation du prix sur n'importe quel marché, à savoir le fruit d'une rencontre entre une offre et une

1 Notons un point sur lequel nous revenons plus bas : pour Polanyi, l'émergence du marché n'a rien de spontané. Dans *La Grande Transformation*, Polanyi s'emploie au contraire à montrer que la société de marché résulte de l'action des pouvoirs publics. Il faut noter que l'ouvrage de Polanyi est publié en 1944, soit la même année que la parution de l'ouvrage de Friedrich Hayek, *La route de la servitude*. Hayek y défend une thèse diamétralement opposée : le marché est un ordre spontané dont l'apparition ne peut être contrecarrée que par l'intervention de l'État.

2 Polanyi (1944) indique que, paradoxalement, la loi de Speenhamland a eu des effets désastreux sur le tissu social, en plus d'induire en erreur les économistes classiques de l'époque qui ont universalisé un contexte institutionnel spécifique, dépourvu de marché du travail, pour élaborer une théorie générale de la formation des salaires (*cf.* chapitre « L'historicisation de la théorie dans l'institutionnalisme américain et ses prolongements contemporains »). Nous revenons dans le chapitre « Le capitalisme comme système historique contingent » sur le rôle que confère Polanyi à Speenhamland dans l'émergence de la société de marché.

demande. Il en va de même pour la terre et la monnaie dont Polanyi (1944) remarque que leur constitution en marchandise est plus ancienne que celle concernant le travail. Une fois les marchés de la terre et de la monnaie constitués, la rente foncière et le taux d'intérêt leur ont respectivement servi de prix. L'usage de la terre et la production et l'usage de la monnaie sont alors devenus totalement dépendant des mouvements de ces prix, indépendamment d'autres considérations « non économiques ».

– La nature non marchande du travail, de la terre et de la monnaie

Comme le terme « fictif » le suggère, l'argument polanyien consiste à dire que travail, terre et monnaie ne sont pas *intrinsèquement* des marchandises et que, par conséquent, créer un marché pour ces objets est aller contre leur nature. Il en résulte alors une destruction du tissu social, prélude à l'effondrement de la société de marché et à l'émergence des sociétés totalitaristes.

Polanyi ne fournit guère d'éléments pour expliquer la nature intrinsèquement non marchande de ces marchandises fictives. À certains endroits, il (Polanyi, 1977, 11) suggère que le travail, la terre et la monnaie ne sont pas des marchandises, car ils n'ont pas pour objet d'être vendus une fois produits (concernant le travail), voire ne sont pas produits du tout (concernant la terre) (Polanyi, 1944, 107). L'autre argument, que l'on relève plus particulièrement dans *La Grande Transformation*, est que ces trois objets sont la « substance » de la société elle-même (Polanyi, 1944, 107). Comme on le sait, d'un point de vue substantiviste, l'économie se définit par son rôle d'offrir à la société les moyens d'organiser sa subsistance en permettant aux individus de satisfaire à leurs besoins. De ce point de vue, le travail, la terre et la monnaie semblent être les piliers de la dimension substantive de l'économie : le travail humain est indispensable pour transformer la nature de sorte que cette dernière puisse répondre aux besoins des individus ; la terre constitue le facteur de production premier, indispensable à la production de nourriture ; la monnaie, en plus d'être éventuellement un moyen d'échange à partir du XVIIIe siècle (selon Polanyi), est aussi et surtout un étalon de valeur et un moyen de paiement permettant de s'acquitter de ses obligations et de ses dettes (Polanyi, 1977, 77-142). En soumettant ces piliers aux aléas du fonctionnement des marchés et aux contraintes imposées par les mouvements de prix, Polanyi considère que la société de marché entraînerait non seulement une autonomisation de l'économie mais surtout une destruction des institutions non économiques ayant traditionnellement structuré les relations sociales (la parenté, la religion, etc.). Faire dépendre la substance de la société des mécanismes marchands est impossible car c'est affecter l'être humain directement :

> Permettre au mécanisme du marché de diriger seul le sort des êtres humains et de leur milieu naturel, et même, en fait, du montant et de l'utilisation du pouvoir d'achat, cela aurait pour résultat de détruire la société. Car la prétendue marchandise qui a pour nom « force de travail » ne peut être bousculée, employée à tort et à travers, ou même laissée inutilisée, sans que soit également affecté l'individu humain qui se trouve être le porteur de cette marchandise particulière (Polanyi, 1944, 108).

On admettra que les deux arguments évoqués par Polanyi ne sont pas totalement convaincants. Concernant le premier, suivant lequel la terre, le travail et la monnaie n'ont pas pour objet d'être vendus, il s'agit d'un énoncé ontologique difficile à démontrer. On s'accordera que ces objets ne sont pas *à l'état de nature* faits pour être vendus. Mais on peut dire la même chose de tout autre objet : dans une optique substantiviste, aucun objet n'est intrinsèquement une marchandise ; un marché demande toujours au préalable à être institué. Le second argument, de nature plus anthropologique, semble davantage solide. Cependant, on ne voit pas pourquoi, *a priori*, le fait de soumettre la terre ou le travail à la régulation marchande serait plus destructeur que de les soumettre à d'autres formes d'intégration. Si on s'appuie sur un pur raisonnement empirique (*i.e.* le constat d'une corrélation entre la dégradation du tissu social et la création d'un marché du travail ou de la terre), le problème de l'induction fait que l'on ne peut faire aucune généralisation. Quant au raisonnement théorique, on ne peut pas dire qu'il apparaisse clairement chez Polanyi : l'idée que la création d'un marché du travail détruise la substance de la société (c'est-à-dire l'homme) n'est recevable que si on possède un état de référence où une autre forme de régulation du travail respecterait l'homme. Outre qu'une telle thèse est contestable, Polanyi ne la développe pas suffisamment.

Toutefois, au-delà de cette limite, il faut souligner le rôle méthodologique essentiel joué par le concept de marchandise fictive. D'une part, c'est l'état de développement des marchandises fictives qui permet d'évaluer l'importance de l'échange par rapport aux autres formes d'intégration dans une société donnée (Polanyi, 1957a, 249) ; d'autre part, c'est également le concept de marchandises fictives qui permet de comprendre le sens de la dualité encastrement/désencastrement chez Polanyi.

Encastrement et désencastrement

Le concept d'encastrement (*embeddedness*) est celui qui a donné aux travaux de Polanyi une certaine notoriété à partir du milieu des années 1980, suite notamment au célèbre article de Mark Granovetter (1985), « Economic Action and Social Structure : The Problem of Embeddedness ». Toutefois, et paradoxalement, l'article de Granovetter a probablement davantage contribué à obscurcir le sens réel du concept, tel qu'il apparaît dans les écrits de Polanyi, et a conduit la « nouvelle sociologie économique » à s'écarter sensiblement de l'économie substantive. Après avoir exposé la manière dont Polanyi fait usage de ce concept, on présentera les différentes lectures possibles qui ont été proposées.

– L'encastrement dans l'économie substantive de Polanyi et ses difficultés

Polanyi mobilise le concept d'encastrement pour exprimer l'idée que l'économie tend à être régulée par un ensemble de structures sociales (Stanfield, 1986, 107). C'est là la définition la plus générique que l'on puisse tirer de l'œuvre de Polanyi. En revanche, une fois que l'on tente d'aller plus dans les détails des écrits de l'économiste hongrois, on perçoit une difficulté à donner une définition plus précise, tant l'usage que Polanyi lui-même fait du concept est flottant. On trouve à plusieurs reprises explicitement l'idée que l'économie est encastrée dans des relations sociales. Par exemple, dans son article sur la « mentalité de marché », Polanyi écrit : « Aristote avait raison : l'homme n'est pas un être économique mais un être social. Il ne vise pas à satisfaire son intérêt personnel au travers de l'acquisition de possessions matérielles, mais plutôt à assurer son statut social et ses actifs sociaux. Il accorde de la valeur à la possession d'abord comme un moyen satisfaisant cette fin. (…) *L'économie de l'homme est, c'est la règle, immergée dans ses relations sociales* » (Polanyi, 1947a, 113, notre traduction). Dans son article « L'économie comme procès institutionnalisé », Polanyi écrit de manière similaire : « L'économie humaine est donc encastrée et englobée dans des institutions économiques et non économiques. Il importe de tenir compte de l'aspect non économique. Car il se peut que la religion et le gouvernement soient aussi capitaux pour la structure et le fonctionnement de l'économie que les institutions monétaires ou l'existence d'outils et de machines qui allègent la fatigue du travail » (Polanyi, 1957a, 244). Ces passages, et quelques autres, associés à la définition que Polanyi donne à l'économie au sens substantif et à son utilisation de la catégorie analytique des formes d'intégration semblent indiquer une interprétation claire : pour Polanyi, l'économie n'a aucune autonomie par rapport aux structures sociales et, à la limite, les phénomènes économiques sont subordonnés à l'environnement social, culturel, religieux, etc.[1]

Toutefois, à de nombreux autres endroits, Polanyi semble exprimer une idée exactement opposée. Ainsi, au sujet de la rupture amorcée au XIXe siècle par l'émergence des marchandises fictives et la constitution progressive de la société de marché, on peut lire ce passage déjà cité dans le chapitre précédent : « Au lieu que l'économie soit encastrée dans les relations sociales, ce sont les relations sociales qui sont encastrées dans le système économique » (Polanyi, 1944, 88). Dans son article sur la mentalité de marché, Polanyi (1947a, 115, notre traduction) semble même se contredire avec ce qu'il a écrit quelques pages plus tôt : « plutôt qu'un système économique encastré dans les relations sociales, ces relations sociales étaient maintenant plutôt encastrées dans le système économique ». Cette ambiguïté se superpose avec l'ambiguïté épistémologique soulignée dans le chapitre précédent où Polanyi semble, à plusieurs reprises, défendre l'idée que la théorie économique formelle est applicable pour étudier l'économie de marché, *précisément parce que cette dernière a les caractéristiques institutionnelles correspondant aux présupposés de l'économie formelle.* Cette apparente contradiction pose des problèmes d'interprétation.

1 C'est clairement dans ce sens que Granovetter (1985) a compris la notion d'encastrement chez Polanyi. Il reproche en effet à la conception de l'action humaine de Polanyi d'être « sur-socialisée », par opposition à celle de la théorie économique qui serait « sous-socialisée ». Cependant, il apparaît clairement, comme l'ont fait remarquer plusieurs commentateurs (Barber, 1995 ; Le Velly, 2007), que Granovetter n'a pas pleinement saisi la signification du concept d'encastrement polanyien. Notamment, comme on le développera plus bas, le raisonnement de Granovetter se situe au niveau purement interindividuel, ce qui n'est pas le cas chez Polanyi.

– Une réinterprétation du concept d'encastrement

À certains endroits, le texte de Polanyi semble indiquer que le désencastrement de l'économie n'a jamais été effectif, mais s'est constitué en utopie guidant l'action des pouvoirs publics dans la constitution de marchés pour les marchandises fictives. C'est ce phénomène que Polanyi désigne sous le nom de « mentalité de marché (Plociniczack, 2005, 704). Cette idéologie, au sens de Mannheim (1929), a conduit les individus à *penser* l'économie comme non encastrée dans la société et à agir conformément à cette croyance (Maucourant, 2005). *In fine*, le marché n'aurait jamais été véritablement désencastré, car il s'agirait d'une impossibilité quasi-ontologique. En revanche, l'utopie d'un marché autorégulé a été destructrice car elle a conduit au développement d'un processus d'autonomisation qui ne s'est arrêté qu'avec la chute de l'étalon-or, puis l'émergence du fascisme (Polanyi, 1944). Il reste néanmoins une difficulté liée à certains extraits des écrits de Polanyi (déjà cités) qui sont inconciliables avec cette interprétation.

Deux perspectives théoriques peuvent être adoptées. La première consiste à estimer que la mentalité de marché et le rationalisme économique ont effectivement conduit à un désencastrement, bref mais réel, du marché et de l'économie. Toutefois, l'autonomisation du marché et de l'économie n'a été que de courte durée en raison des réactions du corps social qu'elle a engendrées, conduisant dans un premier temps au développement du totalitarisme, puis menant à un réencastrement prenant la forme de l'État-providence. Cette interprétation semble plausible et a le mérite de respecter plus ou moins à la lettre le texte de Polanyi. Elle pose néanmoins un problème dans le sens où elle nous laisse démuni pour interpréter le type d'encastrement de l'économie dans les sociétés modernes. Le fait que Polanyi se soit détourné, suite à *La Grande Transformation*, de l'analyse des sociétés contemporaines pour se focaliser sur les sociétés primitives a pour dommageable conséquence que Polanyi n'a jamais étudié le type d'encastrement des économies modernes à partir du moment où s'est constitué l'État-providence. Notamment, on peut se demander si une grille de lecture à partir des trois formes d'intégration reste suffisante.

La seconde perspective est celle développée par Le Velly (2007) et – sous une autre forme – Caillé (2005), que l'on retrouve également implicitement dans Cangiani et Maucourant (2008) : l'œuvre de Polanyi aborderait, selon les endroits, différents types d'encastrements. Sans faire référence en particulier à l'œuvre de Polanyi, Le Velly (2002) propose dans un premier temps de distinguer l'encastrement culturel de l'encastrement formel et de l'encastrement structurel[1]. Dans un autre article plus récent, et cette fois-ci en faisant directement référence à Polanyi, Le Velly (2007) estime qu'il faut distinguer – chez Polanyi et en général – « l'encastrement-étayage » de « l'encastrement-insertion ». L'encastrement-étayage est celui de la sociologie économique moderne, ce serait aussi celui d'un certain nombre d'auteurs institutionnalistes tels que J. R. Commons. Ici, l'idée même de « désencastrement » est absurde (Le Velly, 2007, 184). Par conséquent, Polanyi n'a jamais pu considérer un désencastrement de l'économie dans ce sens[2].

L'encastrement-insertion se situe à un autre niveau. À l'instar de la distinction faite par Alain Caillé (2005) entre pensée du contexte et pensée des ordres, l'encastrement-insertion consiste à « évaluer jusqu'à quel point les différents ordres du social sont autonomes-désinsérés et jusqu'à quel point ils sont subordonnés-insérés les uns aux autres » (Le Velly, 2007, 189). En d'autres termes, on ne se situe plus ici au niveau des interactions sociales, où toute activité économique est enchâssée dans un ensemble plus large de règles et de normes sociales ; il s'agit de penser la relation entre les différents ordres sociaux. On cherche alors à comprendre dans quelle mesure un ordre est dépendant ou au contraire autonome par rapport à un autre, et s'il existe un rapport hiérarchique. On comprend qu'ici la notion de désencastrement prend tout son sens : l'économie devient désencastrée, voire même la société devient encastrée dans l'économie, à partir du moment où ce sont des éléments purement économiques (recherche du profit, peur de la faim) qui motivent les comportements individuels, voire même font évoluer

1 L'encastrement structurel correspondrait à l'encastrement tel qu'il est défini par Granovetter. L'encastrement formel « fait référence à la nature contingente de l'action économique par rapport aux règles formelles et aux outils utilisés » (Le Velly, 2002, 40). Enfin, l'encastrement culturel serait plus proche du sens polanyien. Il décrit « le rôle des significations collectives dans la formation des objectifs et des stratégies des acteurs du marché » (Le Velly, 2002, 42). En tout état de cause, selon l'auteur, une économie ne peut jamais être désencastrée dans aucun de ces trois sens.

2 Voir Beckert (2003) pour une réinterprétation du concept d'encastrement (étayage) dans une perspective pragmatiste qui tend également à indiquer que, dans ce sens, toute économie est nécessairement encastrée.

les normes sociales. Dans l'œuvre de Polanyi, les deux notions seraient complémentaires : l'économie de marché est une économie institutionnalisée (encastrement-étayage) mais plus que toute autre, différenciée (encastrement-insertion faible). À cet égard, Le Velly (2007) note que la même interprétation est applicable aux travaux de Max Weber. Cette grille de lecture, prise en tant que telle, est intéressante. Elle semble utile également pour interpréter l'œuvre polanyienne et sortir de ses contradictions apparentes.

MISE EN PERSPECTIVE DE L'ÉCONOMIE SUBSTANTIVE DE POLANYI

Plusieurs aspects de l'économie substantive de Polanyi peuvent être mis en perspective avec les travaux des auteurs étudiés précédemment dans ce chapitre : l'adoption ou non par Polanyi d'un institutionnalisme méthodologique, la question de l'évolution de l'importance relative des formes d'intégration et l'idée, que l'on retrouve également chez Weber, de l'existence d'un marché « en puissance » dans les sociétés humaines.

Polanyi et l'institutionnalisme méthodologique

Notre discussion sur les concepts de forme d'intégration et d'encastrement suggère que Polanyi adopte, dans ses travaux, un institutionnalisme méthodologique, au sens où nous l'avons déjà défini : le point de départ de l'analyse n'est ni l'individu, ni les structures sociales, mais un certain contexte institutionnel, historiquement spécifique, qui simultanément affecte et est affecté par les comportements individuels. On a déjà indiqué que des auteurs comme Weber, Commons ou Veblen (*cf.* chapitre « La dimension évolutionnaire de l'institutionnalisme historique ») adoptent une telle perspective. Plusieurs commentateurs considèrent qu'il en va de même pour Polanyi. Jérôme Maucourant considère ainsi que chez Polanyi « [i]l n'y a ni de mouvement abstrait d'une chose sociale ni de pures déterminations d'agents individuels rationnels, mais un processus complexe où s'entremêlent et s'opposent des rapports à certaines valeurs culturelles, des avantages statutaires, des intérêts économiques et l'évolution technique » (Maucourant, 2005, 100). Le même auteur souligne d'ailleurs la proximité plus générale entre Polanyi et Commons (Maucourant, 2005, 100). Il y aurait l'idée chez Polanyi d'un refus de réduire les phénomènes sociaux aux structures sociales ou à une forme ou une autre d'action rationnelle ; au contraire, Polanyi, en partant d'exemples historiques identifiés, soulignerait l'impossibilité d'un tel réductionnisme (Maucourant, 2005, 102). Bazzoli et Dutraive (2005b) soulignent également la proximité entre les analyses de Polanyi et de Commons, ainsi qu'avec celles de Weber, notamment dans la manière de conceptualiser le marché : « L'institutionnalisme est un type d'approche socio-économique dans la filiation intellectuelle de Weber et proche de celle de Polanyi en posant que le marché est encastré dans l'économie, elle-même encastrée dans la société : l'analyse « du marché » doit être replacée dans celle du « système socio-économique », en l'occurrence le capitalisme » (Bazzoli et Dutraive, 2005b, 674).

Il nous semble qu'il est possible de considérer que Polanyi met en œuvre une forme d'institutionnalisme méthodologique, tout en posant toutefois une réserve. Contrairement aux autres auteurs institutionnalistes étudiés dans ce travail (essentiellement Schmoller, Weber, Veblen et Commons), Polanyi ne développe pas véritablement de considération sur la rationalité individuelle et encore moins de théorie de l'action. Comme on l'a indiqué dans le chapitre « L'historicisation de la théorie dans l'institutionnalisme américain et ses prolongements contemporains », Polanyi est ainsi beaucoup plus radical que Max Weber dans sa relativisation d'une forme de rationalité guidée par la recherche de l'intérêt personnel (Caillé et Laville, 2008). Toutefois, en contrepartie, Polanyi n'offre pas véritablement de catégories analytiques permettant de construire un modèle du comportement humain qui soit à la fois plus englobant et plus réaliste que le modèle standard. Dès lors, les concepts de référence sont ceux des formes d'intégration et d'encastrement. Concernant les formes d'intégration et les agencements institutionnels qui les supportent, Polanyi (1957a) indique explicitement qu'ils ne sont pas de simples agrégats de comportements individuels. Ainsi, pour que la réciprocité existe, il faut au préalable qu'il existe des structures symétriquement ordonnées, comme un système symétrique de groupe de parenté ; cela veut dire que des comportements individuels de réciprocité ne peuvent donner naissance à ce genre de parenté. Il en va de même concernant le marché : « On peut dire la même chose du système marchand. Les actes d'échange au niveau personnel ne créent des prix que s'ils ont lieu dans un système de marchés créateurs de prix, structure institutionnelle qui n'est en aucun cas engendrée par de simples actes fortuits d'échange » (Polanyi, 1957a, 245). En soi, cette affirmation est conforme à la démarche institutionnaliste identifiée dans ce travail puisqu'elle refuse de voir dans les institutions la simple addition de comportements individuels indépendants. Toutefois, Polanyi semble clairement donner la priorité aux structures sur l'action : « Nous souhaitons uniquement souligner que si, dans un cas donné quelconque, les effets sociaux du comportement individuel dépendent de la présence de conditions institutionnelles déterminées, celles-ci n'en résultent pas pour autant du comportement personnel en question » (Polanyi, 1957a, 245). Cette perspective est accentuée si l'on accepte l'idée que le concept d'encastrement est entendu chez Polanyi au sens de « l'encastrement-insertion » tel que défini par Le Velly (2007). En effet, la question de la manière dont l'action individuelle est insérée dans les structures sociales, qu'elles soient de type réseaux sociaux comme les entendent essentiellement Granovetter (1985) et une partie de la nouvelle sociologie économique[1], ou de manière plus générale les règles et normes sociales, n'est pas centrale chez Polanyi. Comme l'indiquent Cangiani et Maucourant (2008, 28-29), la problématique de l'encastrement chez Polanyi se situe à un niveau beaucoup plus abstrait. Ainsi, les formes d'intégration ne servent pas à décrire le cadre institutionnel guidant les comportements, ni même à distinguer différentes logiques d'action, mais essentiellement à pouvoir caractériser *la place* de l'économie, en tant que processus permettant la satisfaction des besoins, par rapport au reste de la société. Cette orientation est renforcée par le fait que la dimension évolutionnaire occupe une place secondaire chez Polanyi.

Une dimension évolutionnaire en arrière-plan

L'anthropologie économique que développe Polanyi s'inscrit dans le cadre d'une analyse comparative des systèmes économiques (Stanfield, 1986). De ce point de vue, la compréhension des économies primitives devait passer par celle des économies modernes, la réciproque étant également vraie (Stanfield, 1986, 27-28). La démarche comparative sert donc à mettre en valeur les caractéristiques saillantes d'un système économique en le *contrastant* avec d'autres systèmes observés à une époque

1 Sur la nouvelle sociologie économique, et pour une mise en contraste avec la sociologie économique traditionnelle, on peut notamment se référer à Steiner (1999) et à Swedberg (1987). Voir Caillé (2005, 133 et suiv.) pour une critique de la nouvelle sociologie économique dans une perspective maussienne proche de l'anthropologie économique de Polanyi.

ou dans un lieu différent. En adoptant une perspective d'anthropologie économique, Polanyi ambitionnait également d'élargir le champ d'analyse de la démarche comparatiste, jusqu'alors essentiellement cantonné aux sociétés industrielles (Stanfield, 1986). Toutefois, et bien que Polanyi définisse l'économie comme un « procès institutionnalisé », l'aspect évolutionnaire et processuel est relativement absent dans l'œuvre de Polanyi. Ainsi que l'indique Michel Godelier (1975), Polanyi rejette l'idée qu'il existerait un mécanisme évolutionnaire déterministe induisant selon une nécessité historique le passage d'un système économique à un autre. Concernant ses formes d'intégration, le propos de Polanyi est explicite : les formes d'intégration ne représentent pas des stades de développement et aucune succession dans le temps n'est sous-entendue (Polanyi, 1957a ; 1977). Ainsi, au cours de l'histoire, les marchés ont souvent joué un rôle dans l'économie, sans pour autant atteindre l'échelle territoriale et la portée institutionnelle qu'ils ont acquis au XIXe siècle. Au XXe siècle, la chute de l'étalon-or a initié une régression du rôle mondial des marchés et l'émergence de l'État-providence a induit un retour au premier plan de la redistribution.

Godelier critique cet aspect de l'économie substantive, ou plutôt son absence, d'un point de vue matérialiste historique. D'un point de vue institutionnaliste, l'absence de déterminisme est au contraire un prérequis indispensable : le caractère indéterminé et contingent de l'évolution économique et sociale est un point souligné par tous les auteurs s'inscrivant dans cette perspective de recherche. Toutefois, on peut reprocher à l'économie substantive de ne donner aucun éclairage quant aux mécanismes évolutionnaires présidant aux transformations affectant la hiérarchie des formes d'intégration. Comme le remarque Douglass North (1997, 63) : « Polanyi nous donne une explication des systèmes de réciprocité et de redistribution qui est *immuable par nature*. Rien, dans son cadre d'analyse, n'explique les changements qui affectent la complexité systémique au cours de l'histoire ». À cet endroit, l'analyse de Polanyi achoppe à deux niveaux. Le premier problème est de type épistémologique et a été décrit dans le chapitre précédant : on ne connaît pas précisément le statut des catégories analytiques polanyiennes. Sont-elles des idéaltypes ou sont-elles sensées décrire les systèmes économiques dans leur essence ? Le second problème a trait au fait que si la démarche comparative permet de comprendre la diversité des configurations institutionnelles ayant vu le jour au cour de l'histoire, rien n'est dit sur les raisons pouvant expliquer le passage d'un système économique à un autre. On doit admettre que *La Grande Transformation* constitue une tentative d'introduire une dimension dynamique puisque que Polanyi développe un récit visant à décrire le passage d'une économe encastrée à une économie désencastrée. Mais cet effort est insuffisant à deux points de vue : d'une part, il ne porte que sur un épisode très restreint de l'histoire des sociétés humaines, à savoir les XIXe et XXe siècles ; d'autre part, Polanyi décrit plus qu'il n'explique l'émergence de la société de marché. Certes, cette description s'appuie sur ces concepts analytiques et théoriques, mais hormis l'hypothèse de la « mentalité de marché », aucune explication n'est mobilisée.

L'existence d'un marché « en puissance » dans les sociétés humaines ?

Influencé par ses lectures socialistes et marxistes dans les années 1920 et 1930, Polanyi s'écarte néanmoins du matérialisme historique marxiste à plusieurs endroits. Outre le rejet de la valeur travail et de l'économisme marxiste, Polanyi s'inscrit clairement en faux contre toute vision déterministe de l'histoire et, à l'instar de Max Weber, fait de chaque système économique un produit historique contingent d'un ensemble de facteurs irréductibles. On peut toutefois se demander si, tout comme l'œuvre de Weber et son concept de rationalisation (*cf.* chapitre « Le capitalisme comme système historique contingent »), l'analyse de Polanyi ne repose pas sur le présupposé que la société de marché existerait en puissance et ne verrait son développement contrarié que par une série de contraintes institutionnelles. Cette critique peut surprendre dans la mesure où Polanyi défend l'idée dans *La Grande Transformation* que l'émergence de la société de marché n'a rien de spontanée, mais a été au contraire impulsée par les pouvoirs publics. Alain Caillé (2005) mobilise d'ailleurs l'œuvre de Polanyi pour critiquer ce travers dans l'œuvre de Fernand Braudel. Fred Block (2003, 297) estime pourtant que dans la seconde partie de *La Grande Transformation*, Polanyi ne parvient pas à aller au-delà de l'idée contradictoire que l'encastrement aurait agi comme un frein au développement de la société de marché, alors même que l'encastrement est autant permissif que contraignant. On retombe ici sur les ambiguïtés liées à l'utilisation par Polanyi de son concept d'encastrement.

Seule une lecture distinguant l'encastrement-insertion de l'encastrement-étayage permet de protéger l'œuvre de Polanyi contre cette contradiction. En effet, l'encastrement au sens traditionnel du terme, c'est-à-dire celui de la sociologie économique (encastrement-étayage), n'a effectivement en soi rien d'incompatible avec la marchandisation et la société de marché. Au contraire, l'émergence de marchés pour les marchandises fictives correspond à une nouvelle forme d'encastrement des relations économiques, non à sa disparition. Si l'on comprend le concept d'encastrement dans ce sens lorsque Polanyi émet l'idée que l'économie s'est désencastrée, alors la critique de Block est fondée. En revanche, si l'on considère que dans *La Grande Transformation* Polanyi utilise le concept d'encastrement dans le sens de l'encastrement-insertion, cette critique n'est plus valable. L'encastrement indique alors seulement que la recherche du gain et la peur de la faim ne sont pas les fins premières motivant les comportements humains. Toutefois, parler de « désencastrement » acquiert ici non seulement un sens, mais accrédite l'idée que l'encastrement-insertion agit comme un frein au développement d'une société de marché existant en puissance[1]. Cette remarque est d'autant plus fondée si on accepte l'idée, comme le suggère Marroquin Gramajo (2008), que la distinction entre rationalité formelle et rationalité matérielle de Weber est également présente chez Polanyi. Il existerait alors une rationalité formelle (celle de la recherche du gain et de la peur de la faim) dont l'émergence aurait été entravée au cours de l'histoire par un encastrement-insertion faisant primer une rationalité matérielle.

Les deux termes de l'alternative semblent donc être les suivants : soit le concept d'encastrement est compris sous un sens unique, et alors il est difficile de s'échapper des contradictions découlant de la manière dont Polanyi fait usage du concept ; soit on accepte la distinction entre encastrement-étayage et encastrement-insertion, mais alors on semble trouver dans l'œuvre de Polanyi l'idée d'un encastrement comme frein au développement de la rationalité formelle. Dans la mesure où Polanyi ne donne quasiment aucune indication sur les mécanismes évolutionnaires sous-jacents à la transformation des systèmes économiques, ce point reste obscur.

1 En effet, si par encastrement on entend « encastrement-insertion », alors, *par définition*, on suppose au moins implicitement qu'il existe potentiellement un système économique non encastré. La nature même de ce concept d'encastrement pose l'alternative économie insérée/économie non insérée.

CONCLUSION

Ce chapitre avait pour objectif de présenter de manière critique la dimension substantiviste des travaux de quatre des principaux auteurs de l'institutionnalisme historique : Gustav Schmoller, Max Weber, John R. Commons et Karl Polanyi. Ces travaux ont été examinés au travers de ce que l'on a nommé le *principe d'économie substantive*. Le principe d'économie substantive revient à étudier l'économie comme un processus par lequel les individus parviennent à satisfaire leurs besoins et suppose invariablement le développement en parallèle d'une théorie de l'action et d'une théorie des institutions. On a pu montrer que chez Weber et Commons, la théorie de l'action se développait invariablement par le biais d'un institutionnalisme méthodologique. En dépit de l'avis de certains commentateurs, il nous semble que ce point est moins évident chez Polanyi. Concernant la théorie des institutions, cette dernière prend des formes différentes chez les trois auteurs, mais souligne à chaque fois l'importance des normes et règles pour caractériser le fonctionnement des systèmes économiques. En reprenant la distinction entre encastrement-étayage et encastrement-insertion, il apparaît que Weber est celui dont l'analyse combine de la manière la plus complète ces deux dimensions. Celle de Commons insiste davantage sur la dimension étayage tandis que l'économie substantive de Polanyi s'articule essentiellement autour de l'encastrement-insertion. L'œuvre de Schmoller, moins systématique que celles des autres auteurs étudiés, laisse également apparaître une dimension substantiviste. De l'analyse de Schmoller, il faut surtout retenir son utilisation étonnamment moderne du concept d'institution.

Ces approches ont en commun de partir d'une conception de l'action individuelle plus riche que celle de la seule rationalité formelle et de s'intéresser au rôle joué par les institutions dans l'organisation des interactions économiques. Le chapitre suivant va s'attacher à montrer que cette optique substantiviste a également, chez certains auteurs institutionnalistes, une dimension évolutionnaire.

LA DIMENSION ÉVOLUTIONNAIRE DE L'INSTITUTIONNALISME HISTORIQUE

La dimension évolutionnaire[1] constitue le deuxième élément clé dans le cadre de la « théorisation de l'histoire » développée par l'institutionnalisme historique. Par dimension évolutionnaire, on entend le fait que les travaux institutionnalistes se sont invariablement positionnés dans une perspective diachronique consistant à étudier et à expliquer les processus sous-jacents à l'évolution des économies et de leurs institutions. Ce n'est qu'avec les travaux de la seconde génération de l'école historique allemande qu'une authentique dimension évolutionnaire commence à être introduite. Ce fait n'est guère étonnant puisque c'est en 1859 que parait la première édition de *L'origine des espèces* du naturaliste britannique Charles Darwin (Darwin, 1861) et seulement quelques années après que les thèses darwiniennes commencent à se diffuser, à défaut d'être totalement acceptées. Les travaux de Gustav Schmoller comportent plusieurs références à l'œuvre de Darwin[2], en dépit d'un organicisme encore largement présent et exprimé à de très nombreuses reprises, associé à une croyance dans le progrès social et au développement d'une théories des stades proche de celle d'Hildebrand. Thorstein Veblen souligne toutefois dans son article « Gustav von Schmoller's Economics » (Veblen, 1901a) que les travaux de Schmoller relèvent davantage du darwinisme que de l'hégélianisme et que, si l'on peut les qualifier « d'historiques », c'est dans le sens que l'on qualifie d'historique l'appréhension darwinienne de l'évolution des institutions économiques. En d'autres termes, Schmoller est l'un

---

1 On préfère ici l'usage du terme « évolutionnaire » à celui d'« évolutionniste » car ce dernier est souvent associé à l'idée de déterminisme. Si la dimension déterministe est présente dans les travaux de la première génération de l'école historique allemande, elle disparaît progressivement jusqu'à disparaître totalement avec les travaux de Veblen ainsi qu'avec ceux de la toute jeune école historique (Weber, Sombart). Le terme « évolutionnaire » doit s'entendre au sens darwinien, comme on va le développer dans ce chapitre, et exclut par conséquent toute forme de déterminisme ou de finalisme.

2 Par exemple : Schmoller (1905-08, I, 157 ; 348) et (1902, 32-33).

des tous premiers économistes à mettre en œuvre le darwinisme pour comprendre l'évolution des institutions (Veblen, 1901a, 265). Veblen regrettera toutefois que, notamment à partir du Livre II des *Principes*, Schmoller abandonne plus ou moins la perspective évolutionnaire et génétique qui était la sienne pour adopter une perspective normative.

La dimension évolutionnaire est plus étroitement associée à l'institutionnalisme américain, et plus particulièrement aux travaux de Thorstein Veblen. Elle est présente de manière inégale dans les analyses institutionnalistes : omniprésente chez Veblen et très importante – bien que prenant une tournure légèrement différente – chez J. R. Commons, elle disparaît avec les travaux de Clarence Ayres (1944) et de ses successeurs. Toutefois, la perspective évolutionnaire dans un cadre institutionnaliste est aujourd'hui remise en avant par des auteurs tels que Geoffrey Hodgson (1993 ; 2004a) et est soulignée dans les travaux de synthèse tentant d'identifier une tradition d'économie politique institutionnaliste et évolutionnaire (O'Hara, 1993a ; 1997 ; 2000 ; 2002 ; 2007). Pour des raisons d'espace, on a choisi ici délibérément de focaliser notre analyse sur deux auteurs spécifiques. Dans la deuxième section, on étudiera ainsi la théorie évolutionnaire de Thorstein Veblen, ce qui nous permettra par ailleurs d'exposer sa dimension substantiviste. Veblen est en effet le premier économiste à avoir tenté d'introduire explicitement les apports de la révolution darwinienne en économie, et les tentatives contemporaines de développement d'une théorie évolutionnaire des institutions possèdent un lien avec les analyses de Veblen. Dans une troisième section, on étudiera la dimension évolutionnaire de l'économie institutionnelle de John R. Commons. Cette dernière repose largement sur la métaphore de la sélection artificielle et on procédera, à cette occasion, à une mise en perspective de ces deux conceptions de l'évolution. Au préalable, dans une première section, on aura présenté les apports philosophiques et méthodologiques du point de vue des sciences sociales de la révolution darwinienne.

LES APPORTS DE LA RÉVOLUTION DARWINIENNE

Aujourd'hui largement reconnue, y compris au-delà du seul champ de la biologie, l'œuvre de Charles Darwin (1809-1882) a néanmoins été souvent dénigrée et mal interprétée tout au long du XIXe siècle et pendant une partie de XXe. Cependant, dès 1898, à une époque où le darwinisme commence tout juste à être reconsidéré après une éclipse de près de trente ans, Thorstein Veblen (1898a) enjoignait la science économique à s'engager dans le tournant « post-évolutionnaire » initié par le darwinisme. Un retour sur les apports de la révolution darwinienne doit permettre de pouvoir caractériser plus facilement la dimension évolutionnaire de l'institutionnalisme historique, quand bien même elle est souvent implicite, et parfois même absente, de certains travaux institutionnalistes.

Il est avant tout important de comprendre que l'on ne peut réduire le darwinisme à une simple question d'ordre biologique. Certes, Darwin (1861) était un naturaliste et son travail d'observation des différentes espèces animales et de leur évolution relève bien évidemment du champ des sciences naturelles. Toutefois, que cela ait été ou non l'intention de Darwin, ses travaux ont un impact qui va bien au-delà de ce seul champ, investissant également les domaines des sciences sociales et de la philosophie[1]. C'est à l'ensemble de cet impact que correspond la révolution darwinienne, et c'est cet ensemble que les économistes institutionnalistes, à commencer par Veblen, ont tenté de prendre en compte et de mobiliser.

Le darwinisme ne peut se comprendre qu'en resituant son émergence au sein de la société victorienne du XIXe siècle, ainsi que la manière dont il a décliné, puis comment et pourquoi il a été reconsidéré. Ce retour s'avère être également l'occasion de s'intéresser à la principale conception alternative de l'évolution, parfois reprise en économie, le lamarckisme. Il est possible alors de dégager les principaux enseignements du darwinisme,

1 Notons par ailleurs qu'il est très probable que les travaux de Darwin aient été eux-mêmes influencés par certaines analyses dans le domaine de l'économie politique, à commencer par celles d'Adam Smith et de Malthus.

tant d'ordre ontologique que méthodologique, enseignements faisant partie intégrante de l'épistémologie institutionnaliste et notamment des travaux de Thorstein Veblen.

DARWINISME, LAMARCKISME ET ÉVOLUTIONNISME

La notion même d'évolution ne date pas des travaux de Darwin puisqu'elle était déjà présente à la fin du XVIIIe siècle. Cependant, la publication par Darwin de *L'origine des espèces* en 1859 marque un tournant dans la façon de concevoir l'évolution des populations animales. Sans surprise, cette nouvelle conception s'étend aux hommes et aux sociétés humaines. Néanmoins, pour diverses raisons, la conception darwinienne de l'évolution va être mise à mal dès les années 1860 et ce n'est que vers la fin du XIXe siècle que certaines avancées biologiques vont lui permettre d'être réhabilitée.

Une nouvelle façon de concevoir l'évolution

Si elle est déjà employée dans la société victorienne au XVIIIe siècle, la notion d'évolution avant Darwin se caractérise par un indéniable penchant « rationaliste ». La publication en 1859 de *L'origine des espèces* marque une rupture avec les conceptions essentiellement mécanistes de l'évolution qui prédominaient alors. S'appuyant sur des observations faites sur plusieurs espèces animales au cours d'une expédition à laquelle il participait, durant les années 1830, Darwin propose une interprétation de l'évolution en termes populationnel : l'évolution doit s'expliquer par les variations et la sélection des différentes populations d'espèces. Le premier élément que l'on peut ressortir des thèses darwiniennes est l'insistance sur le fait que l'évolution n'est aucunement téléologique. Le moteur de cette évolution est la sélection naturelle :

> Grâce au combat perpétuel que tous les êtres vivants se livrent entre eux pour leurs moyens d'existence, toute variation, si légère qu'elle soit, et de quelque cause qu'elle procède, pourvu qu'elle soit avantageuse à l'individu dans lequel elle se produit en le favorisant dans ses relations complexes avec les autres êtres organisés ou inorganiques, tend à la conservation de cet individu et, le plus généralement se transmet à sa postérité. Celle-ci aura de même plus de chances de survivance ; car, entre les nombreux individus de toute espèce qui naissent périodiquement, un petit nombre seulement peut

> survivre. J'ai donné le nom de *sélection naturelle* au principe en vertu duquel se conserve ainsi chaque variation légère, à condition qu'elle soit utile, afin de faire ressortir son analogie avec la méthode de sélection de l'homme (Darwin, 1861, 74).

La sélection naturelle est le processus par lequel les différentes espèces sont amenées à se développer ou à disparaître. Les organismes les plus adaptés à un environnement donné auront tendance à se reproduire plus facilement tandis que ceux qui sont relativement les moins adaptés disparaîtront progressivement. L'environnement n'étant pas fixé définitivement et étant susceptible de se transformer, notamment sous l'effet de l'action des populations qui l'occupent, le cours de l'évolution n'est nullement linéaire : un organisme qui était jusqu'à présent adapté n'est aucunement assurée de l'être indéfiniment. De même, aucune tendance au « progrès » n'est induite par le mécanisme de sélection naturelle (Darwin, 1861, 147). Trois principes ou mécanismes sont nécessaires pour que la sélection naturelle darwinienne puisse opérer, la variation, l'hérédité et la sélection[1].

- La variation : il doit y avoir des variations parmi les membres d'une espèce ou d'une population. Les variations sont observables au niveau phénotypique. Ces variations se produisent, au niveau biologique, soit par le biais de mutations aléatoires, soit par le biais de la recombinaison sexuelle. Au niveau social, c'est-à-dire au niveau des institutions, les variations ne peuvent venir que de mutations au niveau des habitudes mentales qui les composent ;
- L'hérédité : il doit exister un principe d'hérédité ou de continuité à travers lequel les enfants ressemblent à leurs parents plus qu'ils ne ressemblent aux autres membres de leur espèce. Sur le plan biologique, cette continuité opère au niveau du génotype, c'est-à-dire au niveau de la dotation génétique des individus. Au niveau social, le principe d'hérédité signifie que les institutions ne peuvent perdurer qu'à condition qu'elles soient reproduites par les individus. Ici, la transmission se fait essentiellement par l'apprentissage ce qui signifie qu'elle opère plutôt au niveau du phénotype ;

1 « [l]a sélection naturelle ne peut agir que lentement, par la conservation et l'accumulation de variations légères transmises par voie de génération et constamment avantageuses à chaque être modifié et conservé » (Darwin, 1861, 112).

– La sélection : il doit s'opérer une sélection par laquelle les organismes relativement plus adaptés à un environnement donné deviennent plus nombreux que les autres. Ce développement plus rapide trouve son origine soit dans le fait que les individus les mieux adaptés laissent un nombre supérieur d'enfants, soit parce que les variations ou combinaisons de gènes qui sont conservées sont celles qui prennent l'avantage dans la bataille pour la survie.

La sélection naturelle darwinienne est de type phylogénétique car elle décrit le processus par lequel différents organismes, à la dotation génétique déterminée, sont sélectionnés. Au final, on peut résumer le processus de la sélection naturelle ainsi (Gould, 1997, 9) :

1. les organismes varient et leurs variations se transmettent, au moins partiellement, à leurs descendants ;
2. les organismes produisent plus de descendants qu'il ne peut en survivre ;
3. en règle générale, le descendant qui varie dans la direction favorisée par l'environnement survivra et se reproduira. La variation favorable se répandra donc dans les populations par sélection naturelle.

Cette conception de l'évolution animée par la sélection naturelle conduit donc Darwin à rejeter toute interprétation téléologique de l'évolution mais aussi, et surtout, à distinguer nettement celle-ci de la notion de progrès.

Déclin et résurgence du darwinisme

Les thèses de Darwin ne sont évidemment pas passées inaperçues, surtout eu égard aux interprétations dominantes de l'évolution qui étaient en vigueur dans la société victorienne de l'époque. Cependant, dès les années 1860, le darwinisme a souffert de certaines des lacunes inhérentes à son explication, lacunes à partir desquelles il va être réinterprété en des termes lamarckiens. Le courant dit du « darwinisme social » apparaît à cette époque. Ce n'est que vers la fin du XIXe siècle que le darwinisme originel, en s'appuyant sur certaines intuitions d'ordre génétique qui ne seront confirmées qu'au XXe siècle, va redevenir à nouveau audible.

En premier lieu, l'évolutionnisme de Herbert Spencer, fondé en grande partie sur le lamarckisme, a fait état d'un certain nombre de limites. La principale faiblesse est relative au réductionnisme par lequel Spencer ne différencie pas l'évolution biologique de l'évolution sociale : si, en faisant abstraction du fait que l'hérédité des caractères acquis est une hypothèse réfutée, on peut admettre que l'évolution biologique est fortement dépendante de l'environnement dans lequel elle s'insère, il faut en revanche admettre qu'il n'en va pas de même pour l'évolution sociale. Dans cette dernière, l'essentiel des changements est endogène, dans le sens où il résulte d'abord de l'activité humaine elle-même. Par conséquent, « les sources de la variété et du changement sont très différentes dans le monde social et dans le monde biologique. Dans le cadre biologique, des changements infinis et exogènes dans l'environnement peuvent induire une adaptation continue. Au contraire, au niveau social, il n'y a pas de raison évidente de penser que les changements dans l'environnement externe sont à coup sûr suffisants pour générer à eux seuls la variété requise » (Hodgson, 1993, 90, notre traduction). Conséquence de son lamarckisme, la théorie de Spencer ne laisse aucune place à la variation dans l'évolution, seule l'adaptation est considérée dans une perspective téléologique qui voit cette évolution converger vers un équilibre stable. Ces caractéristiques amèneront le philosophe pragmatiste William James à qualifier l'analyse de Spencer d'« anachronisme pré-darwinien » (Hodgson, 1993).

Cependant, le coup le plus rude porté au spencerisme s'avère être la réfutation de l'hypothèse d'hérédité des caractères acquis, élaborée par le biologiste allemand Auguste Weissman dès le début des années 1890 avec sa théorie de la sélection germinale. Il a été en effet le premier à distinguer le génotype (le « plasma germinatif ») du phénotype (l'« idioplasme ») à partir d'une série d'expériences qui l'ont convaincu de l'imperméabilité du premier aux modifications de l'organisme acquises sous l'action du milieu. Seul l'idioplasme pouvait être affecté par les variations acquises. Cette séparation, qui a été baptisée « barrière de Weissman », a été rapidement reprise par Alfred Russel Wallace, co-fondateur avec Darwin, mais de manière indépendante, de la théorie de la sélection naturelle dans les années 1850.

Etant donné le réductionnisme de l'analyse de Spencer, il est évident que la barrière de Weissman a pour conséquence de la rendre inopérante : on ne peut plus expliquer l'évolution sociale par la transmission héréditaire de caractères acquis qui seraient incorporés dans la dotation génétique des individus. Il reste cependant le problème de pouvoir expliquer le décalage entre, d'un côté, le développement génétique et biologique de l'espèce humaine qui se caractérise par sa grande insensibilité et, d'un autre côté, le développement social et culturel des sociétés humaines qui, à l'inverse, fait preuve d'une relative rapidité. C'est pour répondre à ce problème qu'a été élaboré à la même époque le concept de propriété émergente par lequel il a été possible de distinguer deux niveaux ontologiques, biologique et social, soumis à l'évolution.

L'idée de propriété émergente a commencé à apparaître à la fin du XIXe siècle, avec notamment les travaux du philosophe britannique George Henry Lewes (Hodgson, 2004a). Lewes ne croyait pas possible de pouvoir expliquer l'esprit humain en des termes uniquement physiques ou neurophysiologiques. Dans le même sens, il estimait impossible de pouvoir expliquer et comprendre les sociétés humaines par les seules caractéristiques physiques ou biologiques des individus les composant. Dans les deux cas, il semble exister deux niveaux d'analyse irréductibles l'un à l'autre, mais néanmoins interdépendants : l'esprit humain ne peut pas se définir uniquement comme un ensemble de neurones, mais sans ces derniers, l'esprit n'existerait pas ; on ne peut analyser une société en ne tenant compte que des caractéristiques biologiques des individus qui la composent, mais sans ces individus, la société n'existerait pas. Il semble donc que l'on puisse distinguer une sorte de hiérarchie ontologique entre plusieurs niveaux, et l'articulation entre ces différents niveaux est réalisée par la notion de propriété émergente (Hodgson, 2004a, 102). Le zoologiste Conwy Lloyd Morgan (Hodgson, 1998b) viendra peu de temps après approfondir cette idée de propriété émergente, en l'articulant avec la notion d'évolution. Il a notamment souligné le fait que la sélection naturelle opérait autant, si ce n'est même plus, sur le phénotype que sur le génotype. En d'autres termes, cela signifie que c'est au niveau de la capacité des organismes à apprendre que la sélection opère : la sélection naturelle tend à favoriser les organismes les plus adaptables, ceux qui sont en mesure d'acquérir le plus rapidement de nouvelles caractéristiques, même si celles-ci ne sont pas transmissibles génétiquement. Dans la même optique, Morgan a fait remarquer que l'« efficacité » de certaines caractéristiques génétiques peut être atténuée, voir annulée par l'acquisition de caractéristiques nuisibles.

La conclusion qui doit émerger de ce qui vient d'être dit est qu'il est impossible de réduire les sociétés humaines et leur développement aux seules caractéristiques biologiques des individus. Il faut distinguer deux niveaux ontologiques distincts, mais néanmoins interdépendants, d'évolution : un niveau biologique et un niveau social. Les apports de la génétique mendélienne au XXe siècle ont établi que, au niveau biologique, la théorie darwinienne de la sélection naturelle était largement vérifiée. En revanche, la nature lamarckienne ou darwinienne de l'évolution sociale pose question. En effet, il est possible d'admettre que la transmission héréditaire des caractères acquis est possible au niveau social, ceci au travers des institutions qui évoluent par accumulation et transmettent aux individus leur contenu[1]. Par conséquent, *a priori*, l'évolution sociale semble lamarckienne. Cependant, plusieurs éléments viennent tempérer cette première impression : d'une part, il faut rappeler que Darwin, et donc le darwinisme originel, n'ont jamais rejeté formellement la possibilité de l'hérédité des caractères acquis. Darwin considérait cette transmission comme possible, mais il ne lui donnait qu'un rôle marginal dans l'évolution, accordant plus d'importance à la sélection naturelle. Le darwinisme n'est donc pas incompatible avec ce type de transmission héréditaire[2]. D'autre part, même au niveau social, et comme Veblen va s'attacher à le montrer, la sélection naturelle des institutions joue un rôle important. Il est donc possible de considérer cette évolution comme relevant du darwinisme entendu au sens large.

LES ENSEIGNEMENTS ONTOLOGIQUES ET MÉTHODOLOGIQUES DU DARWINISME

Au-delà des avancées sur le plan biologique qu'a permis la théorie de Darwin, il faut prendre conscience qu'il est impossible d'en rester à ces apports pour prendre la mesure de l'importance philosophique et scientifique du darwinisme. Celui-ci constitue en fait une véritable révolution intellectuelle dont les sciences sociales n'ont pas été pendant longtemps capables d'en comprendre l'ampleur et d'en tirer

1 Un exemple évident est le langage : les individus ne se transmettent pas génétiquement un langage précis. Pourtant, au niveau social, le langage et ses évolutions sont conservés et constamment transmis aux individus.

2 En revanche, le « néo-darwinisme », c'est-à-dire le darwinisme tel qu'il s'est développé à la suite de la découverte de la barrière de Weissman, s'avère bien, lui, être incompatible avec l'hérédité des caractères acquis.

les enseignements. En suivant Geoffrey Hodgson (2004a, 95-98), on dégagera sept enseignements principaux introduits par le darwinisme, quatre d'ordre ontologique, et trois d'ordre méthodologique.

Les enseignements ontologiques du darwinisme

Ces enseignements portent sur la nature du monde, naturel ou social, dans lequel évoluent les individus et qui est soumis à l'enquête scientifique. Cette nature est indépendante des connaissances que l'on peut avoir sur elle, elle est objective.

– Le principe du déterminisme

Le principe du déterminisme est un principe de causalité universelle qui, en substance, postule que tous les faits et intentions sont causés, c'est-à-dire qu'ils ont une explication causale. Il est donc possible, virtuellement et *ex post*, de recomposer sous forme de phylogenèse l'ensemble de la chaîne causale qui a amené tel ou tel événement ou action à se produire. Il importe ici de souligner, ainsi que le fait Hodgson (2004a, 59-61), qu'il faut distinguer le principe du déterminisme de deux autres formes de déterminisme que l'on retrouve souvent en sciences sociales, notamment en économie. Le principe du déterminisme se distingue déjà du déterminisme prédictible qui correspond à une doctrine épistémologique suivant laquelle un évènement peut être prédit, dès lors que l'on dispose d'une description suffisamment précise des évènements passés ainsi que des lois de la nature (Hodgson, 2004a, 59). Ce déterminisme est l'archétype du raisonnement déductif nomologique dans lequel des prémisses justes mènent nécessairement à une conclusion juste : si l'on dispose de toutes les variables (événements passés et lois s'appliquant), alors il est possible de prédire avec certitude le cours futur des choses. Par ailleurs, le principe du déterminisme se distingue également de la régularité déterministe qui est elle d'ordre ontologique et qui postule que « si A, alors B ». Ce déterminisme est très présent, le plus souvent implicitement, dans la science économique standard : le monde social est composé d'un ensemble de régularités que l'enquête scientifique doit avoir pour but de révéler.

Le principe du déterminisme de l'approche darwinienne n'est en aucun cas mécaniste et il ne rejette nullement l'intentionnalité et la volonté humaine : les individus ont bien la capacité discrétionnaire de faire des choix et ils possèdent bien un libre arbitre. Mais, *a posteriori*, il sera toujours possible de remonter à la cause de ces choix (Hodgson, 2004a, 62). Il existe bien une indétermination *ex ante*, le déterminisme se positionnant *ex post*.

– Un « matérialisme émergent »

Comme le relève Gould (1997, 11), la théorie proposée par Darwin repose sur une philosophie fondamentalement matérialiste. Cela ne signifie pas que tout se réduit à la matière, mais plutôt que tout part d'elle, ce qui induit l'existence de propriétés émergentes.

L'une des implications de ce matérialisme émergent est de rejeter le dualisme cartésien entre corps et esprit, ce qui signifie que l'esprit humain, et donc l'intelligence et la capacité discrétionnaire, ne peuvent se comprendre en faisant abstraction du « support » physico-chimique et biologique sur lequel ils reposent. Mais, parallèlement, il n'implique pas que l'on puisse tout réduire à la matière : celle-ci, par ses interactions, produit des éléments qui lui sont ontologiquement distincts. Ainsi, il faut voir l'intentionnalité humaine comme une propriété émergente d'interactions matérialistes dans le système nerveux humain. L'enseignement fondamental à retenir pour notre propos dans ce travail est qu'il n'est pas possible de disjoindre le comportement économique, qui est de nature social, de ses déterminants biologiques et psychologiques, sans pour autant l'y réduire.

– Variété et population

La théorie darwinienne est une ontologie de la variété qui postule qu'on ne peut comprendre un objet ou une entité qu'en le resituant au sein d'une population d'objets ou d'entités qui lui sont similaires. En d'autres termes, l'analyse doit être de type holistique, c'est-à-dire qu'elle doit toujours analyser une partie par rapport au fait qu'elle s'intègre dans un tout. On ne peut se contenter d'étudier les caractéristiques singulières intrinsèques d'une entité précise, il faut toujours les resituer par rapport à une population plus large.

Dans les sciences sociales, notamment lorsqu'il s'agit d'analyser les comportements économiques et sociaux, cela implique qu'on ne peut comprendre les actions humaines par les seules caractéristiques (biologiques, psychologiques, sociales) de l'individu agissant. Il faut replacer ce dernier dans le contexte institutionnel dans lequel il agit afin de prendre en compte plusieurs choses : à quelles populations d'individus et d'institutions se rattache-t-il ? Quelles sont les caractéristiques de ces populations ? Quel est le degré de variété au sein de ces populations ? Dans quelle mesure l'individu considéré est-il singulier par rapport aux populations considérées ? Dit autrement, pour comprendre l'action individuelle, il faut comprendre la dynamique de population à laquelle elle se rattache.

– Une doctrine de la continuité

Cette doctrine est la conséquence logique de tout ce qui a été dit précédemment, notamment concernant le principe du déterminisme. Elle postule que toute analyse doit être de type génétique cumulatif : l'évolution est un processus continu d'accumulations successives et insensibles d'éléments. En d'autres termes, cela signifie que la « nature ne fait pas de bond », toute évolution est de nature progressive et cumulative. Cette perspective est également valable pour le monde social où l'évolution institutionnelle doit également être abordée en des termes génétiques cumulatifs, les institutions sociales n'apparaissant jamais *ex nihilo*.

Il est important de noter que cette doctrine de la continuité ne nie pas la possibilité de l'existence de ruptures. Mais, d'une part, ces ruptures sont toujours causalement créées, et d'autre part les conséquences de la rupture relèvent également de la continuité. Causes et conséquences peuvent donc toutes deux être expliquées de manière cumulative et continue[1]. Au niveau des sciences sociales, cela implique que toute frontière temporelle ou disciplinaire placée à l'analyse est nécessairement arbitraire, ce qui n'implique pas pour autant qu'elle soit forcément illégitime. Mais elle doit être justifiée et toujours susceptible d'être levée.

---

1 Ainsi, si l'on prend l'exemple extrême de la chute de la météorite ayant entraîné l'extinction des dinosaures, il semble bien que l'on ait à faire à une rupture. Or, la cause (la chute de l'astéroïde) est facilement explicable en termes cumulatifs et continus, de même que les conséquences (la disparition d'une espèce). Il n'y a donc aucune disjonction et la doctrine de la continuité est respectée dans la mesure où la cause est endogène à l'analyse. Notons que la conceptualisation (controversée) de l'évolution en termes d'équilibres ponctués ne déroge pas à cette règle.

Les enseignements méthodologiques du darwinisme

En lien étroit avec ses implications ontologiques, le darwinisme apporte également certains éléments relatifs à la méthodologie qui doit être mise en œuvre, dans le champ des sciences de la nature comme dans celui des sciences sociales, pour analyser la réalité.

– La notion de causalité cumulative

Cette première implication méthodologique est la conséquence directe du principe du déterminisme et de la doctrine de la continuité. Elle indique que l'explication du changement implique de retracer celui-ci au travers d'un processus causal génétique, qui peut être notamment la sélection naturelle. Autrement dit, il faut, dans la mesure du possible et tout en élaborant une théorie qui soit plus qu'une simple description, expliquer causalement les éléments sur lesquels repose l'analyse. En conformité avec l'explication par causalité cumulative, Veblen fait démarrer son analyse par une étude du comportement individuel et, partant de celui-ci, tente de l'élargir, le comportement étant lui-même expliqué de manière causale.

Deux points doivent dès lors être précisés. D'une part, et cela est évident chez les institutionnalistes, cela ne signifie pas que tout puisse être expliqué causalement. Ainsi, suivant en cela la philosophie pragmatiste, Thorsteins Veblen et John R. Commons considèrent que toute analyse doit nécessairement reposer sur certains présupposés métaphysiques indémontrables. Il est évident que ces présupposés n'ont pas à être expliqués causalement – autrement, ce ne serait plus des présupposés. D'autre part, et en écho à ce qui a été dit avec la doctrine de continuité, l'explication par causalité cumulative ne nie pas le fait que toute analyse a forcément des frontières arbitraires, sans quoi toute théorie serait probablement condamnée à expliquer tous les phénomènes naturels et sociaux simultanément. Toute théorie doit nécessairement définir son cadre d'analyse, mais l'explication en termes de causalité cumulative prescrit (1) que ce cadre soit « souple », c'est-à-dire que l'on puisse éventuellement en modifier les limites, (2) que l'analyse tienne explicitement compte des éléments hors de son cadre d'analyse, (3) et que soit pris en compte le fait qu'il n'y a pas de rupture logique entre ce qui est à l'intérieur du cadre d'analyse et à l'extérieur de celui-ci. À l'intérieur de ce cadre, l'analyse doit être de type génétique causal, c'est-à-dire qu'elle doit s'efforcer de retracer et de théoriser la succession de causes qui est l'origine du phénomène étudié, tel que par exemple, pour faire le lien avec les analyses de Veblen, le fait que des individus augmentent leur consommation d'un certain bien lorsque le prix de ce dernier augmente.

– L'explication évolutionnaire

Conséquence direct du principe précédent, l'implication évolutionnaire implique « que toute hypothèse comportementale, y compris dans les sciences sociales, doit être en mesure de déboucher sur une explication causale et cumulative dans des termes évolutionnaires, ou à tout le moins d'être consistante avec une compréhension scientifique de l'évolution humaine » (Hodgson, 2004a, 97, notre traduction). En d'autres termes, toutes les hypothèses concernant le comportement humain, et donc le comportement économique, doivent être en accord avec les connaissances de l'évolution humaine, tant au niveau biologique que social. En fait, cela implique *que toute théorie doit nécessairement être dynamique et évolutionnaire*, dès l'instant où elle repose sur des hypothèses concernant le comportement des individus. Ce comportement n'étant pas fixe, la théorie, si elle veut prétendre avoir une valeur explicative et compréhensive, doit intégrer cette dynamique.

Soulignons, encore une fois, que ce principe est en lui-même souple : il s'agit d'avantage d'une « présomption » que d'une prescription immuable. Dans certains cas, et arrivé à un certain stade d'analyse, il peut s'avérer plus efficace de travailler sur des données fixes, comme par exemple considérer les caractéristiques comportementales de la population *y* au temps *t*. Mais, comme pour le principe précédent, ce genre d'abstraction doit tenir compte des conséquences des limites qu'elle impose à l'analyse.

– Le principe de consistance des sciences

Ce principe correspond à une généralisation de l'explication évolutionnaire. Il postule que toutes les hypothèses ou postulats concernant un certain niveau ontologique ne doivent pas être contraires aux connaissances scientifiques portant sur les niveaux ontologiques inférieurs. Dans le cadre de l'analyse du comportement économique, cela signifie que toutes les hypothèses psychologiques soient en accord, ou en tout cas ne soient pas incompatibles, avec les connaissances dont on dispose en biologie ou en neurologie. De la même façon, toute hypothèse concernant la dimension « sociale » du comportement doit s'accorder avec les connaissances scientifiques en psychologie.

Ce principe, qui énonce tout simplement que les différentes sciences ont intérêt à se servir mutuellement de leurs apports, ne postule pas pour autant que l'on puisse réduire une science à une autre portant sur un niveau ontologique inférieur. Comme on pu a le voir, le principe de propriété émergente rend ce réductionnisme, tel qu'il est pratiqué encore aujourd'hui par exemple par la sociobiologie, impossible.

L'APPROCHE ÉVOLUTIONNAIRE DE THORSTEIN VEBLEN
D'une théorie du comportement économique à une théorie de l'évolution culturelle

Thorstein Veblen est l'auteur dont les analyses s'inscrivant dans le programme de recherche de l'institutionnalisme historique sont celles qui développent le plus explicitement une dimension évolutionnaire, et ceci dans une perspective rigoureusement darwinienne. À partir des éléments épistémologiques étudiés dans le chapitre « L'historicisation de la théorie dans l'institutionnalisme américain et ses prolongements contemporains », Veblen développe dans un premier temps une théorie du comportement économique qui s'articule autour des concepts d'instinct, d'habitude et d'institution. Elle débouche sur une théorie de l'évolution culturelle où les institutions s'appréhendent à la fois comme les unités et les facteurs d'un processus de sélection naturelle. Cette théorie se prolonge elle-même dans une analyse du capitalisme comme rencontre de deux logiques, analyse qui sera abordée dans le chapitre « Le capitalisme comme système historique contingent ».

UNE THÉORIE DU COMPORTEMENT ÉCONOMIQUE

Veblen développe une critique, rapidement évoquée dans le chapitre « L'historicisation de la théorie dans l'institutionnalisme américain et ses prolongements contemporains », de la conception du comportement humain développée par la théorie marginaliste. Partant des fondements darwiniens développés ci-dessus, l'économiste américain propose une théorie des instincts et des institutions visant à étudier l'évolution des règles encadrant les activités économiques.

Une critique de la théorie du comportement marginaliste

Comme on l'a indiqué dans le chapitre « L'historicisation de la théorie dans l'institutionnalisme américain et ses prolongements contemporains », Veblen développe une critique de la conception de la rationalité humaine développée par la théorie économique marginaliste à laquelle il reproche d'être en porte à faux avec les découvertes faites par les sciences alors naissantes de la psychologie et de l'anthropologie. Les marginalistes commettent l'erreur de partir d'une nature humaine considérée comme immuable et donnée, orientée par des motifs purement hédonistes (Veblen, 1898a, 73 ; Veblen 1909, 234).

Or, là où les économistes *supposent* un individu donné et immuable, passif et inerte, à la recherche de son seul plaisir, il apparaît en fait que l'homme a pour caractéristique première d'agir et de ne pas se contenter de subir son environnement et les événements. Selon Veblen, le processus économique ne peut se comprendre qu'en étudiant l'activité humaine dans toute ses dimensions, car elle en constitue l'essence. Veblen reproche surtout à la théorie économique de considérer l'individu comme donné, de ne pas prendre en compte son histoire, ses antécédents, ses traits héréditaires alors que l'histoire et la vie économique d'un individu sont « un processus cumulatif d'adaptation des moyens aux fins, ces dernières changeants cumulativement au fur et à mesure que le processus se déroule, les agents et l'environnement étant tous deux les résultats de ce processus » (Veblen, 1898a, 74-75, notre traduction). Les processus économiques ne peuvent se comprendre qu'en analysant parallèlement et simultanément l'individu et l'environnement dans lequel celui-ci agit, ainsi que les interactions cumulatives et évolutives qui prennent forme dans leurs relations. Ne réalisant pas cette opération, la théorie économique est contrainte de postuler un individu à la nature *totalement* hédoniste et téléologique :

> [La théorie économique] ne traite du comportement humain qu'à partir du moment où ce dernier peut être conceptualisé dans des termes rationalistes et téléologiques de calcul et de choix. Pourtant, il est tout aussi vrai que le comportement humain, qu'il soit économique ou autre, est en même temps soumis à la relation entre cause et effet, par la force d'éléments tels que l'habituation où les obligations conventionnelles (Veblen, 1909, 239, notre traduction).

Le défaut majeur de l'approche marginaliste consiste dans l'ignorance conjointe du point de vue évolutionnaire, fondé sur des préconceptions factuelles, ignorance qui conduit dès lors l'analyse économique à interpréter tous les phénomènes comme s'ils devaient tendre vers une certaine finalité (*cf.* chapitre « L'historicisation de la théorie dans l'institutionnalisme américain et ses prolongements contemporains »), et du rôle joué par les institutions qui, une fois pris en compte, rend caduque la conception hédoniste du comportement humain. D'après Veblen, l'économie évolutionnaire « doit être une théorie du processus de croissance culturelle déterminé par les intérêts économiques, prenant la forme d'une théorie de l'enchaînement cumulatif des institutions économiques retranscrite dans les termes du processus lui-même » (Veblen, 1898a, 77, notre traduction). Autrement dit, la science économique doit être la science de l'évolution concomitante des institutions économiques et du comportement humain. Pour Veblen, cette mutation n'est possible qu'à la condition d'abandonner la conception hédoniste de l'individu (Veblen, 1909, 233). L'approche hédoniste de l'individu a pour effet d'ignorer ou bien de considérer comme donnés les faits et éléments culturels et institutionnels et donc de ne pas les analyser (Veblen, 1909, 235-236). Or, ces faits sont déterminants dans le fonctionnement des processus économiques, processus que la théorie économique n'appréhende qu'en termes de choix rationnels. La science économique a de ce fait un caractère téléologique, déductif et *a priori* qui l'empêche d'étudier les faits totalement en termes de relation de cause à effet. Elle est obligée de *supposer* une certaine rationalité chez l'individu afin d'accorder la théorie avec les faits observés.

Veblen considère que, dans ces circonstances, la science économique ne peut produire que des analyses statiques ou « taxonomiques », car elle ne traite pas des éléments qui font que les résultats sont dynamiques. Pour sortir de cette impasse, Veblen affirme qu'il faut déplacer le centre d'analyse de l'économie. Celui-ci doit être « le comportement de l'individu aux prises avec les moyens matériels de subsistance », la science étant « une enquête sur les conditions historiques et matérielles de la civilisation » (Veblen, 1909, 241, notre traduction). En d'autres termes, outre la réintroduction de l'histoire dans l'analyse, Veblen considère qu'il faut prendre en compte l'environnement de l'individu, à savoir la culture et les institutions. Comme cela va être développé un peu plus loin dans ce chapitre, Veblen voit dans l'évolution des institutions le produit des conduites des individus. C'est à travers l'expérience et les habitudes des individus que les institutions émergent. Mais, en retour, ces mêmes institutions agissent sur les comportements humains, leurs fins et leurs moyens. D'après Veblen, l'individu est en effet « une créature d'habitudes et de propension héritées d'antécédents héréditaires et culturels, antécédents dont il est le résultat ; et les habitudes mentales produites par chaque expérience affectent sa manière de penser dans toutes les situations » (Veblen, 1898a, 79-80, notre traduction). C'est cette dialectique qui, selon Veblen, doit être l'objet d'analyse de l'économie. Notons que si Veblen concède à la théorie économique d'avoir intégré quelques phénomènes institutionnels (notamment l'institution de la propriété), ces phénomènes sont posés comme des postulats à l'analyse et, comme pour le comportement humain, ne sont donc pas étudiés.

Enfin, Veblen reproche à la conception hédoniste de l'individu d'aboutir à ignorer l'effet des phénomènes économiques (« pécuniaires » dans les termes de Veblen) sur les autres aspects de la société et du comportement[1]. Cette série d'éléments conduit Veblen à formuler des bases alternatives pouvant servir de fondements à une économie évolutionnaire. Toutefois, bien que connaissant parfaitement les écrits des économistes de l'école historique allemande et étant dans l'ensemble positif à leur égard, Veblen n'élabore pas son économie évolutionnaire sur des fondements directement historicistes. L'économiste américain estime en effet que dans l'ensemble l'école historique s'est arrêtée à un stade pré-darwinien (Veblen, 1898a, 72)[2]. C'est sur des bases à la fois darwiniennes et pragmatistes que Veblen va bâtir une théorie des instincts et des institutions.

1 Veblen (1909) prend notamment l'exemple de la monnaie qui dans la conception classique n'est appréhendée que comme un voile dont la seule fonction est de permettre les échanges.

2 Il est permis de penser que Veblen fait ici référence essentiellement à la première génération de l'école historique, dans la mesure où quelques années plus tard il créditera Schmoller d'avoir été le premier à mettre en œuvre une telle analyse causale et génétique.

Une théorie des instincts

L'économie évolutionnaire[1] de Veblen s'articule autour de trois concepts majeurs : les instincts, les habitudes mentales (*habits of thought*) et les institutions. On précise ici le contenu de la théorie des instincts développée par Veblen, d'abord en en indiquant la place au sein de son économie évolutionnaire, puis en identifiant les différents instincts repérés par Veblen, en accordant une attention particulière à l'instinct du travail efficace (*instinct of workmanship*).

– La place des instincts dans l'économie évolutionnaire de Veblen

Veblen utilise le concept d'instinct dans un sens proche de celui développé par la psychologie des instincts et des habitudes élaborée par le philosophe pragmatiste William James et par le psychologue William McDougall (Hodgson, 2004a ; Tilman, 1996 ; Twomey, 1998). Ce concept permet à Veblen de faire le lien entre le biologique, le psychologique et le social, entre la nature et la culture. Selon l'économiste américain, toute démarche évolutionnaire doit partir des propensions innées de l'être humain : « Une enquête génétique sur les institutions va s'intéresser à la croissance des habitudes et des conventions en tant qu'elles sont conditionnées par l'environnement matériel et les propensions innées de la nature humaine ; ces propensions innées, qui ont un effet sur la croissance culturelle, peuvent avantageusement être qualifiées "d'instincts" » (Veblen, 1914, 2-3, notre traduction). Cette citation résume d'ailleurs l'essentiel de l'approche véblénienne : l'étude de l'évolution des institutions revient à étudier la croissance et la transformation des habitudes, habitudes qui, pour une part, sont déterminées et se construisent à partir des instincts, lesquels en constituent donc le point de départ.

Veblen a ébauché l'essentiel de sa théorie des instincts à partir des apports de la psychologie sociale, mais aussi et surtout à partir de la psychologie des habitudes et des instincts élaborée par William James.

1 On peut noter ici un point qui n'a pas encore été souligné : Veblen ne parle à aucun endroit dans ses écrits d'économie « institutionnelle » ou « d'institutionnalisme », mais utilise de manière systématique le terme « d'économie évolutionnaire » (*evolutionary economics*). Ce n'est en effet qu'à partir de 1918 que l'expression « économie institutionnelle » est adoptée par les économistes institutionnalistes. C'est l'économiste Walton Hamilton qui, le premier, lors de la conférence annuelle de l'*American Economic Association* utilise l'expression et surtout définit son contenu analytique.

Ce qui a été dit précédemment sur James est donc valable pour l'essentiel chez Veblen, notamment pour ce qui concerne la place des instincts dans la nature humaine et leurs rapports avec les habitudes. William McDougall est un autre psychologue à avoir eu une influence notable sur Veblen, influence incontestable dans ses derniers travaux. Ainsi, McDougall « a défendu l'importance de parvenir à une compréhension de la manière dont les instincts ont évolué et pénétré les différents niveaux de la cognition et de l'action humaines, et a été une source importante d'inspiration pour Veblen » (Twomey, 1998, 434, notre traduction). Comme James, McDougall considère que l'esprit est actif et qu'il est tourné vers la résolution de problèmes rencontrés lors des interactions avec l'environnement. Il souligne que l'activité motivée n'est pas nécessairement consciente et, de la même manière que Veblen, développe l'idée que la rationalité, quel que soit son contenu, constitue un phénomène devant être compris et non considéré comme donné. Enfin, comme James, McDougall voit dans les instincts les bases sur lesquelles tous les comportements se construisent.

Une difficulté a trait au fait que Veblen ne donne à aucun endroit une définition explicite de la notion d'instinct. Il fournit toutefois de manière dispersée plusieurs éléments de caractérisation. En premier lieu, Veblen conçoit les instincts comme des buts ou des propensions universels qui sont innés chez l'agent humain et qui sont transmis de manière héréditaire (Asso et Fiorito, 2004). C'est là une première caractéristique, suivant laquelle les instincts sont *biologiquement* hérités et sont des traits qui, à la suite du processus d'évolution, sont devenus propres à l'ensemble de l'espèce humaine. En deuxième approximation, Veblen distingue les instincts des tropismes et des impulsions (Rutherford, 1998). Les instincts sont de nature téléologique (Veblen, 1914, 4). À l'inverse, l'action tropismatique est une action inconsciente, réflexe et dénuée de toute dimension téléologique qui ne fait appel à aucune forme d'intelligence. Les instincts doivent donc s'analyser comme des *propensions* à agir d'une manière déterminée, propensions guidées par la satisfaction de certaines fins prédéfinies. Le propre des propensions instinctives est donc de donner naissance à des modes de comportement destinés à les satisfaire, modes de comportement impliquant l'usage d'un certain degré de conscience et d'intelligence. Les instincts *ne sont pas*, contrairement aux tropismes, de simples réactions réflexes à des stimuli. Il s'agit de guides du comportement inclinant ce dernier à se manifester de certaines façons. Selon Veblen, ils doivent se penser comme des « traits spirituels émergeant de la congruence d'un ensemble d'unités physiologiques et changeant suivant les variations dans cet ensemble duquel l'espèce ou l'individu tient sa constitution propre » (Veblen, 1914, 13, notre traduction).

La notion d'instinct est essentiellement de contenu et de nature biologiques. Il s'agit de traits héréditaires transmis génétiquement, qui sont innés et donc non appris culturellement et socialement. Pourtant, c'est par elle que Veblen fait le lien entre le biologique, le psychologique et le social, tout en évitant, dans une large mesure, le réductionnisme biologique ou culturel. Comme on l'a indiqué dans le chapitre « Les fondements philosophiques et méthodologiques des analyses historicistes et institutionnalistes originelles », les auteurs pragmatistes William James et John Dewey considèrent que les instincts ne peuvent se suffire à eux-mêmes : ils ont besoin d'être « mis en action » par les habitudes. Les instincts indiquent vers quoi le comportement doit tendre, mais ils n'indiquent pas le « comment ». De même, chez Veblen, « [l]a dotation instinctive ne fournit qu'un point de départ à l'évolution cumulative des habitudes et des institutions » (Rutherford, 1998, 466, notre traduction). Pour Veblen, comme pour James, c'est la recherche de la satisfaction des instincts qui mène à la formation des habitudes. Notons cependant que Veblen indique que les instincts peuvent être « pervertis », c'est-à-dire détournés de leurs fins sous l'influence de certaines habitudes et institutions. Les instincts ne sont que des propensions, pas des actions. Ils constituent donc chez Veblen la dimension stable et téléologique du comportement humain qui doit être complétée par les dimensions institutionnelles et culturelles. Veblen en identifie plusieurs, notamment l'instinct du travail efficace, qui occupe une place à part.

– L'instinct du travail efficace[1]

Parmi les instincts forgeant la nature humaine, Veblen attribue une place particulière à l'instinct du travail efficace. Il l'expose particulièrement dans son article « The Instinct of Workmanship and the Irksomeness

1 Le terme anglais employé par Veblen est « *instinct of workmanship* ». En français, ce terme est souvent traduit par l'expression « instinct artisan ». Cependant, il nous semble que cette traduction est impropre car trop restrictive. Il est manifeste que Veblen emploie cette notion dans un cadre bien plus large que la seule activité artisanale. En fait, l'expression

of Labor » (1898b) et son ouvrage *The Instinct of Workmanship, and the State of the Industrial Arts* (1914). Veblen fait jouer à cet instinct un rôle primordial dans l'évolution de l'espèce humaine. Dans son article de 1898 (Veblen, 1898b), Veblen part d'une critique de l'hypothèse (néo) classique de l'aversion pour l'effort utile et pour le travail. L'idée de base de l'argumentation de Veblen est qu'aucune espèce ne peut passer l'épreuve de la sélection naturelle tout en affichant une aversion systématique pour toute activité nécessaire à sa survie. Si Veblen reconnaît l'existence dans la société capitaliste de pratiques « inutiles » sources de gaspillage, il estime qu'elles ne sont que le résultat rendu possible par l'évolution de l'espèce humaine au cours de laquelle l'homme a acquis une double autonomie : autonomie de choix (la volonté et la motivation humaine) et autonomie – relative – par rapport aux contraintes de l'environnement. Plus précisément, l'avantage de l'espèce humaine sur les autres espèces animales serait sa capacité à valoriser les éléments qui constituent son environnement (Veblen, 1898b, 188). Selon Veblen, seul l'existence d'un instinct du travail efficace peut expliquer à la fois la survie de l'espèce humaine et surtout sa relative émancipation de la nature. Ainsi, « "l'homme économique", celui dont le portrait a été dessiné par les économistes classiques et alimenté par les caricaturistes, est une anomalie dans le monde animal » (Veblen, 1898b, 187, notre traduction).

Sous l'effet de l'évolution, l'espèce humaine aurait donc forcément dû développer, selon Veblen, un instinct du travail efficace, sans quoi l'industrie n'aurait jamais pu naître. Cet instinct peut se définir par trois caractéristiques (Gislain, 2000) :

1. cet instinct oriente l'activité humaine vers un but précis, celui d'assurer la survie de l'espèce (et accessoirement pour un individu d'assurer sa survie) ;
2. les fins poursuivies par cet instinct ont un contenu interpersonnel et extérieur à l'individu. Celui-ci, dans le cadre de sa survie, doit s'adapter à son environnement ;
3. l'action est régie par le principe du moindre effort : en plus d'être efficace, l'activité doit être efficiente et éviter tout gaspillage. Cela conduit les individus à valoriser l'efficacité technique et à condamner le gaspillage de moyens.

---

la plus adéquate serait « instinct du travail bien fait ». La traduction employée dans ce travail est utilisée néanmoins par beaucoup d'auteurs.

Par conséquent, selon Veblen, le moteur de l'évolution humaine consiste dans une propension à fournir des efforts efficaces et efficients, permettant aux individus de s'émanciper toujours plus de leur environnement.

Comme le remarque Jean-Jacques Gislain (2000, 87), l'instinct du travail efficace est fondamental en ce qu'il est indépendant des institutions dominantes, c'est le « référent anthropologique ultime des progrès de l'humanité ». En fait, cet instinct est à l'origine de l'ensemble des dichotomies vébleniennes entre utile/futile, production/acquisition, technique/pécuniaire, industrie/affaires etc. Ainsi, il apparaît que l'essentiel des comportements repérés par Veblen dans la société capitaliste se réfère, positivement ou négativement, à l'instinct du travail efficace. Un comportement sera positif quand il va dans le sens de l'instinct du travail, c'est-à-dire qu'il contribue à l'efficacité et au progrès. À l'inverse, un comportement source de gaspillage ou n'étant pas productif, en s'opposant aux propensions instinctives naturelles, sera vu comme nuisible. Ces éléments font que Veblen semble ne pas respecter sa théorie évolutionnaire : en indiquant quels sont les « bons » comportements, il réintroduirait une dimension téléologique dans son analyse. Cependant, cette interprétation ne parait pas totalement juste : Veblen n'affirme nullement que l'évolution doit prendre la direction de l'efficience. Il constate seulement que, selon lui, l'évolution de l'espèce humaine a jusqu'à présent été guidée par une recherche de l'efficacité et que, du fait du développement de certaines habitudes, cette recherche a été plus ou moins abandonnée. Il est vrai que l'économiste américain dénonce cette « dérive », mais il ne la considère pas pour autant comme « anormale », c'est-à-dire comme ne correspondant pas à la normalité de l'évolution.

Reste à comprendre comment un instinct initiant une propension à effectuer des activités utiles, économes et efficaces peut déboucher sur des comportements de « prédation », sources de gaspillage et d'inefficacité, tels que le loisir ou la consommation ostentatoire et que Veblen dénonce dans la *Théorie de la classe de loisir* (1899a). Selon Veblen, en contribuant au progrès et à l'efficacité, l'instinct du travail efficace a permis à l'espèce humaine de faire davantage que d'assurer sa survie : progressivement, les hommes ont pu produire plus qu'ils n'avaient besoin. Dès lors, une fois sa survie assurée, chaque individu a pu détourner son attention à des fins moins « nobles », selon Veblen, et rechercher ainsi son intérêt et plaisir personnel.

– Instincts de prédation, de grégarité et de curiosité gratuite

Le nombre et l'identité des instincts présents dans la théorie évolutionnaire de Veblen sont incertains. Veblen n'est pas toujours très explicite dans ses écrits, et suivant la littérature, le nombre d'instincts identifiés va, en comptant l'instinct de travail efficace, de trois (Gislain, 2000) à six (Jensen, 1987). On suivra la classification adoptée par Asso et Fiorito (2004) en distinguant les instincts « altruistes » (*other-regarding instincts*) et les instincts « égoïstes » (*self-regarding instincts*).

Comme leur nom tend à l'indiquer, les instincts altruistes ont pour fin de favoriser le bien être de la communauté, du groupe, de la famille. On y retrouve l'instinct de travail efficace, précédemment exposé, ainsi que les instincts grégaires et de curiosité gratuite. L'instinct de grégarité (*instinct of parental bent*) peut se définir comme la « propension des membres d'une même communauté à éprouver un sentiment de solidarité les uns envers les autres » (Gislain, 2000, 87). Il s'agit de l'intégration héréditaire par les individus de l'idée suivant laquelle la coopération est nécessaire à leur survie. Cet instinct est donc à l'origine de l'égard que chaque individu porte aux autres. Selon Veblen, il s'agit de l'instinct, avec celui du travail efficace, qui participe le plus au bien-être de la communauté : ces deux instincts « se consacrent essentiellement à la même finalité concrète, et l'interdépendance réciproque qu'ils entretiennent est si intime et large qu'il est souvent bien difficile de tracer une frontière pour les distinguer » (Veblen, 1914, 25, notre traduction). C'est cet égard porté aux autres et la conscience du besoin de coopération, combinés à l'instinct du travail efficace, qui font que chaque individu accepte de s'intégrer dans une communauté ou un groupe, et donc de se conformer, consciemment ou non, aux normes qui y sont en vigueur (Veblen, 1914, 48). Mais c'est aussi cet instinct qui attise, dans la société industrielle, la « comparaison provocante » qui pousse les individus à se comparer entre eux. L'émulation par les apparences, que Veblen n'a cessé de dénoncer, trouve donc son origine dans la double perversion des instincts de grégarité et du travail efficace.

L'instinct de curiosité gratuite (*idle curiosity*) permet à Veblen d'expliquer les innovations et la créativité humaine. Il le définit comme la « curiosité qui pousse les hommes vers les inventions ingénieuses et déconcertantes » (Veblen, 1899a, 100). Par ce biais, Veblen introduit dans la nature humaine la dimension créatrice qui est à l'origine de la création scientifique et artistique. Cet instinct qui est à la base de l'évolution institutionnelle et est également une spécificité propre à l'espèce humaine : « Avec l'instinct de travail efficace, il partage ce caractère de souplesse et de traçabilité qui est commun jusqu'à un certain degré à l'ensemble des instincts, et qui est plus particulièrement caractéristique de ces prédispositions instinctives qui permettent de distinguer la nature humain de la dotation plus frustre et moins portée à la spiritualité des animaux les moins évolués » (Veblen, 1914, 86, notre traduction). Le lien entre cet instinct de curiosité gratuite et le concept d'abduction présent dans la philosophie pragmatiste de Peirce parait assez évident. Chez Peirce, le concept d'abduction est mobilisé pour expliquer la dynamique de l'enquête scientifique et les innovations qu'elle produit. Chez Veblen, l'instinct de curiosité gratuite sert à expliquer les innovations produites par l'homme et donc, *in fine*, les changements institutionnels. La similarité est donc flagrante. Toutefois, la faiblesse relative du concept d'abduction chez Peirce se retrouve également chez Veblen. En effet, il a été relevé précédemment que Peirce peine à expliquer l'origine de la créativité humaine. Il est obligé de s'en remettre à une notion floue d'intuition que par ailleurs il dénonce lorsqu'il s'attaque au cartésianisme. Le même reproche peut être fait à Veblen : en faisant reposer la créativité sur un concept créé *ad hoc* dont on pourrait presque dire qu'il n'a qu'une valeur instrumentale, Veblen ne respecte pas la philosophie darwinienne dont il se réclame pourtant et suivant laquelle tout fait a une cause qu'il convient d'expliciter et d'analyser. Certes, théoriquement, la concrétisation de la propension à l'innovation a bien une cause, ce n'est nullement une « cause sans cause ». Mais, en pratique, Veblen peine, tout comme Peirce, à expliciter l'origine des innovations. Il n'en reste pas moins que cet instinct est important et qu'il a au moins le mérite de permettre à Veblen de donner une base sur laquelle penser le changement institutionnel.

Les deux instincts qui viennent d'être exposés, ainsi que l'instinct du travail efficace, ne peuvent se penser que dans leurs interactions les uns avec les autres. Ce n'est que lorsqu'ils marchent de concert qu'ils permettent à l'espèce humaine d'évoluer, selon les critères de Veblen, dans un sens favorable en entraînant l'apparition d'habitudes mentales adéquates. Ainsi, « [l]es prédispositions innées de l'instinct grégaire, de la curiosité gratuite et du travail efficace se constituent en « instincts rendant service » (*instincts of serviceability*) à partir du moment où elles sont suffisamment puissantes pour induire la coopération dans le cadre de la grégarité (...). Dans un tel contexte, la connaissance et l'information produites par la curiosité gratuite sont mises au service du travail efficace et du groupe » (Jensen, 1987, 1042, notre traduction).

Les instincts égoïstes trouvent leur expression dans l'agression, la prédation et la domination. Il est difficile de dire s'il s'agit d'instincts à proprement parler ou simplement des pendants négatifs des instincts altruistes. Jensen (1987) distingue deux types d'instincts susceptibles de rentrer dans cette catégorie : la propension à l'acquisition et l'instinct de prédation.

Le premier instinct correspond, comme son nom l'indique, au désir ressenti par l'individu d'acquérir des objets et des choses. Le second instinct renvoie lui à la propension qu'a l'individu à ressentir le besoin de dominer ses pairs, au travers d'une série de comportements tels que la « comparaison provocante ». Ce type de propension ressort très explicitement dans certains des écrits de Veblen (notamment 1898b et 1899a), mais il est difficile de savoir si Veblen les considère comme des instincts à proprement parler ou bien comme des perversions des instincts altruistes qui trouvent leur origine dans certaines habitudes mentales. Cette confusion trouve largement son origine dans l'ambiguïté de certains des écrits de Veblen, notamment en ce qui concerne la distinction entre habitudes et instincts.

Cette confusion a au moins le mérite de révéler une chose : la théorie des instincts de Veblen ne prend de signification qu'à partir du moment où elle est mise en dynamique avec les habitudes, les institutions et l'environnement. Ces trois derniers éléments viennent compléter la théorie du comportement de Veblen et c'est cet aspect qu'il convient maintenant de traiter.

Une théorie des institutions

La relation quadratique entre instincts, habitudes, institutions et environnement chez Veblen peut être résumée ainsi : « [d]'un côté, c'est l'influence exercée par le cadre institutionnel sur la dotation héréditaire de l'individu qui détermine le comportement humain ; d'un autre côté, c'est la recherche perpétuelle de moyens pour satisfaire les tendances héréditaires qui donne naissance aux habitudes, qui à leur tour s'incorpore dans un ensemble culturel et d'institutions, de conventions sociales et d'organisations humaines » (Asso et Fiorito, 2004, 449, notre traduction). C'est cette relation que l'on étudie ici.

– Instincts et habitudes comme fondements de la raison humaine

La théorie évolutionnaire de Veblen n'est ni réductible à une forme d'individualisme méthodologique, ni à une forme de holisme. Veblen veut amender la méthodologie marxiste en faisant *à la fois* des agents et des structures le résultat d'un processus évolutionnaire. En d'autres termes, les agents (les individus et leurs habitudes) et les structures (les institutions) agissent et rétroagissent les un sur les autres tout au long d'un processus évolutionnaire de causalité cumulative. Ainsi, comme l'affirme Hodgson (2004a, 178, notre traduction), « [e]n soulignant l'importance de la « causalité cumulative » et de la « continuité entre cause et effet », Veblen a rompu avec l'idée qu'une explication peut se réduire à un type d'entité ou à un niveau ». Selon Veblen, tout doit être expliqué selon une chaîne causale. Par ailleurs, Veblen développe sa notion d'habitude mentale en s'inspirant grandement de la philosophie pragmatiste de Peirce et James. Ce qui a été développé au sujet du pragmatisme dans le premier chapitre se retrouve également ici. Il faut rappeler que, dans une perspective darwinienne, Veblen ambitionne d'expliquer l'origine et les fondements de la volonté humaine. La notion d'habitude mentale est mobilisée dans cette optique, optique selon laquelle il s'agit de montrer que l'intentionnalité humaine relève à la fois de la nature et de la culture. Le point de départ de Veblen consiste à postuler que, bien qu'issus de la sélection naturelle, les instincts humains n'en restent pas moins insuffisants pour traiter des exigences de la condition humaine, exigences qui de surcroît évoluent. Plus précisément, les instincts sont trop vagues, trop approximatifs dans la détermination du comportement à suivre pour permettre leur satisfaction. Les habitudes mentales, grâce à leur plus grande flexibilité, doivent permettre à l'individu de s'adapter plus facilement à son environnement : « les habitudes, étant plus adaptables que les instincts, sont indispensables pour pouvoir traiter avec l'important ensemble de connaissances que l'on trouve dans toute communauté » (Hodgson, 2004a, 166, notre traduction). Contrairement aux instincts, dont le contenu est resté stable durant de milliers d'années, les habitudes évoluent de manière cumulative et incrémentale (Veblen, 1914, 39).

Veblen, comme James, distingue les instincts des habitudes en ce que ces dernières ne sont pas transmises génétiquement, mais seulement acquises socialement, par l'apprentissage. Elles correspondent à des routines, largement inconscientes, qui permettent à l'individu d'interagir efficacement avec son environnement en lui permettant d'« économiser » sa réflexion consciente. Dans cette perspective, il est important de distinguer les habitudes des actions et des comportements. Les habitudes sont des *dispositions* à agir qui ne se concrétisent pas forcément par une action. Ce sont des *comportements potentiels* qui peuvent ou non émerger suivant les stimulations qui sont issues, soit de l'environnement (les institutions ou la technologie notamment), soit des instincts.

Deux éléments doivent en particulier être soulignés : d'une part, instincts et habitudes ne peuvent donc agir que l'un avec l'autre, ce sont deux éléments du comportement qui sont complémentaires. D'autre part, en tant que dispositions largement inconscientes, les habitudes et leur association avec les instincts forment le préalable à l'existence de la raison humaine. On retrouve ici une des idées clés du pragmatisme peircien présente également chez Dewey. En effet, chez Peirce, les habitudes ont la primauté sur les croyances et la raison, elles en sont le fondement. Veblen suit totalement cette conception : la formation des habitudes précède la délibération rationnelle. Dans la même veine pragmatiste, Veblen refuse la séparation entre action et raison : la raison est liée à l'action, car l'activité est le stimuli des habitudes mentales, et parce que la raison est utilisée pour guider l'action à travers les problèmes et les difficultés. Cela signifie, dans le même temps, que si la raison ne prime pas sur les habitudes, elle peut néanmoins, dans un second temps, faire évoluer ces dernières pour les adapter à l'environnement. Loin d'être l'antithèse de la raison, les instincts et les habitudes en sont au contraire les conditions.

– Des habitudes aux institutions

La notion d'institution est au cœur de la théorie évolutionnaire de Veblen. Tandis que les instincts correspondent à la dimension biologique de cette dernière, les habitudes mentales à sa dimension psychologique, les institutions se rapportent à l'aspect social du comportement humain. La définition que Veblen donne de la notion d'institution est assez floue. Dans *Théorie de la classe de loisir* (Veblen, 1899a, 125), les institutions sont définies comme des « habitudes mentales prédominantes, des façons très répandues de penser les rapports particuliers et les fonctions particulières de l'individu et de la société ». Elles sont « des méthodes particulières de vie et de relations humaines » (Veblen, 1899a, 124). Dans *Absentee Ownership*, Veblen (1923, 111, notre traduction) précise quelque peu le concept : « Une institution relève de la nature de l'usage qui est devenu axiomatique et indispensable par habitude et acceptation généralisée ». Les institutions consistent donc dans un ensemble d'habitudes mentales qui se sont réifiées jusqu'à apparaître comme « axiomatiques », et à être considérées comme naturelles par l'ensemble d'une communauté. Au sens de Veblen, les institutions sont des conventions, des normes sociales, un ensemble d'idées temporellement et spatialement identifiées. Afin de devenir une science évolutionnaire, c'est l'évolution des institutions que l'économie doit étudier en priorité.

On perçoit déjà à ce niveau le rôle pivot joué par les institutions dans l'approche de Veblen : d'une part, les institutions sont le résultat d'un processus de causalité cumulative induit par les comportements habituels des individus. Elles sont donc l'effet émergent de l'association d'une partie des habitudes mentales que les individus concrétisent au travers de leurs actions : « Sous la discipline de l'habituation cette logique de vie devient conventionnelle, acquérant la consistance de la coutume et de la prescription, et prenant donc la force et le caractère d'une institution » (Veblen, 1914, 7, notre traduction). Le processus d'habituation tend ainsi à ne garder conscientes que certaines fins définies et à rendre inconscientes les autres, qui deviennent conventionnellement acceptées. Mais d'autre part, les institutions, en tant que normes conventionnelles *stables*, ont pour effet d'orienter les comportements et les instincts dans la poursuite de certaines finalités. Par exemple, Veblen identifie les institutions pécuniaires qui se traduisent par une orientation des comportements vers des pratiques de gaspillage et de comparaison provocante. Dans leur forme extrême, les institutions peuvent éventuellement se traduire par des sanctions sociales et devenir des lois. Cette relation entre habitudes et institutions, *a priori* symétrique, est déséquilibrée par une asymétrie temporelle en faveur de ces dernières : l'individu naît dans un environnement institutionnel préexistant, ce qui signifie que les habitudes sont formées par les institutions, avant de pouvoir éventuellement les modifier. Au final, il apparaît que l'action individuelle et la pensée sont contraintes par des modes de penser et d'agir promulgués par les institutions en place, mais tout en étant en même temps la source de vie et de création des institutions. À cet égard, on relèvera l'importance de l'instinct de curiosité gratuite concernant l' « innovation institutionnelle » : dans une perspective ascendante (des instincts aux institutions), c'est cet instinct qui est le facteur essentiel de l'évolution institutionnelle.

UNE THÉORIE DE L'ÉVOLUTION CULTURELLE

Dans l'économie évolutionnaire de Veblen, la relation entre instincts, habitudes et institutions s'opère dans un double mouvement ascendant et descendant. Dans ce schéma, les institutions constituent alors à la fois un *facteur* et un *objet* de sélection. Veblen met en application ce cadre évolutionnaire pour expliquer le développement de la consommation ostentatoire et le mouvement de rationalisation induit par le développement de la technologie.

Les institutions comme facteur et objet de sélection

Veblen développe l'idée que l'action humaine, guidée principalement par les institutions, exerce une influence sur les conditions de vie matérielles qui constituent l'environnement des individus. Notamment, dans son article *The Instinct of Workmanship and the Irksomeness of Labor* (Veblen, 1898b), Veblen affirme que les instincts et institutions humaines ont donné les moyens aux hommes de développer des outils leur permettant d'acquérir un meilleur contrôle de leur environnement. Ainsi, la domination de l'espèce humaine repose sur sa capacité à valoriser les éléments qui constituent son environnement (Veblen, 1898b, 188). La base de cette capacité humaine réside dans l'instinct du travail efficace et dans les institutions « industrielles » qui confèrent à l'agent le besoin de poursuivre et de satisfaire des objectifs d'efficacité.

L'idée est donc la suivante : sous l'effet des instincts et des habitudes mentales par lesquels les individus poursuivaient individuellement un objectif d'efficacité, des institutions visant à la réalisation de ces buts ont *émergé* non intentionnellement. L'espèce humaine a alors acquis la capacité d'agir sur son environnement, notamment via la technologie, pour gagner un avantage dans la « bataille pour la survie ». On trouve donc l'idée d'une relation ascendante allant des instincts aux institutions et à l'environnement, comme cela est représenté dans la figure 2.

Mais l'analyse évolutionnaire de Veblen décrit également un mouvement descendant[1] dans lequel les institutions occupent un rôle pivot. C'est à ce niveau que l'utilisation par Veblen des idées darwiniennes est la plus importante. Veblen indique ainsi :

> La vie de l'homme en société, tout comme celle des autres espèces, est une lutte pour l'existence, et donc un processus d'adaptation sélective. L'évolution de la structure sociale a été un processus de sélection naturelle des institutions. Les institutions humaines ont fait et font encore des progrès qui se réduisent en gros à une sélection naturelle des habitudes mentales les plus recevables, et à un processus d'adaptation forcée des individus à leur milieu, un milieu qui a changé au fur et à mesure que la société se développait, et que changeaient aussi les institutions sous lesquelles les hommes ont vécu. *Les institutions elles-mêmes ne sont pas seulement les résultats d'un processus sélectif et adaptatif, qui façonne les types prédominants d'attitude et d'aptitude spirituelle ; elles sont en même temps des méthodes particulières de vie et de relations humaines, et à ce titre elles sont à leur tour de puissants facteurs de sélection.* En sorte que les institutions, quand elles changent, favorisent une nouvelle sélection des individus doués du tempérament le plus approprié ; elles aident le tempérament et les habitudes à se plier au milieu transformé, grâce à la formation d'institutions nouvelles (1899a, 124, nous soulignons).

– Les institutions comme facteurs de sélection des habitudes : l'exemple de la classe de loisir

Selon Veblen, la nature des institutions est de sélectionner les habitudes, les attitudes et les tempéraments les plus aptes à les perpétuer (Veblen, 1899a, 125). En retour, comme on l'a indiqué plus haut, les habitudes mentales, certaines issues plus ou moins spontanément des comportements induits par l'instinct de curiosité gratuite, participent à faire évoluer de manière non intentionnelle les institutions en place. Toutefois, dans ce processus dialectique, ce sont les institutions qui en dernière instance déterminent les traits de comportement et les habitudes qui survivront. Autrement dit, les institutions induisent un mécanisme de *sélection naturelle* des habitudes mentales qui guide l'action des individus. Il en résulte une tendance au conservatisme institutionnel : puisque les institutions tendent à sélectionner les habitudes qui les renforcent, le processus de sélection induit un mécanisme de causalité cumulative et renforçante. Veblen indique ainsi :

---

1 Geoffrey Hodgson (2002a ; 2004a) qualifie ce mouvement de « causalité reconstitutive descendante » (*reconstitutive downward causation*).

> L'état des choses d'aujourd'hui donne forme aux institutions de demain, par un processus sélectif et coercitif : il agit sur la façon habituelle de voir les choses, et ce faisant, il modifie ou renforce un point de vue ou une attitude mentale hérités du passé. Ainsi les hommes reçoivent d'une époque antérieure les institutions – c'est-à-dire les habitudes de pensée – qui gouvernent leur vie, d'une époque plus ou moins reculée, sans doute ; en tout cas, les institutions ont été élaborées dans le passé avant d'être transmises. Ce sont des produits du processus écoulé, adaptés aux conditions passées ; aussi ne sont-elles jamais pleinement accordées aux exigences du présent. En tout état de cause, ce processus d'adaptation sélective ne peut jamais rattraper la situation perpétuellement mouvante où la société se trouve à tout moment ; car le milieu, la situation, les cas pressants de la vie, qui obligent l'homme à s'adapter et opèrent la sélection, changent de jour en jour ; chacune des situations successives de la société à peine établie, tombe à son tour en désuétude. (…) On observera donc, au risque d'avancer un truisme fastidieux, que les institutions d'aujourd'hui – le mode de vie admis – ne sont pas parfaitement ajustées à la situation présente. (…) Ces institutions héritées, ces façons de penser, ces points de vue, ces attitudes et aptitudes mentales, que sais-je encore, forment donc un facteur de conservation. C'est le facteur d'inertie sociale, d'inertie psychologique, de conservatisme (Veblen, 1899a, 126).

La pression sélective exercée par les institutions sur les habitudes mentales, et le conservatisme qui en découle, sont essentiellement développés dans la Théorie de la classe de loisir. Dans ce livre, Veblen montre comment certaines habitudes mentales, en pervertissant l'instinct du travail efficace, mènent à la constitution de certaines institutions prédatrices qui, selon Veblen, caractérisent le capitalisme américain du début du XXe siècle. Veblen (1899a) lie l'apparition et le développement de la classe de loisir à partir de la fin du XIXe siècle à la conjugaison de quatre facteurs : a) l'émergence de l'institution de la propriété privée. Cette institution apparaît durant la transition entre les stades primitifs et barbares. Sa consécration intervient néanmoins à l'ère de l'artisanat. À partir de ce moment, la richesse et la réputation ne résultent plus du vol ou du pillage, mais de la propriété. La possession devient une fin en soi (Veblen 1899a, 21 et 28-29) ; b) le recul de l'instinct du travail efficace au bénéfice des instincts de prédation. Comme on a pu le voir dans la section précédente, Veblen considère que coexistent deux types d'instincts, altruistes et égoïstes. La transformation des institutions (en premier lieu, le développement de la propriété) a induit des transformations dans les habitudes mentales, lesquelles ont modifié l'orientation des instincts. En se développant, l'institution de la propriété a porté les

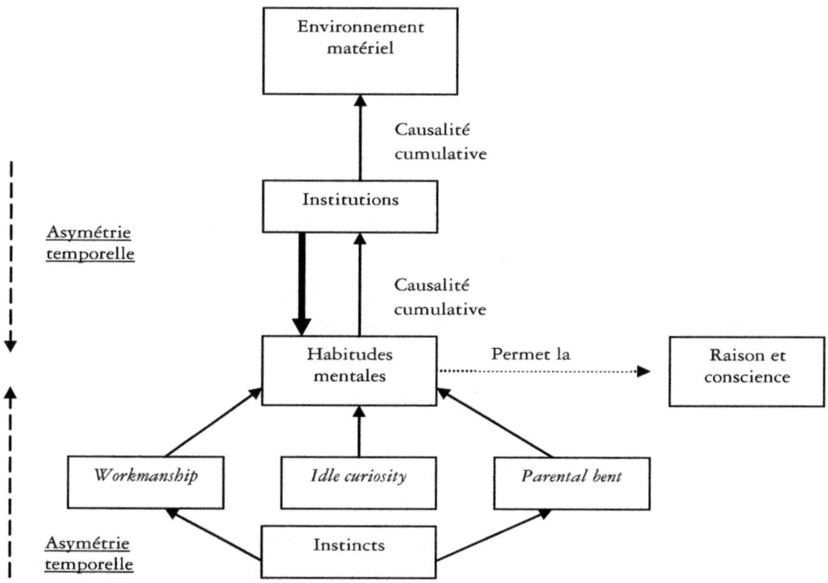

FIG. 2 – La relation ascendante
entre instincts et institutions chez Veblen

habitudes mentales à promouvoir les instincts de possession et de prédation afin d'être satisfaites : l'institutionnalisation de la propriété a conduit à la légitimation des pratiques sociales consistant en l'accumulation, la possession étant devenue une fin en soi. Les instincts de possession et de prédation, qui étaient alors plus ou moins en « sommeil », ont été non seulement réveillés, mais aussi normalisés par ce nouveau statut de la propriété. En se développant, ces propensions instinctives ont elles-mêmes orienté les habitudes mentales afin d'être satisfaites, ces dernières conduisant à leur tour à l'émergence de nouvelles institutions subordonnées à l'institution de la propriété ; c) la séparation assez prononcée entre les diverses classes sociales de la société, qui vient renforcer les instincts de prédation ; d) l'installation d'une distinction entre les travaux « nobles » et « ignobles » (dans le sens de non noble), installation permise par la progressive émancipation de l'homme vis-à-vis du besoin d'assurer sa survie. Cette émancipation a en effet permis le développement d'activités totalement déconnectées du souci d'assurer la survie de l'espèce[1]. La pratique de ces activités atteste que l'individu peut se permettre de gaspiller son temps plutôt que de le consacrer à des activités « industrielles », c'est-à-dire utiles.

La classe de loisir correspond donc à une partie de la population où ce sont les instincts de prédation qui prédominent. Le besoin de satisfaire ces propensions, renforcé par l'émergence de l'institution de la propriété, a conduit les individus appartenant à cette classe à développer des habitudes mentales orientées vers la possession et la prédation. L'appropriation (matérielle et monétaire), mais aussi le besoin de la mettre en valeur se sont constitués en référents guidant les comportements de ces individus. Les habitudes mentales ainsi constituées ont elles-mêmes entraîné le renforcement direct de l'institution de la propriété ainsi que l'émergence de nouvelles institutions venant, indirectement, renforcer cette dernière : le loisir et la consommation ostentatoire. L'un des effets de l'apparition de la propriété privée a été de rendre possible la comparaison par les individus de leurs possessions respectives. Comme le remarque Veblen (1898b ; 1899a), l'apparition de cette possibilité n'a, en soi, aucune implication. Mais c'est sa conjugaison avec les instincts de prédation qui donne naissance aux comportements caractéristiques de la classe de loisir : tant

1 Veblen prend de nombreux exemples : la pratique des langues mortes ou de la musique, de la chasse ou de la guerre, ou encore du jeu.

que la propriété privée est associée à l'instinct du travail efficace, les individus sont seulement incités à produire un travail plus efficace, sans pour autant que cela s'accompagne d'un esprit d'émulation trop important. Néanmoins, à partir du moment où l'institution de la propriété se trouve combinée avec les instincts prédateurs, il se développe chez les individus un besoin d'émulation provocante : « ainsi, alors que dans sa plus immédiate expression, la norme du goût économique agit comme une pulsion pour le travail efficace ou pour le service à la communauté ainsi qu'une aversion pour la futilité, dans certaines circonstances de vie il va prendre la forme d'une attirance pour la démonstration émulative de la force » (Veblen, 1898b, 194, notre traduction). L'accroissement de l'efficience industrielle qui accompagne le développement des outils tend à augmenter le nombre d'opportunités à disposition des individus pour mettre en valeur leurs capacités. À partir du moment où les instincts de prédation dominent, il se développe des pratiques de « comparaison provocante » (*invidious comparaison*) par lesquelles chaque individu va tenter de manifester et d'accroître sa richesse et ses possessions (conformément aux normes promues par l'institution de la propriété). C'est à ce moment qu'une distinction entre les « exploits » et les autres travaux et emplois apparaît ; l'homme honorable doit faire preuve d'une capacité à réaliser des exploits de prédation et en même temps éviter de se compromettre avec des activités dévalorisantes (Veblen, 1898b, 195). Le développement de cette « culture prédatrice » se matérialise principalement par des pratiques qualifiées par Veblen de consommation et de loisir ostentatoires.

Veblen définit le loisir ostentatoire comme le fait pour un individu de déléguer à un autre une tâche « ignoble » afin de pouvoir consacrer son temps à la pratique d'activités non productives et donc, à ce titre, valorisantes. Il s'agit en fait ici, pour l'essentiel, de la domesticité, dont Veblen procède à une graduation, le stade ultime étant d'avoir des serviteurs qui eux-mêmes ne produisent rien. En fait, le loisir ostentatoire témoigne de la possibilité pécuniaire pour un individu de s'offrir une vie d'oisiveté. Veblen identifie également une forme de loisir par procuration qui correspond à une consommation par personne interposée. Selon Veblen, ce type de loisir se retrouve surtout dans les relations entre maris et femmes : le fait pour une femme d'avoir des pratiques « prédatrices » (consommation et loisir ostentatoires) est la preuve de l'aisance matériel de son mari.

La consommation ostentatoire est l'autre modalité de la comparaison provocante. Ici, il ne s'agit plus d'un gaspillage de temps, mais d'un gaspillage d'argent dans l'acquisition de biens inutiles, gaspillage destiné à montrer, encore une fois, la possession de richesses. Selon Veblen, dans la société moderne, les individus privilégient la consommation au loisir ostentatoire afin de « toucher » une population plus étendue. Les formes qu'elle peut prendre sont diverses : l'appropriation et la possession de biens en grand nombre, la consommation de produits de qualité, la pratique d'un « art » de la consommation, le fait de faire des cadeaux, les dépenses vestimentaires etc. Cette partie de l'analyse est celle qui, incidemment, a engendré la postérité de Veblen dans l'analyse économique en étant connue sous le nom d'« effet Veblen ». Cet effet montre et explique le fait que la consommation d'un bien puisse être fonction croissante du prix de ce bien. En l'occurrence, le prix constitue un « marqueur » social qui permet à des individus d'exhiber leur richesse.

Au milieu des nombreuses descriptions et exemples se retrouvant dans la Théorie de la classe de loisir, il semble en fait que Veblen tente de tracer la phylogenèse des institutions de la société capitaliste américaine suivant un arbre généalogique de type darwinien que l'on peut schématiser ainsi (*cf.* figure 3).

Le point de départ est l'apparition de l'institution de la propriété privée qui valorise la mentalité propriétaire orientant les individus vers la détention et la captation du surplus économique. Deux dérivations partent de cette institution primaire pour former les institutions secondaires : les formes historiques de droit de propriété et le loisir/consommation ostentatoire. Les premières sont issues d'une dérivation directe de la propriété, puisqu'il s'agit des différentes formes que celle-ci a pu prendre au cours de l'histoire telles que la propriété sur les personnes, l'esclavage, la propriété intangible ou encore le capital financier[1]. La consommation

1 La possession d'actifs financiers est considérée par Veblen comme la forme la plus moderne de la propriété et aussi la plus symptomatique de l'importance des comportements prédateurs dans la société capitaliste. Veblen (1923) critiquera notamment fortement les « propriétaires absents » (*absentee ownership*) motivés par les seuls gains financiers et totalement désintéressés par l'efficacité productive et l'utilité de la production. Notons également que Veblen sera l'un des premiers économistes, si ce n'est le premier, à dénoncer la financiarisation de l'économie et l'importance de plus en plus grande des actionnaires. À ce titre, il inspirera fortement le développement du courant managérial en théorie des organisations dont les premières thèses ont été exposées par Berle et Means en 1932 avant d'être prolongées à partir des années 1950 par John Kenneth Galbraith.

et le loisir ostentatoires, exposés plus haut, sont issus d'une dérivation indirecte de la propriété : il s'agit d'une concrétisation de cette dernière au travers du jeu combiné des instincts et des habitudes mentales, les habitudes donnant naissance, par causalité cumulative, à ces institutions secondaires. Les institutions secondaires sont de nature évolutive et elles peuvent se substituer les unes aux autres[1] lorsqu'elles sont en concurrence. Ces institutions peuvent aussi se transformer en formes mixtes et subsidiaires, ou encore donner lieu à la résurgence de traits ataviques dans les comportements. Un exemple de forme subsidiaire est celui des comportements délégués (voir ci-dessus) alors que la mode constitue l'illustration d'une forme mixte. Veblen voit en effet dans la mode un mélange des différentes formes d'institutions secondaires : il s'agit de consommer et de posséder ostensiblement des biens « futiles » et aux prix élevés afin d'afficher sa position sociale. Les traits ataviques correspondent à la réapparition dans les comportements des individus de caractéristiques propres à la nature humaine qui avaient cessé de se manifester. Veblen prend l'exemple du sport qui, selon lui, constitue la manifestation du retour de certains traits de caractère que l'on retrouvait à l'époque des gladiateurs romains. Cette résurgence des traits ataviques se produit sous l'effet de certaines combinaisons institutionnelles propices à (re)mettre en mouvement des propensions instinctives spécifiques.

Ces formes institutionnelles mixtes et subsidiaires ont pour propriété de venir renforcer les institutions secondaires desquelles elles sont dérivées. De même, les institutions secondaires se développent dans l'optique de permettre à l'institution de la propriété de perdurer (Gislain, 1999, 54). Les institutions orientent les comportements de façon à ce que les individus développent des habitudes mentales de nature à les renforcer, soit directement, soit indirectement par la création de nouvelles institutions subordonnées aux premières. Veblen insiste ainsi sur le fait que la classe de loisir se caractérise principalement par son conservatisme, conservatisme accentué par le fait que cette classe fait office de référent : « ses usages, gestes et opinions prennent le caractère d'un code établi dictant sa conduite au reste de la société » (Veblen, 1899a, 134). De plus, en s'accaparant l'essentiel des richesses, la classe de loisir prive les autres

1 Suivant les circonstances, le loisir ostentatoire peut éventuellement prévaloir sur la consommation ostentatoire, de même que selon les périodes, il y a prédominance de certaines formes de propriété sur d'autres.

classes des ressources physiques, mais aussi intellectuelles requises pour mettre en œuvre le changement. En leur retirant le plus possible leurs moyens de subsistance, elle pousse les autres classes au conservatisme[1]. Veblen voit ainsi dans la classe de loisir un frein majeur au changement et au progrès (Veblen, 1899a, 135).

Veblen aboutit ainsi à une distinction entre classe de loisir et classe de travail, distinction qu'il va élargir dans ses travaux ultérieurs en opposant institutions pécuniaires et institutions industrielles.

– Les institutions comme objet de sélection : l'importance de la technologie

À partir de 1904, et plus particulièrement dans ses ouvrages *Theory of Business Enterprise* (Veblen, 1904) et *The Instinct of Workmanship and the State of the Industrial Arts* (Veblen, 1914), Veblen souligne essentiellement le rôle des institutions en tant qu'*objet* de sélection. Ici, ce sont les institutions qui sont sélectionnées par leur environnement par un processus de sélection naturelle où survivent et prolifèrent les institutions les mieux adaptées. Quel est le facteur de sélection ? Dans l'absolu, ce peut être n'importe quel élément de l'environnement culturel, économique, naturel, etc. Dans ses écrits, Veblen insiste toutefois particulièrement sur le rôle de la technologie comme facteur de sélection des institutions et moteur d'un processus de rationalisation des habitudes mentales (Hédoin, 2009)[2].

On a pu voir que les institutions humaines avaient pour propriété d'affecter l'environnement matériel. Au niveau macro social, cette influence produit le plus souvent des effets non attendus et induit une évolution non téléologique de l'environnement. Le nouvel environnement qui se met en place a pour effet de rendre les institutions préexistantes inadaptées et un processus de sélection et d'adaptation des institutions se met en place. Comme le dit Veblen (1899a, 126 et 128), « [l]'évolution de la société, c'est en réalité un processus où les individus s'adaptent

1 « On comprend que la sous-alimentation et la fatigue empêchent le progrès, tout comme une vie de luxe lui ferme la porte en supprimant les occasions d'être mécontent » (Veblen, 1899a, 134).

2 Dans ce chapitre, on se contentera de préciser le mécanisme par lequel les institutions sont sélectionnées par la technologie. On reportera au chapitre suivant l'examen approfondi du développement de ce que Veblen qualifie « d'ère des machines », ère qui mène à l'émergence du système capitaliste.

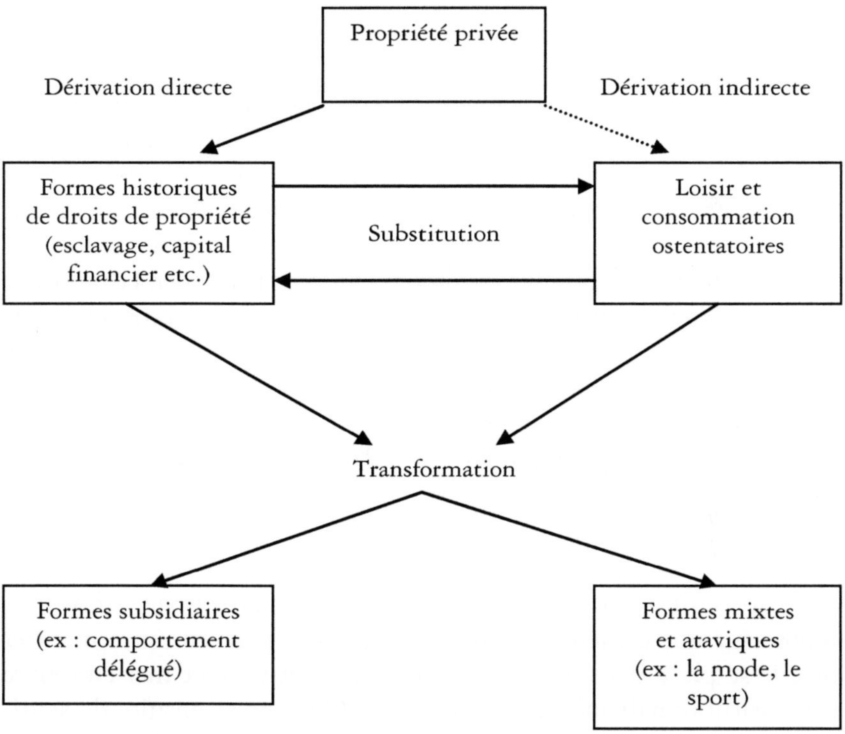

FIG. 3 – La phylogenèse des institutions de la société capitaliste américaine (inspiré de Gislain, 1999 et 2000)

mentalement sous la pression des circonstances » et, dans la société capitaliste, « la pression que le milieu exerce sur le groupe et qui le pousse à réajuster son mode de vie prend la forme d'exigences pécuniaires pour accabler les membres du groupe ».

On retrouve dans ce schéma le concept de « causalité reconstitutive descendante » avec l'influence de l'environnement sur les institutions et, comme on a pu le deviner avec les extraits des travaux de Veblen, sur les habitudes mentales. On y retrouve également les trois principes de l'évolutionnisme darwinien : l'hérédité, la sélection et la variation. Les institutions, tout du moins certaines d'entre elles, se perpétuent à travers le temps via un mécanisme de transmission et d'apprentissage social. L'évolution opère également un processus de sélection (naturelle) des institutions : les institutions les plus inadaptées aux nouvelles conditions matérielles disparaîtront totalement. D'autres, à l'inverse, se modifieront et s'adapteront à ces nouvelles conditions afin de se perpétuer. Le processus est donc bien darwinien, même s'il faut noter que Veblen considère que ce processus se fait, dans le cas des institutions, avec une certaine inertie (Brinckman et Brinckman, 2006) : les institutions ont toujours tendance à suivre les circonstances avec un décalage temporel. On peut alors synthétiser l'économie évolutionnaire de Veblen par la figure page suivante.

ÉVALUATION DE L'ÉCONOMIE SUBSTANTIVE ET ÉVOLUTIONNAIRE DE VEBLEN

Il apparaît assez clairement que l'analyse développée par Veblen repose sur une dimension évolutionnaire. On peut en outre montrer qu'elle se place dans une perspective substantiviste et met en œuvre un institutionnalisme méthodologique. On tentera ensuite de souligner rapidement un certain nombre de points posant des difficultés d'interprétation.

La mise en œuvre d'un institutionnalisme méthodologique dans une perspective substantiviste

Une question sous-jacente à l'ensemble des travaux de Veblen est de comprendre par quels moyens les individus parviennent à satisfaire les besoins découlant de leurs instincts. Les institutions et les habitudes sont les éléments structurant l'activité humaine dans cette perspective :

> On peut regarder toute société comme un mécanisme industriel ou économique, dont la structure est l'assemblage des institutions que l'on appelle économiques. Ces institutions sont les méthodes auxquelles on recourt habituellement pour entretenir le processus vital de la société, au contact du milieu matériel. (...) La société se servira des forces environnantes pour les besoins de sa vie, selon des méthodes apprises dans le passé et incarnées dans les institutions (Veblen, 1899a, 128).

> Les moyens, matériels et immatériels, par lesquels les propensions héréditaires atteignent leurs fins sont par conséquent en perpétuel changement, étant conditionnés par les changements cumulatifs prenant place dans la matrice institutionnelle des éléments habituels gouvernant le mode de vie (Veblen, 1914, 19, notre traduction).

De ce point de vue, il est intéressant de noter la manière dont il faut interpréter l'action humaine, dans sa dimension économique, chez Veblen. Comme on l'a indiqué, l'économiste américain est extrêmement critique envers la conception marginaliste de la rationalité. Veblen n'utilise d'ailleurs pas le concept de rationalité.

Pour autant, Veblen n'ignore pas la dimension volontaire et téléologique du comportement individuel (Hodgson, 2004a). Comme les citations données plus haut l'attestent, Veblen indique explicitement que les comportements, dans leur dimension instinctive, sont de nature téléologique et qu'ils requièrent une forme de délibération. Par ailleurs, la raison humaine, qui est au fondement de la capacité de délibération, est prise en compte, mais est assise sur un ensemble d'habitudes mentales. Dans la perspective pragmatiste, une habitude n'est nullement un comportement entrepris de manière automatique, dès lors qu'un certain stimulus est exercé, mais une *propension* à agir d'une certaine manière suivant les circonstances. Par conséquent, dans la perspective évolutionnaire de Veblen, l'individu n'est pas déterminé par son environnement, mais toutefois, une grande partie de ses activités est assise sur des habitudes plus ou moins adaptées à l'environnement. En ce sens, et c'est là un point qui tranche singulièrement avec la conception de la rationalité et du processus de rationalisation que développe Max Weber, l'action habituelle s'inscrit pleinement dans le cadre d'un comportement « rationnel », dans la mesure où elle permet aux individus de s'adapter à leur environnement (Hédoin, 2009).

Chez Veblen, les dimensions substantiviste et évolutionnaire, ainsi que la mise en œuvre d'un institutionnalisme méthodologique sont donc étroitement liées les unes aux autres. La dimension évolutionnaire vient du fait qu'il existe une pression à l'adaptation qui joue sur les institutions humaines et les comportements. Cette pression à l'adaptation est elle-même liée au fait que les individus ont des besoins instinctifs quasiment stables à travers le temps à satisfaire. L'analyse de ce processus d'adaptation se fait en prenant en compte à la fois la capacité discrétionnaire des individus (notamment au travers de l'instinct de curiosité gratuite) et le fait que l'action est assise sur des habitudes elles-mêmes sélectionnées par l'environnement.

Quelques difficultés d'interprétation

Un certain nombre de points restent problématiques dans l'économie évolutionnaire de Veblen. On peut relever notamment la critique développée par certains commentateurs suivant laquelle Veblen ne précise pas le mécanisme par lequel la technologie influerait sur les habitudes des individus (Hodgson, 2004a). Ce point sera développé davantage dans le prochain chapitre mais on peut noter que, en théorie, il est aisé de reconstituer le mécanisme en question[1] : l'environnement technologique exerce une pression sélective et adaptative sur les institutions. Les institutions favorisant les comportements les plus aptes à faire un usage optimal de l'état de la technologie tendront à se développer. Dans la mesure où les institutions sont elles-mêmes un facteur de sélection, elles exercent à leur tour une pression sélective sur les habitudes. La difficulté vient toutefois du fait que, pris à la lettre, les écrits de Veblen suggèrent que l'action de technologie sur les habitudes est *directe*. Ainsi, lorsque Veblen indique : « L'évolution de la société, c'est en réalité un processus où les individus s'adaptent mentalement sous la pression des circonstances. Les conditions nouvelles ne tolèrent plus les habitudes de pensée formées dans d'autres conditions, conformées à ces autres conditions » (Veblen, 1899a, 127), ou encore « [c]omme cela est toujours le cas, de part la nature des choses, les changements qui ont pris place dans les circonstances matérielles de vie sont les facteurs créatifs qui ont agi, telle une force, et ont induit un nouvel ensemble d'habituations » (Veblen, 1923, 206, notre traduction),

1 Voir aussi notre article « Did Veblen Generalize Darwinism (And Why Does It Matter) ? » (Hédoin, 2010) où l'on propose un modèle en termes de jeux évolutionnaires formalisant la relation entre technologie et comportement chez Veblen.

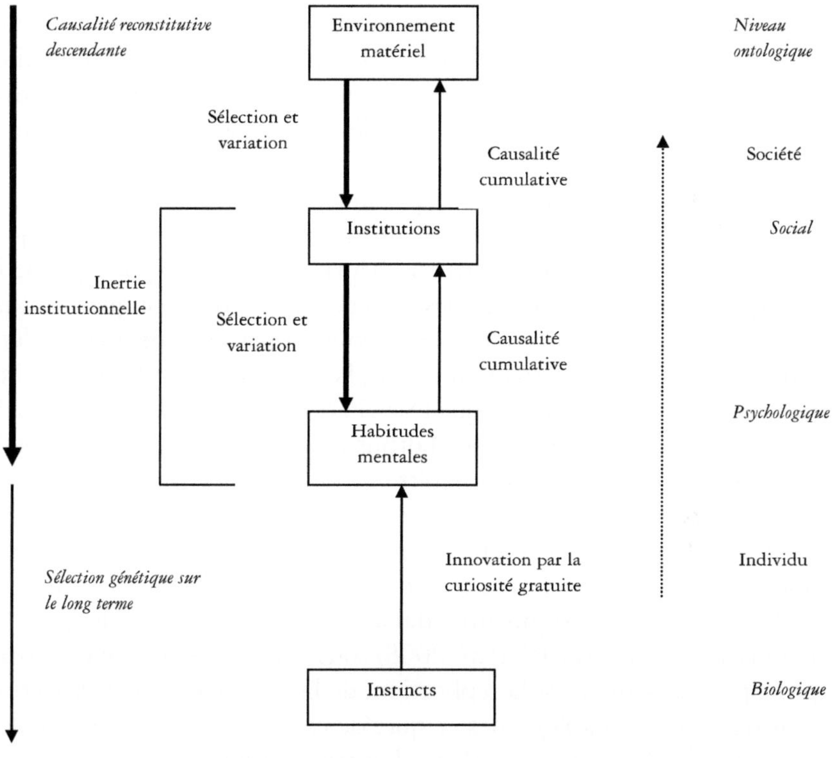

FIG. 4 : Schématisation de la théorie évolutionniste du comportement

il semble que l'environnement ne sélectionne pas les institutions en tant que telles, mais plutôt les habitudes.

Une autre difficulté a trait à la distinction chez Veblen entre sélection et variation et, plus largement, au statut de l'idée de « sélection naturelle des institutions ». Jennings et Waller (1994) défendent l'idée que Veblen a utilisé les concepts darwiniens dans une perspective purement métaphorique et herméneutique. Les mêmes auteurs estiment que Veblen ne distingue pas variation et sélection et que ces deux idées sont réunies sous celle d'« adaptation culturelle ». Rick Tilman (1996) et Edgell et Tilman (1989) prolongent ce point de vue en indiquant que la théorie de l'évolution culturelle de Veblen relève à la fois du lamarckisme et du darwinisme.

Ces trois points sont contestés par une partie de la littérature secondaire et on ne peut les discuter pleinement ici. On peut toutefois indiquer certains éléments. Sur la dimension heuristique et métaphorique de la sélection naturelle chez Veblen, les évidences textuelles sont quasi-inexistantes pour infirmer ou confirmer ce point de vue. On peut cependant remarquer que, chez Darwin lui-même, la sélection naturelle a explicitement un statut de métaphore que Darwin tire d'ailleurs de ses lectures de certains économistes (Smith et Malthus notamment). Si l'on se rappelle notre discussion du premier chapitre sur le néo-kantisme et l'existence d'un *hiatus irrationalis* entre la réalité et les concepts, il semble également qu'il soit plus conforme d'interpréter la sélection naturelle, non comme une réalité ontologique, mais comme une conceptualisation heuristique de la réalité. Les partisans du « darwinisme généralisé » (Hodgson et Knudsen, 2006a ; Aldrich *et al.* 2008) considèrent toutefois que les trois principes darwiniens de la réplication, de la variation et de la sélection sont des réalités ontologiques et que, de ce point de vue, chez Veblen l'usage de la sélection naturelle ne doit pas se comprendre dans un sens métaphorique[1]. Concernant la nature à la fois lamarckienne et darwinienne de l'évolution sociale chez Veblen (la question de la séparation ou non entre variation et sélection relève de la même problématique), il faut admettre que chez Veblen, les institutions semblent devoir être interprétées comme des entités stockant les variations pour ensuite les répliquer. Cette idée se retrouve notamment dans la manière dont

1 Sur ce point bien précis, voir Hodgson (2007b ; 2008), ainsi que notre discussion sur le darwinisme généralisé dans Hédoin (2010) et Hédoin (2012a).

Veblen traite du concept de capital (Veblen, 1908b ; 1908c), qui est appréhendé comme l'accumulation d'un stock de connaissances accessibles à l'ensemble de la communauté. Les institutions semblent ainsi se concevoir chez Veblen comme des réceptacles accumulant de manière incrémentale un ensemble de connaissances et de biens intangibles. De ce point de vue, l'évolution sociale et culturelle suit un processus *lamarckien* où des caractères acquis (de nouvelles connaissances ou de nouveaux traits de comportement ayant émergé par mutation/variation) sont stockés puis transmis par l'intermédiaire des institutions humaines au travers d'un mécanisme d'apprentissage et d'imitation. À cette dimension lamarckienne, serait associé, si l'on suit la lecture de Tilman (1996), un processus authentiquement darwinien où sont éliminées les institutions répliquant les traits de comportement (les habitudes) les moins adaptés à l'environnement. Ici encore, cette interprétation est rejetée par une approche en termes de darwinisme généralisé au motif que, d'un point de vue strictement darwinien, l'hérédité des caractères acquis n'est pas interdite, à partir du moment où un mécanisme de sélection reste prépondérant dans le processus d'évolution (Hodgson, 2004a ; Hodgson et Knudsen, 2006b). L'évolutionnisme de Veblen serait alors bien darwinien dans la mesure où l'hérédité des caractères acquis, si elle existe au niveau culturel, resterait subordonnée à un phénomène de sélection naturelle. Si cette interprétation semble en accord avec les écrits de Veblen et permet de qualifier de « darwinienne » l'analyse évolutionnaire de ce dernier, elle pose toutefois certaines difficultés qui sont liées de manière plus générale au darwinisme généralisé dans son ensemble, difficultés qu nous n'aborderons toutefois pas dans ce travail[1].

1 La principale difficulté a trait au fait que, s'il est exact que l'hérédité des caractères acquis est réellement prépondérante au niveau social, alors il n'est pas évident que le mécanisme de sélection identifié par Darwin et repris par Veblen occupe un rôle si important. Qui plus est, maintenir l'appellation « darwinienne » ne peut se faire qu'au prix d'une généralisation des concepts qui leur fait perdre toute portée empirique. Enfin, un problème majeur se pose concernant l'identification au niveau social des réplicateurs, c'est-à-dire des entités ayant pour fonction de répliquer et de transmettre des traits ou des informations. Au niveau biologique, les réplicateurs sont les gènes tandis que les interacteurs (les entités interagissant avec leur environnement et étant sélectionnées par celui-ci) sont les organismes qui en sont porteurs. Une telle identification est beaucoup plus délicate au niveau social. Les habitudes semblent pouvoir s'apparenter à des réplicateurs (c'est le point de vue défendu par le darwinisme généralisé), mais on a vu que chez Veblen les habitudes tendent à être sélectionnées *directement* par leur environnement (au niveau biologique, ce ne sont pas les gènes qui sont sélectionnés par l'environnement, mais les organismes).

LA DIMENSION ÉVOLUTIONNAIRE DE L'ÉCONOMIE INSTITUTIONNELLE DE JOHN R. COMMONS
La métaphore de la sélection artificielle

John R. Commons a également développé son économie institutionnelle dans une perspective explicitement évolutionnaire. Mais là où Veblen a fait usage de l'idée de sélection naturelle, Commons s'est explicitement démarqué en privilégiant la métaphore de la sélection artificielle pour décrire le processus d'évolution des institutions. Toutefois, une analyse attentive suggère que sélection naturelle et sélection artificielle ne s'opposent pas, voire sont complémentaires.

UNE SÉLECTION ARTIFICIELLE DES INSTITUTIONS

Commons critique à plusieurs reprises l'usage immodéré d'analogies en provenance des sciences de la nature, qu'il s'agisse de la biologie ou de la physique. Il rejette explicitement l'usage que fait Veblen de l'idée de sélection naturelle et argue que celle de sélection artificielle est plus adaptée pour prendre en compte la capacité des individus à faire des choix conscients. L'économiste américain propose alors une interprétation évolutionnaire, fondée sur la métaphore de la sélection artificielle, du processus par lequel les institutions sont sélectionnées et se transforment.

La métaphore de la sélection artificielle

Commons est explicite sur son adoption de la métaphore de la sélection artificielle : « Darwin avait deux types de « sélection » de la variété : la sélection naturelle et la sélection artificielle. Notre théorie est une théorie de la sélection artificielle. Celle de Veblen était de la sélection naturelle » (Commons, 1934, 657, notre traduction). Selon Commons (1897), Darwin lui-même reconnaissait que l'expression de « sélection naturelle » était problématique, dans la mesure où le terme de sélection implique l'idée de choix. L'économiste américain considère que la sélection naturelle est le résultat d'un certain nombre de faits physiques (Commons, 1897, 26) : l'environnement, l'hérédité, la variation, la surpopulation, le combat pour la vie, la conscience de la proximité et de l'affinité (c'est-à-dire la tendance à coopérer avec ses enfants et les organismes du même type que soi) et la survie du plus adapté. Ces éléments se retrouvent également dans le monde social. Toutefois, il faut prendre en compte un facteur supplémentaire, à savoir le fait que l'homme agit consciemment et est doté de la capacité de faire des choix (Commons, 1897, 26). Dans son article publié en 1897, « Natural Selection, Social Selection, and Heredity », Commons considère en conséquence que l'évolution sociale relève partiellement de la sélection naturelle, partiellement de la sélection artificielle (Commons, 1897, 30).

Cette position équilibrée offre déjà une solution à la supposée tension entre les deux formes de sélection (*cf. infra*). Toutefois, dans *Institutional Economics* (Commons, 1934), la position de Commons est nettement moins nuancée. Au sujet de la coutume (qui est le versant informel des institutions), Commons indique ainsi que celle-ci relève exclusivement de la sélection artificielle en raison de l'intervention de la volonté humaine (Commons, 1934, 45). Ainsi, d'après Commons, le fait que les individus agissent de manière consciente, en faisant notamment des choix quant aux règles régulant leurs activités, implique que le mécanisme que décrit Darwin dans *l'Origine des espèces* ne fonctionnerait pas au niveau social. Comme on l'a vu dans le chapitre précédent, l'un des points saillants de l'économie institutionnelle de Commons est en effet de souligner la volition humaine et notamment sa propension à former des anticipations sur le futur *via* le concept de futurité. Cette tendance à l'anticipation, combinée au fait que les individus ont en principe le pouvoir de modifier consciemment les règles qui les gouvernent (précisément en fonction de ces anticipations) font que, d'une part, les variations dans les comportements ne sont plus de nature aléatoire, mais comportent au contraire une dimension téléologique et que, d'autre part, la sélection elle-même n'est plus de même nature puisqu'elle résulte d'un choix conscient.

Comme il l'indique lui-même, Commons tire le concept de sélection artificielle des travaux de Darwin. En effet, le premier chapitre de *L'origine des espèces* (Darwin, 1861) est consacré à l'étude des « variations des espèces à l'état domestique ». À ce sujet, le naturaliste britannique écrit : « La clef de ce problème, c'est le pouvoir sélectif d'accumulation que possède l'homme. La nature fournit les variations : l'homme les ajoute dans une direction déterminée par son utilité ou son caprice : en ce sens, on peut dire qu'il crée à son profit les races domestiques »

(Darwin, 1861, 41). Ainsi, « [a]lors que la sélection naturelle décrit un processus d'adaptation à un environnement donné, processus en dehors du contrôle des organismes, la sélection artificielle traduit, comme Darwin l'avait noté, la spécificité de l'émergence de l'homme dans le cours de l'évolution comme organisme capable d'altérer son environnement par son action consciente grâce à l'usage de la pensée et des signes » (Bazzoli, 1999, 110). Ce faisant, Commons développe une conception de l'évolution qui, en même temps qu'elle s'oppose aux interprétations « spontanéistes » du type de la main invisible d'Adam Smith et de l'ordre spontané hayékien, se sépare également de celle de Veblen. Dans le cadre de la sélection artificielle, c'est l'individu lui-même qui provoque et sélectionne consciemment et volontairement les variations suivant un certain nombre de critères.

Le processus d'évolution institutionnelle selon Commons

Tout processus d'évolution, dès lors qu'il est appréhendé dans un cadre darwinien, doit pouvoir se décomposer en deux mécanismes : un mécanisme de mutation/variation et un mécanisme de sélection. Le mécanisme de mutation se rapporte au phénomène de variation par lequel vont émerger au sein d'une population de nouveaux traits phénotypiques. Au niveau économique et social, il s'agit de l'émergence plus ou moins spontanée (mais non aléatoire, tout du moins dans une perspective qui souligne l'importance de la volition humaine) de nouveaux comportements ou de nouvelles habitudes. Le mécanisme de sélection désigne quant à lui le processus par lequel les mutations nouvellement apparues sont sélectionnées ou éliminées. Une légère reconstruction du propos de Commons permet de montrer que celui-ci conceptualise ces deux mécanismes dans le cadre d'un processus se déroulant en deux temps.

Dans un premier temps, il s'opère un processus de variation dans les comportements, c'est-à-dire d'innovation ou d'émergence de nouveauté. Cette émergence est la conséquence directe des transactions stratégiques par lesquelles les individus définissent les solutions à adopter face à des problèmes nouveaux. C'est à ce stade que la créativité humaine se manifeste et amène à l'apparition de nouvelles habitudes et pratiques. La volonté humaine joue ici pleinement son rôle – les individus cherchent *consciemment* à faire le meilleur choix possible, c'est-à-dire un choix raisonnable. Les agents (individus et organisations) sont confrontés, dans leurs activités économiques, à deux types de facteurs : complémentaires et limitatifs. Les premiers sont des données de l'environnement avec lesquelles l'agent concerné a déjà eu à traiter, de telle sorte qu'elles ne viennent pas perturber ses habitudes comportementales : l'agent agit alors selon des *transactions routinières*. Les facteurs limitatifs, à l'inverse, viennent contraindre et restreindre l'action. Cela peut être lié à leur rareté ou à la difficulté qu'il peut y avoir à les exploiter en raison de leur nouveauté. Dans ce cas, les agents économiques ne peuvent pas se reposer sur les seules habitudes et routines comportementales : ils mettent en œuvre des *transactions stratégiques* destinées à transformer les facteurs limitatifs en facteurs complémentaires. La réalisation de transactions stratégiques débouche sur l'émergence « spontanée » de nouvelles règles et de nouveaux comportements qui, dans une certaine mesure, sont susceptibles d'engendrer des conflits et un désordre. C'est alors qu'un processus de sélection *conscient* se met en place.

Dans le schéma de l'économie institutionnelle de Commons, la sélection est exercée par des *going concern* pouvant se situer à trois niveaux différents (Bazzoli, 1999, 118). La sélection des pratiques et des règles peut s'opérer en premier lieu dans les organisations privées, à commencer par l'entreprise capitaliste. Les comportements et les règles qui émergent au sein des relations de travail sont régulés et sélectionnés par l'instance politique de l'entreprise. De même, celle-ci peut tenter de promulguer certains comportements et certaines valeurs en son sein ou certaines pratiques au sein même de la société. Cette même sélection peut s'effectuer, selon Commons, par le biais des autorités politiques, c'est-à-dire sur le plan législatif. Dès lors, c'est l'Assemblée, ou tout autre organe législatif, qui sélectionne certains des nouveaux comportements ayant émergé dans la société, suivant le critère de la *valeur raisonnable* : à ce niveau, plus qu'aux autres, il importe aux instances politiques de trouver un consensus de manière à contenter toutes les parties en présence. Commons estime toutefois que l'essentiel de la sélection artificielle s'effectue sur un troisième plan, au niveau judiciaire. L'analyse évolutionnaire de Commons accorde une place importante à l'analyse de la jurisprudence de la Cour suprême américaine qui, selon lui, obéit à une logique guidée par la valeur raisonnable, proche de la conception pragmatiste de la notion de vérité développée par Peirce[1]. Commons voit ainsi le droit de la *Common law* comme le résultat d'un arbitrage entre intérêts économiques privés et le plus souvent conflictuels, arbitrage s'appuyant sur une éthique de la valeur raisonnable. Dans sa recherche pragmatique de conciliation des divers intérêts en présence, le juge procède donc à une sélection de certaines règles de conduite et de certains comportements, au détriment d'autres. L'ensemble de ce processus de sélection artificielle permet donc à Commons de mettre au centre de l'évolution la volonté humaine et de montrer que celle-ci agit dans un environnement qu'elle construit par ailleurs. Il ne faut pas pour autant oublier que les individus, y compris le juge, sont des esprits institutionnalisés : leurs choix s'opèrent dans un cadre institutionnel déjà établi, ce qui signifie qu'il n'y a aucune priorité ontologique donnée à l'individu.

SÉLECTION ARTIFICIELLE ET SÉLECTION NATURELLE S'OPPOSENT-ELLES ?

Outre la différence de l'insistance sur la dimension téléologique du comportement humain, la divergence au niveau de la conception de l'évolution économique et sociale est souvent présentée comme le point principal d'opposition entre Commons et Veblen. Au-delà de la question de savoir si cette divergence peut être dépassée pour rendre compatible l'économie évolutionnaire de Veblen et l'économie institutionnelle de Commons, ce point est essentiel car il traverse l'ensemble de l'économie institutionnelle au sens large[2], et *a fortiori* l'institutionnalisme historique. Plusieurs solutions peuvent toutefois être proposées pour résoudre cette opposition.

L'opposition sélection naturelle / sélection artificielle dans l'économie institutionnelle

La sélection naturelle et la sélection artificielle semblent décrire respectivement deux manières totalement opposées de conceptualiser l'évolution économique et sociale. Dans l'optique de la sélection naturelle, le processus d'évolution apparaît comme impersonnel, non intentionnel

1 Outre le rejet des analogies biologiques et la mise en avant de l'importance de l'intentionnalité humaine, l'observation par Commons de l'importance de la jurisprudence de la Cour suprême américaine dans l'émergence du capitalisme constitue la troisième raison pour laquelle l'économiste américain préfère parler de sélection artificielle.

2 Voir Rutherford (1994) notamment sur ce point.

et spontané (Argyrous et Sethi, 1996). À l'inverse, la sélection artificielle parait décrire un processus d'évolution où les entités dotées du pouvoir de sélection sont clairement identifiées et agissent de manière intentionnelle dans le but d'orienter l'évolution sociale dans une direction déterminée. Dès lors, il ne s'agit plus d'un processus d'évolution spontané, mais plutôt – intentionnellement – *construit*.

La césure entre ces deux conceptions de l'évolution sociale semble traverser l'institutionnalisme historique et même l'ensemble de l'économie institutionnelle au sens large[1]. Ainsi, l'image – métaphorique ou non – de la sélection naturelle, outre les travaux de Veblen, renvoie également aux analyses de Friedrich Hayek et, à un degré moindre, à celles de Max Weber. Outre le fait que l'évolution y est conçue de manière purement contingente (mais cela est également le cas du point de vue de la sélection artificielle), elle est représentée comme le résultat de l'influence d'un ensemble de forces impersonnelles, éventuellement identifiables, mais qui ne sont contrôlables par aucun individu ou entité sur le long terme. Au-delà, le sentier suivi par l'évolution n'est conçu par aucun esprit en particulier ; il s'agit d'un *effet émergent* produit par un ensemble d'activités entreprises de manière décentralisée et répondant à des contraintes spécifiques. Il s'agit de la description de ce que Hayek (1973) a appelé un ordre spontané. Toutefois, cette perspective correspond également à la manière dont Veblen caractérise l'évolution sociale : un processus opaque et génétique de causalité cumulative, sans direction et point d'arrivée prédéfinis. En ce sens, l'évolution, au niveau social, débouche sur un ensemble cohérent d'institutions, de normes et de règles sociales qui « sont le résultat de l'action d'hommes nombreux, mais ne sont pas le résultat d'un dessein humain » (Hayek, 1973, 43). L'analyse wébérienne du processus de rationalisation et de l'émergence du capitalisme, qui sera étudiée au chapitre « Le capitalisme comme système historique contingent », relève également pour partie de cette conception spontanée de l'évolution sociale. Si Weber identifie les facteurs ayant permis ou, au contraire, freiné le développement des institutions du capitalisme, il décrit l'émergence de ce dernier comme le résultat de la combinaison fortuite et non intentionnelle d'un ensemble d'éléments historiquement plus ou moins indépendants.

1 Dans le sens qui est par exemple celui retenu par Dequech (2002), Rutherford (1994 ; 1995) ou Chavance (2007) et qui, outre les auteurs relevant de l'institutionnalisme historique, inclut également les approches néo-institutionnelles ainsi que les travaux relevant de la branche hayékienne de l'école autrichienne d'économie.

La perspective de la sélection artificielle semble en revanche davantage correspondre à la narration développée par Polanyi dans *La Grande Transformation* (Polanyi, 1944). En effet, même s'il a été souligné dans le chapitre précédent que Polanyi ne s'intéresse pas véritablement aux processus par lesquels les différents systèmes économiques ont évolué et se sont succédés dans le temps, l'ouvrage de 1944 propose en revanche un *storytelling* décrivant et expliquant l'émergence, puis la chute de la société de marché. Dans ce cadre, Polanyi insiste sur le rôle paradoxal joué par les gouvernements de plusieurs pays occidentaux, lesquels ont littéralement tenté d'institutionnaliser de manière consciente et construite le « Grand Marché ». Loin d'être un ordre spontané, le marché autorégulé aurait au contraire été créé artificiellement par l'interventionnisme étatique : « Le laisssez-faire n'avait rien de naturel ; les marchés libres n'auraient jamais pu voir le jour si on avait simplement laissé les choses à elles-mêmes. (...) La voie du libre-échange a été ouverte, et maintenue ouverte, par un accroissement énorme de l'interventionnisme continu, organisé et commandé à partir du centre » (Polanyi, 1944, 189-190).

Trois solutions pour dépasser le clivage sélection artificielle / sélection naturelle

On peut toutefois montrer que le clivage entre sélection naturelle et sélection artificielle, et les deux conceptions de l'évolution que ces métaphores sous-tendent, n'est pas aussi radical qu'il n'y parait. Trois lectures, plus ou moins satisfaisantes, permettent de réconcilier ces deux perspectives.

– L'évolution sociale comme ayant une double dimension artificielle et naturelle

Cette première solution est celle que sous-entend John R. Commons dans son article de 1897. Cette lecture est la plus simple pour réunir les deux conceptions de l'évolution sociale. Elle consiste à considérer que cette dernière résulte en partie d'éléments qui sont le fait de l'action intentionnelle des individus, en partie d'éléments qui sont le produit émergent et non intentionnel d'une part de l'action humaine. Paradoxalement, cette lecture semble également pouvoir être compatible avec la conception hayékienne de l'évolution. En effet, dans ses travaux,

Hayek a constamment opposé l'argument de l'ordre spontané aux velléités « constructivistes » des individus et des gouvernements. Le constructivisme est la tentative par les individus de concevoir de manière intentionnelle des institutions ayant pour but de réguler les interactions humaines. Ce faisant, Hayek reformule la dichotomie entre institutions organiques et institutions pragmatiques formulée par Carl Menger (1883) et lui ajoute une dimension normative en soulignant l'impossibilité cognitive et épistémologique du constructivisme.

Cette première solution est toutefois insatisfaisante pour au moins trois raisons. Tout d'abord, elle se prête trop facilement à un prolongement normatif, comme dans le cas hayékien, consistant à distinguer deux mécanismes de l'évolution pour affirmer le caractère préférable de l'un sur l'autre. Par ailleurs, elle revient de manière inévitable à accorder un poids plus important à l'une ou l'autre forme d'évolution, sans qu'il soit empiriquement possible d'évaluer la validité d'un tel jugement. L'économie institutionnelle de Commons souffre clairement de ce défaut. Certes, Commons n'ignore pas la dimension spontanée de l'évolution sociale. D'une part, comme la citation ci-dessus l'indique, il reconnaît la possibilité que sélection naturelle et sélection artificielle co-existent au niveau social. D'autre part, comme on l'a indiqué, il y a chez Commons un mécanisme de mutation, *via* le concept de transaction stratégique, possédant au moins pour partie une dimension spontanée. Toutefois, du fait d'un certain « rapport aux valeurs », Commons a délibérément choisi de mettre en avant l'importance des institutions légales au détriment des institutions extra-légales (Hodgson, 2004a). Si cette option a une certaine valeur heuristique, elle ne permet pas pour autant une restitution dans son ensemble du processus d'évolution sociale.

Enfin, en séparant de la sorte les dimensions artificielles et spontanées de l'évolution sociale, cette lecture conduit à ignorer la possibilité que la sélection artificielle soit elle-même surdéterminée par la sélection naturelle.

– Deux métaphores dont la valeur heuristique dépend du rapport aux valeurs adopté

Une deuxième lecture possible est d'arguer que la sélection naturelle et la sélection artificielle correspondent à deux métaphores dont la pertinence heuristique dépend de la perspective adoptée et de l'objet étudié. Cet argument, que l'on a évoqué très brièvement plus haut, consiste ainsi à remarquer que Veblen et Commons, concernant la dimension historique de leurs travaux, n'avaient pas le même objectif. Tandis que Commons s'est intéressé essentiellement à l'émergence du capitalisme dans les pays anglo-saxons à compter du XVIIe siècle, Veblen entreprend de développer une théorie de l'évolution culturelle à l'objectif plus global et plus ambitieux : il ne s'agit pas seulement d'expliquer le développement du capitalisme, mais de restituer l'évolution de la civilisation occidentale aux travers d'un processus d'évolution des pré-conceptions et des institutions.

On comprend dès lors que les analyses respectives de Commons et de Veblen ne se placent pas sur la même échelle temporelle. Etant établi que sélections naturelle et artificielle ne sont pas antagoniques, il est possible d'envisager leur pertinence comme étant fonction de l'échelle temporelle à laquelle elles s'appliquent. Sur une échelle de long terme, qui est celle sur laquelle raisonne Veblen, il est incontestable que la métaphore de la sélection naturelle semble la plus appropriée. En effet, plus la période considérée est large, plus le poids relatif d'une décision consciente dans l'évolution s'affaiblit. De plus, si la plupart des décisions relève d'un comportement conscient, il est évident qu'elles sont fonction d'anticipations portant sur un futur relativement proche, de telle sorte qu'elles ne contribuent pas *intentionnellement* à l'évolution sur le long terme. Enfin, sur le long terme, le poids des institutions (au sens de Veblen comme au sens de Commons) est plus important que celui des individus, les premières étant plus « durables » que les seconds. En revanche, si l'on aborde la question de l'évolution sociale et comportementale sur le court terme, alors la métaphore de la sélection artificielle semble plus pertinente, car elle permet de mettre l'accent sur des notions telles que le conflit, le pouvoir ou encore la négociation. Certes, la sélection n'est jamais purement artificielle, mais sur une courte période temporelle, c'est bien la volonté humaine qui constitue le principal facteur explicatif.

Pour être recevable, cette interprétation nécessite d'accepter l'idée que les concepts ne désignent aucune réalité propre et que, par conséquent, la sélection artificielle et la sélection naturelle sont des idées utilisées dans un sens métaphorique. Une troisième possibilité apparaît si, au contraire, on confère à ces idées une réalité ontologique.

– La solution du darwinisme généralisé : la sélection artificielle englobée par la sélection naturelle

La troisième interprétation est celle proposée par le darwinisme généralisé (Hodgson et Knudsen, 2006a ; Aldrich *et al.*, 2008 ; Hédoin 2010 ; 2012a). Le point de départ est la négation de l'idée que Darwin aurait prétendu opposer la sélection naturelle à la sélection artificielle. En effet, Darwin se sert de cette « opposition » pour mieux mettre en avant les mécanismes sous-jacents à l'évolution des espèces à l'état naturel. Cependant, Darwin indique explicitement que, dans le cadre de la sélection artificielle, l'éleveur doit également s'accommoder des variations aléatoires non recherchées. En adoptant une interprétation strictement darwinienne, on est amené à considérer que la sélection naturelle et la sélection artificielle ne s'opposent pas mais que, au contraire, la seconde n'est qu'un aspect de la première (Hodgson, 2004a). Deux arguments complémentaires viennent à l'appui de cette thèse.

D'une part, la capacité même de la sélection consciente et intentionnelle des règles, des comportements et des espèces *est un produit de la sélection naturelle*. La volition humaine est en effet le résultat de l'évolution biologique qui a permis le développement d'une espèce dotée de cette capacité. De ce point de vue, il existe *une continuité* entre l'évolution biologique et l'évolution sociale. Ce premier argument ne suffit pas toutefois pour défendre l'idée que la sélection naturelle opère également au niveau social dans la mesure où il peut être argué qu'une fois sélectionnée, la volition humaine a pu modifier la nature même du processus d'évolution au niveau social. D'autre part, néanmoins, la perspective darwinienne exige, comme on l'a indiqué dans la première section de ce chapitre, de produire une explication causale pour chaque phénomène. Si on peut accepter l'idée qu'une partie des phénomènes économiques et sociaux sont les produits volontaires de plans conçus intentionnellement par les individus (Lachmann, 1971), il n'en découle pas pour autant qu'au niveau systémique l'état du système social soit le produit d'une intentionnalité unique. En effet, pour que le mécanisme de la sélection naturelle soit annihilé, il faudrait supposer qu'il existe une entité se plaçant *à l'extérieur* du système social dotée de la capacité de concevoir et d'orienter l'évolution dans une certaine direction. Il s'agit d'une impossibilité à la fois cognitive (les individus ont une rationalité limitée qui les empêche de conceptualiser le système social dans toute sa complexité) et épistémologique (un système ne peut modéliser un système plus complexe dans lequel il est inclus) (Hayek, 2007 ; Koppl et Barkley Rosser, 2002). Par conséquent, l'évolution sociale est toujours *in fine* de nature spontanée et issue d'un processus de sélection naturelle : s'il est vrai qu'il peut exister des agents dotés de la capacité de faire des choix conscients et, dans une certaine mesure, de concevoir des institutions s'imposant aux autres individus, l'état du système est toujours le résultat d'un ensemble de facteurs causaux qui dépassent les seuls éléments intentionnellement pris en compte. La sélection artificielle existe au niveau social comme au niveau biologique, mais elle ne supprime pas la sélection naturelle et s'insère en son sein.

CONCLUSION

Ce chapitre avait pour objectif de présenter la dimension évolutionnaire de l'institutionnalisme historique au travers des travaux de John R. Commons et surtout de Thorstein Veblen. Comme on l'a indiqué dans l'introduction de ce chapitre, d'autres auteurs institutionnalistes comme Gustav Schmoller ont développé une approche évolutionnaire avant Veblen. D'autres, tels que Gunnar Myrdal, ont repris et systématisé l'idée de causalité cumulative. Toutefois, c'est essentiellement Thorstein Veblen qui a le plus complètement énoncé les principes d'une économie évolutionnaire.

La première section avait pour objectif de présenter les enjeux épistémologiques et analytiques issus de la révolution darwinienne. Ce détour se justifie par le fait que, par la suite, les institutionnalistes américains se sont largement appuyés sur les thèses darwiniennes. Cette première section a permis de mieux souligner le sens de l'idée de sélection naturelle ainsi que les implications méthodologiques et ontologiques sous-jacentes à la théorie darwinienne de l'évolution. La deuxième section a porté sur l'économie évolutionnaire de Veblen. On a montré que cette dernière se déploie au travers d'une théorie des instincts et d'une théorie des institutions et débouche finalement sur une théorie de l'évolution culturelle où les institutions sont à la fois le facteur et l'objet de la sélection naturelle. Incidemment, on a également pu souligner la dimension substantiviste des travaux de Veblen. Enfin, la troisième section a, au travers des analyses de J. R. Commons, présenté une manière alternative de conceptualiser l'évolution sociale dans un cadre darwinien, *via* la métaphore de la sélection artificielle. On a procédé à une évaluation critique de l'opposition entre la sélection artificielle et la sélection naturelle afin de suggérer que sa réalité pose question.

Le prochain chapitre vient terminer notre explicitation des principes constitutifs du noyau dur de l'institutionnalisme historique. Il va s'agir de montrer que les auteurs relevant de ce programme de recherche abordent tous le capitalisme dans une même perspective, à savoir un système économique historiquement spécifique et contingent, produit d'un processus évolutionnaire non déterministe.

LE CAPITALISME COMME SYSTÈME HISTORIQUE CONTINGENT

Nous abordons ici le sixième et dernier principe constitutif du noyau du programme de recherche de l'institutionnalisme historique : *le capitalisme est abordé comme un système économique historiquement spécifique et contingent*, et non comme une organisation naturelle ou spontanée des institutions économiques ou comme une nécessité historique dans le cadre d'un processus de développement plus global. Ce dernier principe est celui qui permet de distinguer le plus nettement le programme de recherche institutionnaliste de l'analyse marxiste. La spécificité de l'appréhension institutionnaliste du capitalisme est non seulement de rejeter toute forme de déterminisme (le capitalisme ne sera jamais interprété comme une étape nécessaire d'un développement historique plus général), mais aussi de renoncer à découvrir le facteur premier et ultime ayant conduit à l'émergence de ce système économique. Cette posture méthodologique, qui est revendiquée par tous les auteurs institutionnalistes déjà étudiés, ne sera toutefois pas toujours mise rigoureusement en pratique : suivant divers rapports aux valeurs, chaque auteur institutionnaliste mettra en effet l'accent sur quelques facteurs spécifiques ou tentera de resituer l'émergence du capitalisme dans le cadre d'un processus évolutionnaire plus général. Toutefois, le point focal de l'analyse institutionnaliste du capitalisme est de considérer ce dernier comme spécifique et, *in fine*, contingent (et donc non nécessaire).

Si le capitalisme est un objet d'étude récurrent chez les auteurs institutionnalistes, une objection consiste à considérer qu'il ne s'agit pas là à proprement parler d'un élément du noyau dur du programme de recherche, mais plutôt d'une *mise en œuvre* de ce noyau prenant la forme d'un ensemble de théories falsifiables. Dans l'absolu, cette objection est recevable : c'est effectivement en mettant en œuvre les éléments d'historicisation de la théorie et de théorisation de l'histoire présentés dans les chapitres précédents que l'analyse du capitalisme est mise en œuvre. Néanmoins, le fait d'appréhender le capitalisme en tant qu'un ensemble d'institutions spécifiques ayant émergé au terme d'un processus évolutionnaire et historique est en soi un postulat qui distingue le programme de recherche institutionnaliste des autres programmes de recherche et paradigmes en économie. On procédera ici en deux temps. Dans une première section, on confrontera la manière dont Max Weber et Thorstein Veblen appréhendent le capitalisme. Même si leurs analyses respectives divergent, tous deux ont en commun de resituer l'émergence de ce système économique dans le cadre plus général d'un processus de rationalisation (Hédoin, 2009). Une seconde section abordera les thèses respectives de John R. Commons et Karl Polanyi. Ces deux auteurs ont en commun de souligner la dimension « artificielle » de l'institutionnalisation des institutions capitalistes.

CAPITALISME ET PROCESSUS DE RATIONALISATION : WEBER ET VEBLEN

Max Weber et Thorstein Veblen développent tous deux une analyse de l'émergence du capitalisme. Bien que totalement indépendantes et relativement éloignées, toutes deux ont en commun de s'inscrire dans le cadre plus général de l'étude d'un processus de rationalisation qui sous-tendrait l'évolution institutionnelle du monde occidental. On présente d'abord successivement les perspectives de Weber et Veblen, puis on les confronte succinctement.

WEBER ET LE CAPITALISME RATIONNEL

L'ensemble de l'œuvre wébérienne est traversé par une problématique générale portant sur le développement et l'extension de l'impersonnalité des rapports sociaux à travers l'histoire (Colliot-Thélène, 1990). C'est dans ce cadre que s'inscrit l'étude que développe Weber dans *L'éthique protestante et l'esprit du capitalisme* (Weber, 1904-05) et qu'il prolonge dans ses travaux sur l'éthique économique des principales religions mondiales (Weber, 1922, II, 145-409 ; 1996), sur les économies antiques (Weber, 1999), dans sa sociologie du droit (Weber, 1986), mais aussi dans des écrits ne relevant pas de la sociologie économique[1] : la mise en perspective d'un processus de rationalisation sous-jacent à l'histoire de la civilisation occidentale et ayant débouché sur l'émergence d'un capitalisme dit « moderne » ou « rationnel »[2]. Weber fait ainsi usage de sa sociologie économique, à partir des préceptes épistémologiques analysés dans le chapitre « L'historicisation de la théorie et l'école historique allemande d'économie », dans le but d'expliquer la spécificité du développement économique connu par la civilisation occidentale comparativement à celui d'autres régions du monde. Weber est en effet frappé par un contraste *a priori* surprenant : l'Occident est la seule région du monde à avoir été témoin de l'émergence d'une forme particulière de capitalisme où les activités sont menées selon une rationalité en finalité et formelle, et où la sphère économique a acquis une autonomie par rapport au reste de la société. Weber distingue différentes formes de capitalismes ayant été observées par le passé et s'attache à isoler les facteurs ayant *incidemment* contribué à l'apparition du capitalisme. Toutefois, au-delà de la multiplicité de ces facteurs, on perçoit que Weber met en avant l'importance fondamentale d'un processus sous-jacent, celui d'un mouvement de rationalisation.

La diversité des capitalismes et la spécificité du capitalisme rationnel

Weber indique explicitement à de nombreuses reprises que le capitalisme, en tant que système économique organisant un ensemble d'activités orientées vers une forme de rémunération « capitaliste », se retrouve sous diverses formes à toutes les époques et dans toutes les civilisations humaines. En revanche, il souligne la spécificité du capitalisme rationnel, forme propre à l'Occident, et dresse une liste des facteurs ayant été essentiels à son émergence.

– La diversité des capitalismes selon Weber

Weber (1922, I, 232-234) affirme qu'il existe six principales formes d'orientation capitaliste de réalisation de profits qui ont pu être observées

---

1 On pense notamment ici à l'étude de Weber sur la sociologie de la musique (Weber, 1998).

2 Dans cette section, on utilisera de manière indissociée les expressions « capitalisme moderne » et « capitalisme rationnel » pour désigner le type de système économique dont Weber étudie l'apparition et qu'il contraste avec d'autres formes d'organisations économiques capitalistes ayant eu cours dans le passé, en Occident ou ailleurs dans le monde.

au cours de l'histoire des sociétés humaines. La classification donnée par Weber est la suivante (1922, I, 232) :

1. l'orientation peut se faire (a) en fonction des chances de rentabilité d'une activité continue sur les marchés ou (b) en fonction des chances de rentabilité d'une production continue de biens économiques avec compte de capital ;
2. l'orientation peut se faire en fonction des chances de gains (a) par le commerce et la spéculation en devises, par la prise en charge de paiements de toute sorte et la création de moyens de paiement ou (b) par l'octroi de crédits sur une base professionnelle à des fins de consommation ou à des fins d'activités lucratives ;
3. l'orientation peut se faire en fonction des chances de profit résultant d'activités pour le compte de groupements ou de personnes politiquement engagées ;
4. elle peut se faire en fonction des chances de gains permanents résultant d'une position de domination garantie par le pouvoir politique ;
5. elle peut se faire en fonction des chances de gains résultant de livraisons exceptionnelles à des groupements politiques ;
6. elle peut se faire en fonction des chances de gains (a) résultant de transactions purement spéculatives sur des marchandises standardisées ou sur des titres de propriété d'entreprises, (b) ar la prise en charge régulière des affaires monétaires des groupements publics, (c) par le financement de la création d'entreprises ou (d) par le financement spéculatif d'entreprises et de groupements économiques capitalistes avec l'intention de s'assurer une source de profit garantie ou la puissance.

Juste après cette typologie, Weber (1922, I, 233-234) indique : « Seul l'Occident connaît des entreprises rationnelles avec *immobilisation de capitaux*, main-d'œuvre salariale, spécialisation et harmonisation rationnelle du travail, répartition des prestations sur la base de l'économie transactionnelle et capitaliste, autrement dit la forme capitaliste de l'*organisation* du travail purement volontariste au plan formel en tant que méthode typique et prédominante de la couverture de besoins massifs avec expropriation des travailleurs de tous les moyens d'approvisionnement et appropriation des entreprises par les détenteurs de titres ». En d'autres termes, les cas 1 et 6 sont spécifiques au monde occidental et n'ont jamais vu le jour ailleurs dans le monde. Ils désignent le capitalisme rationnel (Swedberg, 1998, chap. 2), lequel se décompose ainsi, d'une part, par des échanges sur un marché libre et une production capitaliste, et, d'autre part, par une spéculation et une finance capitalistes.

Les cas 2, 3, 4 et 5 renvoient en revanche à d'autres formes de capitalisme que Richard Swedberg (1998) nomme « capitalisme politique » (ou « capitalisme à orientation politique » selon les termes de Weber) et « capitalisme traditionnel ». Le capitalisme politique recouvre trois ensembles d'activités orientées vers le profit : les profits politiques prédateurs (cas 3), les profits par le marché via la force et la domination (cas), les profits *via* des accords spécifiques avec les autorités politiques (cas 5). Le cas 2 correspond au capitalisme commercial traditionnel reposant sur des formes traditionnelles d'échanges et de monnaies. Le capitalisme traditionnel est la forme la plus basique et étendue d'activité à orientation capitaliste (Weber, 1922, I, 233). Il existe en effet partout où des échanges sont possibles. Pour Weber, la poursuite par chacun de son intérêt bien compris n'a rien d'une spécificité occidentale moderne, mais est au contraire un fait anthropologique général ; dès lors, l'orientation « capitaliste » de l'activité, c'est-à-dire la recherche d'un profit personnel, n'est nullement une spécificité historique. En ce sens, le capitalisme traditionnel est, chez Weber, plus ou moins consubstantiel à la nature humaine.

Le capitalisme politique est également une forme d'orientation capitaliste de l'activité que l'on peut retrouver à de multiples périodes et lieux dans l'histoire. Weber indique que le capitalisme politique émerge quand les événements politiques ouvrent la possibilité de réaliser des profits capitalistes. Il décline quand un territoire est pacifié et est dominé par un seul empire, de sorte que l'État abandonne certaines activités productrices de richesses et alimentant le capitalisme politique (la guerre par exemple). Quand Weber parle du capitalisme politique, il renvoie essentiellement à l'Antiquité[1] : à Athènes comme à Rome, le capitalisme était dirigé par des forces politiques et n'était qu'indirectement économique (Swedberg, 1998). La sociologie économique wébérienne

1 Voir notamment Weber (1999). Sur ce point, *cf.* également Bruhns (1996 ; 1999) et Bruhns et Andreau (2004, eds.)

accorde d'ailleurs une attention particulière au capitalisme politique en étudiant notamment les modes de financement des groupements politiques et de manière plus générale les relations entre économie et politique au travers du développement d'une sociologie de la fiscalité.

Le capitalisme rationnel (cas 1 et 6) est en revanche bien un système historiquement spécifique et récent. Selon Swedberg (1998, 49), la différence entre capitalisme politique et capitalisme rationnel est étroitement liée à la discussion de Weber sur les différents types de classes sociales. Ainsi, comme l'indique Weber, la différence entre ces deux formes de capitalisme ne se réduit pas à des considérations « économiques », mais relève également de facteurs institutionnels. Comme on le développera plus loin, il faut également noter que Weber relativise, notamment dans ses écrits politiques, la séparation entre ces deux formes de capitalisme. D'une part, le capitalisme rationnel reste frappé d'éléments d'irrationalité (tels que la spéculation ou la tentative d'établissement de monopoles) et de manifestations charismatiques par l'action des entrepreneurs ; d'autre part, Weber estime que suite à la première guerre mondiale, on assiste à la résurgence d'une certaine forme de capitalisme politique[1]. Ces éléments indiquent que la métaphore de la cage d'acier, dont Weber fait usage pour caractériser le fonctionnement implacable du capitalisme moderne, reste à relativiser (*cf. infra*). Le capitalisme rationnel est donc fragile et instable aux yeux de Weber, menacé à la fois de l'extérieur (le socialisme) et de l'intérieur (tensions entre rente et profit, classes statiques de propriétaires et classes commerciales dynamiques) (Swedberg, 1998).

– Les facteurs ayant contribué à l'émergence du capitalisme rationnel

Weber étudie de manière dispersée à plusieurs endroits les différents facteurs ayant contribué à l'émergence du capitalisme rationnel[2]. L'auteur allemand propose toutefois une analyse plus systématique dans le quatrième et dernier chapitre de son ouvrage *Histoire économique : Esquisse d'une histoire universelle de l'économie et de la société* (Weber, 1923), intitulé « La naissance du capitalisme moderne ». Il s'agit de la tentative la plus

1 Swedberg (1998, 52) estime d'ailleurs qu'il existe un parallèle entre les analyses d'économie politique du *rent-seeking* et la caractérisation par Weber du capitalisme politique.

2 Concernant le facteur éthique et religieux, *cf.* Weber (1904-05 ; 1922, II ; 1996). Concernant le facteur juridique, voir Weber (1922, II ; 1986).

synthétique de Weber pour retracer les origines historiques du capitalisme occidental. Weber précise dans cet ouvrage la démarche que doit suivre l'histoire économique afin de reconstituer l'évolution économique et sociale ayant mené à l'apparition du capitalisme moderne. Ainsi, selon l'auteur allemand, il s'agit de procéder en trois temps (Weber, 1923, 25-26) : après avoir déterminé par qui et comment sont effectuées les diverses prestations dans le cadre d'une économie, et évalué l'optique (subsistance ou recherche du profit) dans laquelle elles le sont, il faut procéder à une mesure du *degré de rationalité touchant la vie économique*. Weber estime en effet qu'à l'origine, loin du rationalisme, a prévalu le traditionalisme, lequel est lié à des coutumes ancestrales et, de manière générale, à des facteurs extra-économiques, que l'histoire économique doit nécessairement prendre en compte, comme c'est notamment le cas pour les aspects magiques, religieux, politiques et les intérêts liés à la position sociale.

Selon Weber (1923, 296), « [i]l y a capitalisme là où les besoins d'un groupe humain qui sont couverts économiquement par des activités professionnelles le sont par la voie de l'*entreprise*, quelle que soit la nature du besoin ». Toutefois, cette universalité du capitalisme déjà soulignée peut prendre diverses formes spécifiques. Si Weber indique donc que le capitalisme se rencontre sous diverses formes à travers toute l'histoire, il considère cependant que la couverture des besoins quotidiens par la voie capitalistique est propre à l'Occident, à partir de la seconde moitié du XIXe siècle. La condition économique première à un tel développement est donc l'émergence de l'entreprise capitaliste recourant à la comptabilité (Weber, 1923, 297). Cette condition présuppose elle-même la satisfaction d'une série de critères (Weber, 1923, 297) : une appropriation de tous les moyens de production par des entreprises lucratives privées, la liberté du marché, une technique rationnelle, un droit rationnel et « calculable », le travail libre et une commercialisation de l'économie. À cette liste, on peut également ajouter trois autres éléments dont Weber souligne ailleurs l'importance (Vandenberghe, 1997, 183) : la séparation stricte du ménage et de l'entreprise, le développement de la ville occidentale et des droits politiques des citoyens et la science moderne comme base technique du capitalisme. On ne reviendra pas sur chacun de ces éléments en détail, mais on soulignera toutefois certains des aspects sur lesquels Weber insiste le plus : la rationalisation du droit, la séparation entre ménage et entreprise, le travail libre et la liberté du marché.

– La rationalisation du droit

Weber (1922, II ; 1986) développe une imposante sociologie du droit dans laquelle il argue que le développement d'un droit rationnel et prévisible a été l'un des facteurs permissifs majeurs au développement du capitalisme moderne dans le monde occidental. *A contrario*, l'absence d'émergence d'une telle forme de droit a été un obstacle majeur à l'apparition du capitalisme rationnel ailleurs dans le monde. En effet, si Weber souligne qu'en théorie, l'activité économique n'a nullement besoin de la contrainte juridique pour se développer[1], non seulement il remarque que l'économie moderne suppose certains pré-requis juridiques (Weber, 1986, 61) et reconnaît aussi que l'existence d'une contrainte juridique est une garantie supplémentaire qui s'est aujourd'hui largement diffusée. Partant de ce constat, Weber s'attache à caractériser la spécificité du droit tel qu'il s'est développé en Occident. La première particularité de l'Occident est d'avoir développé un droit public dans une perspective « scientifique » assis sur l'État et la séparation des pouvoirs. C'est toutefois de manière plus générale au travers d'une rationalisation *formelle* du droit que la structure juridique nécessaire au capitalisme rationnel a pu se développer. Weber indique en effet que la création et la découverte du droit peuvent être rationnelles ou irrationnelles, soit sur le plan formel, soit sur le plan matériel (Weber, 1986, 42). En d'autres termes, le droit revêt un caractère irrationnel dès lors où il est créé ou découvert à partir de moyens incompatibles avec un raisonnement rationnel et scientifique (irrationalité formelle) ou si son application relève de normes non universelles, mais spécifiques et contingentes (irrationalité matérielle). Le droit devient rationnel sur les plans formel et matériel « dans la mesure où, tant au point de vue processuel que matériel, des caractéristiques générales et univoques relatives à la situation de fait sont prises en considération et ce de façon exclusive » (Weber, 1986, 42).

1 Weber (1922, II) estime en effet que de nombreux échanges économiques ont pu se développer en l'absence de toute norme juridique ou conventionnelle. Selon l'auteur allemand, le droit et ses dérivés (la convention, la coutume, l'usage) sont loin d'être les seules forces sur lesquelles les individus puissent compter pour avoir des garanties sur le comportement d'une autre personne. Il cite notamment l'intérêt propre de l'autre partie et, ce faisant, souligne l'importance de ce qui peut parfois être nommé « main invisible » ou « ordre spontané ».

En théorie, toutes les configurations de rationalité et de non rationalité formelles et matérielles sont envisageables. Dans ses écrits, Weber s'attarde néanmoins essentiellement sur l'importance historique de trois types de configurations : les droits non rationnels sur les plans formels et matériels, les droits rationnels sur le plan matériel mais irrationnels sur le plan formel et enfin les droits rationnels sur les deux plans. Les deux premières configurations renvoient à ce que Weber qualifie de manière générique la « justice de Cadi », dans un sens plus large que celui renvoyant à l'Islam. Cette expression désigne les cas où les jugements rendus par les juges dépendent du sens de l'éthique de ces derniers pour chaque cas spécifique, en faisant abstraction de toute règle formelle. Si ce type de justice peut être compatible avec certains capitalismes politiques, il est en revanche inconciliable avec le capitalisme rationnel (Swedberg, 1998). Selon Weber, l'émergence du capitalisme rationnel a nécessité l'apparition d'un droit totalement rationnel sur les plans matériel et formel. Trois pré-requis juridiques sont en effet mis en avant par Weber (Swedberg, 1998, 99 et suiv.) : il doit exister des contrats commerciaux sophistiqués par lesquels des achats et ventes systématiques et rationnels puissent se développer ; il doit exister un concept légal de corporation moderne ; enfin, il doit y avoir un ordre légal calculable. L'argument de la prévisibilité et de la calculabilité de l'ordre juridique est essentiel et rejoint le concept de futurité de Commons : il indique que l'État ne doit pas intervenir de manière arbitraire dans l'économie par le biais de son système légal. La propriété doit être respectée et les contrats ne pas être cassés. La loi doit être claire et logique et elle doit être administrée par des professionnels de manière prévisible. Surtout, le droit doit rester prévisible même quand il aborde des sujets qui ne sont pas couverts par la loi (Weber, 1923, 361 ; 1986, 121).

L'importance du développement d'un droit commercial rationnel est également mise en avant par Weber (1986), lequel considère le droit commercial comme la particularité juridique moderne la plus importante. Il affirme notamment que le code de commerce allemand indique que relèvent de ce droit spécial certains types de contrat dont le plus important est l'achat dans le but d'une revente lucrative. Cette définition du contrat commercial se réfère à la signification rationnelle en finalité de la transaction concrète, à savoir le gain produit par un acte de commerce ultérieur. Par ailleurs, le droit commercial s'applique à une certaine catégorie de personnes dont la caractéristique est de conclure des contrats de cette nature dans l'exercice de leur profession (Weber, 1986, 220). Weber considère que cette appréhension du contrat commercial est une spécificité propre à l'Occident et au capitalisme moderne (Weber, 1922, II, 116).

Bien qu'elle n'ait nullement joué un rôle exclusif dans l'évolution juridique, Weber souligne l'importance de l'activité économique elle-même dans l'émergence d'un droit rationnel. Notamment, le développement du marché a favorisé le développement d'un ordre juridique rationnel et prévisible (Weber, 1986, 40). L'explication historiciste de l'évolution des normes juridiques, suivant laquelle elle serait le produit de l'évolution de l'esprit des peuples, est rejetée. L'innovation juridique provient de deux éléments : les changements dans les conditions extérieures d'existence qui entraînent des modifications dans les attitudes concordantes jusque-là empiriquement valables ; une activité nouvelle qui conduit à un changement de signification du droit en vigueur ou à la création d'un nouveau droit (Weber, 1986). En d'autres termes, l'activité économique et les changements qu'elle subit sont susceptibles de se répercuter sur la structure juridique. En ce sens, et contrairement à une lecture « idéaliste » de l'œuvre de Weber, ce dernier ne cherche pas à « renverser Marx sur sa tête »[1]. Toutefois, de manière plus générale, c'est un processus de co-évolution du droit et de l'économie que met en exergue Weber : « Comme nous l'avons vu, certaines régularités de fait du comportement (« coutume ») peuvent être à l'origine de règles de comportement (« convention », « droit »). Mais l'inverse est vrai aussi. Non seulement les normes (conventionnelles ou) juridiques produisent ou contribuent à produire les régularités mêmes auxquelles tendent leurs injonctions, mais elles en produisent d'autres encore » (Weber, 1922, II, 42). Au final, la structure juridique rationnelle du monde occidentale a été à la fois un facteur permissif au développement du marché en même temps que son résultat (Weber, 1922, II, 48-49).

– Travail libre, liberté du marché et séparation ménage/entreprise

Parmi les autres facteurs ayant contribué à l'émergence du capitalisme moderne, Weber insiste notamment sur le travail libre, la liberté du marché et la séparation entre le ménage et l'entreprise. Ce dernier élément

1 Ainsi que l'indique d'ailleurs Weber lui-même dans la préface à la seconde édition de *L'éthique protestante et l'esprit du capitalisme.*

est mis en avant par le sociologue allemand à plusieurs endroits dans ses écrits. Plus exactement, le XVIe siècle est témoin, dans les villes du nord de l'Italie (à commencer par Florence), de la séparation *comptable* de la communauté domestique et de l'entreprise. Cette séparation s'explique par l'émergence d'une responsabilité individuelle pour chaque membre au sein de la famille, tandis, qu'en Italie du sud par exemple, la fortune commune était traitée comme le produit du travail commun, de telle sorte que chaque adulte membre de la famille pouvait exiger le partage et la remise de sa part (Weber, 1922, II, 114-115). La première conséquence a été que la communauté domestique a cessé d'être la base nécessaire pour la formation d'une société gérant une affaire commune. Il y a eu une séparation entre la fortune personnelle de l'individu et les avoirs de l'affaire à laquelle il était intéressé. Partout, l'ancienne entreprise commerciale a eu pour vecteur la famille. Ce n'est qu'en Occident que l'association commerciale fut pratiquée avec des partenaires non familiaux. Il en va de même pour les dettes avec une distinction entre les dettes privées contractées par les membres de la firme pour leur ménage et les dettes de la firme proprement dite. Selon Weber (1923, 246 et suiv.), l'élément décisif qui conduisit à la séparation de la comptabilité domestique et de la comptabilité d'affaire fut l'apparition du besoin de crédit. L'apparition de ce besoin est l'élément décisif pour le développement des institutions précapitalistes : il apparut en même temps que le développement d'affaires de longue haleine, développement qui amena à cette occasion la question de la garantie pour le crédit.

La liberté du marché et le travail libre sont étroitement liés. En effet, Weber indique que le développement du travail libre a constitué un prérequis pour la mise en œuvre d'un calcul rationnel du capital (Weber, 1922, I, 197-201 ; 1923, 297-298). Dans le cas d'un système fondé sur le travail libre, les individus sont à la fois dans la position juridique et la nécessité économique de vendre librement leur force de travail sur le marché ; le propriétaire des moyens de production dispose dès lors de la quasi-certitude de pouvoir recourir à tout moment à une main d'œuvre disponible à un certain prix. C'est bien la création d'un *marché du travail* qui a permis, selon Weber, aux entreprises de s'émanciper de l'incertitude entourant la disponibilité et l'efficacité de la force de travail, participant ainsi à une meilleure efficacité (« rationalité ») dans la gestion des affaires économiques. Cette création est en fait une partie d'un processus plus large qui est celui de la consécration de la liberté du marché. Notamment dans *Économie et société*, Weber insiste en effet sur la distinction entre « économie transactionnelle » et « économie planifiée » et énumère également les différentes obstructions irrationnelles au fonctionnement libre du marché, qu'elles soient d'ordre politique, religieuse ou autres. Ces entraves consistent notamment en la fermeture des relations sociales et des marchés par le biais de l'instauration de monopoles, notamment de classe. Dans une économie transactionelle « toute couverture de besoins sociétisée [est] rendue possible par le jeu des intérêts et orientée en fonction des chances d'échange » (Weber, 1922, I, 160)[1]. Pour émerger, elle nécessite notamment que les non possédants subissent la contrainte résultant du risque pour les salariés de rester sans les moindres ressources pour eux et leur famille, ainsi qu'une certaine disposition de l'esprit selon laquelle l'activité rémunérée est la forme de vie normale. L'existence d'un marché du travail est donc indispensable. Le marché ne peut se maintenir qu'à la condition que les obstacles « irrationnels » ne soient pas trop nombreux pour empêcher une régulation de l'activité sociale par le jeu des intérêts. C'est ici que réside l'une des principales différences entre le capitalisme rationnel et le capitalisme politique : ce dernier se caractérise en effet par les interférences permanentes de la sphère politique avec les relations sur le marché. Ces interférences peuvent notamment prendre la forme de profits « prédateurs » formés à partir du financement de guerres ou de conflits civils, ou encore d'activités économiques permises par l'intervention de l'État et la domination politique (monopoles, prélèvements de taxes parfois arbitraires, etc.). Ces incursions de la sphère politique ont pour conséquence de rendre l'activité économique moins prévisible et empêche, de ce fait, la mise en œuvre d'une gestion rationnelle du compte de capital au sens où l'entend Weber.

Capitalisme, religion et rationalisation

Pour Weber, l'émergence du capitalisme rationnel ne doit pas s'appréhender comme une étape logique d'un processus de développement, mais comme un phénomène *contingent* qui résulte de la conjonction

1 À l'inverse, Weber indique qu'une économie planifiée est une économie où « toute couverture de besoins à l'intérieur d'un groupement [est] orientée d'une manière systématique en fonction de règlements matériels statutaires, contractuels ou octroyés » (Weber, 1922, I, 160).

d'un ensemble de facteurs dont Weber donne la liste et qu'il étudie plus ou moins en profondeur. Il n'y a donc pas, *a priori*, de « cause première » sous-jacente au capitalisme rationnel. Toutefois, Weber indique explicitement que la réunion de tous les facteurs mentionnés plus haut, si elle était une condition nécessaire, n'était pas pour autant une condition suffisante : « il fallait que s'adjoignent en complément un *mode de pensée rationnel, une rationalisation de la manière de vivre, un ethos économique rationnel* » (Weber, 1923, 372). En d'autres termes, l'apparition du capitalisme rationnel a du être précédée par le développement d'une éthique favorisant le développement de comportements économiquement rationnels. La sociologie des religions de Weber s'attache précisément à comprendre les raisons pour lesquelles cette éthique a pu apparaître en Occident, mais pas dans d'autres régions du monde.

– Éthique protestante et esprit du capitalisme

C'est notamment dans son ouvrage *L'éthique protestante et l'esprit du capitalisme* (Weber, 1904-05) que Weber souligne l'importance de la religion, et plus précisément du calvinisme, dans l'émergence d'une éthique rationaliste propice au développement d'un capitalisme s'articulant autour d'une organisation rationnelle du travail et de la technique. L'« Avant-propos » de cet ouvrage est particulièrement important, car Weber y clarifie sa démarche et précise la définition des concepts qu'il utilise[1]. Le sociologue allemand y indique que l'on ne peut réduire le capitalisme (rationnel) à la recherche du profit ou à la volonté d'acquisition (Weber, 1904-05, 11). Au contraire, « [l]e capitalisme s'identifie plutôt avec la domination, à tout le moins avec la modération rationnelle de cette impulsion irrationnelle » (Weber, 1904-05, 11). Le capitalisme rationnel est donc le système économique qui organise la recherche d'un profit à partir d'échanges pacifiques suivant les opportunités en présence (Weber, 1904-05, 12). L'étude sur l'éthique protestante de Weber part ainsi de cette interrogation plus générale quant au fait que c'est uniquement en Occident que cette forme de régulation de recherche du profit est apparue (Weber, 1904-05, 17-18).

1 Notons que cet avant-propos ne figurait pas au moment de la première parution de *L'éthique protestante*. Il n'a été rajouté que quelques années plus tard dans le recueil *Gesammelte Aufsätze zur Religionssoziologie* (*Études de sociologie de la religion*).

– Un processus de rationalisation

Le « récit analytique » développé par Weber propose une explication causale de l'émergence du capitalisme moderne au travers d'une rationalisation des pratiques économiques induite par l'éthique économique contenue dans la doctrine calviniste. Comme Weber le précise lui-même, il ne s'agit nullement d'une relation causale exclusive[1], puisque d'autres facteurs sont mis en avant. Cela ne signifie d'ailleurs pas que Weber renonce à chercher à hiérarchiser l'importance des divers facteurs, mais ses travaux sont traversés par l'idée que le capitalisme moderne ne trouve son origine dans aucune cause exclusive. En ce sens, il est doublement contingent : d'une part, l'occurrence sur une courte période de temps des divers facteurs majeurs ayant mené à l'émergence du capitalisme rationnel est *a priori* purement aléatoire ; d'autre part, le fait que ce capitalisme ne se soit pas développé partout dans le monde est en soi une indication qu'il ne s'agit nullement d'une étape nécessaire dans le processus d'évolution des sociétés humaines.

Les études de Weber sur les diverses religions mondiales (Weber, 1996) s'inscrivent dans le prolongement de celle sur l'éthique protestante. Weber y cherche les causes expliquant que les différentes religions n'ont, dans l'ensemble, pas entraîné le développement d'une éthique de vie rationaliste de la même manière que le protestantisme. Autrement dit, Weber avait pour objectif de révéler les *éthiques économiques* sous-jacentes aux différentes religions afin de comprendre les *barrières* à une rationalisation des modes de vie. Au travers de cet objectif, la sociologie des religions wébérienne aborde une série de thèmes (Swedberg, 1998, 109) : l'attitude des religions envers la richesse ; les organisations religieuses et leurs relations avec les affaires économiques ; la propension religieuse de certaines classes et strates socio-économiques ; les différentes manières d'obtenir le Salut et leurs effets sur l'économie ; l'attitude des grandes religions envers l'économie. Toutefois, on peut estimer qu'avec la sociologie des religions, l'analyse wébérienne du capitalisme prend une tournure différente : rapidement, il va apparaître en effet que la

1 Dans l'avant-propos, Weber écrit : « Nous avons pris pour exemple les relations de l'esprit de la vie économique moderne avec l'éthique rationnelle du protestantisme ascétique. Nous ne nous occuperons donc que d'un seul aspect de l'enchaînement causal » (Weber, 1904-05, 21).

religion n'est pas seulement un vecteur ou un frein parmi d'autres au rationalisme économique, mais le porteur d'un processus de rationalisation plus générale n'affectant pas seulement la sphère économique.

Weber souligne le caractère polysémique du concept de rationalisation et l'ambiguïté sous-jacente à l'idée de rationalité : « À vrai dire, il faudrait placer en épigraphe à toute étude sur la rationalité ce principe très simple mais souvent oublié : la vie peut être rationalisée conformément à des points de vue finaux extrêmement divers et suivant des directions extrêmement différentes. La rationalité est un concept historique qui renferme tout un monde d'oppositions » (Weber, 1904-05, 80). Dans *l'Éthique protestante*, la rationalisation tend à être définie comme l'élimination de la magie en tant que technique de salut, alors que plus tard elle tendra plutôt à désigner la « déprise du religieux sur les représentations générales que les hommes se font du monde de leur existence » (Colliot-Thélène, 1990, 65). Weber développe en particulier cette thèse dans sa célèbre conférence sur « Le métier et la vocation de savant » :

> L'intellectualisation et la rationalisation (...) signifient bien plutôt que nous savons ou que nous croyons qu'à chaque instant nous *pourrions*, pourvu *seulement que nous le voulions*, nous prouver qu'il n'existe en principe aucune puissance mystérieuse et imprévisible qui interfère dans le cours de la vie ; bref que nous pouvons *maîtriser* toute chose par la *prévision* (Weber, 1959, 70).

Le processus de rationalisation n'affecte ainsi pas seulement l'économie, mais porte au contraire sur l'ensemble des sphères de la société : la sphère politique, au travers du développement de la bureaucratie, et la sphère juridique par le biais de la rationalisation du droit (Weber, 1986) sont également concernées. En d'autres termes, le capitalisme rationnel est le produit d'un processus global dans lequel la religion, l'économie et la politique ont conjointement acquis une plus grande prévisibilité et calculabilité.

– Rationalisme et traditionnalisme

Ainsi, chez Weber, le capitalisme représente *l'aboutissement* du processus de rationalisation, la manifestation de sa suprématie. Le mouvement de rationalisation est conçu comme le résultat d'un recul du *traditionalisme* par rapport au *rationalisme* (Weber, 1923, 26). Le traditionalisme renvoie à toutes les coutumes ancestrales et de manière plus générale à l'ensemble des facteurs extra-économiques qui viennent contrarier l'exercice de la pleine rationalité économique, c'est-à-dire fondée sur le calcul. Dans les travaux de Weber, ces aspects traditionalistes se retrouvent notamment dans les pratiques religieuses ou magiques, dans les intérêts politiques ou ceux liés à la position sociale. Le rationalisme renvoie quant à lui à la rationalité formelle, c'est-à-dire à la capacité qu'ont les individus à avoir une attitude réflexive par rapport aux valeurs qu'ils suivent et donc à pouvoir les « choisir », sans que l'on puisse octroyer une quelconque rationalité à ce choix. La propension au calcul et à la mesure est l'aboutissement de cette rationalisation. Weber lie ainsi son développement à l'apparition de la monnaie, des échanges marchands et du marché. Le capitalisme moderne se caractérise par la large prédominance du rationalisme, bien que la sociologie économique wébérienne souligne le poids encore non négligeable des facteurs traditionnels. Weber décrit ainsi le processus de rationalisation tel qu'il s'est manifesté en Occident comme une rationalisation de la recherche du profit qui se déploie selon deux aspects : l'importance du calcul, notamment en unité monétaire, et le dépassement de la tradition (Demeulenaere, 2003), c'est-à-dire la capacité à s'en extraire (voire à la suivre) consciemment. L'émergence de cette éthique rationaliste précède et génère l'apparition du capitalisme rationnel.

Sur le plan économique, c'est dans l'économie monétaire qu'il faut chercher l'origine de la rationalité formelle économique (Weber, 1922, I, 132-137). C'est avec l'apparition de la monnaie et de l'échange monétaire que le calcul économique a commencé à prendre une importance considérable dans la vie économique et que surtout, la poursuite du profit a pu être rationalisée. Le capitalisme rationnel est donc le produit de la rationalisation de la vie économique au travers de l'institutionnalisation du calcul monétaire. Néanmoins, la rationalisation économique n'est qu'un aspect d'un mouvement d'ensemble bien plus large.

La définition du processus de rationalisation que donne Weber (1959, *cf. supra*) indique en effet que ce processus se déploie dans toutes les sphères de la société. Swedberg (1998) indique que l'utilisation par Weber du concept de « sphère économique » dans son étude sur les religions mondiales vise à traduire le fait qu'au travers de l'histoire, les activités économiques tendent à s'autonomiser des autres activités humaines et que, par conséquent, elles sont pour une part gouvernées par leurs propres lois. Outre une certaine proximité avec le concept d'encastrement-insertion polanyien (*cf.* chapitre « Une analyse en termes d'économie substantive »), on trouve ici ce qui fait l'essence du concept wébérien de rationalisation et qui le conduit à transposer son relativisme épistémologique (*cf.* chapitre « L'historicisation de la théorie et l'école historique allemande d'économie ») à un niveau éthique : le « polythéisme des valeurs » (Weber, 1959), qui se traduit par une incompatibilité irréductible des valeurs provenant des différentes sphères de la société. Comme on l'a indiqué, le processus de rationalisation chez Weber s'analyse comme un recul du traditionalisme au profit du rationalisme, lequel se caractérise par des comportements fondés sur une plus grande calculabilité et prévisibilité formelles. Ce serait toutefois une erreur d'y voir le signe d'une disparition complète des valeurs guidant les conduites humaines. Le mouvement de rationalisation ne doit pas s'interpréter comme une rationalisation de la sphère des valeurs, mais plutôt *comme une prise de distance des individus par rapport à celles-ci* (Colliot-Thélène, 1990 ; Hédoin, 2009 ; Raynaud, 1996). Le processus de rationalisation revêt alors chez Weber un caractère formel, mais aussi subjectif : la rationalisation ne se traduit ainsi pas nécessairement de la même manière dans toutes les religions ou toutes les cultures. Il existe une pluralité des voies par laquelle se manifeste ce processus. On trouve ainsi dans l'analyse wébérienne une dualité entre, d'une part, une logique d'évolution qui met en avant une tendance *universelle* des sociétés (au travers de la religion) à se rationaliser et d'autre part, une dynamique d'évolution qui conceptualise les multiples chemins par lesquels cette logique peut se réaliser (Raynaud, 1996), suivant les obstacles religieux en présence.

En dernière analyse, rationalisation et capitalisme sont liés à deux niveaux chez Weber. D'une part, le capitalisme moderne est le produit d'un processus de rationalisation global, affectant l'ensemble des sphères de la société et non seulement l'économie, par lequel les contraintes issues de la tradition vont peu à peu disparaître au profit d'une rationalité formelle, prévisible et calculable. C'est en Occident que ce processus a pu se développer de la manière la plus complète en raison de dogmes religieux (en particulier concernant la voie du salut) incidemment compatibles avec une activité économique rationnelle (Weber, 1922, II, 145-409 ; 1996). Une fois apparu un *ethos* rationaliste, les divers facteurs mis en avant par Weber dans l'émergence du capitalisme (droit rationnel, technique rationnelle, travail libre, gestion rationnelle du compte de capital) ont pu se développer. *In fine*, cela indique que l'émergence du capitalisme rationnel, si elle est bien contingente, n'est pas fortuite dans le sens où la conjonction des divers facteurs nécessaires mais non suffisants a été permise par la présence au préalable d'une éthique rationaliste. D'autre part, à un second niveau d'analyse, l'aboutissement du processus de rationalisation se traduisant par l'apparition du capitalisme moderne se manifeste en parallèle par un *désenchantement du monde* (Weber, 1904-05 ; 1959). Ce désenchantement ne signifie pas seulement la disparition de l'emprise du religieux sur le monde terrestre, bien que Weber insiste à plusieurs reprises sur le fait que le capitalisme occidental s'est totalement autonomisé de ses origines religieuses[1], mais aussi l'autonomisation de chacune des sphères de la société les unes par rapport aux autres. De ce point de vue, la rationalisation wébérienne a une étroite proximité avec les concepts marxistes de réification et d'aliénation (Colliot-Thélène, 1990 ; 2006 ; Vandenberghe, 1997). Tout au long de ses écrits, Weber défend ainsi implicitement la thèse que la rationalisation formelle –l'accroissement de la rationalité au sens de la calculabilité et de la prévisibilité – conduit à une perte de liberté (Vandenberghe, 1997). Chez Weber, la modernité semble se caractériser par un glissement progressif de l'action rationnelle en finalité au sens large à l'action rationnelle en finalité au sens restreint : il y a une « dialectique de la Raison » (Raynaud, 1996) qui est issue du conflit entre le fait, d'une part, que la rationalisation se traduit par une plus grande autonomie des individus par rapport aux valeurs et, d'autre part, l'incommensurabilité des différents systèmes de valeurs qui induit l'autonomisation d'un système économique.

Ainsi, une fois que le capitalisme rationnel a émergé comme effet d'agrégation induit par les pratiques économiques issues de l'éthique protestante, le fonctionnement de ce système s'est ensuite émancipé de toute considération éthique ou religieuse (Weber, 1904-05). Le capitalisme rationnel est devenu alors une sorte de machine dont le fonctionnement s'est imposé à tout individu : la vie s'est rationalisée dans son

1 C'est la célèbre métaphore de la cage d'acier : « En même temps que l'ascétisme entreprenait de transformer le monde et d'y déployer toute son influence, les biens de ce monde acquéraient sur les hommes une puissance croissante et inéluctable, puissance telle qu'on n'en avait jamais connue auparavant. Aujourd'hui, l'esprit de l'ascétisme religieux s'est échappé de la cage – définitivement ? qui saurait le dire… Quoi qu'il en soit, le capitalisme vainqueur n'a plus besoin de ce soutien depuis qu'il repose sur une base mécanique » (Weber, 1904-05, 224).

fonctionnement, mais au prix d'une restriction considérable quant aux choix des fins des activités humaines. La rationalisation chez Weber ne signifie pas une disparition des valeurs, mais une capacité de l'homme moderne à acquérir une réflexivité par rapport à elle (Colliot-Thélène, 1990, 68). L'homme civilisé, produit du processus de rationalisation, se caractérise par sa capacité à prendre position par rapport aux valeurs, à faire un choix parmi elles, tout en ayant conscience que, *in fine*, ce choix ne pourra jamais être justifié de manière rationnelle. Le conflit entre des valeurs émanant des différentes sphères de la société est alors inévitable : « pour autant que la vie a en elle-même un sens et qu'elle se comprend d'elle-même, (...) elle ne connaît que l'incompatibilité des points de vue ultimes possibles, l'impossibilité de régler leurs conflits et par conséquent la nécessité de se décider en faveur de l'un ou de l'autre » (Weber, 1959, 91). Le relativisme éthique wébérien est alors une conséquence de la conception de Weber des rapports entre rationalisation et capitalisme moderne : « Il faut (...) se mettre à son travail et répondre aux demandes chaque jour – dans sa vie d'homme, mais aussi dans son métier. Et ce travail sera simple et facile si chacun trouve le démon qui tient les fils de *sa* vie et lui obéit » (Weber, 1959, 98).

VEBLEN ET L'ÈRE DES MACHINES

Les écrits de Veblen sont traversés en filigrane par l'idée d'un processus de rationalisation qui affecterait les sociétés humaines, tout du moins la société occidentale. C'est par ce biais que l'économiste américain développe indirectement une analyse caractérisant la nature et la spécificité du système économique capitaliste. D'une manière proche de certaines perspectives historicistes, Veblen retrace l'évolution de la société occidentale au travers de quatre grandes phases. L'enchaînement de ces phases, et plus particulièrement la dernière d'entre elles, est impulsée par le développement de la technologie. Veblen évoque l'existence d'une « ère des machines ». Au final, l'économiste américain entrevoit un dépassement possible du capitalisme par l'émergence d'une classe des ingénieurs.

Les stades de développement de la société capitaliste

Dans son ouvrage *The Instinct of Workmanship and the State of the Industrial Arts* (Veblen, 1914), Veblen développe l'idée que la société occidentale est passée au cours de son histoire par quatre stades de développement : la sauvagerie primitive, le barbarisme, l'ère de l'artisanat et l'ère des machines[1].

Le stade de la sauvagerie primitive est caractérisé par la propriété commune et la prépondérance du penchant parental, c'est-à-dire de l'instinct grégaire. Le stade du barbarisme voit l'introduction de la culture prédatrice. La société se trouve dominée par les institutions d'exploitation et de guerre : « Le surplus économique, qui résulte des progrès technologiques, devient la cible des agressions des communautés barbares lorsqu'elles s'attaquent entre elles. Le surplus a également pour conséquence de stratifier les communautés sur le plan interne en rendant possible une « comparaison provocante » fondée sur le contrôle de ce surplus » (Tilman, 2004, 582, notre traduction). Ce stade est celui où commence à se manifester la classe de loisir. L'ère de l'artisanat, qui lui succède, voit l'émergence et l'extension d'une forme non pervertie de l'instinct du travail efficace même si, parallèlement, l'instinct prédateur ne disparaît pas totalement. Ce stade est caractérisé par l'artisanat individuel dans lequel tous les éléments du processus de production sont intégrés. L'artisan est propriétaire de son commerce et de ses outils. Cette ère se caractérise par une innovation technologique particulièrement importante et par une accentuation de la division du travail qui permettent à l'homme de s'émanciper peu à peu des contraintes que la nature fait peser sur lui (Veblen, 1898b). Mais cette émancipation est la cause directe de la fin de cette ère et de son remplacement par l'ère des machines au milieu du XVIIIe siècle (Tilman, 2004, 582).

La dynamique sous-jacente au passage d'un stade à un autre repose ainsi sur deux éléments majeurs : le surplus économique et la technologie. La notion de surplus économique occupe en effet chez Veblen une place prépondérante. Doté d'un instinct du travail efficace, tout individu est « naturellement » porté vers l'effort productif au bénéfice de la

1 Précisons immédiatement qu'il serait erroné d'interpréter les stades distingués par Veblen à partir d'une théorie déterministe et finaliste de l'histoire. Contrairement aux théories des stades développées par certains économistes de l'école historique allemande, Veblen ne prétend pas que toutes les sociétés doivent nécessairement passer par les différentes étapes qu'il met en avant. La perspective de Veblen est davantage rétrospective et relève du développement d'une histoire conjecturale, bien que Veblen (1898a) critique par ailleurs les économistes classiques et marginalistes pour avoir développé eux-mêmes une histoire conjecturale dans leurs travaux (Leathers, 1990).

communauté. Selon Veblen (1914, 147 et suiv.), il est possible d'estimer qu'il existe, à partir d'une généralisation de la dotation instinctive de l'humanité, une tendance de l'esprit de travail des hommes à faire un usage efficace du savoir technologique, et que à travers le temps, par des gains progressifs et insensibles, le schème technologique va se modifier, de même par conséquent que le schème des réponses coutumières à ce cadre technologique. En l'absence de circonstances contraignantes (institutionnelles ou matérielles, comme c'était plutôt le cas dans les sociétés sauvages), la tendance est donc à une maîtrise croissante de la technologie. En d'autres termes, la quête perpétuelle des individus de l'efficience productive conduit à une évolution de « l'état des arts industriels » rendant possible un accroissement effectif de cette efficience. Il en découle alors une augmentation de la production qui génère l'apparition d'un surplus économique, défini comme le montant de la production en excès par rapport aux besoins de la communauté. Selon Veblen, c'est l'existence d'un tel surplus qui permet de comprendre le passage de la sauvagerie à la barbarie et surtout de celui de l'ère artisanale à l'ère des machines.

C'est avec l'apparition du surplus de production que le contrôle pécuniaire de l'industrie devient intéressant : les propriétaires peuvent en effet alors se l'approprier. C'est donc la création du surplus, par le progrès technologique, qui a engendré l'apparition de la propriété pécuniaire de l'industrie. L'apparition de la propriété marque l'entrée dans le stade de la barbarie. Veblen indique que deux processus semblent pouvoir expliquer l'apparition de la propriété et l'entrée dans l'ère barbare (Veblen, 1914, 157) :

1. avec l'accroissement de l'efficience industrielle permis par les gains technologiques, les services des prêtres et des magiciens vont gagner en valeur, permettant à ces derniers de s'approprier des parcelles de terre, introduisant alors progressivement une relation de maître/serviteur ;
2. avec l'accumulation de richesses, apparaît une incitation à l'agression et à la prédation (Veblen, 1914, 157).

L'institution de la propriété et les comportements prédateurs sont ainsi intimement liés (Veblen, 1914, 160). Prédation et propriété résultent ainsi de la recherche de l'accaparement du surplus économique. Le passage à l'ère de l'artisanat, puis de l'ère de l'artisanat à l'ère des machines, est également déterminé par l'existence d'un surplus et les modalités de son accaparement. Veblen met toutefois en avant l'existence d'un processus sous-jacent plus fondamental, qui est celui de la transformation des habitudes mentales.

Le capitalisme et « l'ère des machines »

L'ère de l'artisanat apparaît à la fin du Moyen âge selon Veblen (1914, chap. VI). Elle se caractérise par un développement sans précédent de l'habileté manuelle permis par l'état de la technologie. C'est durant cette période, entre le XVe et le XVIe siècle, qu'apparaît l'entreprise d'affaire et que formellement émerge le capitalisme. Enfin, c'est pendant cette phase que Veblen repère l'accélération du mouvement de rationalisation des habitudes mentales impulsé par le développement de la technologie.

Ces trois facteurs combinés (accroissement de l'habileté manuelle, apparition de l'entreprise et rationalisation des habitudes du fait de la technologie) vont directement conduire au passage, aux alentours des années 1750-1775 (Veblen, 1914, 299), à « l'ère des machines ». Comme l'indique Veblen, la période démarrant à compter du milieu du XVIIIe siècle peut être caractérisée de différentes manières : système de l'industrie de grande échelle, capitalisme de libre concurrence, économie de crédit[1]. Cependant, du point de vue de la technologie, il est plus approprié de qualifier cette ère d'industrie des machines (*machine industry*) ou de processus des machines (*machine process*). En effet, entre 1600 et 1900, Veblen remarque qu'il n'y a eu aucun changement culturel majeur. Le seul vrai changement est le développement de la technologie et des machines (Veblen, 1904, 144). Selon Veblen, ce développement sans précédent de la technologie ne va pas seulement avoir pour incidence d'engendrer un important surplus économique, suscitant le développement de comportements de prédation et renforçant l'institution de la propriété privée. Il va également induire un mouvement de rationalisation

1 Veblen (1904) se réapproprie en effet la classification proposée en premier par Hildebrand distinguant économie naturelle, économie monétaire et économie de crédit. Dans *The Theory of Business Enterprise*, Veblen ébauche une théorie du cycle économique où l'expansion puis la contraction du crédit constitue le mécanisme causal principal. Comme le remarque Hodgson (2004a), il est regrettable que Veblen n'ait pas tenté par la suite de préciser sa théorie.

des habitudes au travers d'une pression sélective et adaptative que l'environnement technologique va exercer sur les institutions.

À ce stade, la théorie de l'évolution culturelle de Veblen et son analyse de l'ère des machines rejoignent la théorie des préconceptions présentée dans le chapitre « L'historicisation de la théorie dans l'institutionnalisme américain et ses prolongements contemporains ». En effet, le mouvement d'évolution des préconceptions scientifiques repéré par Veblen n'est en fait qu'un aspect spécifique d'un processus plus global se situant au niveau de la société dans son ensemble. L'évolution des conditions matérielles d'existence conditionnerait l'évolution des habitudes mentales. Dans ce cadre, le développement de la technologie se concrétisant au travers de l'apparition de machines au fonctionnement de plus en plus complexe aurait induit une transformation dans la manière pour les individus d'appréhender le fonctionnement du monde qui les entoure. À un mode de pensée « animiste », marqué par une forme d'anthropomorphisme et une dimension téléologique, le développement de la technologie substituerait un mode de pensée rationnel, fondé sur des préconceptions factuelles (*matter-of-fact preconceptions*) (Veblen, 1904, 146 ; 1914, 311, 318).

Selon Veblen, la technologie a pour conséquence d'inculquer chez les individus une propension au raisonnement impersonnel et quantitatif, en termes de cause et d'effet (Veblen, 1904, 148 ; 1914, 303). La montée en puissance de l'industrie des machines a nécessité de la part des travailleurs l'acquisition de certaines compétences et aptitudes dont la maîtrise n'avait aucune importance précédemment. Les individus doivent donc acquérir un savoir spécifique, qui suppose de leur part une certaine attitude intellectuelle, comprenant par exemple un rejet de toute interprétation anthropomorphique ou animiste des événements. Les individus vont voir leur raisonnement évoluer : « L'individu apprend à raisonner en termes de processus, plutôt qu'en termes de cause et de résultat où un processus mystérieux interviendrait pour faire le lien entre les deux » (Veblen, 1904, 174, notre traduction). De manière générale, l'industrie des machines, au même titre que n'importe quel autre état des arts industriels, va inculquer des routines de comportement à tous les individus, bien au-delà des seuls employés de l'industrie.

Comme on l'a évoqué dans le chapitre précédent, on peut interpréter l'effet de la technologie sur les habitudes et les comportements comme le résultat d'un processus de sélection naturelle des institutions par l'environnement. La technologie, outre le fait d'inculquer un certain matérialisme aux travailleurs industriels, a également un effet sélectif. Travailler avec des machines requiert certaines qualités et certaines propensions dont la diffusion au sein de la société est dès lors favorisée. D'après Veblen (1904 ; 1914), l'émergence du capitalisme précède celle de l'ère des machines et de la généralisation des habitudes factuelles. Toutefois, c'est avec la rationalisation des habitudes mentales que ce système atteint son plein développement, mais aussi qu'il devient possible de le dépasser.

Institutions pécuniaires versus institutions industrielles : la « dichotomie véblénienne »

Le terme de « capitalisme » ne revient qu'un nombre de fois très réduit dans les écrits de Veblen. William Dugger (2006) estime que cette réticence à utiliser ce concept s'explique par le fait que Veblen ne considérait pas, à l'époque où il écrivait, le capitalisme comme un système stabilisé et cohérent et que par conséquent il était inapproprié de lui appliquer un concept précis, qui suggérerait alors l'inverse. Veblen semble ainsi considérer, au contraire de Weber, que la rationalisation amènera à un dépassement du système capitaliste, dont la stabilisation semble peu probable. Cette instabilité chronique du capitalisme selon Veblen découle de la tension qui existe entre d'une part, le processus de rationalisation des habitudes mentales, et d'autre part, la survivance de certains traits « archaïques » relevant de préconceptions animistes. Ces traits archaïques sont essentiellement ceux tournant autour de l'institution de la propriété privée et des comportements de prédation. Selon Veblen (1901b ; 1904 ; 1914), on assiste ainsi au sein du système capitaliste à l'émergence d'une dichotomie entre d'un côté, des institutions industrielles, favorables au développement d'habitudes factuelles et de l'autre côté, des institutions pécuniaires propices au développement de comportements prédateurs orientés par la seule recherche du profit monétaire. On peut ainsi parler de « dichotomie véblénienne »[1].

---

1 La littérature parle de « *veblenian dichotomy* » pour désigner l'opposition entre institution et technologie qui serait héritée de Veblen (Munkirs, 1988). Toutefois, cette supposée

– L'importance des institutions pécuniaires

Veblen ne nie pas le rôle joué par la monnaie, au travers du système de prix, et la comptabilité dans le cadre du processus de rationalisation (Veblen, 1914, 245). Toutefois, la monnaie et l'ensemble des activités pécuniaires se fondent sur l'institution de la propriété, la principale des « institutions imbéciles » dont l'existence est permise par la création d'un important surplus économique. C'est durant l'ère artisanale que les formes modernes des institutions pécuniaires vont commencer à apparaître, participant, parallèlement à la mécanisation, à l'émergence de l'ère des machines.

Ainsi, selon Veblen (1904, chap. IV), si le fondement physique de l'économie moderne est la technologie, son fondement spirituel est l'institution de la propriété. Veblen fait de cette dernière la principale des institutions pécuniaires, et la considère comme un résidu des préconceptions animistes. Mais tandis que dans l'ensemble, les préconceptions animistes ont eu tendance à décliner au cours de l'histoire, l'institution de la propriété s'est étendue, cette extension étant interprétée comme la conséquence des habitudes mentales engendrées par l'économie monétaire. C'est ainsi que le capitalisme peut être interprété chez Veblen, comme un système économique instable produit du processus de rationalisation, mais dans lequel persistent des institutions animistes et pécuniaires. La survie même du système capitaliste dépend de l'existence de deux sphères antagonistes, la sphère industrielle et la sphère des affaires. *L'existence du capitalisme est donc liée au caractère inachevé du processus de rationalisation.* Le capitalisme est ainsi sujet selon Veblen à une contradiction : la sphère industrielle est guidée par des institutions et des habitudes orientées vers l'efficience et la valeur d'usage. La production qui en est issue est utile à la communauté. Cette sphère est toutefois soumise à l'influence des institutions pécuniaires, lesquelles favorisent le développement de comportements parasitaires et prédateurs, orientés par la valeur d'échange et la quête du profit. La conséquence est que la sphère des affaires va la plupart du temps

dichotomie véblenienne a été en fait initiée et développée par Clarence Ayres (1944) à partir de l'opposition que nous analysons ici. Si Veblen accorde un rôle important à la technologie, il est inexact de considérer qu'il l'oppose systématiquement à toute forme d'institution.

orienter les processus industriels dans des directions inefficientes. La contradiction est que les institutions pécuniaires contribuent à atténuer l'efficacité des institutions industrielles, alors même que les premières ont besoin des secondes pour perdurer. Veblen (1923) illustre plus particulièrement cette contradiction au travers de la figure du « propriétaire absent » (« *absentee ownership* »), laquelle est consacrée par les institutions juridiques et morales de l'économie moderne : l'institution du propriétaire absent est l'archétype de la séparation entre les processus industriels productifs et leur administration purement pécuniaire, qui voit les propriétaires des entreprises n'être intéressés que par l'obtention d'un profit à plus ou moins court terme.

Toutefois, et même si Veblen ne prophétise en aucun cas la chute du capitalisme[1], il considère que cette contradiction associée à la poursuite du processus de rationalisation est susceptible de permettre l'émergence d'un nouveau système économique.

– Vers une révolution technocratique ?

Veblen estime que le processus de rationalisation peut permettre un dépassement du capitalisme. Cette affirmation repose sur plusieurs éléments : d'une part, le « système » capitaliste est par nature instable puisqu'il repose sur la cohabitation de deux types d'institutions (industrielles et pécuniaires) antinomiques ; d'autre part, devant l'accroissement de la complexité des opérations industrielles, les propriétaires n'ont plus les compétences requises pour contrôler et maîtriser directement les processus productifs (Veblen, 1914, 345). Cette incapacité a entraîné l'apparition d'une nouvelle classe sociale, celle des ingénieurs (*efficiency engineers*), chargée de faire office d'intermédiaire entre les sphères d'affaire et industrielle. Enfin, le processus de rationalisation lui-même va rendre la fonction des dirigeants de plus en plus obsolète.

Veblen estime en effet qu'à terme, les effets de la technologie sur les habitudes doivent se propager au-delà de l'industrie et atteindre également la sphère des affaires. La complexification des processus productifs implique par ailleurs l'émergence d'un authentique problème d'agence[2]

1 Voir la conclusion de *The Theory of Business Enterprise* où Veblen propose au contraire deux scénarios totalement opposés.

2 Les intuitions de Veblen sur le problème du contrôle de l'industrie par les affaires sont à l'origine d'une importante littérature portant sur les problèmes posés par la séparation

où les propriétaires vont se retrouver dans l'incapacité de contrôler de manière effective les processus productifs pour les orienter suivant des motifs pécuniaires. C'est une classe des ingénieurs qui va acquérir la maîtrise de ces processus à partir de comportements suivant les habitudes factuelles favorisées par la technologie. Au fur et à mesure que les habitudes factuelles vont se propager au détriment des habitudes archaïques de la propriété et de la prédation monétaire, le rôle des propriétaires et des institutions pécuniaires va apparaître comme de plus en plus obsolète à l'ensemble de la population. C'est ainsi que le processus de rationalisation, induit par le développement de la technologie mis en mouvement par la sphère industrielle, est susceptible d'ouvrir la voie à une « révolution technocratique » (Gislain, 2000) consacrant l'aboutissement du processus de rationalisation, avec l'élimination des derniers résidus des préconceptions archaïques. Cette prise de conscience serait susceptible de réactiver l'instinct du travail efficace de manière positive : le développement de la technologie et le perfectionnement des machines auraient pour conséquence d'influencer le comportement des individus en ravivant chez eux le souci d'efficience et de rationalité productive et donc, parallèlement, de rendre flagrante l'« aberration » que constituerait dans cette optique la classe des propriétaires. Partant de cette potentialité, Veblen propose la constitution d'un système économique fondé sur une mentalité technocratique dans laquelle le pouvoir serait confié à la classe des ingénieurs. Dans un tel système, la rationalisation des processus de production serait mise en avant afin de rendre encore plus évidente l'obsolescence du statut de propriétaire et afin de développer davantage l'instinct du travail efficace. En se stabilisant, l'activité industrielle dénierait à la classe pécuniaire et ses institutions toute raison d'être. Veblen estime que cet objectif ne peut être atteint qu'en confiant dans un premier temps la direction aux ingénieurs et techniciens. L'objectif de cette république industrielle (voir Tableau 2) serait « l'allocation adéquate des ressources et de la main d'œuvre disponibles, l'approvisionnement équitable des consommateurs en quantités suffisantes de biens et services » (Veblen, 1921, cité par Gislain, 2000, 203).

---

entre la gestion et le contrôle au sein de la firme capitaliste. Mentionnons notamment l'important ouvrage de A. Berle et C. Means, *The Modern Corporation and Private Property* (1932), ou encore les travaux de l'institutionnaliste John K. Galbraith sur la technostructure. À noter également que John R. Commons (1950) consacre une annexe complète à l'ouvrage de Berle et Means.

Caractéristiques / Type de société	Société prédatrice	République industrielle
Institutions dominantes	Institutions pécuniaires	Institutions industrielles
Instincts dominants	Instincts égoïstes (prédation)	Instincts altruistes (travail efficace)
Valeurs dominantes	Cérémonialisme ; valeur d'échange	Instrumentalisme ; valeur d'usage
Classe dominante	Classe de loisir / d'affaire	Classe des travailleurs / ingénieurs
Nature des relations	Conflit, hiérarchie	Harmonie, égalité

TABLEAU 2 – La dichotomie véblénienne (inspiré de Tilman, 2004)

Le tableau 2 résume l'essentiel de la dichotomie par laquelle Veblen oppose institutions pécuniaires et institutions industrielles et qu'il étend pour distinguer deux idéaux-types de société. Ce tableau permet de comprendre que pour Veblen, ce qui différencie une société d'une autre, ce n'est pas tant ses conditions matérielles et objectives d'existence, mais plutôt le cadre institutionnel et culturel dans lequel elle se développe. À ce titre, ce sont bien les habitudes mentales et les instincts qu'elles mettent en action qui sont au fondement de toute société humaine. Il apparaît maintenant pourquoi il semblait indispensable à Veblen que l'économie renouvelle sa conception de l'individu afin d'être en mesure de remplir sa tâche : analyser de manière évolutionnaire la nature des relations économiques et leur impact sur l'ensemble de l'organisation sociale.

RATIONALISATION ET CAPITALISME CHEZ WEBER ET VEBLEN : UNE COMPARAISON[1]

Il peut être instructif de comparer les perspectives respectives de Max Weber et Thorstein Veblen sur le processus de rationalisation et le capitalisme. On peut remarquer qu'il y a entre les deux analyses certaines convergences formelles. Toutefois, on peut observer des divergences substantives qui trouvent plusieurs explications.

1 Cette section reprend très largement des passages de Hédoin (2009). Voir également Yilmaz (2007) qui défend un point de vue légèrement différent du nôtre mais qui souligne également les convergences entre Weber et Veblen.

Quelques convergences formelles

– Processus de rationalisation et théorie de la connaissance

La première des convergences remarquables entre les perspectives de Veblen et de Weber sur le processus de rationalisation apparaît en filigrane dans ce qui a été dit dans les chapitres précédents : la relation entre la science et le processus de rationalisation. Plus exactement, Weber comme Veblen font du développement de l'activité scientifique et de l'évolution de la démarche scientifique les témoins et l'illustration du processus de rationalisation qui touche la civilisation occidentale. Comme on l'a indiqué dans le chapitre « L'historicisation de la théorie dans l'institutionnalisme américain et ses prolongements contemporains », Veblen développe une théorie des préconceptions scientifiques décrivant l'évolution de ces dernières comme étant fonction d'un processus de sélection naturelle. Veblen (1904, 171) lie explicitement l'évolution de ces préconceptions avec l'évolution plus générale des habitudes mentales au sein de la société et, de manière plus générale, l'évolution de la science et le processus des machines. Comme on l'a déjà mentionné, la science est appréhendée chez Veblen comme le produit du contexte culturel.

Le statut de la pensée scientifique comme témoin de la rationalisation des modes de vie humains apparaît également dans les travaux de Weber, même si cela est rarement mis en avant, notamment dans ses écrits épistémologiques (Weber, 1965). Dans l'avant-propos de *L'éthique protestante et l'esprit du capitalisme* (Weber, 1904-05), Weber souligne ainsi le fait que la science moderne est en partie le produit de la structure sociale de la société occidentale. La science moderne doit s'appréhender comme le produit, et donc le témoin du processus de rationalisation. Mais c'est dans la problématique du rapport aux valeurs, que Weber a abondamment traité, que l'on trouve l'essentiel de cette idée du lien entre science moderne et rationalisation : l'homme civilisé, produit du processus de rationalisation, se caractérise par sa capacité à prendre position par rapport aux valeurs, à faire un choix parmi elles, tout en ayant conscience que, *in fine*, ce choix ne pourra jamais être justifié de manière rationnelle. Ainsi, l'objectivité scientifique dont se réclame Weber, et qui est une condition à l'existence des sciences de la culture, est elle-même un concept *historique*, c'est-à-dire un produit de la rationalisation

(Weber, 1904, 166-167). L'idéaltype de l'action rationnelle en finalité, à partir duquel Weber estime qu'il est possible d'interpréter toute activité, doit se concevoir dans cette optique à la fois comme une idéalisation des comportements dans le capitalisme moderne, mais aussi comme la manifestation de l'état d'avancement des sciences de la culture.

Par conséquent, on retrouve clairement chez Weber et Veblen l'idée que la possibilité même de la science moderne est le produit du processus de rationalisation. Il s'agit là d'un élément essentiel dans la mesure où les deux auteurs, bien que dans des perspectives différentes, voient la science comme une sphère « encastrée » dans le processus plus global d'évolution et de rationalisation des comportements. Comme on l'a déjà indiqué dans le chapitre « L'historicisation de la théorie dans l'institutionnalisme américain et ses prolongements contemporains », en soumettant la transformation des préconceptions scientifiques à l'évolution générale des habitudes mentales, Veblen nous indique que la perception par la science de la dimension évolutionnaire de la société et de l'économie suppose, au préalable, que les conditions socio-culturelles permettent le développement d'une telle pensée évolutionnaire. Le fait que l'environnement soit perçu de manière de plus en plus factuelle par les scientifiques est nécessairement l'indication que ce dernier se caractérise par un fonctionnement lui-même de plus en plus « factuel ». Concernant Weber, dans une perspective néo-kantienne, c'est de la condition d'objectivité des sciences, notamment sociales, que dépend leur possibilité d'existence même : une science ne peut exister qu'à la condition qu'elle soit objective. De ce point de vue, en s'interrogeant sur l'objectivité des sciences sociales, Weber a cherché à mettre en valeur les conditions culturelles à une telle objectivité. En démontrant que les sciences sociales pouvaient prétendre cette objectivité, Weber indique indirectement qu'il s'est produit un processus – de rationalisation – permettant le développement d'une science « rationnelle », et donc objective.

Dans les deux cas, la structure de la démonstration est la même. Il est dans un premier temps démontré que les sciences contemporaines ont évolué d'une certaine manière (soit vers l'objectivité, soit vers un caractère plus factuel). Il est ensuite indiqué que cette évolution a nécessité la satisfaction de certaines exigences socio-culturelles. On peut alors en déduire que la satisfaction de ces exigences, prenant la forme d'un processus de rationalisation, s'est avérée effective. On semble ainsi se trouver en présence, chez ces deux auteurs, d'une forme de cercle herméneutique : la mise en avant de la rationalité des sociétés modernes est rendue possible par l'émergence d'une logique scientifique, elle-même produite par les logiques d'actions issues du processus de rationalisation que la science peut ainsi étudier. *C'est le processus de rationalisation qui rend sa propre étude possible*, ce qui signifie que le fait même que la science puisse percevoir la société moderne comme « rationnelle » ou comme « factuelle » prouve que la société, en rendant possible ce type d'interprétation, tend effectivement à se caractériser de la sorte. Chez Weber comme chez Veblen, l'analyse du processus de rationalisation s'inscrit ainsi dans un cadre autoréférentiel.

– Une analyse historique et génétique du capitalisme

Weber et Veblen partagent par ailleurs le fait d'appréhender le processus de rationalisation par le biais d'une analyse historique et génétique. Dans les deux cas, de manière plus ou moins explicite, il s'agit, avec cette forme d'analyse, de saisir la genèse de la société capitaliste moderne afin de mieux comprendre ce qui la distingue des sociétés précédentes.

L'ensemble des travaux de Weber s'inscrit dans l'optique de déterminer les raisons pour lesquelles le capitalisme moderne n'est apparu qu'en Occident et non dans d'autres régions du monde. Il s'agit notamment d'étudier la manière par laquelle la rationalité économique, ou le comportement économique rationnel, a émergé et évolué en tant que partie d'un mouvement historique plus large (Swedberg, 1998). De son côté, Veblen développe à partir des principes méthodologiques darwiniens qu'il énonce dans son article « Why is Economics Not an Evolutionary Science? » (Veblen, 1898a), une théorie de l'évolution culturelle qui s'attache à retracer et à expliquer le développement au cours de l'histoire des préconceptions factuelles. Même si cette théorie est rarement présentée comme une tentative pour analyser la genèse et le développement du capitalisme, on peut néanmoins estimer qu'elle vise, à l'instar de l'analyse proposée par Weber, à saisir l'origine causale de ce qui, aux yeux de Veblen, caractérisait de manière distinctive la société de son époque, à savoir le rationalisme. Ainsi que l'estime Neill (2006), la théorie de l'évolution culturelle de Veblen rentre dans la catégorie des systèmes adaptés pour appréhender les séquences cumulatives d'événements et qui ne visent pas à élaborer des théories prédictives.

Cette convergence vient du fait que les deux auteurs ont été fortement inspirés par la vision darwinienne de l'évolution sociétale (Saram, 1998). Si, concernant Veblen, la filiation darwinienne est évidente et revendiquée, elle est également décelable chez Weber : « Pour Weber, le capitalisme était seulement l'un des nombreux résultats émergeant du processus de rationalisation occidentale. Son grand intérêt intellectuel n'était pas le capitalisme en tant que tel, mais bien les processus évolutionnaires de la rationalisation universelle. Ainsi, le capitalisme en tant que processus, c'est-à-dire la question de ses origines historiques et de ses conséquences culturelles, préoccupait bien plus Weber que le capitalisme en tant que structure » (Saram, 1998, 594, notre traduction). Chez Weber comme chez Veblen, la rationalisation est le produit de forces impersonnelles dont la logique ne peut être appréhendée que *ex post*, à partir d'un certain rapport aux valeurs. Le concept même de rationalisation fait ainsi figure chez Weber *d'outil méthodologique nécessaire* pour étudier le capitalisme (Colliot-Thélène, 1990, 61). Chez Veblen, le concept de préconception factuelle est surdéterminé par une théorie des préconceptions qui est le produit d'une sélection des idées (*cf.* chapitre « L'historicisation de la théorie dans l'institutionnalisme américain et ses prolongements contemporains »). En ce sens, il s'agit là encore d'une nécessité épistémologique qui permet, *a posteriori*, de retracer l'évolution des institutions des sociétés occidentales.

– Rationalisme/traditionalisme (Weber) et préconceptions factuelles/animistes (Veblen)

En lien avec le point précédent, on peut repérer un isomorphisme entre, d'un côté, le couple rationalisme/traditionalisme chez Weber, et de l'autre, le couple préconceptions factuelles/animistes chez Veblen. Chez les deux auteurs, les concepts de rationalisme et de préconceptions factuelles expriment l'idée d'une tendance de la part des institutions à avoir évolué dans une certaine direction au cours de l'histoire. Le traditionalisme et les préconceptions animistes désignent à l'inverse tous les éléments constituant un frein au processus de rationalisation, éléments qui étaient initialement prépondérants dans toutes les sociétés humaines. On peut également trouver chez Veblen la même tension entre d'une part, une logique d'évolution et d'autre part, une dynamique d'évolution, que Philippe Raynaud (1996) a repéré chez Weber.

Des divergences substantives

– Évaluation normative du capitalisme et nature du processus de rationalisation

Si Weber et Veblen ont en commun de conceptualiser le mouvement de rationalisation comme étant un processus au cours duquel une certaine logique rationnelle surpasse une logique traditionnelle et archaïque, une analyse plus poussée montre que les deux auteurs ne fondent pas cette logique rationnelle sur les mêmes éléments. D'une certaine manière, la substance du processus de rationalisation chez les deux auteurs apparaît même comme antinomique. Du fait de l'importance accordée à la technologie en tant que facteur de sélection des institutions et des habitudes, la rationalisation chez Veblen a un contenu substantiel (et non *formel* comme chez Weber, *cf. infra*) dans le sens où elle se traduit par une modification « qualitative » de la manière de penser des individus. Dans des termes un peu schématiques, cela signifie que le processus de rationalisation apprend aux individus à penser « autrement », en réaction à la transformation de leur environnement. On peut ainsi dire que la rationalisation chez Veblen a une dimension *objective*, puisqu'elle modifie uniformément le comportement des individus qui y sont confrontés. Il apparaît clairement que l'interprétation que fait Weber de la rationalisation comme du capitalisme s'écarte assez nettement de l'analyse véblénienne. La divergence se situe surtout quant aux facteurs induisant la rationalisation. Là où Veblen fait de la technologie le moteur principal de ce processus, Weber relègue au contraire la technologie au rang des facteurs mineurs. De manière plus générale, Weber était très critique vis-à-vis de toute forme de déterminisme technologique et il se refusait même à parler de révolution industrielle (Swedberg, 1998). Comme déjà mentionné brièvement, c'est dans l'économie monétaire qu'il faut chercher l'origine de la rationalité formelle économique. Sur le plan économique, c'est avec l'apparition de la monnaie et de l'échange monétaire que le calcul économique a commencé à prendre une importance considérable dans la vie économique et que surtout, la poursuite du profit a pu être rationalisée. Le capitalisme rationnel est donc le produit de la rationalisation de la vie économique. Il apparaît donc que les éléments monétaires (ou pécuniaires), qui chez Veblen, vont à l'encontre du processus de rationalisation, en font au contraire partie intégrante chez Weber. Toutefois, comme on l'a indiqué, le processus de rationalisation chez Weber dépasse le seul cadre de la sphère monétaire. Ce mouvement de rationalisation, qui se déploie dans toutes les sphères d'action (économique donc, mais aussi politique et juridique), trouve ainsi son origine, non pas dans une rationalisation de la sphère des valeurs, mais *dans une prise de distance des individus par rapport à celles-ci*. De là, transparaît la dimension subjective et formelle du processus de rationalisation chez Weber : la rationalisation ne se traduit ainsi pas nécessairement de la même manière dans toutes les religions ou toutes les cultures. Il existe une pluralité des voies par laquelle se manifeste ce processus. On trouve donc dans l'analyse wébérienne une dualité entre, d'une part, une logique d'évolution qui met en avant une tendance *universelle* des sociétés (au travers de la religion) à se rationaliser, et d'autre part, une dynamique d'évolution qui conceptualise les multiples chemins par lesquels cette logique peut se réaliser.

Même si ce point peut paraître plus anecdotique, les deux auteurs ont également une évaluation normative du capitalisme et du processus de rationalisation qui diffère. Weber décrit le capitalisme et le processus de rationalisation qui l'a engendré comme une « cage d'acier ». Chez Weber, le capitalisme moderne représente l'aboutissement du processus de rationalisation, tant dans ses vertus que dans ses défauts[1]. À l'inverse, si Veblen développe une critique virulente à l'encontre la société capitaliste de son époque, on a pu voir en revanche qu'il perçoit de manière beaucoup plus favorable le processus de rationalisation. Veblen y voit notamment un moyen de dépasser le capitalisme pour évoluer vers un mode d'organisation économique alternatif.

---

1 Dans cette perspective, l'analyse du socialisme que propose Weber dans ses écrits politiques (par exemple, Weber, 1919) ou dans le deuxième chapitre d'*Économie et société* (Weber, 1922) est très intéressante : loin de permettre un dépassement de la réification induite par la rationalisation, Weber estime qu'un système socialiste, en faisant fusionner les bureaucraties politiques et économiques ne fera que renforcer la cage d'acier existant sous le capitalisme. En effet, outre les problèmes que poserait l'absence de prix du point de vue de la rationalité formelle, il persisterait la séparation des travailleurs avec leurs moyens de production, tandis que les entrepreneurs disparaîtraient, privant ainsi l'économie de sa source majeure de dynamisme. Le système serait alors régi par les rapports de force entre les groupes d'intérêt (voir aussi Swedberg, 1998, chap. 3).

– Éléments expliquant les divergences

On peut invoquer deux explications, qui sont d'ailleurs reliées entre elles, pouvant expliquer les divergences relevées précédemment : la manière dont les deux auteurs conceptualisent la notion de rationalité et les fondements philosophiques sur lesquels reposent leurs analyses respectives. Notons toutefois qu'au-delà de ces divergences, on retrouve bien chez les deux auteurs le double mouvement d'historicisation de la théorie et de théorisation de l'histoire que l'on s'est attaché à mettre en avant dans ce travail.

Une première explication dans les divergences constatées entre les analyses de Weber et Veblen réside dans le fait que ces deux auteurs n'appréhendent pas de la même manière le concept de rationalité[1]. Cette divergence, qui s'explique elle-même par les fondements philosophiques respectifs des travaux des deux auteurs, et parce qu'elle se traduit par deux théories de l'action différentes, permet de comprendre en partie pourquoi la rationalisation apparaît chez Veblen comme étant un processus *substantiel* et *objectif*, alors qu'il est plutôt d'ordre *formel* et *subjectif* chez Weber. La position de Weber concernant l'hypothèse de rationalité que l'on retrouve dans la théorie marginaliste est bien établie[2] : la loi de l'utilité marginale n'a pas à reposer sur un quelconque fondement, elle n'est qu'un exemple de l'application de la méthode de l'idéaltype. En d'autres termes, la théorie marginaliste repose sur une idéalisation du sens de l'action des individus dans une perspective de rationalité en finalité, elle n'a pas besoin de supposer qu'une telle action soit sous-tendue par un quelconque ressort psychologique. L'activité rationnelle a pour propriété d'être celle qui est la plus directement compréhensible, ce qui suffit à justifier son idéalisation sur le plan méthodologique (Weber, 1913, 334). Cela signifie que le modèle explicatif de la théorie de l'utilité marginale est valable indépendamment de toute considération psychologique. Cette position ne nie pas pour autant à la psychologie toute pertinence, mais elle a pour effet de réfuter tout réductionnisme

1 Voir sur ce point l'intéressante contribution de Kilpinen (2004). Nous suivons en partie son argumentation.

2 Weber l'expose plus particulièrement dans son article « Marginal Utility Theory and the « Fundamental Law of Psychophysics » », publié à l'origine en allemand en 1908 (Weber, 1908). On trouve également des analyses similaires dans son essai sur l'objectivité de la connaissance paru en 1904 (Weber, 1904).

psychologique. Cette position épistémologique fonde de manière plus générale l'ensemble de la typologie des formes d'activités sociales que Weber développe dans *Économie et société* (Weber, 1922, I, 55-57). Il faut comprendre cette typologie comme une gradation dans le degré de réflexivité par rapport aux intérêts idéels et matériels qui guident l'action humaine. Ainsi, tandis que les deux premières formes correspondent à des actions à peine significatives, les deux formes d'actions rationnelles sont le fait d'individus prenant un recul par rapport à leurs valeurs auxquelles ils attribuent consciemment une signification guidant leur action. La théorie de l'action wébérienne est ainsi, dans une logique kantienne, en partie fondée de manière *a priori*. Dans ce schéma, l'action rationnelle en finalité, parce qu'elle est la plus « significative », occupe une place heuristique privilégiée (Weber, 1922, I, 31-32). À partir de cette typologie, qui présuppose une *logique d'évolution*, Weber s'attache à comprendre la dynamique effective du processus de rationalisation. L'accroissement de la rationalité est donc étudié par comparaison avec un étalon de mesure qui n'est pas fondé empiriquement, mais qui est établi *a priori*, rejetant ainsi l'idée d'une rationalité se formant *au contact* des conditions matérielles d'existence. Si la rationalité est bien chez lui un concept historique, c'est dans le sens où *les actions humaines tendent à correspondre de plus en plus à l'idéaltype de l'action rationnelle en finalité.*

La position de Veblen concernant le concept de rationalité apparaît clairement dans deux de ses articles majeurs, « Why is Economics Not an Evolutionary Science? » (1898a) et « The Limitations of Marginal Utility » (1909). Veblen y rejette la théorie de l'utilité marginale, précisément sur des motifs psychologiques. La critique majeure qui y est formulée est que la théorie marginaliste traite l'individu non comme un agent, mais comme un réceptacle de pulsions et de stimuli, essentiellement de nature économique. Selon Veblen, cette conception passive de la nature humaine, outre qu'elle est démentie par les travaux en psychologie et en anthropologie, a pour défaut de ne s'intéresser qu'aux déterminants de l'action humaine, et non à l'action elle-même. Mais cette critique peut être transposée à la conception de la rationalité chez Weber qui, même si elle élargit les motifs pris en compte, ne s'intéresse elle aussi qu'aux déterminants de l'action (Kilpinen, 2004, 422). En fait, sans pour autant s'opposer radicalement à la conception de la rationalité humaine de Weber (qui n'est conceptualisée que dans une seule dimension : le degré de réflexivité des individus par rapport à leurs valeurs), il semble s'avérer que celle développée par Veblen s'inscrive dans une perspective bien plus large (Kilpinen, 2004). En d'autres termes, si la rationalité calculatoire, telle que l'utilitarisme la met en avant, existe, elle n'est qu'une dimension particulière du comportement humain. Construisant sa théorie de l'action sur les apports de la philosophie pragmatiste, on trouve chez Veblen l'idée que l'action est un processus continu n'ayant ni point de départ et ni point d'arrivée, et donc pas de déterminant isolable : on retrouve chez Veblen l'idée typiquement pragmatiste que le fondement de l'action est l'habitude, soit un mélange d'intention et d'habituation. L'habitude constitue alors à la fois le point de départ de l'action, mais aussi son résultat : elle est simultanément cause à et conséquence de l'action. Par conséquent, c'est dans l'interaction constante avec son environnement que l'individu construit sa rationalité, cette dernière n'étant pas seulement de type calculatoire, mais aussi d'ordre habituel. Cela signifie que chez Veblen, l'action habituelle (c'est-à-dire qui relève du suivi par les individus de leurs habitudes) s'inscrit dans le cadre du comportement rationnel, alors que, chez Weber, elle se voit précisément octroyer un degré de rationalité moins grand. Ainsi, la rationalité véblénienne est synonyme d'action humaine au sens pragmatiste : l'individu développe et suit des habitudes et des croyances dans le cadre de son action et pour agir. L'action est conçue de manière synchronique, ce qui signifie que la relation même des moyens aux fins, évidemment essentielle chez Weber, perd de son sens chez Veblen. Par conséquent, ce n'est pas dans la procédure du choix des moyens ou des fins que la rationalisation se manifeste (comme chez Weber), mais dans l'efficacité du comportement des individus pour s'adapter à l'environnement. On peut dès lors mieux comprendre les raisons pour lesquelles Veblen fait jouer à la technologie un si grand rôle dans la formation des habitudes de pensée des individus, et donc dans le processus de rationalisation : ce n'est qu'au travers du rapport constant entre « la matrice biologique » et la « matrice culturelle » (Renault, 1992) que s'élabore la nature humaine et qu'un mouvement de rationalisation peut se produire. Si les habitudes de pensée des individus se rationalisent, cela ne peut être qu'au travers d'une interaction perpétuelle avec l'environnement.

In fine, il semble que les divergences entre les analyses respectives de Veblen et de Weber du processus de rationalisation trouvent leur origine dans leurs supports philosophiques respectifs : le pragmatisme et le néo-kantisme. Sur le plan philosophique, le point de départ des deux auteurs est le même (Kilpinen, 2004), à savoir la tension existant entre la philosophie kantienne traditionnelle et les apports des points de vue évolutionnaires qui émergent à la fin du XIXe siècle et au début du XXe. Tandis que l'inspiration kantienne de Weber est évidente, Veblen a rédigé ses premiers écrits scientifiques sur la philosophie de Kant[1]. Mais tandis que Weber, immergé dans la philosophie idéaliste continentale dominante à la fin du XIXe siècle, est resté proche de l'inspiration kantienne, Veblen a lui subi l'influence de la philosophie pragmatiste, philosophie typiquement américaine. Tentant d'intégrer les apports philosophiques du darwinisme et radicalement anti-cartésien, le pragmatisme est souvent présenté comme une pensée faisant la médiation entre l'idéalisme kantien et hégélien et l'empirisme britannique. D'un point de vue économique, cela signifie que le pragmatisme se situe à mi-chemin entre l'idéalisme historiciste et le matérialisme marxiste (Hodgson, 2001, 289). Cette divergence philosophique a des répercussions tant sur le strict plan de la méthode que plus généralement, sur la manière d'aborder les phénomènes naturels et sociaux. À l'instar d'auteurs historicistes tels que Schmoller ou Sombart et dans une perspective idéaliste, Weber a ainsi surtout insisté sur les déterminants culturels (entendus au sens large) des phénomènes économiques et sociaux. L'importance que Weber confère à l'éthique économique des différentes religions dans le processus de rationalisation en est une illustration. Surtout, comme déjà indiqué, la perspective kantienne de Weber l'a amené à fonder des catégories a priori de l'action qui comportent en elles la logique d'un processus de rationalisation. En d'autres termes, l'épistémologie wébérienne a initié une théorie de l'action présupposant la potentialité d'un mouvement de rationalisation. Cela explique au moins en partie pourquoi l'analyse wébérienne des religions consiste essentiellement en une mise en avant des facteurs ayant permis ou, a contrario, empêché la réalisation du processus. Dans la mesure où la rationalisation est définie comme une prise de recul des individus par rapport aux valeurs, il n'est pas étonnant que Weber ait essentiellement situé la dynamique d'évolution de ce processus au niveau « idéel ».

---

1 *Cf.* notamment Veblen (1884). Dans cet article, Veblen essaye de proposer une solution à la tension qu'il repère entre l'idée de nécessité et de déterminisme qui apparaîtrait dans la *Critique de la raison pure* et l'idée de liberté qui apparaîtrait dans la *Critique de la raison pratique*.

La première conséquence de l'adoption par Veblen des principes pragmatistes est le rejet du dualisme ontologique et méthodologique qui caractérise la philosophie kantienne. La philosophie pragmatiste, produit à la fois de la révolution darwinienne et du développement des sciences expérimentales, peut en effet se caractériser comme une critique des philosophies idéalistes qui, d'une manière ou d'une autre, postulent une séparation entre le corps et l'esprit. Le pragmatisme rejette précisément ce dualisme, aussi bien du point de vue de la théorie de la connaissance que de celui de la théorie de l'action humaine. Ainsi, tandis que Weber (1904) s'appuie sur la démarcation entre sciences de la nature et sciences de la culture, Veblen introduit implicitement l'idée qu'il y a une continuité, méthodologique autant qu'ontologique, entre le monde naturel et le monde culturel. Sur le plan méthodologique, on ne trouve pas trace dans les écrits de Veblen de l'idée que les sciences sociales devraient développer une méthode spécifique par rapport aux sciences de la nature. Au contraire, ses écrits sur l'évolution de la science (Veblen, 1906a et 1908) ou de nature épistémologique (Veblen, 1898a) mettent l'économie sur le même plan que les sciences de la nature. Veblen suit en cela clairement Peirce qui, bien qu'ayant une bonne connaissance de la théorie économique, n'a pas estimé nécessaire de développer des considérations spécifiques pour les sciences sociales. Le modèle pragmatiste de l'enquête scientifique, caractérisé notamment par l'enchaînement de trois inférences (abduction, déduction et induction), s'applique ainsi à toutes les sciences. Cette continuité méthodologique est elle-même la conséquence d'une continuité ontologique. Ainsi, fortement influencée par les sciences expérimentales en plein développement à la fin du XIXe siècle, la philosophie pragmatiste considère que la méthode scientifique part d'un postulat – ontologique – fondamental : « Il existe des réalités dont les caractères sont absolument indépendants des idées que nous pouvons en avoir. Ces réalités affectent nos sens suivant certaines lois, et bien que nos relations soient aussi variées que nos relations avec les choses, en nous appuyant sur les lois de la perception, nous pouvons connaître avec certitude, en nous aidant du raisonnement, comment les choses sont réellement ; et tous les hommes, pourvu qu'ils aient une expérience suffisante et qu'ils raisonnent suffisamment sur ses données, seront conduits à une seule et véritable conclusion » (Peirce, 1984, 282). Le pragmatisme repose donc sur un réalisme ontologique qui conduit à établir une continuité entre « le mécanique et l'organique » (Kilpinen, 1999). La dernière caractéristique clé du pragmatisme est de développer un isomorphisme entre la théorie de la connaissance et la théorie de l'action : les éléments définissant l'enquête scientifique (continuité entre nature et culture, conception large du nombre d'inférences entrant en jeu, rôle des croyances et habitudes) peuvent être généralisés pour le comportement humain dans sa globalité : dans la perspective pragmatiste développée par des auteurs comme Peirce ou Dewey, l'individu est appréhendé au travers d'une conception activiste de l'esprit humain et comme s'appuyant en permanence sur des habitudes lui permettant d'agir dans un monde ontologiquement incertain. Sur un plan ontologique, ces éléments débouchent chez Veblen sur l'élaboration d'une théorie du comportement économique dont on a rendu compte dans le chapitre « La dimension évolutionnaire de l'institutionnalisme historique ».

LA SPÉCIFICITÉ DU CAPITALISME CHEZ COMMONS ET POLANYI

John R. Commons et Karl Polanyi ont également chacun proposé une analyse de l'émergence et de la spécificité du système capitaliste. Les analyses respectives des deux auteurs divergent assez sensiblement tant sur les facteurs mis en avant que sur l'évaluation normative du capitalisme et de l'économie de marché. Elles se rejoignent en revanche sur le fait de faire du capitalisme le résultat d'un processus de sélection artificielle dans lequel certaines institutions ont directement contribué à faire émerger un système capitaliste. Commons insiste sur l'importance de la jurisprudence de la cour suprême américaine, tandis que Polanyi met en avant l'institutionnalisation de marchandises fictives et le contre-mouvement qu'elle a engendré.

COMMONS ET LES FONDEMENTS LÉGAUX DU CAPITALISME

Dans son ouvrage *Legal Foundations of Capitalism* (1924), Commons produit une explication théorique et historique de l'émergence du capitalisme. L'analyse de Commons se focalise sur les facteurs juridiques, et plus particulièrement sur le rôle de la Cour suprême américaine dans la redéfinition des concepts de propriété et liberté. Il en découle une caractérisation du capitalisme comme un système ayant mis en place une nouvelle structure juridique satisfaisant à un nouveau contexte économique. Commons propose alors incidemment une forme de théorie des stades retraçant le passage au capitalisme, mais aussi l'évolution du capitalisme lui-même.

La thèse de Legal Foundations of Capitalism (Commons, 1924)

Legal Foundations of Capitalism propose une analyse théorique et historique de la transition du système féodal au système capitaliste, basée sur l'évolution de certains concepts juridiques majeurs : les notions de liberté, propriété et de la sécurité juridique (due process of law). Commons montre en effet que cette évolution a permis l'apparition d'une nouvelle structure juridique indispensable au développement des échanges économiques fondés sur un mode capitaliste. Ce faisant, Commons souligne la contingence du système capitaliste à un certain environnement juridique.

– Une redéfinition des notions de liberté, de propriété et de sécurité juridique

Commons (1924; 1934) considère qu'entre 1872 et 1897, la Cour suprême aux États-Unis va progressivement procéder à une redéfinition au travers de plusieurs arrêts des notions juridiques de liberté, propriété et sécurité juridique. L'implication majeure de ces redéfinitions va être la reconnaissance de l'idée de « pouvoir économique », ainsi que la limitation des pouvoirs d'intervention arbitraire détenus par le pouvoir politique dans les affaires économiques.

Commons estime qu'à l'origine, les concepts de liberté et de propriété reposaient sur la seule valeur d'usage. La liberté était définie comme le fait de ne pas être placé en situation d'esclavage ou de servitude. Dans cette perspective, la coercition ne pouvait être que d'ordre physique et politique. Mais, à partir de plusieurs affaires de contestation de la légalité de positions économiques dominantes, et se fondant sur la définition de la propriété par Adam Smith, la Cour suprême a modifié le sens des notions de liberté et de propriété en les faisant reposer sur la valeur d'échange. Dès lors, la coercition a pu également être d'ordre économique : le fait de ne pas avoir le choix dans les biens à acheter, par exemple, est une violation de la liberté. Dans cette optique, le monopole est alors considéré comme contraire à la liberté (Commons, 1924, 14). Dans la conception juridique fondée sur la valeur d'usage, la propriété et la liberté consistent dans le droit de posséder *physiquement* un objet et pouvoir en faire un usage quelconque (dans certaines limites). À l'inverse, Commons indique que le passage au paradigme de la valeur d'échange va radicalement transformer la conception de la liberté et de la propriété. Notamment, on passe à une conception de la propriété définie comme *le pouvoir attendu de la possession de ces choses* (Commons, 1924, 16) : la valeur de la propriété d'un objet ou d'un actif n'est alors plus évaluée de manière intrinsèque, mais en fonction du montant dont on peut escompter qu'elle rapportera lors d'un échange sur le marché. De la même manière, la liberté dans l'optique de la valeur d'échange est redéfinie comme la possibilité de jouir de sa valeur par l'intermédiaire de transactions de marchandage. La notion de sécurité (*due process of law*) est elle-même issue de cette évolution. Une fois la transition effectuée, cela a signifié que les possessions d'une propriété physique pouvaient être prises à son propriétaire pour l'intérêt public à la condition qu'une valeur équivalente lui soit payée, de façon à ce que les actifs du propriétaire ne soient pas réduits. Surtout, la détermination de la juste compensation ne dépend plus du pouvoir législatif, mais du pouvoir judiciaire. Autrement dit : « La valeur d'échange de la propriété peut être prise à ses propriétaires par le pouvoir politique, mais uniquement si ces derniers conservent suffisamment de pouvoir de négociation pour maintenir la même valeur d'échange, point sur lequel les cours fédérales ont dorénavant veillé » (Commons, 1924, 17, notre traduction).

L'élargissement de la notion de propriété s'est par ailleurs accompagné d'un élargissement de la notion de droits de propriété : ce n'est plus seulement le droit d'acheter, de vendre et d'utiliser une chose physique ; c'est dorénavant le droit d'acheter et de vendre la valeur d'échange d'une chose. Selon Commons, l'évolution juridique de la notion de propriété a vu ainsi la reconnaissance de trois formes de propriété sur lesquelles puissent être apposés des droits. Outre la propriété corporelle et matérielle, qui existait déjà dans le paradigme de la valeur d'usage, deux nouvelles formes de propriété vont être reconnues : la propriété intangible (l'ensemble des dettes et des actifs détenus par un agent ou une organisation) et la propriété incorporelle (droits d'auteurs, marques, brevets, la réputation, le droit d'accès au marché, etc.) (Commons, 1924, 158-159). L'économiste cite notamment le cas d'espèce de l'arrêt rendu en 1897 par la Cour suprême au sujet de *l'Adams Express Company* basée en Ohio. Cet arrêt consacre l'idée qu'une entreprise doit être évaluée non seulement par rapport à ses propriétés corporelles et intangibles, mais aussi en fonction de ses propriétés incorporelles. Dès lors, la valeur d'une entreprise ne doit plus s'appréhender sur le plan légal, mais sur le plan économique (Commons, 1934, 55). La Cour reproduira la même logique en 1920 dans une affaire concernant la *United States Steel Company.* Selon Commons, cette évolution appelle à une adaptation de l'économie politique, laquelle doit alors adopter la perspective institutionnelle dont Commons se fait le défenseur (Commons, 1934, 55).

– Origine et conséquence de cette redéfinition

Commons ne précise pas véritablement les causes sous-jacentes à l'évolution du contexte juridique, et particulièrement à la redéfinition des notions de liberté et de propriété. Dans le cadre de l'économie institutionnelle que développe Commons, il s'agit typiquement d'un processus de *sélection artificielle* par lequel les tribunaux ont progressivement sélectionné certaines règles en fonction du critère de la valeur raisonnable. Les critères de sélection ayant donné lieu à l'émergence d'une nouvelle définition de la propriété et de la liberté ne sont pas clairement explicités par Commons. Ce dernier souligne toutefois l'importance rétrospective dans les pays anglo-saxons de l'*Act of Settlement* pris en 1700 en Angleterre (Commons, 1924, 50 et suiv.). Ce texte vient résoudre la contradiction existant entre les deux sens du mot « liberté » qui a prévalu tout au long du XVIIe siècle : la liberté au sens de « *freedom* » et la liberté au sens de « *liberty* » (Commons, 1924, 50). La résolution de cette tension réside dans la distinction entre le pouvoir économique et le pouvoir physique : dans les deux cas, de manière ultime, les deux types de pouvoir reposent sur la force physique de la souveraineté qui protège le monopole ou la situation. Mais, dans le cas du pouvoir physique, la protection consiste en une prohibition directe de la compétition, tandis que dans le cas du pouvoir économique la protection de la souveraineté protège uniquement la propriété.

La principale conséquence de l'*Act of Settlement* est de venir limiter le pouvoir discrétionnaire du Roi et constitue, de ce point de vue, la naissance du concept de sécurité juridique. Commons en fait l'origine du système capitaliste moderne (Commons, 1924, 106). C'est à ce moment, selon Commons, qu'apparaissent les transactions « autorisées » et les transactions « autorisantes ». Selon l'économiste américain, tous les droits et devoirs sont relatifs les uns aux autres. Le maintien de ces droits et devoirs est subordonné à l'existence d'une troisième partie raisonnable, agissant en conformité avec les règles prévalentes, et qui a pour charge de faire en sorte que chaque partie respecte ses droits et devoirs. À « l'état de nature », une telle autorité n'existe pas. Les droits et devoirs sont absolus dans le sens hobbésien, dans la mesure où rien ne vient les limiter. Les transactions sont alors « naturelles », dans le sens où aucune régulation éthique et juridique n'intervient. Un premier pas dans la résolution de cette situation est effectué à partir du moment où une partie croit à l'intervention possible d'un supérieur en fonction de règles prédictibles. Selon Commons, les notions de droit naturel et de droit divin ont amorcé cette transition. Dans ce cas, les transactions sont des transactions éthiques non-autorisées. Elles ont pour principale faiblesse d'être fortement subjectives, de sorte qu'un problème de coordination peut émerger. Pour sortir de cette situation d'anarchie, la corrélation des espoirs et des peurs est du ressort d'une troisième partie qui doit se personnaliser : il s'agit de la nécessité sociale des juges, des chefs, rois, despotes, gouverneurs, managers, etc. C'est de cette manière qu'apparaissent des transactions autorisées (Commons, 1924, 87). Ces transactions autorisées correspondent au schéma de la transaction de marchandage décrit dans le chapitre « Une analyse en termes d'économie substantive » : elles consistent dans la relation entre au minimum une paire d'acheteurs et une paire de vendeurs, laquelle est « supervisée » par une tierce partie chargée d'arbitrer en cas de survenance d'un conflit. L'existence de cette tierce partie est susceptible, en vertu du principe de futurité, de garantir la sécurité des anticipations des participants à l'échange et donc de favoriser le développement de l'activité économique.

Toutefois, pour que les transactions autorisées puissent être effectives, il est nécessaire que les pouvoirs de l'autorité souveraine sur ses sujets soient limités. Commons (1924, 103) remarque qu'en pratique, ce pouvoir a toujours été limité : d'une part, par l'incapacité physique d'un souverain et de son armée à contrôler la totalité d'un territoire et d'autre part, par des considérations éthiques. Toutefois, ce n'est qu'à partir du XVIIIe siècle et l'*Act of Settlement* en Angleterre que le pouvoir discrétionnaire devient limité de manière officielle. Cet acte a notamment séparé la personne du Roi en deux : d'une part le souverain, d'autre part le citoyen, certes privilégié, mais ayant les mêmes droits et libertés que les autres citoyens (Commons, 1924, 104, notre traduction). Selon Commons, des notions telles que celle de responsabilité officielle vont apparaître en Angleterre et aux États-Unis et avec elles, la possibilité pour les juges de limiter les prérogatives du pouvoir législatif. Au travers de ce processus, les citoyens ont ainsi acquis une part – limitée – de souveraineté. De cette évolution vont apparaître les transactions dites « autorisantes » (*authoritative transactions*). À la différence des transactions autorisées, une fois conclues, les transactions autorisantes ne sont plus soumises à négociation. Il n'y a pas de marchandage entre les citoyens et les officiels[1], l'aspect psychologique de la transaction repose uniquement sur la commande et l'obéissance, tandis que dans les transactions autorisées, l'aspect psychologique relève en partie de la commande et de l'obéissance, en partie de la persuasion et de la coercition économique (Commons, 1924). Les transactions autorisantes sont donc l'ensemble des transactions de direction et de répartition ; elles permettent d'assurer la sécurité des anticipations.

À la consécration d'une autorité souveraine au pouvoir discrétionnaire limité correspond l'apparition de deux types de pouvoirs dont Commons considère qu'ils sont aux fondements du capitalisme (Commons, 1924, 109 et suiv.) : les pouvoirs de réparation (*remedial powers*) et les pouvoirs de création (*substantive powers*). Les pouvoirs de réparation consistent dans la possibilité pour tout individu dont les droits ont été violés de demander réparation auprès de l'autorité souveraine. Par exemple, dans le cas du non paiement d'une dette, le créancier va alors devant la cour et il s'engage une transaction autorisante visant à s'assurer de la performance ou de la réparation de la part du débiteur. Avant que le créancier ne mette en œuvre son « droit d'action », il détient un droit potentiel, une capacité à agir. L'autre partie a donc un devoir potentiel.

1 Commons ne nie pas l'existence d'un processus de marchandage lors des négociations entre les pouvoirs publics et les agents économiques. L'économiste américain évoque le *lobbying*, le *log rolling* ou encore la corruption. Mais c'est précisément pour limiter cette forme de marchandage que sera consacré le principe de sécurité juridique.

Le pouvoir substantif est quant à lui le pouvoir de réaliser sa volonté et sa liberté, et ainsi de créer de nouveaux droits et devoirs. C'est de la consécration de ces deux formes de pouvoirs que le capitalisme tient son expansion (Commons, 1924, 121).

– Le capitalisme et sa structure juridique

La thèse développée par Commons consiste donc à souligner l'importance de l'évolution de la structure juridique dans l'émergence du capitalisme. On peut remarquer que les propos de Commons et ceux de Weber sur cette question sont très proches : on a ainsi souligné l'importance que donne Max Weber à la rationalisation du droit, dans le sens d'un accroissement de la calculabilité et de la prévisibilité du droit et de son application. De la même manière, *via* son concept de futurité, Commons souligne l'importance de la prévisibilité du comportement tant des participants à l'échange que des agents chargés d'encadrer l'échange. L'évolution des définitions de notion de propriété et de liberté, qui trouve elle-même son origine dans la limitation des pouvoirs du souverain et la reconnaissance des pouvoirs du juge, a contribué à favoriser l'activité économique au travers de la consécration juridique de la valeur d'échange. Commons et Weber divergent en revanche sur la forme juridique qui est mise au centre du capitalisme : comme on l'a indiqué dans la section précédente, Weber voyait dans le droit codifié l'aboutissement du processus de rationalisation juridique. À l'inverse, au travers du rôle du juge et de la jurisprudence de la Cour suprême, Commons fait de la *common law* le facteur permissif majeur dans l'émergence du capitalisme.

Par ailleurs, on peut relever que, à l'instar de Weber, Commons fait de l'apparition de l'entreprise un des points de départ à l'émergence du capitalisme. Mais Commons va plus loin que Weber en soulignant l'importance de la reconnaissance juridique de l'entreprise. Ici encore, la rupture fondamentale se situe dans l'élargissement de la définition de la notion de propriété. En passant du paradigme de la valeur d'usage à celui de la valeur d'échange, la Cour suprême a incidemment reconnu le caractère fondamentalement dual de l'entreprise capitaliste. Commons considère en effet que le *going concern* qu'est l'entreprise a dès lors pu être décomposé en deux éléments (Commons, 1924 ; 1934) : le *going plant* et le *going business*. Le *going plant* est l'organisation productive de l'entreprise qui est orientée vers la valeur d'usage ; le *going business* est l'organisation commerciale orientée vers la valeur d'échange (Commons, 1924, 22). Ce n'est qu'une fois la propriété incorporelle reconnue que la firme capitaliste a pu apparaître : l'organisation productive est dès lors devenue dépendante de l'organisation commerciale[1].

Une théorie de l'émergence et de l'évolution du capitalisme

Commons décrit dans *Legal Foundations of Capitalism* les différentes étapes du processus ayant conduit à l'émergence du capitalisme. De manière générale, l'économiste américain propose une théorie des stades économiques qui est élaborée par le biais des concepts de l'économie institutionnelle.

– *Rent bargain*, *price bargain* et *wage bargain*

Commons (1924) propose une périodisation retraçant l'émergence et l'évolution du capitalisme fondée sur la nature des transactions dominantes dans l'économie à un moment donné. Plus précisément, l'économiste américain procède à une distinction des différents systèmes économiques suivant le type de négociations (de transactions de répartition) passé entre l'autorité souveraine et les individus. Commons distingue ainsi la période dominée par le *rent bargain*, celle dominée par le *price bargain* et enfin celle centrée sur la *wage bargain*.

Le « marchandage de la rente » (*rent bargain*) est présenté par Commons comme typique du système féodal. Le féodalisme est dominé par le paradigme de la valeur d'usage : « [l]e fait dominant du féodalisme et du marchandage de rente était la valeur d'usage, pas la valeur d'échange » (Commons, 1924, 216, notre traduction). Par ailleurs, dans le cadre de ce système, propriété et souveraineté sont confondues. Ainsi, il n'existe non seulement pas à proprement parler de marchés à partir desquels la valeur

1 On retrouve donc chez Commons la même dichotomie que chez Veblen entre la dimension industrielle et la dimension commerciale. Cependant, le point de vue normatif des deux auteurs diffère de manière notable. Si Veblen condamne de manière absolue l'orientation commerciale de l'activité productive, Commons adopte un regard plus neutre, soulignant uniquement l'importance de la possibilité d'un arbitrage entre les deux fonctions suivant le principe de la valeur raisonnable.

d'échange des biens peut être évaluée et échangée, mais de plus les divers biens, et notamment les terres, sont de fait la propriété du souverain. Dès lors, en l'absence de marché et de réels droits de propriété déconnectés de l'entité souveraine, l'allocation des ressources ne peut se faire par le biais de l'échange marchand *via* la fixation de prix librement négociés. Selon Commons, elle se faisait par le biais de l'octroi par le souverain de « prérogatives » à certains de ses sujets. Ce pouvoir se manifestait en partie par les privilèges et les immunités que le souverain accordait à certains de ses sujets, en partie par le pouvoir qu'il exerçait sur ses sujets. Le souverain accordait des privilèges essentiellement de deux manières : donation de terres et donation de « franchises » ou de libertés sur le marché. Les prérogatives économiques qu'il gardait en sa possession étaient le contrôle des taxes et le contrôle de la monnaie. Les sujets ne possédaient quant à eux aucun droit susceptible d'être mis en application, et ne pouvaient compter que sur les *promesses* du souverain. Selon Commons, le marchandage de la rente prenait une tournure duale, s'articulant d'un côté autour des rentes octroyées par le souverain à certains individus ou groupes d'individus sous forme d'accès réservé à certains marchés ou certaines terres et, d'un autre côté, autour de la définition et de la collecte des taxes, pouvant là encore être déterminées de manière discriminatoire. Ce marchandage de la rente est donc très proche de la définition wébérienne du capitalisme politique présentée dans la section précédente.

Toutefois, le développement de la monnaie à cours légal ainsi que l'apparition de la propriété privée de la terre au XVIIe siècle vont conduire, selon Commons, à une transformation en profondeur du régime féodal. La séparation entre propriété et souveraineté va notamment doter les individus de droits valables indépendamment de la volonté du souverain (Commons, 1924, 220). Officiellement, en Angleterre, le Roi restait propriétaire des terres. Mais dans les faits, la transformation de la rente en taxe monétaire fixe a eu pour effet de faire des sujets les véritables propriétaires. La propriété privée a eu ainsi pour effet de diminuer progressivement l'importance du marchandage de la rente pour rendre possible un véritable mécanisme d'allocation marchande, que Commons qualifie de « marchandage par les prix » (*price bargain*).

Le marchandage par les prix marque l'émergence du capitalisme, dès le XVIe siècle, alors même que le système féodal est encore en place. Commons (1924) souligne à cette époque le rôle des guildes marchandes dans la mise en place de ce qu'il qualifie un « capitalisme défensif ». Les guildes constituaient des formes de gouvernement privé doté d'un pouvoir de définition et de mise en application de règles au travers de transactions de répartition. Leur pouvoir s'est progressivement accru en même temps que le marché prenait de l'importance dans l'organisation économique : « Leurs privilèges défensifs sont devenus des privilèges exclusifs au fur et à mesure que les marchés et le commerce se développaient au détriment des activités militaires et agricoles et qu'un nombre croissant d'individus ont vu leur vie dépendre de l'achat et de la vente et non plus de la soumission et de l'obéissance » (Commons, 1924, 226, notre traduction). Commons remarque que le système des guildes va très rapidement décliner, dès le début du XVIIe siècle en Angleterre, tandis qu'il va perdurer en Allemagne jusqu'au XIXe siècle. Le fait que le capitalisme ait d'abord émergé en Angleterre, mais seulement très tardivement en Allemagne n'est pas, du point de vue de l'économiste américain, une coïncidence : en abolissant le pouvoir politique des guildes marchandes au profit d'un seul et unique gouvernement, le système de la *common law* anglo-saxonne a favorisé l'émergence d'un capitalisme « offensif », tout du moins une fois que les pouvoirs du souverain lui-même ont été également limités[1]. De ce point de vue, Commons (1924) considère d'ailleurs que ce sont les États-Unis, et non l'Angleterre, à avoir été les premiers à subordonner les pouvoirs législatif et exécutif au pouvoir judiciaire en faisant de la Cour suprême l'interprète ultime de la constitution dès 1787. L'autre élément décisif durant cette période allant du début du XVIIe siècle à la fin du XIXe a été la reconnaissance progressive de la propriété intangible et incorporelle (Commons, 1924 ; 1934). La reconnaissance de la propriété intangible a induit un élément nouveau : la possibilité de s'acquitter de ses dettes et donc le rejet de l'idée de la dette perpétuelle. Il s'agit là pour Commons d'une étape fondamentale dans l'émergence du capitalisme dans la mesure où elle va d'une part, conduire à l'abolition de l'esclavage et au développement du travail libre et d'autre part, permettre le développement des transactions

1 Ce que Commons nomme le « capitalisme défensif » n'est donc qu'une forme particulière de capitalisme politique au sens de Weber. Les caractérisations respectives du capitalisme rationnel chez Weber et du capitalisme offensif chez Commons sont, de la même façon, très proches : elles renvoient à un système où l'autorité politique ne joue aucun rôle actif dans l'allocation des ressources sur le marché. C'est bien l'existence d'un marché « libre » qui, chez Weber comme chez Commons, caractérise le système capitaliste.

de marchandage. L'apparition de la propriété incorporelle coïncide avec la consécration, d'abord informelle, puis formelle, du paradigme de la valeur d'échange. Enfin, l'apparition d'une monnaie fiable et dont la valeur puisse être anticipée constitue le troisième facteur décisif dans le développement du marchandage par les prix. Ici encore, ce n'est que dans la mesure où les pouvoirs du souverain ont été strictement limités qu'il est devenu possible aux individus de former des anticipations relativement sûres sur la monnaie. Commons met notamment en avant l'importance des anticipations et l'importance de la stabilité monétaire dans une économie de crédits, économie qui repose sur des promesses de paiements et sur la confiance.

La dernière étape dans le développement du capitalisme moderne est celle de l'industrialisme, marquée par l'émergence du « marchandage salarial » (*wage bargain*). Le développement de ce type de marchandage est d'une certaine manière la conséquence logique faisant suite à l'apparition du travail libre. Toutefois, Commons insiste sur la spécificité du contrat de travail et de la nature de l'échange qui le sous-tend. Dans la mesure où le travailleur peut quitter son travail à n'importe quel moment sans être sanctionné, et que l'employeur peut renvoyer le travailleur sans être sanctionné, Commons estime que le contrat de travail n'est pas un véritable contrat, mais un renouvellement continu et tacite de la relation (Commons, 1924, 286). Commons localise l'émergence du *wage bargain* avant tout dans l'évolution des coutumes qui se sont ensuite concrétisées dans la jurisprudence. De ce point de vue, Commons estime que deux grands changements économiques ont aidé à l'apparition de coutumes caractéristiques de l'industrialisme : « le passage de l'agriculture au commerce, et le passage d'une activité industrielle isolée à une activité industrielle collective » (Commons, 1924, 302, notre traduction). La spécificité essentielle de la relation de travail réside dans le fait que les travailleurs demandent une protection contre le pouvoir économique de leur employeur, élément absent de la relation marchande classique. Ainsi, l'une des spécificités les plus saillantes est le fait que ces coutumes ont émergé à partir d'une situation d'insécurité du travail, dans le sens d'une part, que l'offre d'emploi (la demande de travail) est limitée, et d'autre part, que cette offre est contrôlée par les capitalistes. Par un processus de sélection artificielle, des règles encadrant la relation de travail ont progressivement été établies, instaurant ainsi une forme particulière de capitalisme industriel où le « marché » du travail est soumis à une régulation différente de celle des autres marchés.

– Une théorie des stades économiques

Commons (1924, 313 et suiv.) indique ainsi que le système anglo-américain est passé par trois stades d'évolution : agricole, commercial et industriel. Chaque stade se déroule en une évolution de coutumes et la formulation des coutumes en des *working rules* par le gouvernement :

- le stade agricole : repose sur des relations entre seigneurs et serfs et les transactions déterminent le *rent-bargain* du système féodal ;
- le stade commercial : repose sur des relations de créanciers/débiteurs et les transactions déterminent le *price-bargain* ;
- le stade industriel : repose sur les relations employeurs/employés, et les transactions déterminent le *wage-bargain* et le système des salaires.

Du *rent-bargain*, il a été développé, au niveau autorisant, le système de gouvernement constitutionnel (ou souveraineté), et au niveau autorisé, l'institution de la propriété tangible et l'égalité et la liberté personnelle des propriétaires. Du *price-bargain*, il a été développé le système de banque et de financement, avec ses institutions de propriété incorporelle et intangible et son égale liberté de contrat. Du *wage-bargain*, il a été développé, au niveau autorisant, un système de gouvernement industriel, et au niveau autorisé l'institution du travail dans l'industrie avec la liberté des contrats. Dans *Institutional Economics*, Commons (1934, 766 et suiv.) développe une théorie des stades plus élaborée qui articule des stades industriels et des stades économiques. Les stades industriels renvoient à l'état de la technologie et des arts industriels, tandis que les stades économiques portent sur l'état des institutions : « Les stades historiques peuvent être classés en deux catégories, industrielle et économique. Ces deux ensembles sont inséparables et nous sommes dans l'obligation de les faire se chevaucher, mais les stades industriels renvoient aux changements technologiques, correspondant à l'interprétation matérialiste de l'histoire de Marx et de ses élèves. Les stades économiques désignent les changements dans les institutions et l'on peut de manière générale en distinguer trois : les stades de la Rareté, de l'Abondance et de la Stabilité » (Commons, 1934, 766, notre traduction).

Sur le plan industriel, Commons distingue trois étapes dans le cadre du système capitaliste : le capitalisme marchand, le capitalisme industriel (*Employer Capitalism*) et le capitalisme banquier. Comme l'indique Commons, ce dernier stade désigne l'importance prise par les banques au travers du système de crédit (Commons, 1934, 766).

Sur le plan économique, Commons distingue le stade de la rareté, le stade de l'abondance et enfin celui de la stabilité : « En prenant un point de vue historique, nous distinguons trois stades économiques correspondants : une période de rareté précédant la « révolution industrielle », cette dernière démarrant au XVIIIe siècle et se poursuivant aujourd'hui à un rythme accéléré au travers de l'action collective ; une période d'abondance avec sa succession de phases de sous- et de surproduction, accompagnant la révolution industrielle ; et enfin une période de stabilisation, commençant avec les actions concertées des capitalistes et des travailleurs au XIXe siècle, ainsi qu'avec l'égalisation des conditions de concurrence, la politique du « vivre et laisser vivre » développée au XXe siècle aux États-Unis » (Commons, 1934, 773, notre traduction). Autrement dit, la période de rareté et la période d'abondance sont respectivement antérieures et postérieures à la révolution industrielle. Le cadre institutionnel a du évoluer en fonction des potentialités technologiques. Commons considère que la période d'abondance s'est traduite par d'importantes fluctuations économiques qui n'ont été neutralisées qu'avec l'émergence du capitalisme industriel, où par le biais d'un processus de négociation entre travailleurs, employeurs et pouvoirs publics, des règles « raisonnables » ont pu être fixées pour permettre la coopération au sein de l'économie.

Il est intéressant ici de terminer en mettant en perspective la conception du capitalisme que développe Commons, notamment dans sa période de stabilité, avec celle que propose Veblen et que l'on a examinée dans la section précédente. On a montré précédemment que Veblen dresse une opposition radicale entre les institutions industrielles et les institutions pécuniaires et fait de cette opposition la caractéristique majeure du capitalisme au XXe siècle. La distinction entre « affaires » et « industrie » se retrouve également chez Commons à tous les niveaux. Comme on l'a vu, Commons estime notamment que l'entreprise capitaliste se sépare entre un domaine productif orienté par la valeur d'usage (le *going plant*) et un domaine commercial orienté par la valeur d'échange (le *going business*). Mais au contraire de Veblen, Commons refuse d'opposer de manière systématique ces deux dimensions inhérentes au capitalisme. Au contraire, le stade de la stabilité a pu être atteint *grâce* à une conciliation entre les deux sphères par le biais de la *common law* (Commons, 1934, 284). Notamment, Commons (1934, 672-673) atténue considérablement l'opposition véblénienne entre travailleurs et capitalistes ou entre institutions industrielles et institutions pécuniaires, en considérant que tous les individus sont susceptibles de mettre en place des actions pécuniaires. Il s'agit d'ailleurs de l'un des rares endroits où Commons se montre explicitement critique envers l'œuvre de Veblen (Commons, 1934, 673). Si Commons se montrera à son tour critique envers le « capitalisme banquier », ce sera pour une raison différente : le pouvoir économique excessif détenu par les banques.

POLANYI ET LA « GRANDE TRANSFORMATION »

Comme Weber, Veblen et Commons, Karl Polanyi propose dans son œuvre une analyse théorique et une interprétation historique à la fois des mécanismes et du *sens* de l'émergence du système capitaliste en Occident, essentiellement à compter du XIXe siècle. C'est essentiellement dans *La Grande Transformation* que Polanyi (1944) développe un récit, fondé sur des éléments historiques soigneusement choisis, de la naissance de l'utopie destructrice de la société de marché et des désordres économiques et sociaux qu'elle a engendrés. En toile de fond, c'est donc à une véritable analyse de la spécificité historique de la société de marché à laquelle Polanyi procède et il n'est pas inintéressant de la mettre en parallèle avec celles développées par les auteurs abordés précédemment.

La thèse de La Grande Transformation

Le récit de Polanyi s'appuie de manière extensive sur le cadre analytique présenté dans les chapitres « L'historicisation de la théorie dans l'institutionnalisme américain et ses prolongements contemporains » et « Une analyse en termes d'économie substantive ». On suivra ici la démarche de Polanyi : on caractérisera dans un premier temps ce que l'économiste hongrois désigne sous le terme de « société de marché ».

Puis on s'intéressera au processus par lequel elle a émergé pour enfin indiquer les raisons pour lesquelles, selon Polanyi, il s'agissait d'une utopie vouée à engendrer des catastrophes économiques et sociales.

– La société de marché et ses institutions

Polanyi ouvre son ouvrage de 1944 par une caractérisation de la civilisation du XIXe siècle dont il s'agit de restituer l'émergence puis l'effondrement. Cette civilisation est fondée sur quatre institutions : l'équilibre des grandes puissances, l'étalon-or international, le marché autorégulateur et l'État libéral. Selon Polanyi, le cœur de cette civilisation, la matrice du système, est le marché autorégulateur. L'étalon-or et l'équilibre des puissances étaient indispensables pour permettre une extension de ce marché en dehors des frontières nationales. L'État libéral est quant à lui l'entité par laquelle ont été *artificiellement* institués les principes de la société de marché.

Quel est le projet de cette société de marché ? Selon Polanyi (1944, 106), il est de « subordonner aux lois du marché la substance de la société elle-même », en d'autres termes de soumettre toutes les composantes de la société aux contraintes issues du mécanisme prix/offre/demande caractérisant le marché libre, y compris ses éléments les plus fondamentaux : la terre, le travail et la monnaie. Ce projet va se développer et se maintenir pendant près d'un siècle, entre 1815 et 1914, où, selon Polanyi, on va assister à la conjonction de deux éléments exceptionnels dans l'histoire humaine : une paix et une stabilité internationales relatives et l'orientation quasi-exclusive des comportements selon le seul mobile du gain. L'étalon-or, associé au développement de la haute finance, va contraindre les nations, et notamment les plus petites d'entre elles, à maintenir une bonne conduite économique au niveau de leur politique et de leur budget. Le commerce lui-même était devenu dépendant de la paix, alors qu'historiquement son organisation avait toujours été militaire et guerrière. Le fonctionnement du commerce était dorénavant adossé à un système monétaire international ne pouvant fonctionner lors d'une guerre générale. Ainsi, selon Polanyi (1944, 39), c'est autour de l'organisation économique que reposait la paix internationale. Ce système va pourtant prendre fin quand, suite à la première guerre mondiale, les principales puissances vont tenter en vain de réinstaurer l'étalon-or (Polanyi, 1944, 42). C'est dans les années 1930 que le projet de la société de marché s'écroule définitivement au travers de plusieurs événements marquants : l'abandon de l'étalon-or par la Grande-Bretagne, les plans quinquennaux en Russie, le lancement du *New Deal*, la révolution nationale-socialiste en Allemagne, l'effondrement de la SDN. La crise du système monétaire et ces autres évènements marquants ne sont toutefois que les symptômes d'un phénomène plus profond que Polanyi entreprend de révéler : le caractère fondamentalement insoutenable d'une société entièrement construite autour d'un marché autorégulé.

– Émergence et spécificité de la société de marché

La thèse de Polanyi semble contenir un semblant de paradoxe : comment un système profondément insoutenable a-t-il pu, pendant près d'un siècle, se développer, à défaut de se concrétiser véritablement ? La réponse à cette question a déjà été en partie apportée dans le chapitre « Une analyse en termes d'économie substantive » : la société de marché n'est nullement un produit spontané de l'évolution économique et sociale, mais est au contraire, le fruit de mesures discrétionnaires prises consciemment par les pouvoirs publics, dans le but *d'instituer* un grand marché autorégulé autour duquel la société dans son ensemble s'organiserait. Polanyi (1947a ; 1947b) localise les racines de cette tentative dans le développement d'une mentalité de marché. Cette mentalité consiste dans la croyance que les relations humaines sont universellement régies par des rapports entre offre et demande à partir desquels peut être déterminé un prix. Elle conduit à postuler la quasi-exclusivité des intérêts matériels comme facteur premier déterminant les comportements humains et à croire en une forme de déterminisme économique, doctrine suivant laquelle ses institutions sont déterminées par le système économique[1].

Il est intéressant de noter le lien que Polanyi fait entre l'apparition de la mentalité de marché et le développement du machinisme au travers de la révolution industrielle[2]. Polanyi situe à 1820 le moment où le libéralisme économique se constitue en véritable pensée systématique, soit quelques décennies après l'émergence de la première révolution industrielle en Angleterre. Le machinisme va constituer une

1 Polanyi (1947a) remarque d'ailleurs que, de ce point de vue, auteurs libéraux et auteurs marxistes sont victimes, voire coupables, de la même illusion.

2 *Cf.* notamment Polanyi (1944, 69 et suiv.).

rupture radicale pour les institutions héritées de l'Ancien régime. Il va nécessiter une redéfinition (mais pas un abandon) des réglementations et des interventions publiques et précipiter la marche vers le grand marché autorégulateur. Le machinisme va notamment bouleverser les conditions de production en rendant possible l'achat par le producteur de matières premières et du travail, c'est-à-dire la nature et l'homme (Maucourant, 2005). Polanyi ne fait pas de l'industrialisme le responsable de la grande transformation libérale du XIXe siècle, mais désigne plutôt la manière dont il a été institutionnalisé au travers de la société de marché (Stanfield, 1986, 126). Autrement dit, l'évolution technologique, bien que neutre en elle-même, a ouvert de nouvelles possibilités d'institutionnalisation des relations humaines, au travers notamment de la constitution de marchandises fictives. Si cette voie n'était nullement inévitable, Polanyi rejetant toute forme de déterminisme, la mentalité de marché, alimentée par l'économie politique alors naissante (en même temps que cette dernière se construisait par rapport au contexte institutionnel et économique de l'époque), a conduit à utiliser la technologie comme un instrument au service de l'édification du grand marché. De manière similaire à Veblen (1904 ; 1914), c'est la manière particulière dont se sont constituées les institutions pour exploiter les possibilités issues de la révolution industrielle que Polanyi dénonce dans ses travaux.

D'une certaine manière, le capitalisme et la société de marché sont, selon Polanyi, à la fois le fruit de la nécessité et du hasard[1]. Ils sont le fruit du hasard car on ne peut isoler aucun mécanisme déterministe devant amener à l'émergence nécessaire de la société de marché. Pour Polanyi, le capitalisme est une exception historique, fruit d'une série de contingences dont la convergence est « exceptionnelle » (au sens d'extrêmement peu probable). Toutefois, le développement de la société de marché et du grand marché autorégulé n'est pas aléatoire dans le sens où il ne s'agit nullement d'un résultat spontané de l'évolution. Il s'agit là d'un paradoxe que Polanyi met continuellement en avant dans *La Grande Transformation* : « Le laisssez-faire n'avait rien de naturel ; les marchés libres n'auraient jamais pu voir le jour si on avait simplement laissé les choses à elles-mêmes. (…) La voie du libre-échange a été ouverte, et maintenue ouverte, par un accroissement énorme de l'interventionnisme continu, organisé et commandé à partir du centre » (Polanyi, 1944, 190). Autrement dit, le

1 Selon l'expression admise pour caractériser les résultats de l'évolution naturelle.

laissez-faire a été imposé par l'État et a été *planifié*, planification guidée par la mentalité de marché alors prédominante. Comme on l'abordera plus loin, Polanyi souligne en parallèle un second paradoxe, à savoir que les réactions « interventionnistes » contre le développement de la société de marché n'ont été au contraire nullement le fruit d'une planification quelconque, mais le résultat d'une réaction spontanée du tissu social dans un mouvement de protection.

Ne résultant d'aucun mécanisme déterministe, mais n'étant pas pour autant un phénomène spontané, la société de marché est totalement spécifique sur le plan historique. Pour la première fois, ce n'est plus la subsistance mais le mobile du gain qui va guider les interactions économiques. Le changement entre l'économie de marché et l'économie antérieure, *via* l'apparition des marchandises fictives, est considérable : « En fait, la production mécanique dans une société commerciale, suppose tout bonnement la transformation de la substance naturelle et humaine de la société en marchandises. (...) il est évident que la dislocation provoquée par un pareil dispositif doit briser les relations humaines et menacer d'anéantir l'habitat naturel de l'homme » (Polanyi, 1944, 70).

– L'utopie du Grand Marché et le double mouvement

Le propos de Polanyi n'est toutefois pas de conter l'émergence de la société de marché, et ceci pour une simple raison : du point de vue de l'économiste hongrois, l'avènement de la société de marché n'a jamais pu avoir lieu car il s'agit d'une utopie, certes destructrice, mais fondamentalement irréalisable. Polanyi explicite sa thèse dès les premières pages de son ouvrage :

> Notre thèse est que l'idée d'un marché s'ajustant lui-même était purement utopique. Une telle institution ne pouvait exister de façon suivie sans anéantir la substance humaine et naturelle de la société, sans détruire l'homme et sans transformer son milieu en désert. Inévitablement, la société prit des mesures pour se protéger, mais toutes ces mesures quelles qu'elles fussent, compromirent l'autorégulation du marché, désorganisèrent la vie industrielle, et exposèrent ainsi la société à d'autres dangers. Ce fût ce dilemme qui força le système du marché à emprunter dans son développement un sillon déterminé et finit par briser l'organisation sociale qui se fondait sur lui (Polanyi, 1944, 22).

Le cœur de l'argumentation de Polanyi consiste à indiquer qu'un processus de sélection artificielle, guidé par la mentalité de marché et l'utopie du marché autorégulateur, a tenté d'institutionnaliser de manière effective le Grand Marché, mais que ce processus a été contrecarré par l'émergence *spontanée* d'un « contre-mouvement » de protection, au travers duquel la société va mettre en place divers dispositifs institutionnels ayant pour fonction de réparer les dégâts causés au tissu social par le mouvement de marchandisation. En d'autres termes, l'histoire de la société occidentale à compter du XIXe siècle est l'histoire d'un *double mouvement* (Polanyi, 1944, 182). Le premier est le principe du libéralisme économique qui vise à établir un marché autorégulateur, qui compte sur le soutien des classes commerçantes et dont la méthode principale est le laissez-faire et le libre-échange. Le second principe est celui de la protection sociale dont les méthodes sont la législation protectrice, les associations restrictives et d'autres instruments d'intervention.

Un point central de la thèse de Polanyi est que ce contre-mouvement de protection est apparu de manière totalement spontanée : « Le laissez-faire était planifié, la planification ne l'a pas été » (Polanyi, 1944, 191). Toutefois, paradoxalement, Polanyi montre au travers de plusieurs exemples que les mesures protectrices prises par la société pour atténuer les dégâts causés par les tentatives de constitution du marché autorégulé n'ont pas tant contribué à ralentir la construction de la société de marché qu'à la permettre. En effet, sans ces mesures de protection, la société se serait tout simplement effondrée ; ce n'est que par l'apparition successive de plusieurs législations et autres réglementations qu'il a été possible d'atténuer les effets délétères de la marchandisation et, paradoxalement, de maintenir le processus de construction de la société de marché. Polanyi illustre cette thèse au travers de deux exemples historiques qu'il estime être représentatifs : le mouvement des enclosures et la loi de Speenhamland (Polanyi, 1944, chapitres 3 et 7).

Polanyi (1944, 60 et suiv.) prend ainsi l'exemple des *enclosures* et de la conversion des terres arables en pâturages pour illustrer les conséquences du libéralisme économique qui ne juge les événements sociaux que du point de vue économique. Si le mouvement des enclosures allait dans le sens du progrès économique, tout comme la transformation des terres arables en pâturages, son rythme, imposé par les pouvoirs publics, allait s'avérer périlleux pour les populations affectées (Polanyi, 1944, 64). Il s'avère que le mouvement des enclosures est revenu à faire de la terre une marchandise. Or, la terre, au même titre que le travail humain, n'a pas vocation à être vendue sur un marché. Selon Polanyi, terre et main d'œuvre sont intimement liées et, avec la vie, forment un tout qui s'articule. La terre est liée aux organisations fondées sur la famille, le voisinage, le métier, la croyance etc. Les dégâts sociaux engendrés par la marchandisation de la terre ont par ailleurs été accentués par le développement du libre-échange. Le développement de l'autarcie a constitué une réponse aux effets néfastes de la marchandisation de la terre combinés au libre-échange.

Le cas de la loi de Speenhamland est l'exemple principal sur lequel s'appuie Polanyi pour illustrer à la fois le contre-mouvement par lequel la société tente de se protéger des effets de la marchandisation, ainsi que le résultat contre-productif auquel il aboutit finalement. Instaurée en 1795, cette loi va instituer un complément de salaire indépendant des revenus pour les plus pauvres. Selon Polanyi, cette loi a été mise en place à une époque où la monnaie et la terre commençaient déjà à être instituées en marchandises, et alors même qu'il aurait été possible dès cette époque de faire émerger un réel marché du travail. Or, cette loi va radicalement dans le sens contraire : « elle visait à un puissant renforcement du système paternaliste de l'organisation du travail » (Polanyi, 1944, 114). En garantissant aux plus pauvres un revenu garanti, l'émergence d'un marché du travail s'est retrouvée bloquée, dans la mesure où la « peur de la faim » n'était plus présente pour forcer les individus à rentrer dans une relation de travail. Toutefois, en 1834, cette loi va être amendée de sorte qu'un marché du travail va finalement pouvoir se constituer.

Polanyi tire plusieurs conclusions de l'échec de cette loi. Il remarque en premier lieu que la période de Speenhamland marque une « tentative de créer un ordre capitaliste sans marché du travail ». Or, cette tentative était vouée à l'échec dans la mesure où, comme l'économiste hongrois l'indique, une fois enclenché, le processus de marchandisation ne peut plus s'arrêter et doit gagner l'ensemble des sphères de la société et de la vie humaine. Polanyi indique ensuite que, paradoxalement, cette protection des plus pauvres a eu des conséquences néfastes. La manière dont a été appliquée la loi de Speenhamland a en effet conduit à ce que les employeurs soient incités à ne pas augmenter les salaires au-delà du niveau fixé par le barème de la loi (Polanyi, 1944, 115). En outre, à long terme l'effet fut catastrophique car il conduisit à une paupérisation de la population dont l'existence était devenue exclusivement dépendante des subsides versés par l'État. Ces éléments font qu'au final, l'instauration d'un marché du travail aurait pu s'avérer préférable pour les populations concernées. L'amendement de 1834 marque l'échec de la tentative d'instaurer un ordre capitaliste sans marché du travail. Toutefois, cet amendement ouvre une période témoin des effets catastrophiques du marché du travail. Dans les années 1860 et 1870, le contre-mouvement se manifeste à nouveau au travers de l'apparition des syndicats et de l'établissement d'une législation sociale protectrice (Polanyi, 1944, 236). Ces protections sociales avaient pour objectif d'atténuer les effets de l'institution du marché du travail, voire même d'empêcher son fonctionnement. Dans les faits, Polanyi considère que le marché du travail n'a pu perdurer précisément que parce que les salaires, les conditions de travail, les qualifications et les réglementations ont été développés de telle sorte qu'ils préservent le caractère humain de la supposée marchandise qu'est le travail.

Selon Polanyi, le sentier suivi par la civilisation occidentale et particulièrement en Angleterre, est le résultat d'un ensemble de réactions similaires de la société à l'encontre de la constitution du grand marché (Polanyi, 1944, 67). À la fin du XIXe siècle, le double mouvement va conduire à une complète désintégration de l'organisation économique et mettre en péril l'équilibre des puissances, pour déboucher ultimement sur la chute de l'étalon-or. La fin du XIXe siècle fut témoin de l'apparition d'une tension entre la tendance, de la part des mesures protectionnistes, à réunir l'économique et le politique, et la nature même de la société de marché reposant sur la séparation institutionnelle des sphères politiques et économiques. Cette tension va aboutir dans les années 1930 à différents résultats, scellant définitivement le sort de l'illusion du marché autorégulé : le *New Deal* aux États-Unis, mais aussi le fascisme et le nazisme en Europe. De ce point de vue, selon Polanyi, le fascisme n'était pas la conséquence de causes fortuites, mais bien une réponse (destructrice) aux besoins d'une situation objective (Polanyi, 1944, 305).

La chute de la civilisation du XIXe siècle, fondée sur l'illusion du marché autorégulé, n'est ainsi pas due, selon Polanyi, à des causes économiques, comme par exemple la baisse tendancielle du taux de profit, ni à la révolte d'une classe sociale. Ses causes résident dans les mesures adoptées spontanément par la société pour ne pas être anéantie par l'action du marché autorégulateur. L'organisation de la vie économique selon les principes de la société de marché apparaît ainsi comme hautement spécifique sur le plan historique (Polanyi, 1944, 320) et finalement impossible à concrétiser.

Mise en perspective de l'analyse polanyienne du capitalisme

Il peut être intéressant de mettre en perspective la thèse de Polanyi relative au capitalisme et à la société de marché avec celles développées respectivement par Weber et Veblen. Au-delà d'incontestables différences sur le fond, on constate une certaine convergence dans la méthode et dans certaines idées clés.

– Polanyi et Weber : la « tragédie » de l'autonomisation de l'économie

La connexion entre l'œuvre de Polanyi et celle de Max Weber semble incontestable à de nombreux points de vue, au-delà du fait de rentrer dans le cadre d'un même programme de recherche. Notamment, l'anthropologie économique de Polanyi s'inscrit, d'une certaine manière, dans la continuité de la sociologie économique wébérienne. Le propos des deux auteurs est finalement de restituer les processus par lesquels va se développer la civilisation occidentale des XIXe et XXe siècles. Les deux auteurs ont également en commun de souligner le caractère exceptionnel du capitalisme et de la société de marché, tant sur le plan diachronique (le capitalisme moderne est unique dans l'histoire) que sur le plan synchronique (le capitalisme moderne n'apparaît pas partout dans le monde). Comme on l'a déjà indiqué, tant Weber que Polanyi refusent de voir dans le capitalisme l'aboutissement logique d'un processus historique immanent, soulignant au contraire combien ce système est le fruit de contingences multiples.

Cependant, comme on l'a mentionné dans le cas de Polanyi, cela ne veut pas dire que chez ce dernier et chez Weber, le capitalisme est totalement le fruit du hasard. D'une certaine manière, il était aussi le résultat d'une forme de « nécessité ». C'est précisément dans cette dernière dimension que les œuvres de Polanyi et de Weber se rejoignent le plus clairement. Dans l'analyse du capitalisme moderne de Weber comme dans l'analyse de la société de marché de Polanyi, le capitalisme est le résultat d'un processus dont on peut retracer les linéaments et qui doit conduire logiquement (nécessairement) à son aboutissement : le processus de rationalisation chez Weber, le processus de marchandisation guidé par la mentalité de marché chez Polanyi. Il faut remarquer dans un premier temps que ces deux processus ont un statut méthodologique essentiel : d'une certaine manière, ils sont le rapport aux valeurs à partir duquel les deux auteurs sélectionnent dans l'infinité du matériau historique les éléments considérés comme essentiels. En effet, on peut considérer que cela n'a pas de sens de s'arrêter à l'idée que chez Polanyi comme chez Weber, le capitalisme ne découle pas d'un processus historique déterministe, mais qu'il est seulement le fait de contingences multiples. S'il est vrai que les deux auteurs présentent explicitement les choses ainsi, et qu'ils se démarquent de ce point de vue de la perspective marxiste, il n'en reste pas moins que *pour les besoins de l'analyse*, les deux auteurs sont obligés de restituer une logique créant un lien entre les diverses contingences qu'ils mettent en avant. Dans le cas contraire, l'étude de l'émergence du capitalisme s'arrêterait à une simple description historique dépourvue de *sens* (de signification). Or, comme on l'a indiqué dans le chapitre « L'historicisation de la théorie et l'école historique allemande d'économie » à partir de l'épistémologie wébérienne, cela est tout simplement impossible. À partir de là, la rationalisation de Weber et la marchandisation de Polanyi ne sont pas tant des phénomènes « réels » que des constructions théoriques issues d'un certain rapport aux valeurs.

Par ailleurs, les interprétations respectives de Polanyi et de Weber de l'émergence du capitalisme convergent sur un point substantif capital : chez les deux auteurs, cette dernière est interprétée comme un processus où l'économie, en tant que sphère, s'autonomise progressivement des autres sphères de la société. Ce point est lié à l'idée, déjà évoquée dans le chapitre « Une analyse en termes d'économie substantive », que la distinction wébérienne entre rationalité matérielle et rationalité formelle se retrouve chez Polanyi (Marroquin Gramajo, 2008). Il est aussi étroitement connexe au concept d'encastrement, dans sa version encastrement-insertion, dont Le Velly (2007) argue qu'il est également présent chez Weber. En effet, Weber (1923 ; 1996) voit dans le capitalisme moderne la conséquence de l'autonomisation de l'ordre économique et le triomphe de la rationalité formelle. L'autonomisation de l'ordre économique est permise par le fait que, par le biais du processus de rationalisation et de désenchantement du monde (Weber, 1959), les individus vont progressivement acquérir la capacité de se détacher de leurs valeurs (Colliot-Thélène, 1990 ; Hédoin, 2009 ; Raynaud, 1996), d'avoir une attitude réflexive par rapport à elles. En d'autres termes, de la rationalité en valeur, on passe progressivement à la rationalité en finalité. Si la rationalité formelle, c'est-à-dire celle guidée par le calcul, la prévision et l'impersonnalité, parvient à triompher, c'est parce que les institutions de l'économie capitaliste vont progressivement pouvoir s'organiser selon une logique propre, reposant essentiellement sur le calcul monétaire. Mais Weber va même plus loin : par sa métaphore de la « cage d'acier » (Weber, 1904-05 ; 1959), le sociologue allemand indique que l'ordre économique ne fait pas seulement que s'autonomiser, mais qu'il tend même à aliéner toutes les autres sphères de la société. Certes, comme on l'a indiqué, Weber relativise à plusieurs reprises le caractère implacable de la machinerie capitaliste, notamment en repérant des survivances du capitalisme politique au XXe siècle et, de manière générale, en constatant que le traditionalisme et la rationalité matérielle n'ont pas totalement disparu. Cependant, et en opposition avec Polanyi sur ce point, Weber ne voit pas dans le socialisme une échappatoire crédible au capitalisme.

La proximité avec le récit polanyien de l'émergence du grand marché est donc apparente. Pour reprendre une citation de Polanyi déjà donnée dans les chapitres précédents, la marchandisation « signifie tout bonnement que la société est gérée en tant qu'auxiliaire du marché. Au lieu que l'économie soit encastrée dans les relations sociales, ce sont les relations sociales qui sont encastrées dans le système économique » (Polanyi, 1944, 88). De la même manière, il y a bien chez Polanyi l'idée d'un passage d'une rationalité matérielle, guidée par une logique de statut, et où les activités économiques sont déterminées en dernière instance par des considérations religieuses, éthiques ou culturelles (Polanyi, 1944, 75), à une rationalité formelle où la soif du gain et la peur de la faim deviennent les seuls motifs de l'activité humaine. *In fine*, par les concepts de rationalisation et de marchandisation, Weber et Polanyi développent une *théorisation de l'histoire du capitalisme* et de ses institutions, qui s'apparente non pas à un exposé visant à produire des lois scientifiques immuables et « objectives », mais à une interprétation de l'histoire prenant la forme d'un récit, mis en ordre autour d'un rapport aux valeurs spécifiques et d'un ensemble de concepts construits *dans l'optique de produire ce récit.* On constate ainsi que théorisation de l'histoire et historicisation de la théorie se retrouvent liées de manière intime dans l'analyse du capitalisme chez Weber et Polanyi.

– Polanyi et Veblen : la dichotomie entre industrie et commerce

Ainsi qu'on l'a mentionné brièvement plus haut, les lectures respectives de Polanyi et de Veblen de l'émergence du capitalisme se rejoignent clairement sur au moins un point : la mise en avant d'une dichotomie entre l'industrie et le « commerce ». On a vu que cette dichotomie sous-tend toute l'analyse véblénienne du capitalisme et qu'elle le conduit à anticiper la possibilité d'une société technocratique et socialiste. Polanyi ne fait pas aussi clairement du machinisme un facteur facilitateur au développement du socialisme[1]. En revanche, il insiste de manière similaire à Veblen, sur le fait que le développement de la technologie a alimenté l'illusion qu'il serait possible d'organiser la société autour du grand marché. Pour autant, la technologie est intrinsèquement neutre (ce qui n'est pas le cas chez Veblen) et peut aussi servir à la construction d'une société qui ne serait pas centrée autour de son économie. La dichotomie entre industrie (technologie) et commerce, et surtout la manière dont le capitalisme se caractérise par une soumission de la première à la seconde est un thème structurant commun à l'analyse des deux auteurs.

Au-delà de ce point, il convient d'admettre que les perspectives (les rapports aux valeurs) de Veblen et de Polanyi ne sont pas exactement les mêmes. Les récits respectifs de Veblen et de Polanyi ne visent pas à exprimer la même chose, à donner le même *sens* à l'histoire. On notera néanmoins qu'il a y certaines convergences sur le fond, notamment dans la manière dont les deux auteurs décrivent le processus par lequel la société moderne a littéralement *instituée* la rareté. Veblen insiste ainsi sur l'importance de la propriété intangible et sur la création artificielle de la rareté par le biais des brevets, tandis que Polanyi décrit cette institutionnalisation par son examen des marchandises fictives. Sur la forme, ce qui été dit au sujet de la relation entre Polanyi et Weber

1 Les réflexions de Polanyi sur le socialisme sont toutefois nombreuses. On peut en trouver dans *La Grande Transformation* mais c'est essentiellement dans des essais des années 1920 et 1930 que Polanyi réfléchit à la mise en place d'un socialisme fonctionnel fondé sur une planification décentralisée. Voir notamment certains essais dans Polanyi (2008).

est également valable ici : il ne s'agit ni pour Polanyi ni pour Veblen, au travers de leur analyse de l'émergence du capitalisme, de découvrir des lois générales et immuables, ou de partir du principe qu'il existe un cadre institutionnel « naturel ». Les deux auteurs procèdent à une théorisation d'un processus historique, abordé d'un certain point de vue, et construisent pour cela des catégories analytiques leur permettant d'atteindre cet objectif. Ici encore, il s'agit de donner un *sens* à l'histoire, même si ce sens n'est pas le même.

CONCLUSION

Ce chapitre a permis de présenter successivement les analyses du capitalisme de Weber, Veblen, Commons et Polanyi. On peut percevoir que chez ces quatre auteurs, c'est la volonté de comprendre le processus d'émergence du capitalisme qui guide la construction des catégories analytiques à partir desquelles cet objectif pourra être rempli. En d'autres termes, la construction des théories et des concepts est bien surdéterminée par un certain rapport aux valeurs, ainsi qu'exposé dans la première partie de ce travail, sous l'intitulé de « historicisation de la théorie ». Le fait que ce rapport aux valeurs, sous sa forme générique, soit commun à ces quatre auteurs institutionnalistes justifie qu'on le considère comme une partie intégrante du noyau dur de l'institutionnalisme historique : par définition, un rapport aux valeurs n'est pas questionné car il est inhérent à la logique sous-jacente d'une culture, et notamment d'une « culture scientifique ». Si le noyau dur d'un programme de recherche est ce qui définit cette culture scientifique, alors le rapport aux valeurs suivant lequel comprendre l'émergence du capitalisme est d'un intérêt scientifique important fait bien partie du noyau dur de l'institutionnalisme historique.

Par-delà cette convergence autour d'un rapport aux valeurs commun, on a pu repérer certains éléments fédérateurs. C'est notamment le cas sur le plan méthodologique et épistémologique : chez les quatre auteurs, l'étude du capitalisme procède d'une « théorisation de l'histoire » qui s'opère à partir de concepts construits dans cette perspective. De ce fait, on comprend que « théorisation de l'histoire » et « historicisation de la théorie » ne sont pas seulement les deux grandes composantes du programme de recherche institutionnaliste ; il apparaît surtout qu'elles s'impliquent *logiquement* l'une et l'autre. Des convergences, forcément plus partielles, ont également été repérées sur le fond, comme notre comparaison des thèses de Weber et Veblen, ainsi que notre mise en perspective de l'étude de Polanyi, l'attestent. Si l'on doit retenir un thème récurrent, ce sera le suivant : l'idée qu'au travers d'un processus de rationalisation et/ou de marchandisation, on assiste à une évolution des institutions consacrant l'autonomisation progressive d'un ordre économique, se caractérisant notamment par le passage à un paradigme de la valeur d'échange et à la prise de pouvoir de la rationalité formelle, et rentrant en conflit plus ou moins soutenu avec une logique plus « industrielle »[1]. On remarquera également que Veblen, Commons et Polanyi abordent dans leurs travaux un ou plusieurs facteurs dont Weber (*cf. supra*) considère qu'ils ont contribué au développement du capitalisme : une technique rationnelle (Veblen), un droit rationnel (Commons), un marché libre et notamment le travail libre (Polanyi).

1 Evidemment, cette formulation ne se retrouve telle qu'elle chez aucun des auteurs étudiés. Cette synthèse ignore plusieurs points de divergence que l'on a toutefois soulignés par ailleurs.

CONCLUSION

Cette partie doit avoir montré que, pris dans leur ensemble, les travaux de Schmoller, Weber, Veblen, Commons et Polanyi font émerger les trois principes caractérisant la théorisation de l'histoire : un principe d'économie substantive, une analyse évolutionnaire des institutions, et une appréhension du capitalisme comme un système historique spécifique. Ces trois principes ne sont pas développés de manière aussi approfondie chez les différents auteurs. Ainsi, si la dimension évolutionnaire est prégnante chez Veblen et, à un degré moindre, chez Commons, elle est très largement en arrière plan chez Polanyi. À l'inverse, l'étude du système capitaliste n'est pas centrale chez Veblen, au contraire de chez Polanyi ou Weber. Toutefois, il ressort les résultats généraux suivants :

- tous les auteurs institutionnalistes étudiés adoptent le principe d'économie substantive en associant notamment une théorie des institutions à une théorie de l'action. L'économie, en tant que sphère de la société, n'est jamais définie par une logique d'optimisation mais par une fonction, qui est celle de permettre la subsistance de la société. Cette fonction est assurée dans un cadre institutionnel, ce qui indique que l'économie est encastrée dans la société. Toutefois, on repère chez certains auteurs (Weber et Polanyi) une distinction entre un encastrement institutionnel de l'économie et un encastrement de la *logique économique*. Dans ce dernier cas, un désencastrement de cette dernière est mis en avant. Tous les auteurs développent implicitement ou explicitement une théorie de l'action dépassant le cadre d'une rationalité instrumentale et maximisatrice pour souligner le rôle des normes, des valeurs et des habitudes ;
- la plupart des auteurs adoptent une perspective évolutionnaire. Cela est évident chez Veblen et Commons, dont on a montré que cette dimension pouvait être reconstruite à partir des

apports darwiniens. Cette dimension est également présente chez Weber dans son étude de l'émergence du capitalisme et du processus de rationalisation, ainsi que cela a été souligné dans le chapitre « Le capitalisme comme système historique contingent ». Seuls les travaux de Polanyi semblent écarter cette perspective, même si l'on peut interpréter le processus de la « grande transformation » en termes de sélection artificielle (*cf.* chapitre « Le capitalisme comme système historique contingent ») ;

- le capitalisme constitue invariablement l'objet d'étude principal des auteurs étudiés. L'analyse wébérienne est la plus complète et souligne la dimension multicausale de l'émergence du capitalisme. Les analyses de Commons, Polanyi et Veblen se concentrent davantage sur certains des facteurs repérés par Weber.

Des résultats plus ponctuels, sur certains aspects des travaux des auteurs étudiés, ont également émergé. On rappellera notamment la mise en avant des problèmes posés par le concept d'encastrement qui, dans une perspective institutionnaliste, demanderait à être clarifié. La distinction entre l'encastrement-étayage et l'encastrement-insertion proposée par Le Velly (2007) peut constituer une solution. Notre reconstruction de l'économie évolutionnaire de Veblen a permis notamment de souligner le statut particulier conféré aux institutions, à la fois objets et facteurs de sélection, ce qui peut avoir une incidence sur la manière d'utiliser les concepts darwiniens en économie. Enfin, nous avons souligné le parallèle dans l'analyse du processus de rationalisation ayant amené à l'émergence du système capitalisme de Veblen et Weber.

CONCLUSION GÉNÉRALE

> *Things are similar : this makes science possible.*
> *Things are different : this makes science necessary.*
> R. Levins et R. Lewontin (1985, 141).

De par son objectif, notre étude s'est développée au carrefour de trois champs relevant de la science économique : la philosophie de l'économie, l'histoire de la pensée économique, et l'économie institutionnelle. La philosophie de l'économie et l'histoire de la pensée économique ont en commun d'être parfois considérées au sein de la profession des économistes comme des sous-disciplines secondaires, d'une importance moindre car déconnectées des problèmes économiques réels et sans être en mesure de faire avancer l'état des connaissances scientifiques. La philosophie de l'économie est notamment souvent perçue comme une perte de temps, y compris par des auteurs ayant fortement contribué à ce champ de recherche (Lawson, 1997, 11-14). Ainsi que nous l'avons indiqué, Max Weber a émis une mise en garde à l'encontre des débats gnoséologiques n'ayant d'autres finalités que les questions méthodologiques sans considération pour les pratiques effectives des scientifiques. De ce point de vue, comme le défend de manière convaincante D. Wade Hands (2001), la philosophie des sciences a opéré depuis les années 1970 une transformation radicale qui s'est traduite par une prise en considération plus importante de l'histoire et de la sociologie des sciences. D'une perspective essentiellement normative, la philosophie des sciences a très largement basculé vers une optique plus descriptive et explicative. Le champ de la philosophie de l'économie n'a pas dérogé à cette tendance. Notre étude est partie du principe qu'appréhendée de cette manière, une réflexion épistémologique sur la discipline économique, sur un de ses pans ou sur un de ses courants, pouvait être pertinente et intéressante.

L'étude du programme de recherche de l'institutionnalisme historique que nous avons proposée relève aussi bien de l'histoire de la pensée économique que de la philosophie de l'économie. Le terme de « programme de recherche scientifique » n'est de ce point de vue pas neutre. Même si, comme nous l'avons expliqué dans l'introduction, il n'était pas question d'appliquer intégralement la méthodologie des programmes de recherche scientifique proposée par Imre Lakatos, cette dernière a malgré tout servi de trame méthodologique pour organiser le matériau historique. C'est précisément dans cette organisation que l'apport principal de ce travail se situe. La thèse qui a été défendue est que la caractéristique distinctive de l'institutionnalisme historique réside dans la manière dont est traitée la relation entre théorie et histoire. La reconstruction rationnelle qui a été proposée est partie de l'hypothèse qu'il est possible de caractériser le noyau dur du programme de recherche de l'institutionnalisme historique par un double mouvement d'historicisation de la théorie et de théorisation de l'histoire, ces deux relations se caractérisant chacune par trois principes largement interdépendants. Conformément à la définition du concept de noyau dur donnée par Lakatos, ces principes tendent à être considérés comme « infalsifiables », dans le sens où leur remise en cause reviendrait à rejeter le programme de recherche dans son ensemble. Cela est d'autant plus marqué ici que le rejet d'un principe impliquerait le rejet d'un ou de plusieurs autres. Les six principes qui ont été définis sont les suivants :

Historicisation de la théorie :

1. Une prise en compte et un traitement du problème de la spécificité historique ;
2. Un rejet de la dualité individualisme/holisme méthodologiques et la défense d'un « institutionnalisme méthodologique » (ou « individualisme structurel ») ;
3. Un usage systématique de l'inférence abductive et/ou de la méthodologie des idéaltypes, suivant lesquelles les concepts théoriques sont toujours fondés sur des plans axiologiques, empiriques et historiques.

Théorisation de l'histoire :

4. Un principe d'économie substantive : le champ de l'analyse économique n'est pas défini par un principe de rationalité et l'économie n'est pas considérée comme la sphère des comportements maximisateurs. L'institutionnalisme historique reconnaît la pluralité des logiques d'action et souligne le rôle joué par les institutions dans la structuration des interactions économiques ;
5. Une perspective évolutionnaire sur les institutions : l'institutionnalisme historique se concentre principalement sur la question de l'évolution et de la dynamique des institutions ;
6. Le capitalisme est conçu comme un système historique spécifique : l'institutionnalisme historique considère que l'économie capitaliste est un système spécifique dont l'émergence, l'évolution et le fonctionnement doivent être expliqués à partir de ses fondements institutionnels.

Ces six principes font de l'institutionnalisme historique un programme de recherche bien distinct tant du programme de recherche de l'économie marxiste d'un côté, et de celui de l'économie marginaliste et néoclassique de l'autre. Comme l'institutionnalisme historique, le marginalisme et l'économie marxiste se sont constitués durant la seconde moitié du XIXe siècle. Sur un plan historique, il est important de relever que l'institutionnalisme historique s'est largement construit à partir d'une mise en perspective, souvent critique et conflictuelle, de ces deux importants programmes de recherche. Tous les auteurs que nous avons étudiés ici ont en effet construit leurs réflexions à partir d'une discussion critique tant du marginalisme que du marxisme. Ainsi que nous l'avons souligné, cela n'indique pas que auteurs s'inscrivant dans le cadre de l'institutionnalisme historique ont systématiquement rejeté les thèses et les cadres théoriques du marxisme et du marginalisme. Notamment, au-delà des visions et des critiques caricaturales du marginalisme qui sont souvent attribuées aux économistes institutionnalistes, on peut trouver chez ces derniers une véritable réflexion originale sur les fondements philosophiques et le domaine de validité théorique de l'approche marginaliste et, par extension, de la théorie néoclassique. Le rapport de l'institutionnalisme historique à la pensée marxiste est également complexe. En dépit d'une relative proximité politique et idéologique, il est remarquable que la posture de l'institutionnalisme historique à l'encontre des concepts de la philosophie et de l'économie marxiste (matérialisme, valeur travail) tend vers la critique radicale, voire le rejet. De ce point de vue, il est ainsi tout à fait justifier de distinguer une « troisième voie » dans les premiers développements de la science économique moderne au XIXe siècle.

Les travaux des auteurs que nous avons étudiés afin de caractériser l'institutionnalisme s'étalent sur une période d'environ 80-90 ans, des années 1870 à la fin des années 1950. Par conséquent, les principes constitutifs de l'institutionnalisme historique ont été élaboré au cours de cette période. Il est légitime de se demander ce qu'il en est de ce programme de recherche aujourd'hui, au XXIe siècle, alors que la science économique fait l'objet d'une remise en cause de la part de commentateurs internes comme externes à la profession, en particulier suite à la crise financière de 2007-2008. Comme nous l'avons indiqué dans l'introduction, les institutions sont aujourd'hui devenu un objet d'étude courant, y compris dans le cadre de l'économie standard. L'analyse des institutions en économie fait ainsi état d'un réel pluralisme méthodologique et théorique où des approches sensiblement différentes se confrontent sur le même objet d'étude[1]. L'économie standard, sous l'effet de l'intégration de nouveaux objets d'études et des débats et remises méthodologiques s'est sensiblement transformée depuis un demain siècle. Ainsi, selon l'historien de la pensée David Colander (2000 ; voir aussi Colander *et al.*, 2004), parler d'économie ou de théorie néoclassique aujourd'hui serait anachronique. Le paysage paradigmatique contemporain de la science économique est ainsi complexe et la place de l'institutionnalisme historique dans celui-ci n'est pas aisée à déterminer.

Il est possible de repérer des extensions ou des prolongements contemporains de l'institutionnalisme historique dans les mondes académiques anglo-saxon et francophone. Aux États-Unis, l'institutionnalisme américain est toujours institutionnellement représenté au travers de l'Association for Evolutionary Economics et de sa revue, le *Journal of Economic Issues*. Un certain nombre d'économistes s'attache dans ce cadre à développer les réflexions de Veblen et de Commons sur la dynamique

1 L'ouvrage de Bernard Chavance (2009) sur l'économie institutionnelle donne un bon aperçu de ce pluralisme et de cette diversité.

du capitalisme. Le récent ouvrage de Philip O'Hara (2008), déjà cité en introduction, constitue un exemple représentatif de ces développements, même si par ailleurs il procède à un rapprochement de l'institutionnalisme américain avec d'autres courants de pensée, notamment l'économie marxiste et la théorie post-keynésienne. Dans un registre assez différent, l'économiste anglais Geoffrey Hodgson développe depuis maintenant près de 30 ans une analyse institutionnaliste prolongeant l'économie évolutionnaire de Veblen[1]. Hodgson est ainsi à l'origine de contributions importantes dans le cadre de l'économie évolutionnaire, notamment autour de la notion de « darwinisme généralisé[2] », et dont l'objectif est notamment de parvenir à une forme aboutie de la théorie véblénienne de l'évolution des institutions.

L'institutionnalisme historique a également des prolongement directs en France au travers des courants constitutifs de ce que l'on pourrait qualifier « d'institutionnalisme français », à savoir l'école de la régulation (Boyer *et al.*, 2002 ; Boyer, 2004) et l'économie des conventions (Dupuy *et al.*, 1989). En dépit du fait que la filiation est rarement explicitement revendiquée, certains aspects de l'économie des conventions et de l'école de la régulation s'inscrivent en tout point dans le programme de recherche de l'institutionnalisme historique. La place de l'histoire a ainsi toujours était centrale dans le cadre des travaux de l'école de la régulation s'intéressant à la dynamique du capitalisme. L'économie des conventions, même si elle fait une place moindre à la dimension historique des phénomènes socioéconomiques, réintroduits des problématiques constitutives de l'institutionnalisme historique : on peut notamment cité les réflexions conventionnalistes sur la pluralité des logiques de rationalité et sur la place de l'acteur par rapport aux structures sociales.

Au-delà de ces prolongements directs, il faut également noter le développement de programmes de recherche relevant de la théorie économique standard mais dont les préoccupations théoriques et empiriques, ainsi que la démarche méthodologique, les rapprochent de l'institutionnalisme historique. Il s'agit notamment des travaux relevant de « l'analyse institutionnelle historique et comparative » (Aoki 2006 ;

1 Hodgson a reçu en 2012 le prix Veblen-Commons de l'Association for Evolutionary Economics. Le prix récompense les chercheurs dont les travaux s'inscrivent dans la continuité de l'institutionnalisme américain.

2 Sur ce sujet, voir nos articles, Hédoin (2010) et Hédoin (2012a).

Greif 2006 ; North 1990). Bien qu'ils utilisent des outils méthodologiques (la théorie du choix rationnel, la théorie des jeux) qui empêchent de les assimiler à l'institutionnalisme historique, les travaux relevant de cette approche visent également à proposer une articulation entre théorie et histoire. Les travaux d'Avner Greif en particulier fournissent un exemple particulièrement intéressant car ils s'élaborent autour d'une articulation méthodologiquement explicitée entre études de cas historiques et modèles de théorie des jeux [1]. Ces travaux, et ceux de l'analyse institutionnelle historique et comparative en général, montrent que les frontières entre programme de recherches en économie ne sont pas figées, mais plutôt en perpétuelle évolution.

Notre propos n'est pas, avec ce dernier paragraphe, de suggérer que l'institutionnalisme historique n'a plus d'existence propre ou qu'il ne se distingue plus d'autres approches relevant de l'économie institutionnelle. L'institutionnalisme historique conserve une identité propre, qui est bien résumée par la citation de deux biologistes indiquée au début de cette conclusion : « Les choses sont similaires : cela rend la science possible. Les choses sont différentes : cela rend la science nécessaire » (Levins et Lewontin 1985, 141) L'institutionnalisme historique peut en effet finalement se caractériser par le fait qu'il se construit autour de la tension entre le particulier et le général : d'un côté, les phénomènes socioéconomiques sont emprunts d'une spécificité irréductible liée à leur dimension historique, ce qui nécessite d'élaborer des théories à même de saisir cette spécificité. D'un autre côté, toute enquête scientifique ne peut abandonner l'idée de généralité, sans quoi elle se perdrait dans une description sans fin. Tous les courants économiques ont eu à se confronter à cette tension, mais l'institutionnalisme historique se caractérise par l'originalité du traitement qu'il en a proposé. Toutefois, certains développements théoriques dans le cadre de l'économie standard, tels que ceux mentionnés plus haut nous poussent à achever cette conclusion par une réflexion sur l'évolution paradigmatique de la science économique.

La méthodologie de Lakatos, mais aussi celle de Kuhn ont en commun de laisser parfois penser que les programmes de recherche ou les paradigmes sont des entités figées, subissant un processus de sélection et se « reproduisant » à des rythmes divers suivant leur « efficacité ». Mais, pour reprendre la perspective évolutionnaire que Veblen propose à

1 Voir notre discussion des travaux de Greif dans Hédoin (2012b).

la suite de Darwin, l'évolution présuppose toujours la variation et la variété. Les causes de mutation des programmes de recherche sont une question qui relève essentiellement de la sociologie des sciences et de l'histoire externe, aussi on n'en donnera pas une explication ici. En ce qui nous concerne, on se bornera à constater que l'institutionnalisme historique tel que nous l'avons caractérisé, n'est qu'une photographie prise à un moment donné. Dans la mesure où les auteurs que nous avons étudiés sont des « anciens », peut-être même ce programme de recherche n'existe-t-il plus en tant que tel. De la même manière que l'économie standard s'est considérablement transformée sur les trente dernières années (Davis, 2006), il semble nécessaire d'être attentif aux mutations que subit, ou pourrait subir, l'approche institutionnaliste. Nous avons suggéré dans cette conclusion que ces mutations pouvaient éventuellement se traduire par un rapprochement avec certains programmes de recherche concurrents, notamment en ce qui concerne l'incorporation de méthodes et de techniques de formalisation telles que la théorie des jeux. Cette suggestion peut apparaître contestable, surtout si elle doit conduire à une réduction de l'importance accordée à l'histoire et à la spécificité historique. Toutefois, il semble possible de développer une approche institutionnaliste, historique et évolutionnaire, associant des techniques de modélisation plus ou moins élaborées avec le souci de prendre en compte la dimension historique des phénomènes socio-économiques. Œuvrer à un rapprochement entre l'institutionnalisme historique et certaines des approches évoquées ici constitue une piste de recherche potentiellement fructueuse. Comme le suggère Hodgson (2007b), c'est peut être sur ce terrain qu'émergera la future approche dominante en économie.

BIBLIOGRAPHIE

ALBERT, Alexa, RAMSTAD, Yngve, « Social Psychological Underpinning of Commons's Institutional Economics », *Journal of Economic Issues*, vol 31, n° 4, 1997, p. 881-916.

ALDRICH, Howard E., HODGSON, Geoffrey M., HULL, David, KNUDSEN, Thorbjorn, MOKYR, Joel, VANBERG, Victor J., « In defence of generalized Darwinism », *Journal of Evolutionary Economics*, vol. 18, n° 5, 2008, p. 577-596.

AMABLE, Bruno, *Les cinq capitalismes : Diversité des systèmes économiques et sociaux dans la mondialisation*, Paris, Seuil, 2005.

AOKI, Masahiko, *Fondements d'une analyse institutionnelle comparée*, Paris, Albin Michel, 2006.

ARGYROUS, George, SETHI, Rajiv, « The theory of evolution and the evolution of theory : Veblen's methodology in contemporary perspective », *Cambridge Journal of Economics*, vol. 20, n° 4, 1996, p. 475-495.

ARON, Raymond, *La sociologie allemande contemporaine*, Paris, Alcan, 1935.

ARON, Raymond, *Introduction à la philosophie de l'histoire*, Paris, Gallimard, 1948.

ARON, Raymond, « Introduction », *in* M. Weber, 1959, p. 7-52.

ARON, Raymond, *Les étapes de la pensée sociologique*, Paris, Gallimard, 1967.

ARON, Raymond, *La philosophie critique de l'histoire*, Paris, Points, 1969.

ASSO, Pier Francesco, FIORITO, Luca, « Human Nature and Economic Institutions. Instinct Psychology, Behaviorism, and the Development of American Institutionalism », *Journal of History of Economic Thought*, vol. 26, n° 4, 2004, p. 445-477.

ATKINSON, Glen, REED, Mike, « The Individual in a Going Concern », *Journal of Economic Issues*, vol. 26, n° 2, 1992, p. 469-476.

AYRES, Clarence E., *The Theory of Economic Progress*, Chapel Hill, North Carolina University of North Carolina Press, 1944.

BARBER, Bernard, « All Economics are Embedded : The Career of a Concept and Beyond », *Social Research*, vol. 62, n° 2, 1995, p. 387-413.

BARUCCI Piero, « On the Relationship between History and Economics : The Influence of German Economic Culture in Italy », *Storia del Pensioro Economico*, n° 37, 1999.

BASLÉ Maurice, « Mise en perspective de l'institutionnalisme de quelques économistes allemands et américains », *Économie Appliquée*, Tome 46, n° 4, 1993, p. 159-176.

BAZZOLI, Laure, *L'économie politique de J. R. Commons. Essai sur l'institutionnalisme en sciences sociales*, Paris, L'Harmattan, collection Étude d'économie politique, 1999.

BAZZOLI, Laure, « Institutional Economics and the Specificity of Social Evolution : About the Contribution of J. R. Commons » in Louca F., Perlman M. (dir.), *Is Economics an Evolutionary Science ?*, Cheltenham, Edward Elgar, 2000a.

BAZZOLI, Laure, « L'économie institutionnaliste du travail de J. R. Commons : un "pragmatisme en action" », *Cahiers du GRATICE*, n° 19, 2000b.

BAZZOLI, Laure, « À propos d'une théorie institutionnaliste de la négociation. J. R. Commons et l'économie politique de la négociation des règles sociales », in C. Thuderoy et A. Giraud-Héraud (dir.), *La négociation sociale*, Paris, CNRS éditions, 2000c, p. 45-61.

BAZZOLI, Laure, DUTRAIVE, Véronique, « Les dimensions cognitives et sociales du comportement économique : l'approche institutionnaliste de Commons », *Cahiers du GRATICE*, 1997.

BAZZOLI, Laure, DUTRAIVE, Véronique, « L'entreprise comme organisation et comme institution. Un regard à partir de l'institutionnalisme de J. R. Commons », *Économie et Institutions*, n° 1, 2002, p. 5-46.

BAZZOLI, Laure, DUTRAIVE, Véronique, « Fondements pragmatistes de l'Institutionnalisme en Économie. Théorie de la connaissance et théorie de l'action chez Veblen et Commons », *Document de travail*, 2005a.

BAZZOLI, Laure, DUTRAIVE, Véronique, « La conception institutionnaliste du marché comme construction sociale : une économie politique des institutions », in G. Bensimon, 2005, dir., 2005b, p. 670-691.

BAZZOLI, Laure, KIRAT, Thierry, « À propos du réalisme en économie des institutions et ses implications sur l'analyse des fondements juridiques des transactions économiques : Commons versus Williamson », *Document de travail IDHE*, série « Règles, Institutions, Conventions », n° 03-05, 2003.

BECKERT, Jens, « Economic Action and Embeddedness : How Shall we Conceptualize Economic Action? », *Journal of Economic Issues*, vol. 37, n° 3, 2003, p. 769-787.

BENSIMON, Guy (dir.), *Histoire des représentations du marché*, Paris, Michel Houdiart Editeur, 2005.

BÉRAUX, Alain, FACARELLO, Gilbert (dir.), *Nouvelle histoire de la pensée économique*, 3 tomes, Paris, La Découverte, 2000.

BIDDLE Joff E. et SAMUELS, Warren J., « The Historicism of John R. Commons's *Legal Foundations of Capitalism* », P. Koslowski, 1997, dir., p. 291-318.

BLAUG, Mark, *La méthodologie économique*, Paris, Economica, seconde édition, 1994.

BLOCK, Fred, « Karl Polanyi and the Writing of *The Great Transformation* », *Theory and Society*, vol. 32, 2003, p. 275-306.

BOUDON, Raymond, « The Present Relevance of Max Weber's *Wertrationalität* (Value Rationality) », in Koslowski,1997, dir, p. 3-29.

BOYER, Robert, *Une théorie du capitalisme est-elle possible ?*, Paris, Odile Jacob, 2004a.

BOYER Robert, *Théorie de la régulation : 1. Les fondamentaux*, Paris, La Découverte, 2004b.

BOYER, Robert et SAILLARD, Yves *Théorie de la régulation. L'état des savoirs*, Paris, La Découverte, seconde édition, 2002.

BRINCKMAN, Richard L., BRINCKMAN, June E., « Cultural Lag : In the Tradition of Veblenian Economics », *Journal of Economic Issues*, vol. 40, n° 4, 2006, p. 1009-1028.

BRUCH, Rüdiger, « Gustav Schmoller entre science sociale et réforme sociale », *in* H. Bruhns, 2004, dir., 2004, p. 39-51.

BRUHNS, Hinnerk, « Max Weber, l'économie et l'histoire », *Annales HSS*, vol. 51, 1996, p. 1259-1287.

BRUHNS, Hinnerk, « À propos de l'histoire ancienne et de l'économie politique chez Max Weber », in M. Weber, 1999, p. 9-59.

BRUHNS, Hinnerk (dir.), *Histoire et économie politique en Allemagne de Gustav Schmoller à Max Weber*, Paris, Éditions de la Maison des sciences de l'homme, 2004.

BRUHNS, Hinnerk, ANDREAU, Jean, « Sociologie économique et économie de l'Antiquité. À propos de Max Weber », *Cahiers du centre de recherches historiques*, octobre, n° 34, 2004.

BURGER Thomas, *Max Weber's Theory of Concept Formation*, Durham, Duke University Press, 1975.

CAILLÉ, Alain, *Dé-penser l'économique*, Paris, La Découverte, 2005.

CAILLÉ, Alain, « Quasi-manifeste pour une économie politique institutionnaliste », *La revue du MAUSS*, n° 30, 2007, p. 33-48.

CAILLÉ, Alain, LAVILLE, Jean-Louis, « Actualité de Karl Polanyi », *in* K. Polanyi, 2008, p. 565-585.

CALDWELL, Bruce J., *Beyond Positivism : Economic Methodology in the Twentieth Century*, London & New York, Routledge, 1982 [2001].

CAMPAGNOLO, Gilles, *Critique de l'économie politique classique. Marx, Menger et l'école historique*, Paris, PUF, 2004.

CAMPAGNOLO, Gilles, « De Schmoller à Weber : constitution d'une approche réflexive de sociologie économique comparative du capitalisme », *Journée d'études sur la pensée économique allemande*, Montpellier, 2005.

CANGIANI, Michele, MAUCOURANT, Jérôme (2008), « Introduction », in K. Polanyi, 2008, p. 9-46.

CHALMERS, Alan F., *Qu'est-ce que la science ? Récents développements en philosophie des sciences : Popper, Kuhn, Lakatos, Feyerabend*, Paris, La Découverte, 1988.

CHAVANCE, Bernard, *L'économie institutionnelle*, Repères, Paris, La Découverte, 2007.

COASE, Ronald, « The Nature of the Firm », *Economica*, vol. 16, n° 4, 1937, p. 386-405.

COASE, Ronald, « The Problem of Social Cost », *Journal of Law and Economics*, vol. 3, n° 1, 1960, p. 1-44.

COLANDER, David, « The Death of Neoclassical Economics », *Journal of the History of Economic Thought*, vol. 22, n° 2, 2000, p. 127-143.

COLANDER, David, HOLT, Richard, ROSSER, J. Barkley, « The changing face of mainstream economics », *Review of Political Economy*, vol. 16, n° 4, 2004, p. 485-499.

COLEMAN, James, *Foundations of Social Theory*, Harvard, Harvard University Press, 1990.

COLLIOT-THÉLÈNE, Catherine, *Max Weber et l'histoire*, Paris, PUF, 1990.

COLLIOT-THÉLÈNE, Catherine, *La sociologie de Max Weber*, Repères, Paris, La Découverte, 2006.

COMMONS, John R., « Natural Selection, Social Selection, and Heredity » [1897], in G. M. Hodgson, 1998a, dir., vol. 1, p. 26-31.

COMMONS, John R., *Legal Foundations of Capitalism*, New Brunswick and London, Transaction Publishers, 1924 [1995].

COMMONS, John R., « Institutional Economics », *American Economic Review*, vol. 21, n° 4, 1931, p. 648-657.

COMMONS, John R., *Institutional Economics. Its place in Political Economy*, New Brunswick and London, Transaction Publishers, 2 vol., 1934 [1990].

COMMONS, John R., *The Economics of Collective Action*, New York, Macmillan, 1950 [1970].

CONCHON, Anne, « La dimension historique de l'économie chez John Rodgers Commons », *Cahiers d'économie politique*, n° 40-41, 2001, p. 39-58.

COREI, Thorstein, *L'économie institutionnaliste. Les fondateurs*, Paris, Economica, 1995.

CUIN, Charles-Henri, « La nature du savoir sociologique : considérations sur la conception webérienne », *L'Année sociologique*, vol. 56, n° 2, 2006, p. 369-388.

DARWIN, Charles, *L'origine des espèces*, Paris, Victor Masson et fils, Guillaumin et Cie, 1861.

DAVIS, John B., « The turn in economics : neoclassical dominance to mainstream pluralism? », *Journal of Institutional Economics*, vol. 2, n° 1, 2006, p. 1-20.

DEMEULENAERE, Pierre, *Homo oeconomicus. Enquête sur la constitution d'un paradigme*, Paris, Quadrige, seconde édition, 2003.

DEQUECH, David, « The Demarcation between the "Old" and the "New" Institutional Economics : Recent Complications », *Journal of Economic Issues*, vol. 36, n° 2, 2002, p. 565-572.

DEWEY, John, « The Reflex Arc Concept in Psychology », *Psychological Review*, vol. 3, 1896, p. 357-370.

DEWEY, John, *Human Nature and Conduct : an Introduction to Social Psychology*, Henry Holt and Company, 1922.

DEWEY, John, *Logique. La théorie de l'enquête*, Paris, PUF, 1938 [1993].

DICKSTEIN, Morris (dir.), *The Revival of Pragmatism*, Durham, N.C., Duke University Press, 1998.

DILTHEY, Wilhelm, *Critique de la raison historique. Introduction aux sciences de l'esprit et autres textes*, Paris, Les Éditions du Cerf, 1883 [1992].

DILTHEY, Wilhelm, *L'édification du monde historique dans les sciences de l'esprit*, Paris, Les Éditions du Cerf, 1910 [1988].

DOPFER, Kurt, « How Historical is Schmoller's Economic Theory? », *Journal of Institutional and Theoretical Economics*, vol. 144, n° 3, 1988, p. 552-569.

DOPFER, Kurt, « On the Significance of Gustav Schmoller's Contribution to Modern Economics », *History of Economic Ideas*, vol. 1, n° 3, 1993, p. 143-178.

DORFMAN, Joseph, *Thorstein Veblen and his America*, New York, A. M. Kelley, 1934 [1966].

DORFMAN, Joseph, « The Role of the German Historical School in American Economic Thought », *American Economic Review (Papers and proceedings)*, vol. 45, n° 2, 1955, p. 17-28.

DUFOUR, Emmanuel, *Les néokantiens*, Paris, Librairie philosophique J. Vrin, 2003.

DUGGER, William M., « Property Rights, Law, and John R. Commons », *Review of Social Economy*, vol. 38, n° 1, 1980, p. 41-53.

DUGGER, William M., « Sovereignty in Transaction Cost Economics : John R. Commons and Oliver Williamson », *Journal of Economic Issues*, vol. 30, n° 2, 1996, p. 427-433.

DUGGER, William M., « Veblen's Radical Theory of Social Evolution », *Journal of Economic Issues*, vol. 40, n° 3, 2006, p. 651-672.

DUPUY, Jean-Pierre, EYMARD-DUVERNAY, François, ORLÉAN, André, FAVEREAU, Olivier, THÉVENOT, Laurent, SALAIS, Robert, « Introduction », *Revue économique*, vol. 40, n° 2, 1989, p. 141-146.

EDGELL, Stephen, TILMAN, Rick, « The Intellectual Antecedents of Thorstein Veblen : a Reappraisal », *Journal of Economic Issues*, vol. 23, n° 4, 1989, p. 1003-1026.

EYMARD-DUVERNAY, François, « Pour un programme d'économie institutionnaliste », *Revue économique*, vol. 53, n° 2, 2002, p. 325-336.

FAVEREAU, Olivier, « Marché internes, marchés externes », *Revue économique*, vol. 40, n° 2, 1988, p. 273-328.

FEYERABEND, Paul, *Contre la méthode*, Paris, Seuil, 1975 [1988].

FOREST, Joëlle, MEHIER, Caroline, « John R. Commons and Herbert A. Simon on the Concept of Rationality », *Journal of Economic Issues*, vol. 35, n° 3, 2001, p. 591-605.

FRIEDMAN, Milton, « La méthodologie de l'économie positive », *Essai d'économie positive*, Paris, Lexis-Nexis, 1953 [1995].

GIOIA, Vitoria, « Causality and Economic Analysis in Gustav Schmoller's Thought », *History of Economic Ideas*, vol. 1, n° 3, 1993, p. 197-223.

GIOIA, Vitoria, « L'école historique allemande d'économie », in A. Béraud et G. Faccarello, 2000, dir., tome 3, p. 30-73.

GISLAIN, Jean-Jacques, « Les conceptions évolutionnaires de T. Veblen et J. R. Commons », *Économies et Sociétés*, vol. 33, n° 1, 1999, p. 49-67.

GISLAIN, Jean-Jacques, « La naissance de l'institutionnalisme : Thorstein Veblen », *in* A. Béraud et G. Faccarello, 2000, dir., tome 3, p. 75-115.

GISLAIN, Jean-Jacques, « Causalité institutionnelle : la futurité chez J. R. Commons », *Économie et Institutions*, n° 1, 2002, p. 47-66.

GISLAIN, Jean-Jacques, STEINER, Philippe, *La sociologie économique. 1890-1920*, Paris, PUF, 1995.

GODELIER, Maurice, « Présentation » in K. Polanyi et C. Arensberg, 1957 [1975], dir., p. 9-32.

GOULD, Stephen J., *Darwin et les grandes énigmes de la vie*, Paris, Seuil, 1997.

GRAMAJO, Andres M., « Rationality as a Social Construction : What Does Individual Behavior Have To Say About Development in an Amazon Community », *Journal of Economic Issues*, vol. 42, n° 1, 2008, p. 115-132.

GRANOVETTER, Mark, « Economic Action and Social Structure : The Problem of Embeddedness », *American Journal of Sociology*, vol. 91, n° 3, 1985, p. 418-510.

GRIFFIN, Robert, « What Veblen owed to Peirce. The Social Theory of Logic », *Journal of Economic Issues*, vol. 32, n° 3, 1998, p. 733-757.

GUÉRY, Alain, « Propriété, droit et institution dans l'institutionnalisme américain », *Cahiers d'économie politique*, n° 40-41, 2001, p. 9-38.

GUILLEMIN, Hervé, « Aux sources de l'Institutionnalisme. Fondements philosophiques et méthodologiques », *Les Cahiers du CERAS*, n° 30, 1998.

GUILLEMIN, Hervé, « Faut-il distinguer, sur le plan méthodologique, les sciences sociales des sciences de la nature ? La réponse de Wilhelm Dilthey », *Les Cahiers du CERAS*, n° 36, 1999, p. 5-13.

HABERMAS, Jürgen, *Connaissance et intérêt*, Paris, Gallimard, 1976.

HABERMAS, Jürgen, *Logique des sciences sociales et autres essais*, Paris, Quadrige, PUF, 2005, seconde édition.
HALL, John, WHYBROW, Oliver, « Continuity and Consciousness : The Chain of Ideas Linking Peirce's Synechism to Veblen's Cumulative Causation », *Journal of Economic Issues*, vol. 42, n° 2, 2008, p. 349-355.
HANDS, D. Wade, *Reflection Without Rules : Economic Methodology and Contemporary Science Theory*, Cambridge, Cambridge University Press, 2001.
HAÜSER, Karl, « Historical School and "Methodenstreit" », *Journal of Institutional and Theoretical Economics*, n° 144, 1988, p. 532-542.
HAYEK, Friedrich A., *Droit, législation et liberté*, vol. 1, Paris, PUF, 1973.
HAYEK, Friedrich A., *Essais de philosophie, de science politique et d'économie*, Paris, Belles Lettres, 2007.
HÉDOIN, Cyril, « Économie et idée de justice dans l'historicisme éthique de Gustav Schmoller », communication aux journées d'étude ACGPE et CEFI, Aix-en-Provence, 2006.
HÉDOIN, Cyril, « Weber and Veblen on the Rationalization Process », *Journal of Economic Issues*, vol. 43, n° 1, 2009, p. 167-187.
HÉDOIN, Cyril, « Le réalisme critique de Tony Lawson : apports et limites dans une perspective institutionnaliste », *Cahiers d'économie politique*, n° 58, 2010a, p. 103-131.
HÉDOIN, Cyril, « Did Veblen Generalized Darwinism (And Why Does It Matter)? », *Journal of Economic Issues*, vol. 44, n° 4, 2010b, p. 963-990.
HÉDOIN, Cyril, « Veblen et son actualité : sélection multi-niveaux et darwinisme généralisé », *OEconomia*, vol. 2, n° 2, 2012a, p. 179-207.
HÉDOIN, Cyril, « Linking Institutions to Economic Performance : The Role of Macro-Structures in Micro-Explanations », *Journal of Institutional Economics*, vol. 8, n° 3, 2012b, p. 327-349.
HELLE, Horst J., « Dilthey's "Verstehen" Sociology, Philosophy of Culture, and Ethics », in P. Koslowski, 1995, dir., p. 109-123.
HEMPEL, Carl G., « The Function of General Laws in History », *Journal of Philosophy*, vol. 39, n° 2, 1942, p. 35-48.
HEMPEL, Carl G., OPPENHEIM, Paul, « Studies in the Logic of Explanation », *Philosophy of Science*, vol. 15, 1948, p. 135-175.
HENNIS, Wilhelm, « The Pitiless 'Sobriety of Judgement' : Max Weber between Carl Menger and Gustav von Schmoller – The Academic Politics of Value Freedom », *History of the Human Sciences*, n° 4, 1991, p. 28-59.
HODGSON, Geoffrey M., *Economics and Evolution. Bringing Life Back into Economics*, Michigan, The University of Michigan Press, 1993.
HODGSON, Geoffrey M., « On the evolution of Thorstein Veblen's evolutionary economics », *Cambridge Journal of Economics*, vol. 22, n° 4, 1998, p. 415-431.

HODGSON, Geoffrey M., « What Is the Essence of Institutional Economics? », *Journal of Economic Issues*, vol. 34, n° 2, 2000, p. 317-329.

HODGSON, Geoffrey M., *How Economics Forgot History. The Problem of Historical Specificity in the Social Sciences*, London, Routledge, 2001.

HODGSON, Geoffrey M., « The Evolution of Institutions : An Agenda for Future Theoretical Research », *Constitutional Political Economy*, vol. 13, n° 1, 2002, p. 111-127.

HODGSON, Geoffrey M., *The Evolution of Institutional Economics. Agency, Structure and Darwinism in American Institutionalism*, London, Routledge, 2004.

HODGSON, Geoffrey M., « The Revival of Veblenian Institutional Economics », *Journal of Economic Issues*, vol. 41, n° 2, 2007a, p. 325-340.

HODGSON, Geoffrey M., « Evolutionary and Institutional Economics as the New mainstream? », *Evolutionary and Institutional Economic Review*, vol. 1, n° 1, 2007b, p. 7-25.

HODGSON, Geoffrey M., « How Veblen Generalized Darwinism », *Journal of Economic Issues*, vol. 2, n° 2, 2008, p. 399-405.

HODGSON, Geoffrey M., KNUDSEN, Thorbjorn, « Why we need a generalized Darwinism, and why generalized Darwinism is not enough », *Journal of Economic Behavior and Organization*, vol. 61, n° 1, 2006a, p. 1-19.

HODGSON, Geoffrey M., KNUDSEN, « Dismantling Lamarckism : why descriptions of socio-economic evolution as Lamarckian are misleading », *Journal of Evolutionary Economics*, vol. 16, n° 4, 2006b, p. 343-366.

HODGSON, Geoffrey M., SAMUELS, Warren J., TOOL, Mark, (dir.), *Elgar Companion to Evolutionary and Institutional Economics*, E. Elgar, Aldershot, 2 vol., 1994.

HOLBORN, Hajo, « Wilhem Dilthey and the Critique of Historical Reason », *Journal of the History of Ideas*, vol. 11, n° 1, 1950, p. 93-118.

HOPKINS, Tom, « La sociologie et la conception substantive de l'économie », in K. Polanyi et C. Arensberg, dir., 1957, p. 261-289.

HUTCHINSON, Terence, *The Significance and Basic Postulates of Economic Theory*, London, Macmillan, 1938.

HUTCHINSON, Terence, « Gustav Schmoller and the Problems of Today », *Journal of Institutional and Theoretical Economics*, vol. 144, n° 3, 1988, p. 527-531.

JENNINGS, Ann, WALLER, William, « Evolutionary Economics and Cultural Hermeneutics : Veblen, Cultural Relativism and Blind Drift », *Journal of Economic Issues*, vol. 28, n° 4, 1994, p. 997-1030.

JENSEN, Hans E., « The Theory of Human Nature », *Journal of Economic Issues*, vol. 21, n° 3, 1987, p. 1039-1073.

JOAS, Hans, « Communitarianism, Pragmatism, Historicism », in Koslowski, 1995, dir., p. 267-282.

KALBERG, Stephen, *La sociologie historique comparative de Max Weber*, Paris, La Découverte/MAUSS, 2003.

KAUFMAN, Bruce E., « The organization of economic activity : insights from the institutional theory of John R. Commons », *Journal of Economic Behavior and Organization*, vol. 52, n° 1, 2003, p. 71-96.

KILPINEN, Erkki, « What is Rationality? A New Reading of Veblen's Critique of Utilitarian Hedonism », *International Journal of Politics, Culture and Society*, vol. 13, n° 2, 1999, p. 187-206.

KILPINEN, Erkki, « Does Pragmatism Imply Institutionalism? », *Journal of Economic Issues*, vol. 37, n° 1, 2003, p. 291-304.

KILPINEN, Erkki, « How to Fight the "Methodenstreit" ? Veblen and Weber on economics, psychology and action », *International Review of Sociology*, vol. 14, n° 3, 2004, p. 413-432.

KOPPL, Roger, ROSSER, J. Barkley, « All That I Have to Say Has Already Cross Your Mind », *Metroeconomica*, vol. 53, 2002, p. 339-360.

KOSLOWSKI, Peter, « Economics as Ethical Economy in the Tradition of the Historical School. Introduction », in Koslowski, 1995, dir., p. 1-11.

KOSLOWSKI, Peter (dir.), *The Theory of Ethical Economy in the Historical School. Wilhem Roscher, Lorenz von Stein, Gustav Schmoller, Wilhem Dilthey and Contemporary Theory*, Berlin/Heidelberg/New York, Springer, 1995.

KUHN, Thomas, *La structure des révolutions scientifiques*, Paris, Flammarion, 1962[2008].

LABROUSSE, Agnès, « La Methodenstreit : enjeux contemporains d'un débat ancien », *document de travail*, Centre Marc Bloch, 2002.

LACHMANN, Ludwig M., *The Legacy of Max Weber*, Berkeley, Glendessary Press, 1971.

LAKATOS, Imre, *Histoire et méthodologie des sciences*, Paris, PUF, 1994.

LAVOIE, Mark, « Les théories hétérodoxes ont-elles quelque chose en commun ? Un point de vue keynésien », *Économies et Sociétés*, n° 36, 2005, p. 1091-1124.

LAWLOR, Michael S., « William James's psychological pragmatism : habit, belief, and purposive behaviour », *Cambridge Journal of Economics*, vol. 30, n° 3, 2006, p. 321-345.

LAWSON, Tony, *Economics and Reality*, London, Routledge, 1997.

LAWSON, Tony, « *Should* Economics Be an Evolutionary Science? Veblen's Concern and Philosophical Legacy », *Journal of Economic Issues*, vol. 36, n° 2, 2002, p. 279-292.

LAWSON, Tony, *Reorienting Economics*, London, Routledge, 2003.

LAWSON, Tony, « Reorienting History (of Economics) », *Journal of Post Keynesian Economics*, vol. 27, n° 3, 2005a, p. 455-471.

LAWSON, Tony, « The Nature of Institutional Economics », *Evolutionary and Institutional Economics Review*, vol. 2, n° 1, 2005b, p. 7-20.

LAWSON, Tony, « The Nature of Heterodox Economics », *Cambridge Journal of Economics*, vol. 30, n° 4, 2005c, p. 483-505.

LEATHERS, Charles C., « Veblen and Hayek on Instincts and Evolution », *Journal of the History of Economic Thought*, vol. 12, n° 2, 1990, p. 162-178.

LECOURT, Dominique, « Positivisme », in D. Lecourt, *Dictionnaire d'histoire et philosophie des sciences*, Paris PUF, 4e édition, 2006, p. 870-876.

LE VELLY, Renaud, « La notion d'encastrement : une sociologie des échanges marchands », *Sociologie du travail*, vol. 44, n° 1, 2002, p. 37-53.

LE VELLY, Renaud, « Le problème du désencastrement », *La revue du Mauss*, n° 29, 2007, p. -196.

LEVINS Richard, LEWONTINS, Richard, *The Dialectical Biologist*, Harvard, Harvard University Press, 1985.

LIEBHAFSKY, Eric E., « The Influence of Charles S. Peirce on Institutional Economics », *Journal of Economics Issues*, vol. 27, n° 3, 1993, p. 741-754.

LOADER, Colin, WADDOUPS, Jeffrey, TILMAN, Rick, « Thorstein Veblen, Werner Sombart and the Periodization of History », *Journal of Economic Issues*, vol. 25, n° 2, 1991, p. 421-427.

MALHERBE, Jean-François, *La philosophie de Karl Popper et le positivisme logique*, Paris, PUF, 1979.

MANNHEIM, Karl, *Idéologie et utopie*, version électronique « Les classiques des sciences sociales », 1929.

MAUCOURANT, Jérôme, « Le défi de la "New Economic History" : le cas des économies non modernes », *La Revue du Mauss*, n° 2, 1997, p. 65-81.

MAUCOURANT, Jérôme, *Avez-vous lu Polanyi ?*, Paris, La Dispute, 2005.

MCCLOSKEY, Deirdre, *The Rhetoric of Economics*, Madison, The University of Wisconsin Press, 1998, seconde édition.

MENGER, Carl, *Rechers sur la méthode dans les sciences socicales et en économie politique en* particulier, Paris, EHESS translations, 1883 [2011].

MESURE, Sylvie, *Dilthey et la fondation des sciences historiques*, Paris, PUF, 1990.

MIROWSKI, Philip, « The Philosophical Basis of Institutional Economics », *Journal of Economic Issues*, vol. 21, n° 3, 1987, p. 1001-1038.

MISES, Ludwig, *Human Action. A treatise on Economics*, Laissez-Faire Books, 4e édition 1949, [2008].

MOUREAU, Nathalie, RIVAUD-DANSET, Dorothée, *L'incertitude dans les théories économiques*, Paris, La Découverte, 2004.

MUNKIRS, John R., « The Dichotomy : Views of a Fifth Generation Institutionalists », *Journal of Economic Issues*, vol. 22, n° 4, 1988, p. 1035-1044.

NAU, Henno H., STEINER, Philippe, « Schmoller, Durkheim and Old European Institutionalist Economics », *Journal of Economic Issues*, vol. 36, n° 4, 2002, p. 1005-1024.

NAU, Henno H., « Institutional, Evolutionary and Cultural Aspects in Max

Weber's Social Economics », *Cahiers d'économie politique*, vol. 49, 2005, p. 127-142.
NEALE, Walter, « Karl Polanyi and American Institutionalism », in K. Polanyi-Levitt, 1990, dir., *The Life and Work of Karl Polanyi*, Black Rose Books.
NEILL, Robin, « Varieties of Scientific System : From Veblen to the Postmoderns », *Journal of Economic Issues*, vol. 40, n° 3, 2006, p. 673-692.
NORTH, Douglass C., *Structure and Change in Economic History*, New York, Norton & Company, 1982.
NORTH, Douglass C., *Institutions, Institutional Change and Economic Performance*, Cambridge, Cambridge University Press, 1990.
NORTH, Douglass C., « Le défi de Karl Polanyi. Le marché et les autres systèmes d'allocation des ressources », *La Revue du Mauss*, n° 10, 1997, p. 51-64.
NORTH, Douglass C., *Le processus du développement économique*, Paris, Éditions d'Organisation, 2005.
OAKES, Guy, « Introductory Essay », in Weber, 1903-06 [1975], p. 1-49.
OAKES, Guy, « Introduction : Rickert's Theory of Historical Knowledge », in H. Rickert, 1921 [1986], p. I-XXII.
OAKES, Guy, *Weber and Rickert. Concept Formation in Cultural Sciences*, Cambridge, MIT Press, 1988.
OAKES, Guy, « Value Theory and the Foundations of the Cultural Sciences. Remarks on Rickert », in P. Koslowski, 1997, dir., p. 59-78.
O'HARA Philip A., « Methodological Principles of Institutional Political Economy : Holism, Evolution and Contradiction », *Methodus*, vol. 5, n° 1, 1993, p. 51-71.
O'HARA Philip A., « Veblen's Critique of Marx's Philosophical Preconceptions of Political Economy », *European Journal of the History of Economic Thought*, vol. 4, n° 1, 1997, p. 65-91.
O'HARA Philip A., *Marx, Veblen, and Contemporary Institutional Political Economy*, Cheltenham, Edward Elgar, 2000.
O'HARA Philip A., « The Contemporary Relevance of Thorstein Veblen's Institutional-Evolutionary Political Economy », *History of Economic Review*, vol. 35, 2002, p. 78-103.
O'HARA Philip A., « Principles of Institutional-Evolutionary Political Economy – Converging Themes from the Schools of Heterodoxy », *Journal of Economics Issues*, vol. 41, n° 1, 2007, p. 1-41.
PEARSON, Harry, « L'économie n'a pas de surplus : critique d'une théorie du développement », in K. Polanyi et C. Arensberg, 1957, dir., p. 301-317.
PEIRCE, Charles S., *Textes anticartésiens*, Paris, Aubier, 1984.
PEIRCE, Charles S., *Charles Sanders Peirce. Pragmatisme et pragmaticisme*, Œuvres I, sous la direction de C. Tiercelin et P. Thibaud, Paris, Cerf, 2002.

PEIRCE, Charles S., *Charles Sanders Peirce. Ecrits logiques*, Œuvres III, sous la direction de C. Tiercelin et P. Thibaud, Paris, Cerf, 2006.

PEUKERT, Helge, « On the Origins of Modern Evolutionary Economics : Veblen Legend after 100 years », *Journal of Economic Issues*, vol. 34, n° 3, 2001, p. 543-556.

PEUKERT, Helge, « Max Weber : Precursor of Economic Sociology and Heterodox Economics? », *American Journal of Economics and Sociology*, vol. 63, n° 5, 2004, p. 987-1020.

PLOCINICZAK, Sébastien, « La représentation utopique du marché autorégulateur selon Karl Polanyi », in G. Bensimon, 2005, dir., p. 692-708.

POLANYI, Karl, *La Grande Transformation : Aux origines politiques et économiques de notre temps*, Paris, Gallimard, 1944 [1983].

POLANYI, Karl, « Our Obsolete Market Mentality : Civilization Must Find a New Thought Pattern », *Commentary*, n° 3, 1947a, p. 109-117.

POLANYI, Karl, « On Belief in Economic Determinism », *The Sociological Review*, n° 39, 1947b, 96-102.

POLANYI, Karl, « L'économie en tant que processus institutionnalisé », 1957a, in K. Polanyi et C. Arensberg, 1957, dir., p. 239-260.

POLANYI, Karl, « Aristote découvre l'économie », 1957b, in K. Polanyi et C. Arensberg, 1957, dir., p. 93-117.

POLANYI, Karl, *The Livelihood of Man*, New York, Academic Press, 1977.

POLANYI, Karl, *Essais de Karl Polanyi*, Paris, Seuil, 2008.

POLANYI, Karl, ARENSBERG, Conrad, *Les systèmes économiques dans l'histoire et dans la théorie*, Paris, Larousse, 1957 [1975].

POLANYI, Karl, ARENSBERG, Conrad, PEARSON, Harrod, « Place de l'économie dans les sociétés », in K. Polanyi et C. Arensberg, 1957, dir., p. 235-237.

POLANYI-LEVITT, Kari, « Les principaux concepts dans le travail de Karl Polanyi et leur pertinence actuelle », in P. Rouillard, 2005, dir., p. 1-15.

POPPER, Karl, *La logique de la découverte scientifique*, Paris, Payot, 1934 [2007].

POPPER, Karl, *Conjectures et réfutations*, Paris, Payot, 1953 [2007].

POPPER, Karl, *La connaissance objective*, Paris, Flammarion, 1972 [1999].

POSTEL, Nicolas, « Hétérodoxie et institutions », *La Revue du Mauss*, n° 30, 2007, p. 68-102.

POSTEL, Nicolas, « Note de lecture : Bernard Chavance, *L'économie institutionnelle*, La Découverte, Repères, Paris, 2007, 120 pages », *Revue de la régulation*, n° 2, 2008.

POSTEL, Nicolas, SOBEL, Richard, « Économie politique, institutionnalisme et hétérodoxies. Un essai de généalogie conceptuelle de l'objet propre des hétérodoxies économiques », *Document de travail*, 2009.

PRIDDAT, Birger P., « Theory of Subjective Value in German National

Economics », *International Journal of Social Economics*, vol. 25, n° 9, 1998, p. 1505-1919.

QUINE, Willard V.O., « Two Dogmas of Empiricism », *Philosophical Review*, vol. 60, n° 1, January, 1951, p. 20-43.

QUINE, Willard V.O., *From a Logical Point of View*, Cambridge, Harvard University Press, 1953.

RAMSTAD, Yngve, « A Pragmatist's Quest for Holistic Knowledge : The Scientific Methodology of J. R. Commons », *Journal of Economic Issues*, vol. 20, n° 4, 1986, p. 1067-1105.

RAYNAUD, Philippe, *Max Weber et les dilemmes de la raison moderne*, Paris, Quadrige, PUF, 1996.

RENAULT, Michel, « L'Économie institutionnaliste et la philosophie pragmatique : la nature humaine, la totalité et les valeurs », *Économies et Sociétés*, vol. 8, n° 17, 1992, p. 171-201.

RICKERT, Heinrich, *The Limits of Concept Formation in Natural Science*, New York, Cambridge University Press, 1921 [1986].

RICKERT, Heinrich, *Sciences de la nature et sciences de la culture*, Paris, Gallimard, 1926 [1997].

ROBBINS, Lionel, *An Essay on the Nature and Significance of Economic Science*, London, Macmillan, 1932.

ROTSTEIN, Abraham, « The Market, Mind and Rationality. From Vienna to Paris and Back », *Revue européenne des sciences sociales*, Tome 44, n° 134, 2006, p. 259-269.

RUTHERFORD, Malcolm, *Institutions in Economics : The Old and the New Institutionalism*, Cambridge, Cambridge University Press, 1994.

RUTHERFORD, Malcolm, « The Old and New Institutionalism : Can Bridge be Built? », *Journal of Economic Issues*, vol. 29, n° 2, 1995, p. 443-451.

RUTHERFORD, Malcolm, « Veblen's evolutionary program : a promise unfulfilled », *Cambridge Journal of Economics*, vol. 22, 1998, p. 463-477.

SAMUELS, Warren J., « The Self Referentiability of Thorstein Veblen's Theory of the Preconceptions of Economic Science », *Journal of Economic Issues*, vol. 24, n° 3, 1990, p. 823-832.

SARAM, Paul A., « Reflections on the Reception of Veblen and Weber in American Sociology », *International Journal of Politics, Culture and Society*, vol. 11, 1998, p. 579-605.

SCHEFOLD, Bertram, « Gustav von Schmoller », in *The New Palgrave Dictionary of Economics*, vol. IV, 1987, p. 256-257.

SCHINZINGER, F., « German Historical School », in *The New Palgrave Dictionary of Economics*, vol. II, 1987, p. 516-518.

SCHMOLLER, Gustav, « The Idea of Justice in Political Economy », *Annals of the American Academy of Political and Social Science*, vol. 4, 1983-4, publié originalement en allemand en 1881 et traduit en français dans G. Schmoller, 1902, p. 184-220.

SCHMOLLER, Gustav, *Politique sociale et économie politique*, Paris, V. Giard & E. Brière, 1902.

SCHMOLLER, Gustav, *Principes d'économie politique*, 5 vol., Paris, V. Giard & E. Brière, 1905-08.

SCHOTTER, Andrew, *The Economic Theory of Social Institutions*, Cambridge, Cambridge University Press, 1981.

SCHUMPETER, Joseph A., *Histoire de l'analyse économique*, 3 tomes, Paris, Gallimard, 1954 [2004].

SHIONOYA, Yuichi, « A Methodological Appraisal of Schmoller's Research Program », in P. Koslowski, 1995, dir., p. 57-78.

SHIONOYA, Yuichi, *The Soul of the German Historical School : Methodological Essays on Schmoller, Weber and Schumpeter (The European Heritage in Economics and the Social Sciences)*, Berlin/Heidelberg/New York, Springer, 2005

SOMBART, Werner, « Economic theory and economic history », *European History Review*, vol. 2, n° 1, 1929, p. 1-19.

SPIETHOFF, Arthur, « The "Historical" Character of Economic Theories", *Journal of Economic History*, vol. 12, n° 2, 1952, p. 131-139.

STANFIELD, James R., *The Economic Thought of Karl Polanyi. Lives and Livelihood*, London, MacMillan, 1986

STEINER, Philippe, *La sociologie économique*, Paris, La Découverte, 1999.

STEINER, Philippe, « L'économie positive, l'institutionnalisme et l'école historique », in A. Béraud et G. Faccarello, 2000, dir., tome 3, p. 14-29.

SWEDBERG, Richard, *Une histoire de la sociologie économique*, Paris, Desclée de Brouwer, 1987.

SWEDBERG, Richard, *Max Weber and the Idea of Economic Sociology*, Princeton, New Jersey, Princeton University Press, 1998

SWEDBERG, Richard, « Max Weber as an Economist and as a Sociologist : Towards a Fuller Understanding of Weber's View of Economics », *American Journal of Economics and Sociology*, vol. 58, n° 4, 1999, p. 561-582.

THÉRET, Bruno, « Saisir les faits économiques : une lecture structuraliste génétique de la méthode de Commons », *Cahiers d'Économie Politique*, n° 40-41, 2002, p. 79-137.

THÉRET, Bruno, « Structure et modèles élémentaires de la firme. Une approche hypothético-déductive à partir des *insights* de John R. Commons », *Économie et institutions*, n° 2, 2003, p. 141-166.

TIERCELIN, Claudine, *C.S. Peirce et le pragmatisme*, Paris, PUF, 1993.

TILMAN, Rick, *The Intellectual Legacy of Thorstein Veblen : Unresolved Issues*, Westport, Connecticut, Greenwood Press, 1996.

TILMAN, Rick, « Ferdinand Tonnies, Thorstein Veblen and Karl Marx : From

Community to Society and Back », *European Journal of History of Economic Thought*, vol. 11, n° 4, 2004, p. 579-606.

TRIBE, Keith, *Strategies of Economic Order : German Economic Discourse 1750-1950*, Cambridge, Cambridge University Press, 2007.

TRIGILIA, Carlo, *Sociologie économique*, Paris, Armand Colin, 2002.

TWOMEY, Paul, « Reviving Veblenian economic psychology », *Cambridge Journal of Economics*, vol. 22, n° 4, 1998, p. 433-448.

VANDENBERGHE, Frédéric, *Une histoire critique de la sociologie allemande. Tome I : Marx, Simmel, Weber, Lukacs*, Paris, La Découverte/MAUSS, 1997.

VAN LUIJK, Henk J. L., « In Search of a Theory. Gustav Schmoller on Economic Justice : A Guide to Present Problems in Business Ethics? », in P. Koslowski, 1995, dir., p. 206-218.

VEBLEN, Thorstein, « Kant's Critique of Judgement », *Journal of Speculative Philosophy*, vol. 18, 1884, p. 260-274.

VEBELN, Thorstein, « Why is Economics Not an Evolutionary Science? », 1898a, in T. Veblen 1919, p. 56-81.

VEBLEN, Thorstein, « The Instinct of Workmanship and the Irksomeness of Labor », *American Journal of Sociology*, vol. 4, 1898b, p. 187-201.

VEBLEN, Thorstein, *Théorie de la classe de loisirs*, Paris, Gallimard, 1899a [1978].

VEBLEN, Thorstein, « The Preconceptions of Economic Science, Part I », 1899b, in T. Veblen 1919, p. 82-113.

VEBLEN, Thorstein, « The Preconceptions of Economic Science, Part II », 1899c, in T. Veblen, 1919, p. 114-147.

VEBLEN, Thorstein, « The Preconceptions of Economic Science, Part III », 1900, in T. Veblen, 1919, p. 148-179.

VEBLEN, Thorstein, « Gustav von Schmoller's Economics », 1901a, in T. Veblen, 1919, p. 252-278.

VEBLEN, Thorstein, « Industrial and Pecuniary Employments », 1901b, in T. Veblen, 1919, p. 279-323.

VEBLEN, Thorstein, « Review author of 'Der Moderne Kapitalismus', Werner Sombart », *The Journal of Political Economy*, vol. 11, n° 2, 1903, p. 300-305.

VEBLEN, Thorstein, *The Theory of Business Enterprise*, Paris, Cosimo Classic, 1904 [2005].

VEBLEN, Thorstein, « The Place of Science in Modern Civilisation », 1906a, in T. Veblen, 1919, p. 1-31.

VEBLEN, Thorstein, « The Socialist Economics of Karl Marx and His Followers, I », 1906b, in T. Veblen, 1919, p. 409-430.

VEBLEN, Thorstein, « The Socialist Economics of Karl Marx and His Followers, II », 1907, in T. Veblen, 1919, p. 431-456.

VEBLEN, Thorstein, « The Evolution of the Scientific Point of View », 1908a, in T. Veblen, 1919, p. 32-55.

VEBLEN, Thorstein, « On the Nature of Capital. I », 1908b, in T. Veblen, 1919, p. 324-351.
VEBLEN, Thorstein, « On the Nature of Capital. II », 1908c, in T. Veblen, 1919, p. 352-386.
VEBLEN, Thorstein, « The Limitations of Marginal Utility », 1909, in T. Veblen, 1919, p. 321-251.
VEBLEN, Thorstein, *The Instinct of Workmanship, and the State of the Industrial Arts*, New York, Cosimo Classic, 1914 [2006].
VEBLEN, Thorstein, *The Place of Science in Modern Civilization*, New Brunswick, Transactions Publishers, 1919 [2006].
VEBLEN, Thorstein, *The Engineers and the Price System*, New York, B. W. Huebsch, 1921.
VEBLEN, Thorstein, *Absentee Ownership. Business Enterprise in Recent Times : The Case of America*, New Brunswick, Transaction publishers, 1923 [1997].
VEBLEN, Thorstein, « Economic Theory in the Caculable Future », *American Economic Review*, vol. 15, n° 1, 1925, p. 48-55.
WEBB, James L., « Dewey : Back to the Future », *Journal of Economic Issues*, vol. 36, n° 4, 2002, p. 981-1003.
WEBB, James L., « Pragmatisms (Plural) Part I : Classical Pragmatism and Some Implications for Empirical Inquiry », *Journal of Economic Issues*, vol. 41, n° 4, 2007, p. 1063-1086.
WEBER, Max, *Roscher and Knies : The Logical Problems of Historical Economics*, New York and London, The Free Press Coller Macmillan, 1903-06 [1975].
WEBER, Max, « L'objectivité de la connaissance dans les sciences et la politique sociales », 1904, in M. Weber, 1965, p. 119-213.
WEBER, Max, *L'éthique protestante et l'esprit du capitalisme*, Paris, Plon, 1904-05 [2005].
WEBER, Max, « Études critiques pour servir à la logique des sciences de la culture », 1906, in M. Weber, 1965, p. 217-323.
WEBER, Max, « Marginal Utility Theory and the "Fundamental Law of Psychophysics" », *Social Science Quaterly*, vol. 56, 1908 [1975], p. 24-36.
WEBER, Max, « Essai sur quelques catégories de la sociologie compréhensive », 1913, in M. Weber, 1965, p. 325-398.
WEBER, Max, « Essai sur le sens de la "neutralité axiologique" dans les sciences sociologiques et économiques », 1917, in M. Weber, 1965, p. 399-477.
WEBER, Max, « Le socialisme », 1919, in M. Weber, *Œuvres politiques (1895-1919)*, Paris, Albin Michel, 2004, p. 457-491.
WEBER, Max, *Économie et société*, Paris, Plon, 2 tomes, 1922 [2004].
WEBER, Max, *Histoire économique. Esquisse d'une histoire universelle de l'économie et de la société*, Paris, Gallimard, 1923 [1995].

WEBER, Max, *Le savant et le politique*, Paris, Plon, 1959.
WEBER, Max, *Essais sur la théorie de la science*, Paris, Plon, 1965.
WEBER, Max, *Sociologie du droit*, Paris, PUF, 1986.
WEBER, Max, *Sociologie des religions*, Paris, Gallimard, 1996.
WEBER, Max, *Sociologie de la musique*, Paris, Métailié, 1998.
WIBLE, James R., « The Instrumentalism of Dewey and Friedman », *Journal of Economic Issues*, vol. 18, n° 4, 1984, p. 1049-1070.
WIBLE, James R., « Charles Sanders Peirce's Economy of Research », *Journal of Economic Methodology*, vol. 1, n° 1, 1994, p. 135-160.
WILBER, Charles, HARRISON, Robert, « The Methodological Basis of Institutional Economics : Pattern Model, Storytelling, and Holism », *Journal of Economic issues*, vol. 12, n° 1, 1978, p. 61-89.
WILLIAMSON, Oliver E., *Markets and Hierarchies : Analysis and Antitrust Implications*, New York, Free Press, 1975.
WILLIAMSON, Oliver E., *The Economic Institutions of Capitalism*, New York, Free Press, 1985.
YAGI, Kiichiro, « Carl Menger and the Historicism in Economics », in P. Koslowski, 1997, dir., p. 231-258.
YAGI, Kiichiro, « Karl Knies, Austrians, and Max Weber : a Heidelberg connection? », *Journal of Economic Studies*, vol. 32, n° 4, 2005, p. 314-330.
YILMAZ, Feridun, « Veblen and the Problem of Rationality », *Journal of Economic Issues*, vol. 41, n° 3, 2007, p. 841-862.
ZAFIROVSKI, Milan, « Max Weber's Analysis of Marginal Utility Theory and Psychology Revisited : Latent Propositions in Economic Sociology and the Sociology of Economics », *History of Political Economy*, vol. 33, n° 3, 2001, p. 437-458.
ZAFIROVSKI, Milan, « Paths of the Weberian-Austrian Interconnection », *The Review of Austrian Economics*, vol. 15, n° 1, 2002, p. 35-59.

INDEX DES AUTEURS

INDEX DES NOTIONS

TABLE DES TABLEAUX ET DES FIGURES

TABLEAUX

FIGURES

TABLE DES MATIÈRES

SECONDE PARTIE

L'INSTITUTIONNALISME HISTORIQUE ET LA THÉORISATION DE L'HISTOIRE